U0042046

圖一　一幅十五世紀晚期繪製的三角形布局的君士坦丁堡地圖。聖索菲亞大教堂和已毀棄的賽馬場在右側，主要道路從左側的陸牆延伸出來。皇宮在三角形左上角。金角灣港口北方是熱那亞人的城鎮佩拉（或稱加拉塔）。安納托利亞，被標註為「土耳其」，在最右側，海峽以東。

圖二　鄂圖曼細密畫，晚年的穆罕默德二世，表現的是他熱愛自然和學術的一面。

圖三　「我們不知道，自己是在天堂還是在人間」。聖索菲亞大教堂的宏偉中殿，這是古典時代晚期最神奇的建築。

圖四　十九世紀布雷契耐皇宮的照片，這是君士坦丁十一世在守城期間的指揮部，位於金角灣附近單層陸牆處。

圖五　在現代，三道陸牆的一段遺存。首先是內層塔樓一線，然後是被砲火嚴重破壞的外層塔樓。中間是壕溝，今天已經大部分被填平了，但當年深達十英尺，溝壁上砌著磚，在攻城時為鄂圖曼人帶來很大的麻煩。越過壕溝之後，攻城者必須先在守軍劈頭蓋臉的火力之下衝過開闊的平台，然後才能攀爬外牆。

圖六　金角灣的巨大鐵鍊，每個鐵環長十八英寸。這幅照片是在十九世紀拍攝的，說明歷經數百年之後，鐵鍊的許多部分仍然散落在城市各處。

圖七　烏爾班的攻城巨砲早已銷聲匿跡，但有幾尊較小的大砲在伊斯坦堡被保存至今。這尊巨大的銅砲長十四英尺，重十五噸，發射的是重達五百磅的石彈。

圖八　貝里尼的畫作，描繪的是一位近衛軍士兵，頭戴標誌性的白帽，身配箭筒、弓和劍。這位義大利藝術大師能夠在平面的紙上創作出栩栩如生的立體人像，據說迷信的穆罕默德二世對他這種神奇的本領，既著迷又害怕。

圖九　一四五三年歐洲人創作的有趣攻城圖，將戰役的諸多關鍵事件濃縮到一張圖裡。君士坦丁堡被畫成騎士傳奇中的景象，但繪圖者知道這個故事的諸多細節。

圖十　法國人對土耳其歷史上最偉大圖畫之一的重繪。征服者穆罕默德二世在伊斯蘭戰士的簇擁下，通過埃迪爾內門入城。前景地面上是基督徒的屍體。

圖十一　十六世紀的聖索菲亞大教堂，被改建為清真寺，由著名的鄂圖曼建築師希南（Sinan）添加了尖塔。

圖十二　貝里尼的著名穆罕默德二世肖像，處在皇室穹頂的框架之下，文字是「世界的征服者」，但穆罕默德看上去有些憔悴，可能身體不適。

圖十三　君士坦丁十一世的宮殿，位於希臘伯羅奔尼撒半島的米斯特拉斯，被稱為「小君士坦丁堡」，坐落於斯巴達平原之上，是拜占庭精神的一個寓意深遠的紀念。

地中海史詩三部曲

一四五三
1453

The Holy War for Constantinople
and the Clash
of Islam and the West.

君士坦丁堡的陷落

羅傑・克勞利
ROGER CROWLEY

陸大鵬——譯

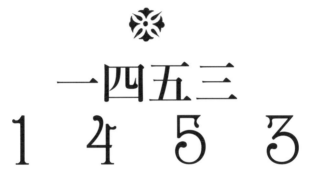

獻給我摯愛的珍（Jan），她在追尋攻城戰的過往時，在海牆處受傷。

君士坦丁堡是一座美名遠播的城市，祈願大慈大悲、慷慨大度的真主將它變為伊斯蘭的都城。[1]

——哈桑．阿里—哈拉維（Hasan Ali-Harawi），十二世紀阿拉伯作家

我要講述的是一個非常可怕的故事……是關於君士坦丁堡的故事，皆是我親眼所見。[2]

——希俄斯島的萊奧納德（Leonard of Chios）

中文版序

《一四五三》、《海洋帝國》和《財富之城》這三本書互相關聯，組成了一個鬆散的三部曲，敘述地中海及其周邊地區的歷史。讀者可以挑選其中任意一本書開始讀起。這三本書涵蓋的時間達四個世紀之久，從西元一二〇〇至一六〇〇年，這是不同文明間激烈衝突的年代，涉及一連串的帝國，包括拜占庭帝國（他們自詡為羅馬帝國的繼承者）、鄂圖曼帝國（他們復興了伊斯蘭聖戰的精神），以及位處西班牙，信仰天主教的哈布斯堡王朝。同樣在這個時期，威尼斯從一個泥濘的潟湖崛起為西方世界最富庶的城市，宛如令人嘆為觀止的海市蜃樓，從水中呼嘯而起。威尼斯的經濟和商貿精神比它所處的時代領先了數百年。台灣讀者可能對這三部曲涉及的歷史不熟悉，但這卻是歐洲歷史以及歐洲與周邊文明和宗教關係史上的戲劇性篇章。

在這個時期，居住在地中海周圍的各族群認為自己是在為爭奪世界中心而戰。但地中海相對來講其實是很小的。互相殺伐的各民族之間的地理距離只有投石之遙。大海成了一個高度緊張的競技場，凶殘的廝殺就在這裡上演。大海是上演史詩般的攻城戰、血腥海戰、海盜橫行、人口劫掠、十字軍東征和伊斯蘭聖戰的舞台，也是利潤豐厚的貿易和思想交流的場域。在九一一事件之後的世界，我們可以在地中海追溯基督教和伊斯蘭教之間漫長而殘酷的鬥爭，這類鬥爭將大海分割為兩個迥然不同的區域，雙方沿著海上疆界進行了激烈較量。但戰爭也與帝國霸業、財富和宗教信仰有關。直到將近十六世紀末，葡萄牙人繞過非洲，一直抵達中國海域和日本，以及哥倫布抵達美洲之後，歐洲各國爭奪貿易與霸權的競爭才從地中海轉移出去，擴散到更廣闊的世界。

我書寫歷史著作的目標是為了捕捉往昔人們的聲音。在這幾本書裡，我盡可能地引用當時人們口中的話，讓他們為自己發言。在這方面，我們很幸運，有大量關於這一時期地中海世界的第一手資料留存至今，尤其大約從一五〇〇年開始，傳入歐洲的印刷術促進文字資料的爆炸性增長（就像今天網路的作用一樣），所以我們得以感同身受地重溫這段歷史。透過目擊者的敘述，我們常常能夠近距離觀察當時的事件，審視那時的人們如何生活、死亡、戰鬥、從事貿易，以及禮拜上蒼。這幾本書大量採用了這些史料。它們告訴我們的，未必總是完整的真相，有時我們沒有辦法做到百分之百確定，但他們的話語清晰地表達了故事、情感、立場以及地中海人們對其世界與生活的信念。在某個方面，這給歷史學家製造了困擾。雖然印刷術的傳入給了我們大量歐洲人視角的史料，但歐洲的主要競爭對手，鄂圖曼土耳其人的伊斯蘭帝國，卻沒有留下這麼多史料。直到十八世紀，印刷術才被引入土耳其，在此之前，很大一部分的傳統記事都是用口傳的。為了努力構建兩個文明的客觀公正敘述，有時必須設法從伊斯蘭世界的敵人的言辭裡去理解伊斯蘭世界的觀點。

這三本書的另一個主題是「場域」。在地中海地區，當我們遊覽威尼斯或伊斯坦堡，或者克里特、西西里和賽普勒斯等大島嶼的時候，仍然能觸及到往昔。許多紀念建築、城堡、宮殿和遺址依然完好。它們位於這明亮的大海之濱，依舊具有無窮的魅力。借用偉大的地中海史學家費爾南・布勞岱爾（Fernand Braudel）的話：「這片大海耐心地為我們重演過去的景象，將其放置在藍天之下、后土之上，我們能親眼目睹這天與地，就如同其過往一般。我們只消集中注意力思考片刻或做個稍縱即逝的白日夢，這個過去就栩栩如生地回來了。」我努力遵照布勞岱爾的話，透過運用真實的史料，令這個過去煥發生機。

我希望這三本書能夠幫助台灣讀者，對仍在影響我們世界的地中海歷史與事件的魅力與重要性有一層更深的理解。當我在寫這篇序文時，我們見證了一次超乎尋常的新移民大潮，由於戰亂和氣候變化，大量人口離開中東和非洲，冒著生命危險乘坐小舟跨越地中海。這片地中海在度假明信片上或許很嫵媚誘人，但它的脾氣也可能凶暴而反覆無常。地中海繼續在人類歷史上扮演超凡的角色。

羅傑・克勞利，二〇一六年十一月

目次

塔納
卡法
喬治亞
黑　海
瓦爾納
錫諾普
特拉比松
曼齊刻爾特
君士坦丁堡
見放大圖
爾內
阿馬西亞
尼爾海峽
伊茲密特（尼科米底亞）
伊茲尼克
（尼西亞）
安卡拉
里波利
布爾薩
萊斯博斯島
安納托利亞
馬尼薩
伊茲密爾（士麥拿）
科尼亞
島
卡拉曼
北
羅得島
賽普勒斯島
馬穆魯克
0
200 英里
0
300 公里

一四五一年的地中海東部

一四五三年的君士坦丁堡

歐洲軍
布雷契耐門
布雷契耐
皇宮
卡里加利亞門
金
法納爾區
競技場門
佩特里
柯拉神聖
救主教堂
查瑞休斯門
聖喬治
教堂
五號軍用門
近衛軍
穆罕默德二世
的營帳
使徒教堂
狄奧多
西城牆
聖羅曼努斯門
里卡斯河
四號軍用門
利吉姆門
阿卡狄奧斯廣場
安納托利亞軍
三號軍用門
泉源之門
二號軍用門
斯圖狄翁村
黃金門
北
0 英里
1
0 公里
1
2

序幕　紅蘋果

紅蘋果惹人摘。

——出自土耳其諺語

初春。一隻黑鳶在伊斯坦堡的上空隨風翱翔。牠在蘇萊曼清真寺（Süleymaniye Mosque）周圍懶洋洋地畫著圈，似乎被束縛在尖塔上。從這裡，牠可以俯瞰這座一千五百萬人口的城市，泰然自若地靜觀光陰流逝、歲月穿梭。

如果這隻猛禽的先祖在一四五三年三月的寒冷清晨，於君士坦丁堡上空盤旋，牠就會發現，這座城市的布局與今日相差無幾，只不過遠沒有現在這麼熙熙攘攘。這座城市的形狀非常奇特，大致呈三角形，東邊的角有些往上翹，像頭凶猛犀牛的尖角，三角形的南、北兩邊都得到大海的保護。北邊是有屏障保護的金角灣（Golden Horn）深水港；南面毗鄰馬摩拉（Marmara）海。馬摩拉海通過達達尼爾（Dardanelles）海峽的瓶頸向西奔湧，注入地中海。從空中俯瞰，可以輕鬆地辨認出三角形沿海的兩邊岸上，那連綿不絕的防禦工事。海潮則以每小時七海里的速度從犀牛角尖端旁洶湧流過。這座城市既有天然的屏障，也有人工的防禦。

但在這個三角形的西面底邊卻有著最不尋常之處。那是一條複雜的分成三道的城牆系統，設有許多間隔很近的塔樓，城牆外開掘有令人望而生畏的壕溝。城牆從金角灣一直延伸到馬摩拉海，封閉了城市，阻擋外來者入侵。這就是歷經千年的狄奧多西城牆（Theodosian Wall），中古世界最固若金湯的防禦體系。對十四和十五世紀的鄂圖曼土耳其人來說，它是「卡在真主喉嚨裡的骨頭」，嘲諷著土耳其人的雄心。對土耳其人來說這是個心理陰影，阻礙他們實現宏圖霸業；對西方基督教世界來說，它是抵抗伊斯蘭的壁壘，保護他們免遭穆斯林世界的入侵，讓基督徒自足自滿。

如果你在一四五三年的春天俯瞰這座城市，還能辨認出築有防禦工事的熱那亞（Genoese）城鎮加拉塔（Galata），這是位於金角灣北側的一個小小的義大利城邦，那裡就是歐洲的邊界。博斯普魯斯（Bosphorus）海峽割開了歐、亞兩塊大陸，像一條大河一樣穿過覆蓋森林的丘陵，一直到黑海。海峽的另一邊是小亞細亞，或者叫安納托利亞（Anatolia），這個希臘詞的意思是「東方」。奧林匹斯山白雪皚皚的峰頂就在六十英里外，在陽光中熠熠生輝。

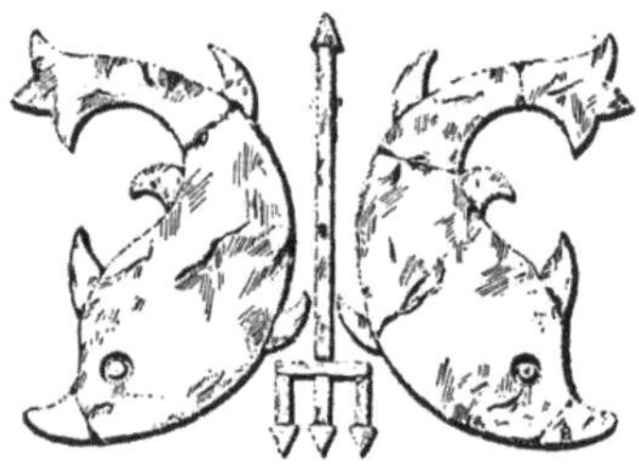

圖1　來自君士坦丁堡的海豚徽記

在朝向歐洲的那一側，大地較為平坦，綿延起伏，延伸到西面一百四十英里處的鄂圖曼城市埃迪爾內（Edirne）①。就在這塊土地上，正在發生一些非比尋常的事情。在連接兩座城市的崎嶇道路上，一支龐大的隊伍正在行軍。大群的白帽子和紅頭巾在移動；勁弓、標槍、火繩槍和盾牌在斜陽照射下閃閃發光；成隊的前驅騎兵在經過時掀起塵煙；眾多鏈甲如漣漪般地擺動，彼此撞擊，叮噹作響。隨後是長長的輜重隊伍，有大群騾子、馬匹和駱駝，馱著各式軍需物資和相應人員：礦工、廚師、軍械匠、毛拉（mullah）②、木匠和被戰利品吸引而來的冒險家。隊伍的更後方還有一些東西。一大群公牛和成千上百的工人正艱苦地將大砲拖過鬆軟的土地。整個鄂圖曼軍隊都在行動。

如果你能看得更遠，就能發現這次軍事行動的更多細節。一群划槳船正從達達尼爾海峽的方向艱難而緩慢地迎風駛來，活像是中世紀繪畫的背景。兩舷甚高的運輸船正從黑海運來木材、糧食和砲彈。成群的牧人、聖徒、隨軍商販、軍妓和流浪漢，正從安納托利亞的高原走來，直奔博斯普魯斯海峽，響應鄂圖曼帝國的號召。這些參差不齊的人員和裝備組成了一支協調有力的大

---

① 埃迪爾內舊稱哈德良堡（Hadrianopolis）或阿德里安堡（Adrianople），因羅馬皇帝哈德良（Hadrian）所建而得名。現在是土耳其埃迪爾內省省會，位於鄰近希臘和保加利亞的邊境。著名的阿德里安堡戰役就發生在此地。西元三七八年，羅馬帝國軍隊與哥德人交戰，遭到慘敗，皇帝瓦倫斯（Valens）陣亡。此外，此處在一三六五至一四五三年之間也是鄂圖曼帝國的首都。（本書所有隨頁註均為譯者註）

② 毛拉是伊斯蘭教內對學者或宗教領袖的稱號，特別是在中東和印度次大陸。原意為「主人」，在北非也用在國王、蘇丹和貴族的名字前。現稱毛拉者，多為宗教領袖，包括宗教學校的教師、精通伊斯蘭教法的學者、伊瑪目（清真寺內率領穆斯林做禮拜的人）和誦經人。

Ecclia sancte sophie

圖2 十五世紀的君士坦丁堡想像圖，圖中右側遙遠處為加拉塔

軍，而這支大軍的目標只有一個——君士坦丁堡，即一四五三年，古老的拜占庭帝國最後殘餘部分的都城。

✯

對於即將交鋒的中世紀各民族而言，他們是非常迷信的。他們相信預言，追尋徵兆。在君士坦丁堡城內，古老的紀念碑和雕像都是魔法的泉源。人們相信，對未來世界的預言就隱藏在羅馬石柱的銘文中，儘管這些銘文一開始的故事已經被人遺忘。他們從天氣中也能讀出跡象，並感到一四五三年的春天令人非常不安。天氣非比尋常的濕冷。三月，博斯普魯斯海峽上籠罩著濃霧。有地震發生，而且還在反常的季節下了雪。在充滿期待的城市內，這都是不吉利的預兆，或甚至正預示著世界末日的到來。

正在逼近君士坦丁堡的鄂圖曼軍隊也有自己的迷信。他們把此次征伐的目標簡單地稱為「紅蘋果」，因為它是世界霸權的象徵。攻克這座城市是一個可以上溯達八百年，一個熱切的伊斯蘭夢想，甚至可以追溯到先知穆罕默德本人。關於這座城市有著太多的傳說、預言和偽經的言論。在行進中的士兵們的想像中，這顆蘋果在城內有個具體的位置。聖索菲亞大教堂（Hagia Sophia）門外一百英尺高的石柱上，矗立著查士丁尼皇帝（Justinian I）的青銅騎馬像，這是一座與早期拜占庭帝國威勢相稱的宏偉紀念碑，也象徵著拜占庭扮演的角色：抵禦東方侵擾的基督教堡壘。根據六世紀作家普羅科匹厄斯（Procopius）的記載，這座紀念碑非常震撼人心。

騎馬像面向東方，儀態高貴。騎著馬的皇帝雕像全身披掛像阿基里斯（Achilles）一樣……胸甲是英雄的風格；頭上的頭盔似乎在上下晃動，非常耀眼。他眺望東升的旭日，縱馬奔馳，似乎要衝向波斯。他左手拿著一顆球，雕刻家以此表示，整個地球和海洋都在他的統治之下。儘管除了球上有一座十字架，他沒有劍、矛或任何其他武器，但僅憑十字架的力量，他就獲得了自己的帝國，贏得了戰爭。[1]

土耳其人想像中的紅蘋果就是查士丁尼手中的帶十字架的球。土耳其人也就是為了這個而來的——極具傳奇性的古老基督教帝國的威望，以及它似乎蘊含的世界霸權的可能性。

在拜占庭人的記憶中，對圍城有著根深柢固的恐懼。恐怖的圍城威脅著他們的圖書館、大理石房屋和飾有馬賽克的教堂。但他們對圍城也非常熟悉，因此絕不會被打個措手不及。在一四五三年之前的一千一百二十三年裡，君士坦丁堡被圍攻了大約二十三次。但它只被

圖3　查士丁尼像

攻破過一次，不是被阿拉伯人或者保加爾人（Bulgars）③，而是被第四次十字軍東征時期的基督教騎士占領，這是基督教歷史上最詭譎的事件之一。君士坦丁堡的陸牆從未被攻破過，但在五世紀時曾因為地震而坍塌。除此之外，城牆一直固若金湯，因此當蘇丹穆罕默德二世（Mehmet II）的大軍在一四五三年四月六日終於兵臨城下時，守軍是很有希望生存下去的。

在一四五三年此前和此後的故事便是本書的主題。這是一個關於人類的勇氣與殘忍、工藝技術的精巧、幸運、怯懦、偏見和奧妙的故事。它也涉及一個正在發生重大轉變的世界的諸多方面：火砲的研發、攻城戰的藝術、海戰策略、宗教信仰，以及中世紀人們的神話和迷信。但最重要的是，這是一個關於空間場域的故事，關於海流、山嶺、半島和天氣，關於陸地如何起伏，以及海峽如何將兩塊大陸分割開來——但兩塊大陸又如此接近，「幾乎能夠親吻彼此」。強大的君士坦丁堡就屹立於此，受險峻岩岸的保護，但地質的特殊條件又使得它在敵人攻擊前顯得特別脆弱。這個故事講述了這座城市的地理位置所帶來的無限可能，它為貿易、防禦和供應糧食所帶來的好處，正是這些有利條件使得君士坦丁堡成為帝國命運的關鍵所在，也吸引了諸多軍隊來到它城下。「羅馬帝國的都城是君士坦丁堡，」特拉比松的喬治（George of Trebizond）④寫道，「羅馬人的皇帝同時也是全世界的皇帝。」[2]

☆

現代民族主義者常將君士坦丁堡攻防戰解讀為希臘和土耳其民族之間的鬥爭，但這種簡化的觀點卻容易誤導人。雙方都不會接受或甚至理解這樣的標籤，儘管雙方都用這樣的說法來指代另一方。鄂圖曼人（Ottoman），或者按照字面意思，就是「鄂圖曼的部落」，都自稱為鄂圖曼人，或者簡單地稱自己為穆斯林。「土耳其人」是西方各民族國家使用的詞，總體上是含有貶義的。一九二三年，為了建立共和國，鄂圖曼人才從歐洲借用了「土耳其」這個詞。在此之前，這個說法在鄂圖曼帝國並不為人所知。一四五三年的鄂圖曼帝國已經是一個多民族國家，將它所征服的各民族都吸納進來，而很少考慮他們的種族身分。帝國的精銳部隊是斯拉夫人，主要將領是希臘人，海軍將領是保加利亞人，蘇丹可能有一半塞爾維亞或者馬其頓血統。另外，在中世紀複雜的附庸封建體制下，成千上萬的基督徒士兵也伴隨蘇丹從埃迪爾內開往君士坦丁堡。他們前來的目標是征服君士坦丁堡中講希臘語的居民，我們現在把這些居民稱為「拜占庭人」，但這個詞第一次在英語中使用卻是在一八五三年，也就是這場偉大攻城戰的四百年之後。拜占庭人被認為是羅

---

③ 保加爾人為發源自中亞的遊牧民族，為突厥語族的一支，自西元七世紀起在歐洲東部和東南部定居下來，為巴爾卡爾人（Balkars）、保加利亞人（Bulgarians）、楚瓦什人（Chuvash people）、中國的塔塔爾人（Tatars）的祖先。保加爾人後來逐漸斯拉夫化，現已消亡。

④ 特拉比松的喬治（一三九五至一四七二／一四七三年），希臘哲學家與學者，文藝復興的先驅之一。他生於克里特島，但因其先祖來自特拉比松，因此被稱為「特拉比松的喬治」。他青年時來到義大利，很快成為知名學者。一四二〇年和一四三三年分別在維琴察（Vicenza）大學和威尼斯大學教授希臘語，成為文藝復興的首要人物。他將亞里斯多德（Aristotle）的《修辭學》（*Rhetoric*）和《動物志》（*Historia Animalium*）、柏拉圖（Plato）的《法律篇》（*Laws*）、托勒密（Ptolemy）的《天文學大成》（*Almagest*）譯成拉丁文，雖然錯誤很多，有時會遭到批評，但卻豐富了義大利人文主義思想和文藝復興運動的內容。

馬帝國的繼承者，因此自稱羅馬人。統領他們的皇帝卻有一半的塞爾維亞血統和四分之一的義大利血統，而且守軍的很大一部分是西歐人，也就是拜占庭人口中說的「法蘭克人」：包括威尼斯人、熱那亞人、加泰隆尼亞人（Catalonia），還有一些土耳其人和克里特人，甚至還有一個蘇格蘭人。如果說很難確認攻防戰參與者的民族身分，但卻有一個因素是所有同時代的史學家都永遠不會忘記的——信仰。穆斯林稱他們的對手為「可鄙的異教徒」、「可憐的不信真主的人」、「信仰的敵人」；基督徒則稱穆斯林為「異教徒」、「野蠻人」、「無信義的土耳其人」。君士坦丁堡是伊斯蘭教和基督教的漫長鬥爭中的最前線。在這裡，不同的宗教信仰在戰爭與和平中對抗了八百年。一四五三年的春天，兩大一神教將在這歷史性的時刻，在君士坦丁堡，產生激烈的碰撞。

第一章 燃燒的海

六二九至七一七年

哦，基督，世界的統治者和主宰，此刻我將這座城市、這些權杖，以及羅馬的力量奉獻於你。[1]

——君士坦丁堡城內，君士坦丁大帝（Constantine the Great）石柱上的銘文

伊斯蘭世界對這座城市的渴望幾乎和伊斯蘭教本身一樣古老。先知穆罕默德在一個偶發事件中最先發起爭奪君士坦丁堡的聖戰。而這個故事的真相，就像這座城市泰半的歷史一樣，已經無法辨明真假。

西元六二九年，希拉克略（Heraclius）——「羅馬人的君主」和拜占庭的第二十八位皇帝——徒步前往耶路撒冷朝聖。這是他一生最光輝榮耀的時刻。他在一系列戰役中大敗波斯人，奪回了基督教世界最神聖的聖物——真十字架。現在，他要帶著勝利的榮耀將真十字架返還聖墓

（Holy Sepulchre）教堂。根據伊斯蘭方面的記載，他在抵達耶路撒冷城時收到了一封信。信上簡單地說：「以大慈大悲的真主之名，穆罕默德，真主的奴僕和他的使徒，向希拉克略，拜占庭人的君主致意。願遵循真主教導的人都得平安。我邀請你向真主投降。接受伊斯蘭，真主將給你雙倍的報償。但如果你拒絕這個邀請，就將誤導你的人民。」[2]希拉克略完全不知道寫這封信的是何許人也。但據說他派人尋找書寫者，並鄭重地對待這封信的內容。穆罕默德發送給波斯「萬王之王」的類似的信則被撕得粉碎。穆罕默德對這個消息的回應是直截了當的：「告訴他，我的宗教和我的統治將達到霍斯勞（Chosroes II）①的王國從未涉足的疆界。」[3]對霍斯勞來說這個警告來得太晚了，因為他已經在前一年被一箭一箭地慢慢射死。但這封後人附會的信預示著，可怕的強風即將降臨在基督教拜占庭和它的首都君士坦丁堡頭上，將讓希拉克略皇帝的功業全都化為泡影。

圖4　希拉克略帶著真十字架凱旋

在此前的十年內，穆罕默德成功地將阿拉伯半島相互混戰的各部落團結在伊斯蘭的樸素信條周圍。在真主聖言的鼓舞下，在集體祈禱的訓誡下，成群結隊的遊牧劫掠者變成了一支組織有力的軍隊。它對征服的欲望超越了沙漠的邊界，投向正被不同信仰分割成兩個截然不同區域的外部世界——一邊是伊斯蘭世界，一邊是「戰爭的世界」，即尚未皈依伊斯蘭教的世界。到七世紀的三〇年代，穆斯林軍隊如同從沙塵風暴中衝出的幽靈一般，開始出現在拜占庭帝國的邊境（那裡也是有人定居的土地和沙漠的邊界）。阿拉伯人敏捷靈活、足智多謀，而且吃苦耐勞。他們把敘利亞境內笨重的拜占庭雇傭軍部隊打了個措手不及，進攻之後又撤回沙漠，將對手誘出要塞，讓他們進入荒蕪之地，最後再將其分割包圍，全部消滅。他們穿過杳無人煙、條件惡劣的地域，在路途中宰殺自己的駱駝，從牠們的胃中取水，隨後再次出其不意地出現在敵人的後方。他們圍攻城市，學會了攻城的戰術。他們攻克了大馬士革，然後是耶路撒冷；埃及於西元六四一年俯首稱臣，亞美尼亞也在六五三年舉手投降。二十年內，波斯帝國就轟然垮台，並皈依伊斯蘭教。穆斯林征服的神速令人瞠目結舌，他們入鄉隨俗的本領也非比尋常。在真主聖言和神聖征服的驅動下，來自沙漠的民族在埃及和巴勒斯坦造船廠內的基督徒幫助下建造了艦隊，以「在海上開展聖戰」[4]。他們於六四八年占領了賽普勒斯島，然後在六五五年的「桅杆之戰」（Battle of the

①　即波斯薩珊王朝的國王霍斯勞二世（約五七〇至六二八年），綽號「不可戰勝者」，中國的《隋書》稱他為「庫薩和」。他曾一度占領拜占庭的大片土地，但後來被拜占庭皇帝希拉克略擊敗，不久之後被篡位的兒子殺死。霍斯勞二世死後，薩珊王朝陷入內亂，隨即被阿拉伯帝國滅亡。

Masts）②中擊敗了一支拜占庭艦隊。最後，在六六九年，也就是穆罕默德去世不到四十年之後，哈里發穆阿維葉（Muawiyah I）派遣了一支龐大的海陸混合部隊前去猛攻君士坦丁堡。在一連串勝利之後，他自信能夠順利拿下這座城市。

對穆阿維葉來說，這將是一個雄心勃勃的長期計畫的頂點，此前他為了籌劃和執行這個計畫，已經投入了極大的心血。西元六六九年，阿拉伯軍隊占領了君士坦丁堡對岸的亞洲海岸。次年，一支擁有四百艘艦船的艦隊駛過達達尼爾海峽，在馬摩拉海南岸的庫濟庫斯（Cyzicus）半島建立了一個基地。在這裡，阿拉伯軍隊囤積了補給物資，建造了乾船塢和用於長期圍城的維修設施。穆斯林在君士坦丁堡以西渡過海峽，首次踏上了歐洲的土地。在這裡，他們占領了一個港口，從那裡圍攻城市，並在其腹地周圍發動多次大規模襲擊。君士坦丁堡的守軍躲避在厚實的城牆之後，同時他們的艦隊停泊在金角灣，準備對敵人發起反擊。

從西元六七四至六七八年的連續五年時間裡，阿拉伯人堅持不懈地圍攻君士坦丁堡。每年春秋之間，他們攻打城牆，並在海峽內發動海戰，與拜占庭艦隊持續交鋒。雙方使用的是相同類型的槳帆船，船員也大體是同類人，因為穆斯林的航海技術是從業已征服的黎凡特（Levant）③的基督徒那裡學來的。冬季，阿拉伯人重新集結在他們的庫濟庫斯基地，修理船隻，準備在次年發動更進一步的攻擊。他們準備長期圍困君士坦丁堡，堅信勝利終將屬於他們。

但在西元六七八年，拜占庭艦隊採取了決定性的行動。他們向穆斯林艦隊發動進攻，時間可能是作戰季節的尾巴，進攻目標是穆斯林的庫濟庫斯基地。這次攻勢的細節要嘛不甚清楚，要嘛被故意隱瞞了。拜占庭艦隊的先鋒是一群快速的德羅蒙（dromon）戰船，這是一種輕型快速的槳帆船。關於當時的戰況，沒有同時期的文獻流傳下來，但我們可以根據後來的記載進行推測。進攻的拜占庭艦船逼近敵人時，除了放出常規的箭雨之外，還從船首高高的噴嘴裡射出了一種非同一般的火流。相互逼近的兩軍之間的海面登時熊熊燃燒起來，然後穆斯林船隻也被大火吞沒，火焰「如同閃電般落下來」[5]。火焰爆炸時發出雷鳴般的巨響，黑煙遮天蔽日，蒸氣和毒氣讓阿拉伯戰船上心驚膽寒的水手們窒息倒斃。這火雨似乎能夠違抗自然規律——它可以根據操作者的意志向任何方向移動，可以向兩側轉移方向，也可以從任意角度向下噴射。它接觸到海面之後，海水也會燃燒起來。它似乎還有黏著性，能夠附著在木製船體和桅杆上，沒有任何將它撲滅的辦法。於是艦船和船員會很快地被狂飆突進的火流吞沒，那看上去像是天神在大發雷霆。這片非同一般的火海「燒毀了阿拉伯人的船隻，活活燒死他們的船員」[6]。阿拉伯艦隊遭到滅頂之災，飽受摧殘的倖存者「損兵折將，傷亡慘重」[7]，他們放棄了圍城，返航回鄉。但冬季的風暴又摧毀了大部分倖存的船隻，此外阿拉伯陸軍則在亞洲海岸遭到伏擊，進而全軍覆沒。對此，穆阿維葉

---

② 西元六五五年，阿拉伯海軍與一支拜占庭艦隊（由皇帝君士坦丁二世親自指揮）交戰，這是伊斯蘭世界史上第一次決定性海戰，該戰確立了穆斯林隨後幾個世紀在地中海的霸權地位。在此役中，拜占庭人在桅杆上升起了十字架，穆斯林則在桅杆上懸掛新月旗，故名「桅杆之戰」。

③ 黎凡特是歷史上的地理名稱，其指代並不精確。它一般指的是中東、地中海東岸、阿拉伯沙漠以北的一大片地區。黎凡特一詞原指「義大利以東的地中海土地」，在中古法語中，黎凡特即「東方」的意思。歷史上，黎凡特在西歐與鄂圖曼帝國之間的貿易中擔當重要的經濟角色。黎凡特是中世紀東、西方貿易的傳統路線。阿拉伯商人透過陸路將印度洋的香料等貨物運到地中海黎凡特地區，威尼斯和熱那亞的商人從黎凡特將貨物運往歐洲各地。

感到灰心喪氣，不得不在六七九年接受了條件非常不利的三十年和約。穆阿維葉就此一蹶不振，並在隔年死去。穆斯林的大業第一次遭受了嚴重挫折。

史學家們將這場戰事訴諸筆端，認為它明白無誤地證明了「羅馬帝國自有神助，」[8] 但事實上，拯救拜占庭的是一種新技術——希臘火。甚至直至今天，這種神奇武器的故事仍然是激烈爭論和推測的主題。它的配方被拜占庭視為國家機密。據傳說，大約在圍城的那個時期，一個名叫卡利尼克斯（Kallinikos）的希臘逃犯從敘利亞來到君士坦丁堡，帶來了一種用虹吸管噴射液態火的技術。如果這個傳說是真的，那麼他應當是對當時在中東廣為人知的火攻武器技術進行了改良。我們幾乎可以確定，希臘火的主要成分就是黑海天然油井產出的原油，混以粉末狀的樹脂，以賦與它黏著性。在漫長的圍城期間，君士坦丁堡的祕密軍工廠精進了噴射這種物質的技術。拜占庭人繼承了羅馬帝國的應用工程技能，且似乎研發出一種技術，用密閉的銅容器加熱這種混合物，再用手壓泵浦對銅容器施加壓力，然後從噴嘴中釋放出混合物，如此在噴嘴處就可以點燃這種液體。在木船上操作易燃物、壓力設備和火焰，著實需要精準的生產技術和技藝高超的操作人員。於西元六七八年打破阿拉伯人鬥志的希臘火的祕密就在於此。

此後的四十年間，在君士坦丁堡遭遇的挫折讓大馬士革的倭馬亞（Umayyad）王朝的哈里發們耿耿於懷。伊斯蘭神學界感到不可思議，人類竟然沒有漸漸皈依於伊斯蘭教或者屈服於穆斯林的統治。西元七一七年，穆斯林世界進行了第二次，也是更堅決的一次嘗試，一心要克服這個阻礙伊斯蘭信仰向歐洲傳播的障礙。阿拉伯人進攻時，拜占庭帝國內部恰好發生了動亂。新皇帝利奧三世（Leo III）於七一七年三月二十五日登基；五個月後，他發現，一支八萬人的阿拉伯大軍在君士坦丁堡陸牆全線外掘壕據守下來，同時還有一千八百艘戰船控制著海峽。阿拉伯人的戰略比上一次進步了不少。穆斯林軍隊的統帥馬斯拉瑪（Maslama）很快就意識到，攻城武器奈何不了君士坦丁堡的城牆；這一次必須對城市進行徹底封鎖。他的軍隊帶來了小麥種子，準備播種，這印證了他要長期圍困君士坦丁堡的決心。七一七年秋天，他們在城牆外開墾土地，播下種子，次年春天的收成將為軍隊提供糧食。然後他們安營紮寨下來，靜觀其變。拜占庭人用裝備希臘火的戰船發動突襲，取得了一些成功，但未能打破封鎖。穆斯林對一切都做了精心準備，一心要打垮異教徒。

但隨後，無法想像的巨大災難不可避免、也無法逃脫地緩步降臨到阿拉伯人的頭上。根據他們的史學家記載，利奧三世透過超乎尋常的、按照拜占庭人的標準也算非常突出的外交欺騙手段蒙蔽了他的敵人。他說服了馬斯拉瑪，如果阿拉伯人銷毀自己的儲糧，並給守軍一些穀物的話，他就能讓城市投降。馬斯拉瑪照辦之後，利奧三世就穩坐在城牆後面，不肯出來談判。上當的阿拉伯軍隊沒有做好過冬的準備，受到了嚴冬的摧殘。大雪覆蓋地面達一百天之久；駱駝和馬匹漸漸被凍死。愈來愈絕望的士兵們別無選擇，只能把死牲口吃掉。一向偏頗的希臘史學家暗示，阿拉伯軍營裡還發生了更恐怖的事情。懺悔者狄奧法內斯（Theophanes the Confessor）④在一百年後

④ 即聖狄奧法內斯（七五八／七六〇至八一七／八一八年），拜占庭僧侶與史學家，出身貴族世家，在帝國宮廷內長大，後來成為僧侶和修道院院長。在著名的「聖像破壞運動」中，他主張崇拜聖像。他根據前人的記載整理撰寫了一部拜占庭歷史，雖然有很多訛誤，但仍然是重要的歷史資料。羅馬天主教會和東正教會都敬奉他為聖徒。

寫道：「據說，他們甚至將死屍放在爐子上烘烤，將它們吃掉，還吃了發酵的糞便。」[9]緊隨饑荒而來的是瘟疫，還有成千上萬人被凍死。阿拉伯人對博斯普魯斯海峽的凜冽寒冬毫無經驗，地面被凍成鐵板一塊，無法挖坑安葬死者，他們不得不海葬幾百具的屍體。

第二年春天，一支龐大的阿拉伯艦隊運載糧食和裝備抵達，準備接應受到嚴酷打擊的陸軍部隊，但也未能挽回敗局。阿拉伯海軍深知希臘火的厲害，卸載貨物後就躲在亞洲海岸。不幸的是，有些船員是埃及基督徒，他們逃到拜占庭皇帝那裡，將阿拉伯艦隊的位置報告給他。帝國派出一隊火船，襲擊了毫無防備的阿拉伯艦隊，將其全殲。從敘利亞趕來救援的阿拉伯陸軍則遭到拜占庭步兵的伏擊和屠殺。同時，意志堅定、詭計多端的利奧三世和不信基督教的保加爾人談判。他說服了保加爾人，讓他們進攻城牆外的異教徒；兩萬兩千名阿拉伯人在隨後的戰鬥中喪生。西元七一八年八月十五日，也就是哈里發的軍隊兵臨城下的差不多一年後，阿拉伯人放棄了攻城戰，分海路與陸路潰不成軍地撤退。敗軍在安納托利亞高原一路遭到襲擾，此外還有另一場新的災難在等待著穆斯林。有些船隻在馬摩拉海被風暴摧毀；其他船隻則毀壞於愛琴海的一次海底火山爆發，火山爆發令「海水沸騰，船隻龍骨上的瀝青熔化後，他們的船隻與水手就一起墜入深海」[10]。當初啟航時的龐大艦隊只剩下五艘船返回敘利亞，「宣告了上帝的偉業」[11]。拜占庭在伊斯蘭世界的進攻下承受了壓力，但並沒有崩潰。由於技術革新、嫻熟的外交、個人的突出表現和強大的防禦工事，以及好運氣，君士坦丁堡生存了下來。在隨後的很多個世紀裡，這樣的故事一再上演。當然，拜占庭人在這種情況下有著自己的解釋：「上帝和聖母保佑著這座城市和基督教帝國……真誠地呼喚上帝的人是不會被徹底拋棄的，儘管我們因為自己犯下的罪孽，而在短期內受到了懲罰。」[12]

伊斯蘭世界在西元七一七年未能攻克君士坦丁堡，這產生了深遠的影響。假如君士坦丁堡陷落，穆斯林世界向歐洲擴張的道路就暢通無阻了，這或許就會改變西方世界的整個未來；這是歷史上最大的「假如」之一。這次的失敗打擊了伊斯蘭聖戰的首次強大攻勢。這場聖戰將在十五年後、地中海的另一端達到高潮——一支穆斯林軍隊在羅亞爾（Loire）河畔，巴黎以南僅一百五十英里處被打敗。

但對伊斯蘭世界來說，在君士坦丁堡的慘敗主要是神學問題，而不是軍事問題。在伊斯蘭教問世的最初一百年內，沒有任何理由可以懷疑伊斯蘭信仰最終將取得勝利。聖戰的法則指向了必然的征服。但在君士坦丁堡城牆下，伊斯蘭教被與它非常近似的另一種信仰擊退了。基督教是與伊斯蘭教競爭的另一種一神教，同樣具有強烈的使命感和獲得更多信徒的想望。這兩種宗教是真理的兩種緊密聯繫的表現形式。君士坦丁堡成了這兩種宗教之間漫長鬥爭的最前緣，這場鬥爭將持續數百年之久。在此期間，穆斯林思想家們被迫承認，伊斯蘭世界和「戰爭的世界」之間的關係產生了一個實質的變化。他們不得不推遲最終征服非穆斯林世界的時間表，甚至會一直延後到世界末日之時。某些伊斯蘭法學家為了傳達最終勝利的延遲，設想出了第三個世界，即「停戰的世界」。聖戰的時代似乎結束了。

拜占庭被證明是伊斯蘭教最頑固的敵人，君士坦丁堡對穆斯林來說既是一個傷疤，也是一個渴望的泉源。伊斯蘭教的很多烈士都犧牲在它的牆腳下，包括先知穆罕默德的旗手艾優卜

（Ayyub）⑤，他於西元六六九年陣亡。烈士們的犧牲使得這座城市成為伊斯蘭的一個聖地，並給占領它的大業賦與了一種救世意義。兩回圍攻君士坦丁堡留下了大量的神話和民間傳說，一代代傳承下來。聖訓（它被認為是先知穆罕默德言論的集結，預言信仰的戰士必將經歷失敗、死亡和最終勝利的輪迴）中有這樣的話：「在攻打君士坦丁堡的聖戰中，三分之一的穆斯林將被擊敗，這是真主不能寬恕的；三分之一將英勇犧牲，成為偉大的烈士；還有三分之一將取得最終勝利。」[13]這將是一場無比漫長的鬥爭。伊斯蘭世界和拜占庭之間的衝突規模如此宏大，歷時如此漫長，以至於此後的六百五十年之間，君士坦丁堡城牆下再也沒有展開過穆斯林的旗幟。這個時間跨度比一四五三年到今日的跨度還要大，但預言宣稱，穆斯林還會再回來。

✯

在馬斯拉瑪的軍隊狼狽撤退的一千年前，人們就在傳說中希臘人拜占斯（Byzas）⑥設立的居地基礎之上建造了君士坦丁堡；而在馬斯拉瑪撤退的四百年前，君士坦丁堡就已經皈依了基督教。西元三二四年，君士坦丁大帝選擇這座城市做為他新的基督教都城。它所在的地理位置具有極佳的自然條件。五世紀，陸牆修建完成之後，只要敵人的攻城武器僅限於投石機，城市就可說是固若金湯。在十二英里長的外牆之內，君士坦丁堡在一連串陡峭山峰上屹然聳立，居高臨下地俯視周圍的大海；東面的金角灣形似彎彎的鹿角，是一個安全的深水港。這座城市唯一的缺點是，它所在的海岬非常荒蕪；擁有先進的水利工程技術的羅馬人建造了一系列複雜的水道橋和蓄水池，解決了缺水的問題。

這個地點位置特殊，處於貿易商道的匯聚點，也是兵家必爭之地。它的早期歷史迴盪著行軍的腳步聲和潑濺海水的划槳聲。伊阿宋（Jason）和阿爾戈（Argonauts）英雄們曾乘船經過這裡，前往聶伯（Dnieper）河口尋找金羊毛。波斯國王大流士（Darius I）率領七十萬大軍走過船隻搭建的橋梁，渡過這裡的海峽，去討伐斯基泰人（Scythians）⑦。羅馬詩人奧維德（Ovid）在前往黑海之濱的流放地的途中，曾滿腹憂愁地抬眼眺望「兩片大海的巨大門

圖5　中世紀的投石機

⑤ 即阿布·艾優卜·安撒里（Abu Ayyub al-Ansar，五七六至六七四年），先知穆罕默德的重要門徒和追隨者，伊斯蘭教早期的重要領袖和將領。他雖然已是耄耋之年，但仍參加了進攻君士坦丁堡之役，並在那裡戰死。他後來被安葬在城牆腳下。他的葬地在鄂圖曼帝國時期成為伊斯蘭教的聖地。請讀者稍加留意，原文的死亡年分有誤（六六九年）。

⑥ 拜占斯是來自希臘多利安的城市墨伽拉（Megara）的殖民者，德爾菲的阿波羅神諭指示他在「盲者之國」對岸定居，拜占斯領導一群墨伽拉殖民者於西元前六六七年建立拜占庭，完成了神諭的使命。

⑦ 中國《史記》、《漢書》稱之為塞種、尖帽塞人或薩迦人，是西元前七世紀至西元四世紀在歐亞草原中部廣袤地區活動的伊朗語族之遊牧民族，其居住地從今日俄羅斯平原一直到中國的河套地區和鄂爾多斯沙漠，是史載最早的遊牧民族。斯基泰人善於養馬，據信騎術與乳酪等皆出於其發明。西元前七世紀，斯基泰人曾對高加索、小亞細亞、亞美尼亞、米

廊」[14]。在這個十字路口，這座基督教城市漸漸掌控了廣大腹地的財富。在東方，中亞的財富透過博斯普魯斯海峽流進帝都的倉庫：有來自俄羅斯蠻族的黃金、毛皮和奴隸，來自黑海的魚子醬，來自遠東的蜂蠟、食鹽、香料、象牙、琥珀和珍珠。在南方，條條大路通往中東的城市：大馬士革、阿勒坡（Aleppo）和巴格達。在西方，穿過達達尼爾海峽的航道連通整個地中海：通往埃及和尼羅河三角洲、富饒的西西里和克里特、義大利半島，以及一直到直布羅陀（Gibraltar）海峽的各個角落。在更近的地方有足以建造恢弘城市的木材、石灰岩和大理石，以及供養它所需的全部資源。博斯普魯斯海峽的奇特海流每年都帶來大量魚群，而歐洲的色雷斯（Thrace）的田地和安納托利亞高原的肥沃低地為它提供大量的橄欖油、糧食和葡萄酒。

在這裡崛起的繁榮城市彰顯了帝國的光輝燦爛，統治它的是一位羅馬皇帝，居住在這裡的是講希臘語的人民。君士坦丁大帝建造了帶有柱廊的街道網絡（大街兩邊是帶露台的公共建築）、氣勢恢宏的廣場、花園、高柱和凱旋門。這些建築既有異教的色彩，也有基督教的特徵。城內屹立著從古典世界劫掠來的雕像和紀念碑（包括可能是希臘雕塑家留西波斯〔Lysippos〕⑧為亞歷山大大帝〔Alexander the Great〕雕刻的無比雄壯的青銅馬，現在已經成為威尼斯城的標誌物），足以與羅馬賽馬場媲美的賽馬場、皇宮，以及「數量比一年中的日子還要多的」[15]教堂。君士坦丁堡變成了一座滿是大理石、斑岩、錘扁黃金與輝煌馬賽克的城市，人口在顛峰時達到五十萬。前來做生意或者覲見東羅馬帝國皇帝的外鄉人無不被它深深震撼。蒙昧的歐洲野蠻人被這座「全世界覬覦的城市」[16]驚得目瞪口呆。沙特爾的富歇爾（Fulcher of Chartres）⑨於十一世紀造訪君士坦丁堡，他的反應在多年來的來訪者中，顯得非常典型：「哦，多麼絢麗多彩的城市，多麼莊嚴，多麼美麗，有如此之多的修道院，在寬闊的大街上憑藉勞力修建起了多少宮殿，有多少震撼人心的藝術品：如果要列舉所有美好的事物，就能把人累垮；金銀珠寶，形形色色的服飾，以及如此神聖的遺跡。無論什麼時候，總有船隻在這個港口停靠。人們所想要的東西，這裡應有盡有。」[17]

拜占庭不僅是羅馬帝國最後的繼承者，還是史上第一個基督教國家⑩。從建城開始，這座帝都就被設想為天堂的複製品、基督勝利的體現，它的皇帝則被認為是上帝在人間的代

圖6 一位皇帝在賽馬場

底（Medes）以及亞述帝國大舉入侵，威脅西亞近七十年，其騎兵馳騁於卡帕多細亞（Cappadocia）到米底、高加索到敘利亞之間，大肆劫掠；其後逐漸衰落，分為眾多部落。西元五世紀中期跟隨被稱為「上帝之鞭」的匈人阿提拉（Attila）王入侵歐洲，一度抵達巴黎近郊的阿蘭人（Alans），即為其中之一部。斯基泰人沒有文字，但善於冶金打造飾物，有許多金器流傳至今。

⑧ 留西波斯是西元前四世紀，希臘著名雕刻家，為希臘化時代的雕刻藝術帶來了革新。

⑨ 沙特爾的富歇爾（約一〇五五／一〇六〇至約一一二七年），法國教士與史學家。他對一〇九五年教宗烏爾班二世（Urban II），在法國克萊芒（Clermont）會議上發動第一次十字軍東征的演講的記載，是保存至今唯一的文字記載。富歇爾後來追隨布洛涅的鮑德溫（Baldwin of Boulogne，後來的耶路撒冷國王鮑德溫一世），參加了第一次十字軍東征。他撰寫了關於東征和耶路撒冷王國的史書。

⑩ 第一個承認基督教為國教的國家應為亞美尼亞，時間為西元三世紀末至四世紀初。

表。城內隨處可見基督教信仰的痕跡：教堂的高高穹頂、教堂鐘聲和木鑼聲、修道院、數量眾多的僧侶和修女、大街和城牆上沒有盡頭的聖像遊行。虔誠的城民和他們的皇帝始終生活在不停歇的祈禱聲和基督教儀式中。齋戒、瞻禮日和整晚的守夜構成了生活的日常、時序和基礎。這座城市儲存著從聖地收集來的基督教的眾多聖物，令西方基督徒非常眼紅。施洗者約翰的頭骨、耶穌臨終前戴過的荊棘王冠、十字架上的釘子、聖墓上的石塊、諸位使徒的遺留物，以及上千種其他的神奇物品被盛放在黃金打造的聖物匣內，匣子上鑲嵌著珠寶。東正教透過馬賽克和聖像的鮮豔色彩，點有油燈的昏暗教堂內不斷跪拜起伏的複雜禮拜儀式的神祕之美（正是這儀式讓教會和皇帝都沉浸在一種如迷宮般的華麗氛圍中，陶醉在如身處天堂般的感官體驗），對群眾的情感施加了極其強大的影響。一位於一三九一年目睹皇帝加冕禮的俄羅斯訪客深深為儀式的緩慢和奢華震撼不已：

> 在此期間，贊禮員吟唱了一曲美麗驚奇的樂曲，完全超越人的理解能力。皇室隊伍前進得極其緩慢，從大門走到皇座所在的平台花了足足三個鐘頭。十二名從頭到腳覆蓋鏈甲的武士環繞在皇帝周圍。在他前面走著兩名黑頭髮的旗手。旗杆、旗手的服裝和帽子都是紅色的。在旗手前面是若干傳令官，他們的權杖包著白銀……皇帝走上平台，穿上紫色皇袍，戴上飾有圓鋸齒的皇冠……然後禮拜儀式開始了。誰能將眼前的光輝燦爛完整地描述出來呢？[18]

在城市中心矗立著氣勢恢宏的聖索菲亞大教堂，就像一艘巨艦停泊於此。查士丁尼在僅僅六年內就建成聖索菲亞大教堂，並於西元五三七年向公眾開放。這是古典時代晚期最了不起的建築，不僅規模宏大，而且無比壯美。沒有廊柱支撐的高高穹頂讓親眼目睹的人也嘖嘖稱奇，認為它是個無法理解的奇跡。普羅科匹厄斯說：「它似乎不是建在堅固的磚石之上，而是漂浮在半空中，遮蓋著下方的空間。」[19]穹頂覆蓋的空間如此之大，足令初次看到它的人目瞪口呆。拱頂裝飾著面積達四英畝的黃金馬賽克，如此的金碧輝煌，按照「示默者」保羅（Paul the Silentiary）⑪的說法，「金光如流水般傾瀉而下，讓人們眼花撩亂，幾乎無法直視」，同時大量的彩色大理石讓觀者陶醉。它們看上去如同「撒滿星辰……像牛奶被潑灑在閃耀的黑色平面上……或者像大海或祖母綠，抑或碧草中的矢車菊，間或有幾點雪白」[20]。十世紀時，從基輔（Kiev）前來尋求真理的俄羅斯人目睹了聖索菲亞大教堂內禮拜儀式的壯美，最終導致俄羅斯皈依了東正教。俄羅斯訪客們如此記述道：「我們不知道，自己是身處天堂還是人間。因為人間不可能有如此的輝煌和美麗，我們不知道如何描述。我們只知道，在那裡，上帝就居住在凡人中間。」[21]東正教的細緻華麗與伊斯蘭教的簡單質樸形成了鮮明的對比。伊斯蘭教提供的是沙漠地帶抽象的樸素，一種在任何看得見太陽的地方都可以進行的膜拜，以及與神的直接交流；東正教則富含形象、色彩和音樂，以及將靈魂引向天堂的神祕力量，那令人陶醉的隱喻。兩種宗教同樣執著地要讓全世界皈依他們的信仰。

⑪ 西元六世紀時的拜占庭詩人。他擔任查士丁尼大帝宮廷的官員，負責維持肅靜，因此被稱為「示默者」保羅。他創作關於聖索菲亞大教堂的長詩為後世描繪了該建築曾有的光輝燦爛。

拜占庭人的宗教熱誠在基督教歷史上達到了難以匹敵的高度。有時會有太多的軍官出世修道，以至於威脅到帝國的穩定；人們在大街上也會激烈地探討神學問題，有時甚至導致騷亂。「這座城市的工匠和奴隸個個都是神學家，」一個為此感到惱火的外鄉人說道，「如果你找人兌換錢幣，他會告訴你，聖子和聖父如何不同。如果你詢問一塊麵包的價錢，他會爭論說，聖子低於聖父。如果你問洗澡水準備好了沒有，會有人告訴你，聖子由虛無而生。」[22]基督是一個神格還是多個？聖靈生自聖父，還是生自聖父與聖子？聖像是褻瀆神明的還是聖潔的？這些問題可不是在閒扯——得到拯救還是遭天譴，就取決於如何回答它們。在帝國的生活中，關於正統教義和異端的爭執就像內戰一樣激烈，而且和內戰同樣嚴重地威脅著帝國的統一。

但奇怪的是，拜占庭基督教同樣又是宿命論的。萬物皆由上帝決定，任何的不幸，從丟失錢包到城市遭圍困，都被認為是個人或集體罪孽所招致的。皇帝

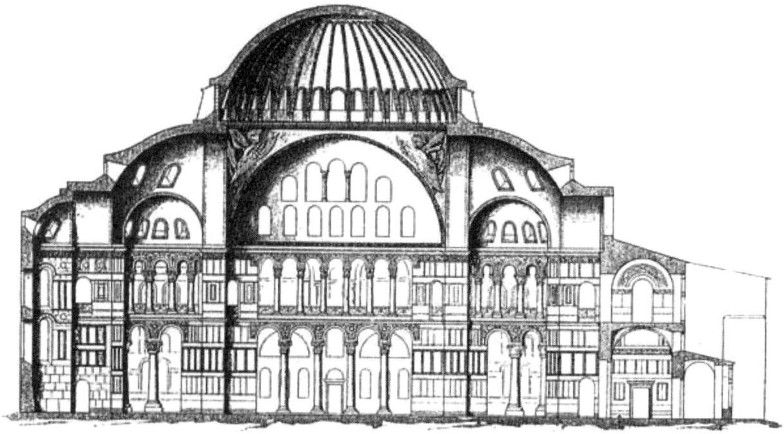

圖7　聖索菲亞大教堂剖面圖

是由上帝指定的，但如果他在一場宮廷政變中被推翻——被密謀者亂刀砍死，或在浴室內被刺殺，或被人勒死，或被拴在馬後拖死，或被刺瞎雙目、流放遠地（皇帝的命運也毫無穩固性可言，這一點是人所共知的）——這也是上帝的旨意，說明皇帝犯下了某種隱匿的罪孽。因為可以預測人的命運，拜占庭人極其迷信，對預言特別癡迷。缺乏安全感的皇帝常常會隨意翻開《聖經》，尋找能夠指示他們命運的線索；占卜是一種主要職業，雖然常常被教會譴責，但仍根深柢固，無法將它從希臘人的靈魂中驅逐。有些占卜的方式非常怪異。西元九世紀，一位到訪的阿拉伯人目睹拜占庭人用一匹馬來預言遠方戰役的進展：「馬匹被帶進教堂，那裡懸掛著馬籠頭。如果馬咬住籠頭，人們就說：『我們在伊斯蘭的土地上獲得了一場勝利。』而有時馬會走近籠頭，嗅一嗅它，調轉身子，再也不接近籠頭。如果發生這樣的情

圖8　帝國高層發生的事故：皇帝羅曼努斯三世（Romanos III）在浴室暴斃

況，人們就會心情沉重地離去，預料將遭到失敗。」[23]

好多個世紀裡，拜占庭和它的都城的形象如同太陽一樣燦爛，就像萬有引力一樣吸引著它疆界之外的世界。它給人的印象是無比富饒、萬古長存。它的貨幣「拜占特」（bezant）印有皇帝的頭像，在中東也是硬通貨。拜占庭仍然享有羅馬帝國的威望；在穆斯林世界，拜占庭被簡單地稱為「羅馬」；和羅馬一樣，它也吸引了它大門之外的半野蠻遊牧民族的貪欲和嫉妒。從巴爾幹半島到匈牙利平原，從俄羅斯森林到亞洲大草原，一波波遊牧部落敲打著它的防線：匈人和哥德人、斯拉夫人和格皮德人（Gepids）⑫、韃靼阿瓦爾人（Tartar Avars）⑬和突厥保加爾人，以及野蠻的佩切涅格人（Pechenegs）⑭，都在拜占庭世界橫衝直撞。

在鼎盛時期，帝國統治著從義大利到突尼斯（Tunis）的地中海地區。但在這些鄰居的壓力之下，帝國不斷地擴張或者收縮，就像一張巨大的地圖，邊角無時無刻不在捲曲。年復一年，帝國的陸、海軍從馬摩拉海岸的大型港口出征，旌旗招展、號角齊鳴，要嘛是去收復某個行省，要嘛是去穩定某段邊疆。拜占庭是一個永遠在戰鬥的帝國，而君士坦丁堡由於它歐、亞十字路口中心的地理位置，不斷受到來自歐洲和亞洲的壓力。在帝國的最初五百年中，不知有多少支異族軍隊曾沿著君士坦丁堡的陸牆安營紮寨，阿拉伯人不過是其中最為堅決的一支。波斯人和阿瓦爾人於西元六二六年兵臨城下；保加爾人在八、九、十世紀多次進攻；俄羅斯的伊戈爾（Igor）王子於九四一年來到這裡。對希臘人來說，圍城是一種心理狀態，也是他們最古老的神話。除了《聖經》，人們還熟知荷馬講述的特洛伊的故事。這讓希臘人既講求實際，又非常迷信。維護城牆是公民們的一項長期義務；糧倉內總是儲有大量糧食，蓄水池總是蓄滿水源，但東正教會認為精神上的防禦也有極其重要的意義。聖母是城市的主保聖人；在危急時刻，人們會高舉祂的聖像沿著城牆遊行。人們相信，在七一七年的圍城戰中，君士坦丁堡就是因為聖母的佑護才得救的。這些聖像賦與的自信心可與《古蘭經》媲美。

在陸牆之外安營紮寨的任何一支軍隊都無法打破這些物質和精神上的防禦。任何一個企圖征服君士坦丁堡的野心家都沒有攻城拔寨的技術、海上封鎖所需的海軍力量，或是透過飢餓讓守軍屈服的耐心。拜占庭帝國雖然常常走在崩潰的邊緣，卻總顯現出驚人的生命力。城市堅固的基礎設施、帝國機構的力量，以及總在危急時刻機緣巧合地出現的傑出領袖，都使得東羅馬帝國得以頑強地延續下去。在它的公民和敵人看來，它似乎將萬古長存。

但阿拉伯人攻城的經歷對君士坦丁堡產生了深遠的影響。人們認識到，伊斯蘭是一股極其強大的對抗力量，從本質上與其他敵人迥然不同；拜占庭人關於撒拉森人（Saracens，這是基督教世界對阿拉伯人的稱呼）的預言表達出了他們對於世界未來的不祥預感。有一位作家聲稱，阿拉伯人就是《啟示錄》（*Book of Revelation*）中的第四頭野獸，它「就是世上必有的第四國，與一切

---

⑫ 古代東日耳曼部落，與哥德人有血緣關係，一度在波羅的海地區活動，四世紀時被納入阿提拉的匈人帝國，後於西元四五四年擊敗匈人，獨立建國，最後被拜占庭消滅。

⑬ 阿瓦爾人是古時歐亞大陸的一個遊牧民族，約在西元六世紀遷徙到歐洲中部和東部。阿瓦爾人起源於亞洲中部，大部分人認為他們屬於泛蒙古—突厥語族，一說他們就是中國典籍中記載的古代遊牧民族柔然的殘部。

⑭ 佩切涅格人出自中亞的突厥語族，十世紀時到達頓河和多瑙河下游，在十一世紀時與拜占庭帝國發生衝突，在十一世紀末至十二世紀初的幾場戰爭中他們被拜占庭帝國擊敗，後來在匈牙利定居下來，逐漸融入到當地居民中。

國大不相同，必吞吃全地，並且踐踏嚼碎」[24]⑮。十一世紀末，拜占庭遭遇伊斯蘭世界的第二次重擊。它發生得如此突如其來，當時無人能夠理解其意義。

⑮ 出自《舊約聖經》中的《但以理書》（*Book of Daniel*），第七章，第二十三節。《啟示錄》中也提及這個隱喻。

第二章　伊斯坦堡的夢想

一〇七一至一四二二年

我看見，真主令帝國的陽光照耀土耳其人的家宅，將天堂環繞在他們的領地周圍，為他們取名為「土耳其人」，賦與他們權柄，讓他們成為時代的帝王，讓他們統轄當時的人民。[1]

——喀什噶里（al-Kashgari）①

土耳其人的粉墨登場再次喚醒了昏昏欲睡的聖戰精神。他們最早出現在拜占庭的地平線上是在西元六世紀，當時他們派遣使者前往君士坦丁堡，尋求與其結盟，共同對抗波斯帝國。對拜占

① 馬赫穆德・喀什噶里（Mahmud al-Kashgari，一〇〇五至一一〇二年），是出生於中國喀什的維吾爾族大學者。一〇七二至一〇七七年間，他在巴格達用阿拉伯文編纂了舉世聞名的《突厥語大詞典》（*Diwān Lughāt al-Turk*）一書，並獻給了阿拔斯王朝的哈里發。

庭人來說，土耳其人不過是連續不斷奔向偉大帝都的眾多民族中的一支。土耳其人的家園在黑海以東，一直延伸到中國。他們是居住在一望無垠的中亞大草原上的異教徒。每隔一段時間，就有一波遊牧劫掠民族從中亞出發，蹂躪遠方的定居民族。他們的語言給我們留下了ordu這個詞（後來演化為英語的horde，意思是「部落」、「一大群人」），給我們的記憶留下了印跡，就像是沙地上模糊的馬蹄印。

早在拜占庭人知道這些突厥遊牧民族②的名字之前，就已經飽受他們的摧殘。最早侵襲定居的希臘人的突厥民族可能是匈人，他們在五世紀橫掃了基督教世界；緊隨其後的是保加爾人。每一波侵襲者都像蝗災一樣不可解釋，大肆蹂躪拜占庭的國度。拜占庭人把這些侵擾歸咎於上帝對基督徒罪孽的懲罰。就像與他們有血緣關係的蒙古人一樣，突厥諸民族也是生活在馬鞍上，頭頂蒼天、腳踩大地，透過薩滿的中介膜拜天地。他們天性好動、不肯安分，以部落為單位群居，以放牧和劫掠鄰人為生。他們生來就是要劫掠戰利品，城市是他們的敵人。他們使用的複合弓和乘騎的機動戰術使得他們在軍事力量上遠遠超過定居民族。阿拉伯史學家伊本．赫勒敦（Ibn Khaldun）③認為這是歷史進程的關鍵。「定居民族習慣於懶惰和安逸，」他寫道，「他們以為有了環繞他們的城牆和保護他們的堡壘就能高枕無憂。貝都因人（Bedouin）沒有城門，也沒有城牆。他們總是隨身攜帶武器。他們警惕地觀察道路的各個方向。他們只會坐在馬鞍上匆匆地打個盹，不會放縱地呼呼大睡……他們對遠方微弱的犬吠聲和其他噪音都高度警覺。堅忍不拔是他們的特徵，英勇無畏是他們的天性。」[2]這個主題很快就將在基督教和伊斯蘭世界再次迴盪。

中亞的持續動盪迫使這些突厥部落向西遷徙。到西元九世紀，他們已經與伊朗和伊拉克的穆斯林居民建立了聯繫。巴格達的哈里發認識到他們卓越的戰鬥技能，招募他們進入軍隊，做為奴隸士兵。十世紀末，邊疆地帶的突厥人已經完全皈依伊斯蘭教，但仍然保持著自己的種族身分和語言，且很快就將從他們的主子那裡篡奪權力。到十一世紀中葉，巴格達出現了一個由土耳其人做為蘇丹統治的王朝——塞爾柱（Seljuk）王朝。十一世紀末，從中亞到埃及的伊斯蘭世界的大部分地區已經由土耳其人統轄。

土耳其人在伊斯蘭世界的迅速崛起不僅沒有受到阿拉伯人的怨恨，反而被普遍認為是天意的奇跡，真主如此決定「是為了讓奄奄一息的伊斯

圖9　伊斯蘭教與基督教的衝突：穆斯林與十字軍

② 突厥語族主要分布在歐亞大陸，目前全球約有一億八千萬的人口使用突厥語族的語言，土耳其是突厥語族的一個分支。

③ 伊本・赫勒敦（一三三二至一四〇六年），阿拉伯歷史學家、哲學家、人口學家、經濟學家，被認為是現代歷史學、社會學和經濟學的奠基人之一。他曾在突尼斯、費茲（Fez）和格拉納達（Granada）的宮廷任職，一三七五年從政壇退隱後，撰寫了他的傑作《歷史緒論》（*Muqaddimah*），書中研究了社會性質和社會變遷，發展出最早的非宗教性的歷史哲學。他還寫了一部有關北非穆斯林歷史的著作《訓誡書》。一三八二年，他前往開羅，被指派為教授和宗教法官。赫勒敦被廣泛認為是中世紀阿拉伯世界的一位偉大學者。

蘭起死回生，恢復穆斯林的和諧統一」[3]。當時埃及出現了一個非正統的什葉派王朝，因此敬奉正統遜尼派信仰的塞爾柱土耳其人成為合法的「加齊」（gazis，指反對異教徒和伊斯蘭異端信仰的聖戰者）。積極進取的伊斯蘭精神和土耳其人的好戰天性水乳交融；對劫掠的渴望在為真主效勞的大旗下，獲得合法化。在土耳其人的影響下，伊斯蘭教恢復了阿拉伯人征服戰爭早期的熱情，再次展開針對基督教敵人的大規模聖戰。儘管薩拉丁（Saladin）本人是個庫德人（Kurd），但他和他的繼承人率領的軍隊卻具有土耳其人的精神風貌。拉旺迪（al-Rawandi）④在十三世紀寫道：「讚美真主，伊斯蘭得到了強大的支援……在阿拉伯人、波斯人、羅馬人和俄羅斯人的土地上，土耳其人手持利劍，對他們的利劍的恐懼深深植入人們的內心。」[4]

沿著安納托利亞南部的邊界，基督徒和穆斯林之間的戰爭已經平靜地醞釀了幾百年，在這股新生力量的驅動下迅速爆發。巴格達的塞爾柱統治者被一個不受管控的遊牧部落——土庫曼人（Turkmen）深深困擾。土庫曼人渴望劫掠，在伊斯蘭腹地發出了不和諧的聲音。於是塞爾柱蘇丹鼓勵這些部落戰士把他們的力氣發洩到西面的拜占庭——羅馬人的帝國。到十一世紀中葉，四處打劫的聖戰者以伊斯蘭的名義頻繁地襲擊基督教的安納托利亞，迫使君士坦丁堡皇帝採取果斷的反制行動。

一〇七一年三月，拜占庭皇帝羅曼努斯四世（Romanus IV）御駕親征，揮師東進，力圖挽救時局。八月，他在安納托利亞東部的曼齊刻爾特（Manzikert）遭遇了敵人，但這股敵人不是土庫曼人，而是一支塞爾柱大軍，指揮官是卓越的統帥艾勒卜．艾爾斯蘭（Alp Arslan）蘇丹，綽號「英雄的雄獅」。當時的局勢頗為奇特。蘇丹並不願意交戰。他的主要目標不是與基督徒作戰，而是消滅深受憎惡的埃及什葉派政權。他提出休戰，但被羅曼努斯四世拒絕。在隨後發生的戰役中，穆斯林軍隊取得了壓倒性勝利，典型的遊牧民族伏擊戰術，以及拜占庭雇傭兵部隊的叛變決定了戰局。羅曼努斯四世本人遭生俘，被迫親吻躊躇滿志的蘇丹面前的泥土。蘇丹一隻腳踩在羅曼努斯四世屈服的脖頸上，以彰顯他的勝利和敵人的降服。這是世界史的一個轉捩點，但對君士坦丁堡來說則是一場災難。

對拜占庭人來說，曼齊刻爾特戰役這一天是「恐怖之日」，這場驚天動地的慘敗將深刻影響他們的未來。戰敗的結果是災難性的，儘管君士坦丁堡的人們當時還沒有立刻理解它的嚴重性。土庫曼人蜂擁進入安納托利亞，絲毫不受阻擋。先前他們只是劫掠一番就撤退，現在則站穩了腳跟，不斷向安納托利亞西部這個被譽為雄獅頭顱的地區挺進。在經歷伊朗和伊拉克的熾熱沙漠之後，這些來自中亞、以帳篷為家、以雙峰駱駝為友的遊牧部落，終於找到了一片適合自己的綿延起伏的高原。與他們如影隨形的是正統的遜尼派伊斯蘭教以及更為狂熱的教派：蘇菲派（Sufis）、德爾維希（Dervishes）⑤，以及雲遊聖人（他們既鼓吹聖戰，也宣揚對聖人的神祕主義的崇敬，

---

④ 穆罕默德・本・阿里・拉旺迪（Muhammad bin Ali Rawandi），十二至十三世紀波斯史學家，撰寫了關於塞爾柱王朝覆滅及花剌子模（Khwarezm）王朝入侵的史書。

⑤ 德爾維希是伊斯蘭教蘇菲派教團的成員。這些神祕主義者強調透過狂喜、舞蹈和旋轉表達獻身的情感。德爾維希可以集體生活，也可以在俗；雲遊四方的德爾維希叫做「托缽僧」，常被視為具有神奇力量的聖人。多數穆斯林將他們視為非正統和極端分子，但該運動已持續至今。

後者對基督徒來說也很有吸引力）。曼齊刻爾特戰役的僅僅二十年後，土耳其人就抵達了地中海海岸。成分混雜的基督徒平民大體上沒有做任何抵抗，有的人改宗伊斯蘭教，其他人則因為擺脫了君士坦丁堡的苛捐雜稅和壓榨剝削而心滿意足。伊斯蘭教認為基督徒是「有經者」⑥，因此基督徒得到了法律保護和信仰自由。從正統東正教分裂出去的一些派別甚至熱烈歡迎土耳其人的統治。「由於土耳其人統治得公正和井井有條，他們更願意受土耳其人統治。」敘利亞的邁克爾（Michael the Syrian）⑦如此寫道。「土耳其人對神祕的信條一無所知，因此與希臘人（他們是一個邪惡和離經叛道的民族）完全相反，不會探究信教行為，也不會迫害宗教異己。」[5]拜占庭國內的紛爭鼓勵土耳其人更進一步，他們很快就受邀參加把拜占庭鬧得四分五裂的內戰。土耳其人輕而易舉地征服了小亞細亞，受到的抵抗又是如此的微不足道；到了一一七六年，又一支拜占庭軍隊遭到慘敗，此時已經沒有將土耳其入侵者打退的任何希望了。曼齊刻爾特戰役的結果是不可逆轉的。到了一二二〇年代，西歐作家已經將安納托利亞稱為「土耳其」。拜占庭永遠喪失了這個糧食與人力的來源。幾乎在同一時間，另一場同樣嚴重的災難，從一個出人意料的方向降臨到君士坦丁堡。這一次的敵人是基督教西歐。

✯

十字軍東征的初衷是遏制伊斯蘭教土耳其人的軍事征服。一〇九五年在克萊芒，教宗烏爾班二世做了一場改變人類命運的布道，倡議反對塞爾柱人，「一個受詛咒的種族，與上帝徹底隔絕的種族」，鼓吹「將這個邪惡種族從我們的土地上完全驅逐出去」[6]，就此發動了長達三百五十年的十字軍東征。儘管拜占庭人對西歐的基督徒兄弟提供了支援，但十字軍東征對拜占庭人來說卻是一場漫長的磨難。從一〇九六年開始，一波波四處劫掠的西歐騎士先後來到拜占庭，跌跌撞撞地穿過帝國疆土，南下前往耶路撒冷，期待著從他們的東正教兄弟那裡獲得支持、給養和感激。雙方的接觸帶來了彼此的不理解和不信任。雙方都有機會對東、西方風俗習慣和信仰方式的差別進行觀察。在希臘人看來，這些身披重甲的西歐兄弟比粗魯野蠻的冒險家好不了多少，他們的聖戰使命也不過是虛飾為虔誠舉措的軍事征服。「他們驕橫跋扈、生性殘忍……而且對拜占庭帝國抱有根深柢固的仇恨。」[7]尼西塔斯·科尼阿特斯（Nicetas Chroniates）⑧如此抱怨道。事實上，拜占庭人對已經定居下來的穆斯林鄰居更有好感。在伊斯蘭聖戰最初爆發之後的幾百年內，拜占庭人和穆斯林一直有著近距離的接觸，雙方非常熟悉，也互相尊重。「儘管我們的風俗、習慣和宗教信仰不同，但我們必須像兄弟一樣和睦相處。」[8]君士坦丁堡的一位牧首曾這樣寫信給

---

⑥伊斯蘭教所說的「有經者」指的是受神啟示者，具體常指猶太人和基督徒。「有經者」的特徵為：信仰唯一的神；有共同的先知，如摩西（天主教稱梅瑟，伊斯蘭教稱穆薩）；信世界末日、死後復活、審判、天堂、天使；相信創造說。由於《古蘭經》對「有經者」的態度並不一致，故穆斯林對猶太人及基督徒的態度時有不同。在穆斯林國家，「有經者」屬於受保護的第二等公民，至於多神教與無神論者則不在受保護之列。

⑦敘利亞的邁克爾（一一二六至一一九九年），敘利亞正教的牧首，著有鴻篇巨著《編年史》（*The Chronicle*），從創世一直寫到他自己的時代，尤其是十字軍東征等史實。

⑧尼西塔斯·科尼阿特斯（約一一五五至一二一五／一二一六年），拜占庭史學家，著有記載一一一八年至一二〇七年拜占庭歷史的著作，其中最有史料價值的是對一二〇四年十字軍占領君士坦丁堡的記述。

巴格達的哈里發。十字軍則把拜占庭人視為墮落的異端分子，有非常危險的東方化的世界觀。常有塞爾柱和土耳其士兵為拜占庭人作戰；十字軍還震驚地發現，供奉給聖母的君士坦丁堡城裡居然還有一座清真寺。「君士坦丁堡因富庶而傲慢，行為陰險狡詐，信仰腐敗墮落。」[9]十字軍戰士德伊的厄德（Odo de Deuil）⑨如此宣稱。君士坦丁堡的財富和鑲嵌寶石的聖物更是讓十字軍戰士們目瞪口呆、垂涎三尺。這是一個凶險的預兆。十字軍戰士們發回諾曼第和萊因河畔小城的信件中漸漸出現了一種隱晦的嫉妒。「自創世以來，」香檳（Champagne）省軍務官⑩寫道，「從沒有如此多的財富聚集在一座城市中。」[10]這是難以抵抗的誘惑。

西歐對拜占庭帝國軍事、政治和商業上的壓力已經積累了很長一段時間，但到十二世紀末期，這種壓力在君士坦丁堡城內已經非常具體和明顯了。城內蓋起了一座很大的義大利貿易區，威尼斯人和熱那亞人得到了一些特權和利益。投機取巧、唯利是圖的義大利人不受拜占庭人的歡迎。熱那亞人在金角灣對岸的加拉塔（一座有城牆的城鎮）設有自己的殖民地；威尼斯人的殖民地「極其富庶和繁榮，但也極其傲慢無禮，甚至蔑視帝國的權威」[11]。君士坦丁堡城民中掀起了一股股排外的情緒。一一七一年，希臘人攻陷並摧毀了加拉塔。一一八三年，拜占庭將領「恐怖的」安德洛尼卡（Andronikos）⑪命人血洗了整個義大利社區。

一二〇四年，相互猜忌和暴力流血的歷史再次於君士坦丁堡上演，引爆了一場可怕的災難，讓希臘人永遠無法原諒天主教西歐。在基督教歷史中最詭譎的一個篇章中，第四次十字軍東征的隊伍乘坐著威尼斯船艦，名義上是出征埃及，實際上卻轉而進攻君士坦丁堡。此次行動的幕後黑手是恩里科・丹多洛（Enrico Dandolo）——八十歲高齡、據說雙目失明⑫的威尼斯執政官，他詭計多端，親自領導了此次遠征。龐大的艦隊搜羅到一名自稱有權繼承皇位的人，打著他的旗號，於一二〇三年六月從馬摩拉海北上。十字軍戰士們看到左舷前方恍然出現的竟是君士坦丁堡，一座具有極其重要基督教意義的城市，而不是埃及海岸時，想必也吃了一驚。威尼斯戰船粉碎了保護金角灣的鐵鍊，衝到前灘，企圖突破海牆，但失敗了。八十歲的執政官手執聖馬可（Saint Mark）的旗幟，跳上海灘，鼓勵威尼斯人奮勇作戰。士兵們衝上了城牆；覬覦皇位的阿歷克塞（Alexios）被推舉為皇帝。⑬

---

⑨ 德伊的厄德（一一一〇至一一六二年），法蘭西教士和史學家。他做為法蘭西國王路易七世（Louis VII）的神父，追隨國王參加了第二次十字軍東征，並撰寫了此次征伐的歷史。在該書中，他指責是拜占庭人的背叛造成了東征的失敗。

⑩ 即維爾阿杜安的若弗魯瓦（Geoffrey of Villehardouin，一一六〇至約一二一二年），法國騎士與史學家。「香檳省軍務官」是他的封號。他參加了第四次十字軍東征，目睹一二〇四年十字軍占領君士坦丁堡。他的著作《征服君士坦丁堡》（*De la Conquête de Constantinople*）是流傳至今最早的法文散文作品。他被認為是當時最重要的史學家之一。

⑪ 即後來的拜占庭皇帝安德洛尼卡一世（一一一八至一一八五年），科穆寧（Komnenos）王朝的末代皇帝，他的兩個孫子建立了特拉比松（Trebizond）帝國。安德洛尼卡是精明強幹的名將和政治家，同時也是傳奇的風流情聖和殘酷的暴君。下文會提到，他的下場極其悲慘。

⑫ 據說他早年行商時曾在君士坦丁堡被迫害下獄並被弄瞎雙眼，當時正是君士坦丁堡人排斥威尼斯商人的時候。有人認為這是他後來血洗君士坦丁堡的私人原因。

⑬ 即阿歷克塞四世（Alexios IV，一一八二至一二〇四年）。他的父親是皇帝伊薩克二世（Isaac II）。伊薩克二世的兄弟阿歷克塞於一一九五年篡權（史稱阿歷克塞三世，Alexios III），並將伊薩克二世與其子阿歷克塞囚禁。一二〇一年，義大利商人將阿歷克塞救走，送到神聖羅馬帝國。阿歷克塞得到西方人的支持，將第四次十字軍東征的目標改為君士坦丁堡，

在勾心鬥角、玩弄詭計了一個冬天之後，漸漸焦躁不安的十字軍於次年四月徹底洗劫了君士坦丁堡。隨後，城內發生駭人聽聞的大屠殺，城市的很大一部分被付之一炬。「被燒毀的房屋比法蘭西王國三座大城市的房屋總數還要多。」法蘭西騎士維爾阿杜安的若弗魯瓦如此宣稱。君士坦丁堡偉大的藝術遺產遭受可恥的野蠻破壞，聖索菲亞大教堂慘遭褻瀆和洗劫。「他們把騾馬牽進教堂，」史學家尼西塔斯寫道，「以便更好地運走聖器，以及從寶座、講道壇、門、家具和其他地方拆下的雕刻金銀器物；有些牲畜跌跤倒下，他們就用劍殺死牠們，汙血和糞便汙染了教堂。」[12]威尼斯人劫走了大量雕塑、聖物和其他珍貴器物，用來裝點他們自己的聖馬可教堂，其中包括自君士坦丁大帝時代以來就一直矗立在賽馬場上的四座青銅駿馬。君士坦丁堡成了一座硝煙滾滾的廢墟。「哦，城市，城市，所有城市的眼睛，」史學家尼西塔斯哀嘆道，「你飲盡了上帝的憤怒之杯。」[13]這個回應是典型拜占庭式的——將災難歸於上帝的懲罰。但不管這場災難是人為還是天定，結果都是一樣的——君士坦丁堡自此一蹶不振，以往的光輝燦爛如今只剩下一個鬼影。隨後的將近六十年裡，這座城市變成了「君士坦丁堡的拉丁帝國」（Latin Empire of Constantinople），由法蘭德斯（Flanders）伯爵及其繼承人統治。拜占庭帝國被肢解為一連串零散的法蘭克國家和義大利殖民地，很大一部分平民則逃往希臘。拜占庭人在安納托利亞的尼西亞（Nicaea）建立了一個流亡政權，且成功地抵擋住土耳其人的後續入侵。一二六一年，拜占庭人收復了君士坦丁堡，卻發現城市的基礎設施已接近全毀，其領地也已銳減為若干分散的碎片。拜占庭人努力重整旗鼓，抵禦來自西歐的新危險，因此暫時忽略了伊斯蘭的安納托利亞。他們將為此付出慘重的代價。

✯

安納托利亞持續受到東方人口遷徙的衝擊。君士坦丁堡遭十字軍洗劫的兩年後，一位名叫鐵木真的部族領袖，成功地團結起在蒙古腹地互相廝殺的遊牧部落，組成一支軍隊，並獲得了「成吉思汗」（意思是「普世君主」）的尊號。肩披長髮、崇拜長生天的蒙古人以可怕的迅猛速度殺入了伊斯蘭世界。波斯陷入一片混亂，背井離鄉的人們潮水般地向西遷徙，湧入安納托利亞。這片大陸是不同民族命運的大熔爐：希臘人、土耳其人、伊朗人、亞美尼亞人、阿富汗人、喬治亞人（Georgian）。一二四三年，蒙古人打敗了這一地區最統一和強大的國家——塞爾柱人建立的魯姆蘇丹國（Sultanate of Rum），隨後安納托利亞四分五裂為若干小國，如同馬賽克一般。四處遊蕩的土耳其部落發現西方沒有土地可以供他們遷徙；再也沒有異教鄰國可以做為發動伊斯蘭征服戰爭的對象。他們抵達海岸時，有些人得到船隻，開始劫掠拜占庭海岸地區；其他人則互相廝殺起來。安納托利亞一片混亂、四分五裂、險象環生，無法無天的西部地區遍布著強盜、土匪和宗教狂熱分子（他們信仰的是神祕主義的蘇菲派信條和正統遜尼派教義的混合體，非常激進和狂熱）。土庫曼人仍然安坐在他們飾有刺繡的深深馬鞍上，在綿延的天際漫遊，尋找可供劫掠的財富，遵循聖戰者的傳統，不斷行進。但只有一個沒沒無聞的小國，即鄂圖曼部落，還與安納托利

希望借助十字軍的力量奪回皇位。十字軍占領君士坦丁堡後，已經被戳瞎雙眼的伊薩克二世與阿歷克塞四世共同統治。其後，阿歷克塞與他的父親以及十字軍的矛盾愈來愈深，最終導致十字軍洗劫君士坦丁堡。阿歷克塞四世被廷臣刺殺。

亞西北部的異教徒土地（即拜占庭）有所接觸。

今天我們將這些人稱為「鄂圖曼人」，但沒人知道他們的真正起源。一二八〇年前後，他們從沒沒無聞的眾多土庫曼遊牧部落中迅速崛起。他們是一群目不識丁的戰士，居住在帳篷裡，用樹木點燃篝火，騎在馬背上統治眾人，把拇指印當做簽名。後來的鄂圖曼帝國製造神話，重建了鄂圖曼的歷史。根據傳說，部族領袖奧斯曼（Osman）註定要成就一番偉業。一天夜裡，他做了一個夢，在夢中看見君士坦丁堡「坐落在兩片大海和兩塊大陸的連接點，看似兩塊藍寶石和兩塊綠寶石之間的鑽石，君士坦丁堡成為一只指環上的寶石，這指環代表坐擁全世界的龐大領地」[14]。奧斯曼繼承了聖戰者的衣缽，他的部落對此加以利用。一半靠運氣，一半靠機智，鄂圖曼從一個蕞爾小國轉變為他夢想中的世界霸權。

奧斯曼的領地位於安納托利亞西北部，與保衛君士坦丁堡的拜占庭周邊防禦圈接壤。對面就是尚未征服的異教土地，因此這裡成了吸引聖戰者、冒險家和渴望擁有自己土地的難民的磁石，這些人都打算在鄂圖曼統領下試試自己的運氣。奧斯曼是一個與人民緊密聯繫的部族領袖。同時，鄂圖曼人由於鄰近拜占庭國家，擁有一個得天獨厚的條件：他們可以研究拜占庭，並模仿它的結構。鄂圖曼部落的確是「在馬背上」學習的，他們以驚人的學習速度吸收了拜占庭的技術、禮儀和戰術。一三〇二年，奧斯曼首次打敗拜占庭人，贏得了巨大的威望，也吸引更多人加入他的大業。他率軍繼續推進，打擊搖搖欲墜的拜占庭帝國防禦陣線，成功地將布爾薩（Bursa）城⑭分割包圍。奧斯曼沒有攻城的技術，因此耐心地圍城達七年之久，最後他的兒子奧爾汗一世（Orhan I）在一三二六年攻克了這座城市，為他的小王國奠定了都城。一三二九年，奧爾汗一世在佩雷卡諾斯（Pelekanos）⑮擊敗了拜占庭皇帝安德洛尼卡三世（Andronikos III），斷絕拜占庭在安納托利亞繼續保有城市的希望。這些城市接二連三地陷落了：尼西亞於一三三一年被占領；尼科米底亞（Nicomedia）在一三三七年陷落；斯庫塔里（Scutari）⑯於次年被占領。穆斯林戰士現在可以在自己的土地上縱馬奔馳，一直馳騁到海邊，眺望博斯普魯斯海峽對岸的歐洲。他們可以看得見遠方的君士坦丁堡：綿延的海牆、聖索菲亞大教堂的巨大穹頂、塔樓和宮殿上招展的皇旗。

征服者一路將攻克的城市的希臘名稱改換為母音和諧的土耳其名字。士麥拿（Smyrna）變成了伊茲密爾（Izmir）；尼西亞（「尼西亞信經」〔Nicene Creed〕⑰的誕生地）被改稱伊茲尼克（Iznik）；普魯薩變換了子音，變成布爾薩。至於君士坦丁堡，鄂圖曼人雖然繼續沿襲阿拉伯語的說法，在官方說法中稱其為「君士坦丁堡」（Kostantiniye），但日常的俚俗土耳其語把它變成

⑭ 今天在土耳其西北部，古稱普魯薩。西元前三世紀建城，在羅馬及拜占庭時期頗為繁華。一二〇四年君士坦丁堡被十字軍攻陷後，該城是拜占庭的抵抗中心。十四世紀初，鄂圖曼人奪取該城，建為最早的國都。十五世紀初為帖木兒（Timur）征服，後又被鄂圖曼人奪回。其後鄂圖曼帝國遷都君士坦丁堡，但布爾薩仍持續繁榮。今天為土耳其的農業中心，以生產地毯聞名，城裡還有很多十五世紀遺留下來的清真寺。

⑮ 克里特島西部的一座港口城市。

⑯ 今稱於斯屈達爾（Üsküdar），是伊斯坦堡的一個區，位於博斯普魯斯海峽的安納托利亞一側。

⑰ 「尼西亞信經」是西元三二五年的第一次尼西亞大公會議（First Council of Nicaea）上制定的有關基督教信仰的一項基本決議。它主張聖子是「出於真天主而為真天主，被生而非受造」，與天主父本質相同，確定了聖父、聖子、聖神為三位一體的天主，本質相同。接受並且信奉此信經的有羅馬天主教會、東正教會、英國聖公會、路德派以及新教的主要教派。

了「伊斯坦堡」（Istanbul），其具體的演變過程時至今日仍然不清楚。「伊斯坦堡」或許是「君士坦丁堡」的簡單訛誤，又或許是透過別的途徑變化而來的。講希臘語的人們將君士坦丁堡親暱地稱為「波利斯」（polis），即「城市」。前往君士坦丁堡的人們會說，他要「進城」（eis tin polin），土耳其人也許會把這個短語誤聽成「伊斯坦堡」。

鄂圖曼人征服的速度就像七個世紀以前的阿拉伯人一樣如有神助。一三三二年，偉大的阿拉伯旅行家伊本・巴圖塔（Ibn Battutah）⑱拜訪了奧爾汗一世的王國，他深深震撼於此地的生機勃勃：「據說他（奧爾汗一世）從未在任何城鎮停留一整個月。他一刻不停地與異教徒作戰，持續攻打他們。」[15]早期的鄂圖曼人以聖戰者自詡；他們使用「信仰的戰士」的自稱，就像用伊斯蘭的綠旗包裹自己一樣。很快地，他們也成了蘇丹。一三三七年，奧爾汗一世在布爾薩建起了一塊石碑，自稱為「蘇丹、眾位聖戰者的蘇丹之子、聖戰者、聖戰者之子、天際之主、世界英雄」[16]。這著實是穆斯林征服

圖10　位於布爾薩的奧斯曼及奧爾汗陵墓

大業的一個新的英雄年代，加快了伊斯蘭軍事擴張的脈動。「聖戰者是真主的利劍，」史學家艾哈邁迪（Ahmeti）在一四〇〇年前後寫道，「他是信眾的保護者和避難所。如果他以真主的方式犧牲，不要相信他已經死去。他生活在阿拉的至福中，享受永生。」[17]無論是對於自由馳騁的遊牧劫掠者，還是對於那些衣衫襤褸的神祕托缽僧（這些人相伴穿過了安納托利亞塵煙漫天的道路），這些征服都激起了狂野的雄心。空氣中到處瀰漫著預言和英雄的讚歌。他們記起了關於征服君士坦丁堡的聖訓和紅蘋果的傳說。一三五〇年代，拜占庭皇帝約翰六世（John VI）邀請奧爾汗一世的人馬渡過達達尼爾海峽，幫助他打贏持續不斷的拜占庭內戰。於是，穆斯林自西元七一八年以來第一次踏上了歐洲土地。一三五四年，加里波利（Gallipoli）⑲的城牆被地震摧毀，鄂圖曼人當即宣布，這是真主發出的訊號，要穆斯林占領該城。大群戰士和聖徒持續不斷地跟隨他們湧進歐洲。一三五九年，伊斯蘭軍隊在闊別六百五十年後再次兵臨君士坦丁堡城下。空氣中瀰漫著千禧年預言的氣氛。「聖戰者為什麼最後出現？」艾哈邁迪自問自答，「因為最好的總在最後

⑱ 伊本·巴圖塔（一三〇四至一三六八／一三六九年），中世紀阿拉伯旅行家。他曾在摩洛哥的坦吉爾（Tangier）受過傳統的伊斯蘭法律和文學教育。一三二五年到麥加朝聖後，他決定盡可能地走訪世界各地，而且發誓「不走回頭路」。他用了二十七年的時間漫遊非洲、亞洲和歐洲各地，總旅程長達十二萬公里。在返鄉後，他口述撰寫了回憶錄《遊記》（*Rihla*），該書成為世界上最著名的旅行著作之一。

⑲ 土耳其歐洲部分的海港城市，今稱蓋利博盧（Gelibolu）。它位於一個狹長半島上，達達尼爾海峽經此通往馬摩拉海，東北方就是伊斯坦堡。加里波利最初為希臘殖民地，後成為拜占庭要塞，一三五六年前後成為鄂圖曼帝國在歐洲的第一個征服地。它是防衛伊斯坦堡的戰略要地，被用做海軍基地。

出現。就像最終的先知穆罕默德跟在其他先知後面，就像《古蘭經》在《妥拉》（*Torah*）[20]、《詩篇》（*Psalms*）和《福音書》（*Gospels*）之後從天堂降臨，聖戰者同樣也是最後出現在世界上。」[18]占領君士坦丁堡的夢想似乎已經在實現的邊緣。

　　鄂圖曼人的神速推進簡直就是奇跡，似乎確有天定。由於地理條件、風俗習慣的有利條件和好運氣，鄂圖曼人得以利用拜占庭國家的瓦解，迅速繁榮昌盛起來。早期的蘇丹們與他們的人民和大自然密切聯繫，高度關注著周圍的局勢和變幻莫測的政治環境，隨時捕捉機遇。千年來的禮儀和傳統讓拜占庭人非常保守和褊狹，而鄂圖曼人卻機智靈敏、靈活變通、思想開放。伊斯蘭教法要求善待被征服的民族，因此鄂圖曼人對臣民的統治是相當溫和的，常常要比歐洲的封建制度更受人歡迎。鄂圖曼人並沒有致力於讓基督徒（鄂圖曼帝國的大部分平民都是基督徒）改宗伊斯蘭教。事實上，讓基督徒改宗伊斯蘭教，對具有帝國霸業雄心的鄂圖曼人來說不是件好事。因為伊斯蘭教法規定，政府可以向異教徒徵收沉重的賦稅，對穆斯林就不能如此。但其實異教徒的賦稅負擔並不算重。例如巴爾幹的農民很高興能夠從沉重的拜占庭封建奴役體制中解放出來，因此接受了鄂圖曼人的統治。同時，鄂圖曼人的朝代延續體制有著內在的優勢。和其他的土耳其小王國不同，早期的鄂圖曼蘇丹們從來不會分割自己的王國；他們也不會指定繼承人。所有的皇子都接受治理國家的教養訓練，但只有一人能夠繼承皇位。這種殘酷的方法意在保證最強者的生存。而此外最讓西方人震驚的是，鄂圖曼人絲毫不重視透過婚姻的繼承制度。拜占庭皇帝就像所有的歐洲王室一樣，費盡心思地去安排門當戶對的婚姻，希望透過足夠尊貴、得到認可的血統來延續王朝，但鄂圖曼人卻根本不管這一套。一位蘇丹的父親當然是前一任蘇丹，但他的母親卻有可能只是個嬪妃或者女奴，又或者只是個半路改宗的穆斯林，可能來自十幾個被征服民族中的一個。這種基因上的包容性將給鄂圖曼人帶來非比尋常的益處。

在鄂圖曼人所有的創新舉措中，最重要的或許就是常備軍。激情澎湃但紀律渙散的大群聖戰者，已經不能滿足鄂圖曼蘇丹們日漸增長的雄心野望。攻打防禦得當的城市需要耐心、方法和一整套特殊的工藝技能。十四世紀末，蘇丹穆拉德一世（Murat I）組建了一支新的軍隊，其成員是從巴爾幹國家擄掠來的奴隸。每隔一段時間，鄂圖曼帝國就徵召一批基督徒青年，令其改宗伊斯蘭教，並教他們說土耳其語。這些新兵遠離家人，只對蘇丹本人效忠。他們是蘇丹的私人軍隊——「城門奴隸」（Slaves of the Gate）。他們被編入步兵單位（即「近衛軍」）和騎兵，組成自古羅馬以來歐洲第一支領軍餉的職業常備軍。這支軍隊將在鄂圖曼帝國的發展中扮演關鍵角色。奴隸軍隊的習慣其實來自鄂圖曼人自身的歷史：土耳其人也曾做為奴隸兵，在伊斯蘭世界的邊疆服役，並以此為敲門磚，飛黃騰達。但對從遠處觀察的基督徒看來，奴隸軍隊的體制令人毛骨悚然。基督徒想當然耳地設想出奴役壓迫的不同場景，並認為讓被俘的基督徒孩童反過頭來對抗基

---

⑳ 即《摩西五經》（*Pentateuch*）。「妥拉」是猶太教名詞，指上帝啟示給以色列人的真道。狹義上專指《舊約聖經》的首五卷：《創世記》、《出埃及記》、《利未記》、《民數記》與《申命記》。傳統看法認為《妥拉》由摩西所著，但研究《舊約聖經》的學者認為它是在遠晚於摩西的時期被編寫完成的，時間很有可能是在西元前九世紀至西元前五世紀，儘管它引用了更為久遠的傳統。在猶太教中，「妥拉」也常用來指稱全部的希伯來聖經（即《舊約聖經》的全部）。此外從更廣義上講，妥拉也指稱猶太教的宗教文獻和口頭聖傳。

督徒的做法是邪惡和喪失人性的。這將成為「野蠻的土耳其人」這個傳說的組成要素。

西方很早就開始使用「土耳其人」這個概念。總的來講，這是歐洲人的人為建構，是個與西方的種族身分相對應的術語。鄂圖曼人自己則很少使用這個概念，認為它帶有貶義。他們使用的自稱既不代表種族，也不代表地域；既能體現不受固定地域限制的遊牧民族傳統，也能顯現多民族的構成。身分認同主要是宗教性的：鄂圖曼帝國蘇丹們漸漸開始使用愈來愈花稍的頭銜，如「伊斯蘭的君主」；將他們的國度稱為「信眾的避難所」或「受庇護的土地」；他們的人民則被稱為「穆斯林」或者「鄂圖曼人」。鄂圖曼帝國是不同元素和民族的獨特混合體：土耳其的部落生活方式，遜尼派伊斯蘭教，波斯的宮廷制度，拜占庭的行政管理、賦稅制度和禮儀，以及在土耳其語結構上混入阿拉伯語和波斯語詞彙的典雅宮廷用語。鄂圖曼帝國有著自己的獨特身分。

✯

在鄂圖曼人逐漸崛起的同時，拜占庭卻持續不斷地衰敗下去。十四世紀在歐洲被稱為「多災多難的世紀」，東羅馬帝國也是命運多舛。分裂、內戰、人口銳減和貧困嚴重困擾著君士坦丁堡。有一些歷史時刻具有鮮明的象徵意義。一二八四年，皇帝安德洛尼卡二世（Andronikos II）做出了自殺式的決定：解散帝

圖11　帕里奧洛格斯王朝的雙頭鷹紋章

國海軍。失業的水手們叛逃到鄂圖曼人那裡，幫助他們建造了一支艦隊。一三二五年前後，帕里奧洛格斯（Palaiologos）王朝的皇帝們選擇雙頭鷹做為自己的紋章。它並非像人們有時推測的那樣，代表一個震懾東、西方的強大帝國，而是象徵著當時同一個皇室的兩位爭吵不休的皇帝之間權力的分割。雙頭鷹具有預言性。從一三四一至一三七一年，發生了一系列災難性的內戰，帝國領土還遭受鄂圖曼軍隊以及強大的塞爾維亞（Serbian）國的入侵，此外還有宗教紛爭與瘟疫火上澆油。君士坦丁堡還是第一座遭遇黑死病的歐洲城市——一三四七年，攜帶病菌的老鼠從停泊在黑海港口卡法（Kaffa）㉑的船隻跳板登陸。結局是君士坦丁堡人口銳減到十萬多。一系列地震嚴重破壞了城市，聖索菲亞大教堂的穹頂於一三四六年坍塌，「純金」的城市愈來愈貧困和淒涼，城民陷入宗教的悲觀情緒。到訪的異鄉人注意到了此處的悲涼景象。伊本・巴圖塔看到的不是一座城市，而是由田地分隔開的十三座村莊。西班牙人佩羅・塔富爾（Pero Tafur）㉒來訪時，發現甚至皇宮也「破敗不堪，皇宮和城市的慘景清楚地顯示出人民曾經遭受，而且現在仍在忍耐的種種磨難……城市人口稀少……城民衣著寒酸，悲傷而貧窮，命運艱難。」然後塔富爾又添上一筆

㉑ 今稱費奧多西亞（Feodosiya），位於烏克蘭南部、黑海北岸的克里米亞半島。一三四七年，蒙古人的金帳汗國（編按：即欽察汗國）圍攻卡法，蒙古人把鼠疫病人的屍體用投石機投入卡法城，後來一名熱那亞商人把鼠疫帶回義大利，從而引發歐洲黑死病的大爆發。

㉒ 又名佩德羅・塔富爾（Pedro Tafur，約一四一〇至一四八四年），西班牙旅行家和作家。他在一四三六至一四三九年間遊歷了歐、亞、非三大陸，到過摩洛哥、耶路撒冷、拜占庭、特拉比松、埃及、羅得（Rhodes）島等地，並撰寫了遊記。

正統基督徒的「慈悲」：「但這還沒有他們應得的命運那麼糟糕，因為他們是一個邪惡的民族，罪惡滔天。」[19]城市在城牆內萎縮，就像老人還穿著年輕時的衣服一樣。皇帝們在自己的宮廷裡也不過是個窮人。一三四七年，皇帝約翰六世加冕時，目擊者注意到，皇冠的寶石是用玻璃製成的，宴會桌上的盤子是陶土和白鑞製成的。黃金盤子已經被變賣，以支付內戰所需的開支；珠寶則被典當給了威尼斯人，現在保存在聖馬可教堂的寶庫內。

在拜占庭的混亂局面下，鄂圖曼人向歐洲推進的軍勢勢如破竹，不曾受到任何阻撓。一三六二年，他們占領了君士坦丁堡以西的阿德里安堡（它的土耳其名字是「埃迪爾內」），實際上鄂圖曼人已經從背後包圍了君士坦丁堡，並遷都到歐洲。一三七一年，鄂圖曼人打敗了塞爾維亞人，拜占庭皇帝約翰五世（John V）自此完全隔絕於基督教世界的支持之外，約翰五世別無選擇，只能成為蘇丹的附庸，遵從蘇丹的命令提供軍隊，任命官員也要得到蘇丹許可。鄂圖曼軍隊似乎攻無不克、戰無不勝。到十四世紀末，他們的疆土已經從多瑙河一直延伸到幼發拉底河。「土耳其人或者異教徒的擴張就像是大海，」一名塞爾維亞裔的「近衛軍戰士」，米哈伊爾（Michael）寫道，「永遠不會安頓下來，永遠洶湧前進……除非你打碎蛇頭，否則形勢會愈來愈糟。」[20]一三六六年，教宗發布詔書，號召發動針對鄂圖曼人的十字軍東征，並威脅要處罰向鄂圖曼人提供武器的義大利和亞得里亞海地區的貿易城邦，但結果無濟於事。隨後的五十年中，基督教世界發動了三次反異教徒的十字軍東征，都是由匈牙利領導，因為它是東歐最受鄂圖曼人威脅的國家。這三次東征是統一的基督教世界最後的天鵝輓歌，均以慘敗告終，戰敗的緣由也不難尋得。歐洲四分五裂、異常貧困、內部爭鬥不休，而且被黑死病大大削弱了。歐洲的軍隊行動遲緩、爭吵不斷、紀律渙散，而且戰術愚鈍；相反地，鄂圖曼軍隊卻具有極強的機動性，組織嚴密，而且為了同一個事業團結一致。少數得以在近距離觀察鄂圖曼軍隊的歐洲人不得不暗自讚嘆「鄂圖曼人的秩序井然」。一四三〇年代，法蘭西旅行者貝特朗東・德・拉・布羅基里埃（Bertrandon de la Brocquière）㉓寫道：

> 他們非常勤奮，主動地早早起床，生活樸素……他們對在哪裡睡覺都無所謂，通常直接睡在地上……他們的馬匹很好，消耗飼料很少，速度和耐力都很優異……他們絕對服從上級……命令發出後，前鋒士兵就靜悄悄地出發，其他人也同樣沉默地跟隨其後……十萬土耳其大軍行軍發出的聲音比一百名基督徒士兵還要小……我必須承認，在我的很多經歷中，土耳其人總是坦率、忠誠，需要勇氣的時候從來不會讓人失望。[21]

在這背景下，十五世紀的開端對君士坦丁堡來說頗為慘澹。鄂圖曼軍隊的進攻已經是司空見慣。一三九四年，皇帝曼努埃爾二世（Manuel II）毀棄了對鄂圖曼人的效忠誓言。蘇丹巴耶濟德一世（Bayezid I）對君士坦丁堡發動連續多次進攻，直到一四〇二年，巴耶濟德一世自己被蒙古

㉓ 貝特朗東・德・拉・布羅基里埃（約一四〇〇至一四五九年），勃艮第（Burgundy）騎士和旅行家。從一四三二至一四三三年，他前往耶路撒冷朝聖，遊歷了拜占庭、聖地、匈牙利等地，並寫下了一部遊記。

人帖木兒（就是英國劇作家馬羅〔Marlowe〕劇中的主角）㉔擊敗，才算罷手。隨後，拜占庭皇帝們愈來愈絕望於從西方尋求幫助——曼努埃爾二世甚至在一四〇〇年來到了英格蘭。同時，拜占庭皇帝們也玩弄起外交伎倆，並支持爭奪鄂圖曼皇位的人。一四二二年，為了懲罰拜占庭對覬覦鄂圖曼皇位者的支持，蘇丹穆拉德二世（Murat II）圍攻了君士坦丁堡，但未能得手。鄂圖曼軍隊既沒有艦隊可以封鎖城市，也沒有攻城技術能夠迅速登上宏偉的陸牆。已經身處耄耋之年的曼努埃爾二世仍然是一位極其精明的外交家，他變出一位新的鄂圖曼皇位爭奪者，使得鄂圖曼帝國面臨內戰的威脅。鄂圖曼軍隊放棄了攻城，但君士坦丁堡已是奄奄一息。鄂圖曼軍隊再次大舉進攻、兵臨城下，似乎已經只是時間的問題。鄂圖曼因為害怕歐洲再次聯合發動十字軍東征，所以才暫時沒有輕舉妄動。

圖12　奧爾汗的花押，這是帝王的密碼。奧爾汗是第一位圍攻並攻克布爾薩的蘇丹

㉔ 即《帖木兒大帝》（*Tamburlaine*），是劇作家克里斯多福．馬羅（Christopher Marlowe，一五六四至一五九三年）的作品。

第三章 蘇丹與皇帝

一四三二至一四五一年

穆罕默德・切列比（Mehmet Chelebi），蘇丹，願真主保佑他的權威永固，加強他的力量直到最終審判日！[1]

——穆罕默德二世母親的墓銘

君士坦丁・帕里奧洛格斯，信奉基督的真正皇帝和羅馬人的君主。

——君士坦丁十一世（Constantine XI）、第八十八位拜占庭皇帝的正式頭銜

君士坦丁堡命中註定的剋星出生於穆拉德二世攻城後的第十個年頭，他將收緊君士坦丁堡脖子上的穆斯林絞索。根據土耳其傳說，一四三二年是充滿了預兆的年分。這一年，很多母馬生了孿生馬駒；纍纍碩果壓彎了枝頭；正午時分，君士坦丁堡上空有長尾巴的彗星掠過。三月二十九

日晚間，蘇丹穆拉德二世正在埃迪爾內的皇宮內等待孩子降生的消息。他無法入眠，於是開始閱讀《古蘭經》。他剛讀到〈勝利章〉（Victory，這是許諾穆斯林將戰勝異教徒的詩節），一名信使送來喜訊：生了個男孩。這個孩子被命名為穆罕默德，那是穆拉德二世父親的名字，也是伊斯蘭教先知的名字。

和很多習見的預言一樣，這個關於穆罕默德的預言同樣也帶有事後捏造的成分。穆罕默德是穆拉德二世的第三個兒子；他的兩位異母兄長年紀都比他大不少，而且穆罕默德從來就不是最受寵愛的皇子。他長大成人、登基為蘇丹的希望是非常渺茫的。關於穆罕默德的出身，有一個重要的問題：他母親的身分撲朔迷離。雖然有些土耳其史學家聲稱她是個血統純正的土耳其人和穆斯林，但事實上她很有可能是個來自西方的奴隸，在邊疆劫掠中被俘或者被海盜綁架；她可能是個塞爾維亞人或馬其頓人，極有可能生來就是個基督徒，這為穆罕默德二世矛盾重重的性格帶來了奇特的因子——不管穆罕默德的血統是如何混雜，他的秉性與父親穆拉德二世迥然不同。

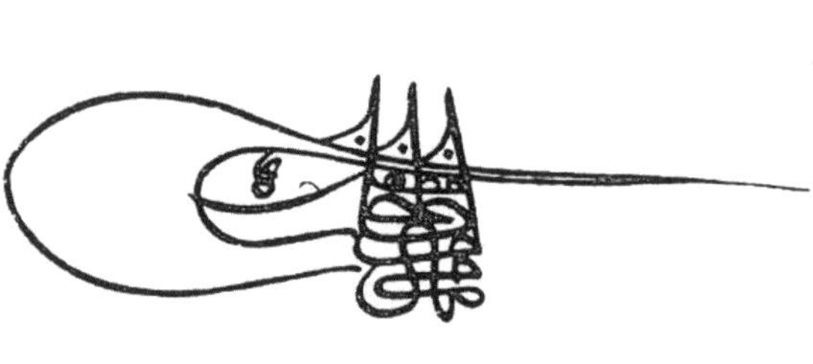

圖13　穆罕默德二世的花押

到十五世紀中葉，鄂圖曼帝國蘇丹們早已不是一個大字都不識、騎在馬背上打天下的部落領袖。追求聖戰和戰利品的澎湃激情已經讓位於冷靜的深謀遠慮。蘇丹仍然享有伊斯蘭土地上最偉大聖戰領袖的崇高威望，但這愈來愈變成王朝政治的工具。鄂圖曼統治者們現在自稱「羅馬的蘇丹」，這個頭銜對古老基督教帝國的遺產提出了主張；或者自稱「帕迪沙阿」（Padishah）①，這是一個非常高雅的波斯詞彙。他們效法拜占庭人，愈來愈喜歡張揚皇室威嚴的禮節和儀式；皇子們受到良好教育，為執掌權柄做準備；皇宮有高牆圍繞；人們和蘇丹的面對面接觸受到嚴格控管。由於害怕下毒、陰謀和行刺，統治者和臣民間的隔閡愈來愈大。一三八九年的第一次科索沃戰役（Battle of Kosovo）之後，穆拉德一世被一位塞爾維亞使節刺殺，此後蘇丹們就愈來愈遠離一般人的視線。穆拉德二世的統治在這個過程中起到了重要作用。他在簽名時仍然自稱「貝伊」（bey，這是土耳其貴族的古老稱謂），而不是更尊貴的「蘇丹」；他很受民眾愛戴。匈牙利僧侶喬治對他的樸素頗感意外：「蘇丹的服飾和馬匹沒有任何特別的標記讓他與眾不同。在他母親的葬禮上，我對他進行了觀察。如果不是有人把他指出來的話，我絕對無法認出誰是蘇丹。」[2]與此同時，蘇丹和外界之間開始拉開了距離。「他在公共場合從不飲食，」貝特朗東·德·拉·布羅基里埃寫道，「很少有人能誇耀說，自己曾經看過蘇丹說話，或者看過他吃喝。」[3]此後的蘇丹們漸漸退居托普卡匹宮（Topkapi Palace）②，在高高的宮牆和複雜的禮儀包圍下，過著隱士般與

① 在波斯文中，「帕迪」意為「偉大」，「沙阿」意為「國王」。「帕迪沙阿」是波斯帝王的稱號，後來鄂圖曼帝國蘇丹和蒙兀兒帝國皇帝也使用這個頭銜。

② 托普卡匹宮是位於伊斯坦堡的一座皇宮，一四六五至一八五三年間一直是鄂圖曼帝國蘇丹在首都的官邸及主要居所，也是昔日舉行國家儀式及皇室娛樂的場所，現今則是主要的觀光勝地。「托普卡匹」的字面意思是「大砲之門」，昔日城堡內曾放置大砲，由此得名。征服君士坦丁堡的蘇丹穆罕默德二世在一四五九年下令動工興建托普卡匹宮。

世隔絕的生活。

鄂圖曼宮廷冷酷的氣氛影響了穆罕默德二世的童年。皇位繼承的問題給皇子們的撫養蒙上了一道長長的陰影。子承父位的繼承制度對帝國的生存是至關重要的——後宮制度保障了足夠數量的男嬰，以維持皇室的延續，但卻也構成了帝國最大的弱點。皇子們互相競爭，爭奪皇位的繼承權。鄂圖曼人並沒有規定長子繼承的法制；老蘇丹駕崩時，皇子們需要透過鬥爭來決定皇位誰屬。這場鬥爭的結局被認為是真主的意志。「如果真主決定，我死後由你繼承皇位，」後來有一位蘇丹這樣寫信給自己的兒子，「沒有任何活人能夠阻礙。」[4]在現實中，皇位繼承常常變成奔赴帝都中心的競逐，最先抵達的勝利者就能控制都城和金庫，獲得軍隊的支持；這種繼承制度要不能夠保證適者生存，要不就會導致內戰。十五世紀初，由於皇子們爭奪權力、互相殘殺，再加上拜占庭人在這場鬥爭中插上一腳，鄂圖曼帝國險些垮台。利用鄂圖曼帝國最脆弱的時刻支持鄂圖曼皇位的競爭者和爭奪者，幾乎成了君士坦丁堡的基本國策。

為了保護皇子們免遭其兄弟先發制人的打擊，同時也為了傳授他們治國之道，蘇丹們在諸位皇子非常年幼時就將他們送離京城，去治理行省，並仔細挑選師傅來監督他們。穆罕默德人生的最初歲月在埃迪爾內的後宮度過，但兩歲時就被送往安納托利亞的區域首府阿馬西亞（Amasya），準備早早開始接受儲君的教育。他的長兄艾哈邁德（Ahmet）當時十二歲，被任命為阿馬西亞總督。在隨後的十年中，黑暗的力量如影隨形的跟著兩位皇子。一四三七年，艾哈邁德突然在阿馬西亞病逝。六年後，當穆罕默德的另外一位異母兄阿里，成為阿馬西亞總督時，城裡上演了一幕鄂圖曼版《塔樓內的王子》（*Princes in the Tower*）③的神祕慘劇。一位重要貴族卡拉·

赫茲爾（Kara Hizir）帕夏（Pasha）④被神祕人物派遣到這座城市。他在夜間潛入宮殿，將阿里扼死在床上，並殺死了他兩個尚在襁褓中的兒子。一夜之間，皇室的一整個支系就灰飛煙滅了。穆罕默德成了唯一的繼承人。在這些晦暗不明事件的背後，像黑影一般湧動的，是鄂圖曼統治階級內部長期的權力鬥爭。穆拉德二世在位期間強化了由奴隸組成的近衛軍，並將一些前基督徒提升為維齊爾（Vizier）⑤，意在建立一支足以與傳統的土耳其貴族和陸軍抗衡的力量。這場內鬥將於九年後在君士坦丁堡城牆下落幕。

阿里是穆拉德二世最寵愛的兒子，他的死讓蘇丹萬分悲痛。但也有人說穆拉德二世發現阿里在搞陰謀詭計，於是下令將他處死，這也並非絕不可能。但如今穆拉德二世也意識到，現在別無他法，只能將年輕的穆罕默德召回埃迪爾內，親自教導他。此時，十一歲的穆罕默德代表了鄂圖曼王朝唯一的未來。穆拉德二世再次看到兒子時顯得十分震驚。穆罕默德生性執拗、任性，幾乎

---

③《塔樓內的王子》指的是英格蘭國王愛德華四世（Edward IV）的兩個兒子——愛德華和理查。愛德華四世去世時，這兩位王子年僅十二歲和九歲，由愛德華四世的弟弟格洛斯特（Gloucester）公爵理查攝政。但這位攝政王隨後奪取王位，史稱理查三世（Richard III），並將自己的兩個侄兒囚禁在倫敦塔（Tower of London）。此後這兩位王子就銷聲匿跡。人們普遍相信，他們是被謀殺的。幕後元凶有可能是理查三世，但沒有堅實的證據。這個謎團至今仍尚未解開。

④「帕夏」是鄂圖曼帝國行政系統裡的高級官員，通常是總督、將軍及高官

⑤「維齊爾」最初是阿拉伯帝國阿拔斯王朝哈里發的首席大臣或代表，後來指各穆斯林國家的高級行政官員。維齊爾代表哈里發，後來代表蘇丹，處理一切政務。鄂圖曼帝國把維齊爾的稱號同時授給幾個人。鄂圖曼帝國的宰相稱為「大維齊爾」，是蘇丹的全權代表，下文中譯為「首席大臣」。

是孺子不可教。穆罕默德曾經公開和先前的師傅作對，拒絕接受處罰，也不肯學習《古蘭經》。穆拉德二世招來了著名的毛拉——艾哈邁德・古拉尼（Ahmet Gurani），命令他嚴懲這位年輕的皇子，迫使他屈從。毛拉手持用來體罰的棍棒去見皇子。「您的父皇，」他說，「讓我來教育您，但如果您不聽話，也要處罰您。」[5]穆罕默德聽到這威脅時不禁放聲大笑，於是接下來毛拉狠狠地揍了他一頓。穆罕默德很快屈從了，開始乖乖地學習。在這位鐵腕師傅的指導下，穆罕默德開始努力學習《古蘭經》，然後是更大範圍的其他知識。事實證明，這位少年聰穎過人，而且有著非成功不可的鋼鐵意志。他精通多種語言，根據各方面的記載，他通曉土耳其語、波斯語和阿拉伯語，還會說希臘語、一種斯拉夫方言和一些拉丁語；他還非常熱中於歷史、地理、科學、實用工程學和文學。他的獨特性格開始嶄露頭角。

一四四〇年代，鄂圖曼帝國面臨著一個新的危機時刻。在安納托利亞，一個土庫曼人的附庸——卡拉曼（Karaman）⑥貝伊正在興風作浪；同時在西方，匈牙利人在準備新的十字軍東征。穆拉德二世透過一項十年的和約消除了基督教的威脅，然後前往安納托利亞，去處理棘手的卡拉曼貝伊。但在出征之前，他做了一件出人意料的事情——他退位了。他害怕發生內戰，因此希望在自己去世前就鞏固穆罕默德的地位。心力交瘁、看破紅塵或許也是他退位的原因之一。鄂圖曼帝國蘇丹的負擔是沉重的，穆拉德二世或許因為寵兒阿里被殺而心情抑鬱。在埃迪爾內，十二歲的穆罕默德在值得信賴的首席大臣哈利勒（Halil）輔佐下登上了蘇丹皇位，史稱穆罕默德二世。根據蘇丹的特權，從此貨幣上鑄有他的名字，人們每週的祈禱中也會為他祈福。

穆拉德二世的這個試驗釀成了災難。對鄰國而言，乳臭未乾的年輕蘇丹是一個無法抵抗的誘惑，教宗立即特許匈牙利國王瓦迪斯瓦夫三世（Władysław III）⑦解除與鄂圖曼帝國的和約，於是新的十字軍大舉出動了。九月，十字軍渡過了多瑙河；一支威尼斯艦隊受命前往達達尼爾海峽，阻擋穆拉德二世返回。埃迪爾內城內頗為動盪。一四四四年，一位屬於什葉派異端的宗教狂熱分子出現在城內。人們蜂擁而至，聽取這位波斯傳教者的教誨；他許諾能彌合伊斯蘭教和基督教之間的仇恨。穆罕默德二世本人也被他的教導所吸引，歡迎此人進入自己的宮廷。對此，宗教當局感到震驚，哈利勒也對群眾熱情支持這位異端分子感到驚恐。當局嘗試逮捕此人。當這位傳教者尋求宮廷庇護時，哈利勒不得不努力說服穆罕默德二世交出此人。他最終被拖到公共祈禱所，被大火活活燒死。他的信徒慘遭屠殺。拜占庭人也決定好好利用一下這個混亂局面。先前有一位爭奪鄂圖曼帝國皇位的奧爾汗王子被拜占庭人關押在地牢內。現在拜占庭人釋放了他，好讓他在鄂圖曼帝國境內煽動反叛。鄂圖曼帝國的歐洲行省也發生了叛變。埃迪爾內城內一片恐慌；城市的一大部分被燒毀，土耳其穆斯林開始逃回安納托利亞。穆罕默德二世的統治陷入一片混亂。

---

⑥ 卡拉曼王朝是十四世紀末至十五世紀末由土庫曼人統治的一個國家，位於安納托利亞中南部，範圍大致相當於今天土耳其共和國的卡拉曼省。該國的統治者稱號為「卡拉曼貝伊」，一度具有獨立地位，一四六八年（穆罕默德二世在位時）被鄂圖曼帝國吞併。本書故事發生的時候，在位的卡拉曼貝伊是易卜拉欣二世（Ibrahim II）。

⑦ 瓦迪斯瓦夫三世（一四二四至一四四四年），波蘭國王和匈牙利國王，他因在瓦爾納戰役（Battle of Varna）中陣亡，因而得到一個綽號「瓦爾納的」（Warneńczyk）。瓦爾納今屬保加利亞，位於黑海西岸。

與此同時，穆拉德二世與卡拉曼貝伊透過談判達成了和約，蘇丹匆匆趕回都城，以面對威脅。威尼斯戰船封鎖了達達尼爾海峽；但威尼斯人的競爭對手——熱那亞人以每人一個杜卡特（ducat）⑧的高價，將穆拉德二世和他的大軍運過了博斯普魯斯海峽。穆拉德二世隨後快速進軍，於一四四四年十一月十日在黑海岸邊的瓦爾納迎戰十字軍。鄂圖曼軍隊在此取得了壓倒性勝利。瓦迪斯瓦夫三世的頭顱被插在槍尖上送往古老的鄂圖曼城市布爾薩，做為穆斯林得勝的凱旋標誌。這是基督教與伊斯蘭教之間聖戰的一個重要時刻。瓦爾納的戰敗使得西方在持續三百五十年的十字軍東征之後，徹底喪失了東征的欲求。從此以後，基督教世界再也沒有做過團結一致將穆斯林逐出歐洲的努力。鄂圖曼帝國在巴爾幹的勢力範圍得以確立，君士坦丁堡徹底成為被伊斯蘭世界包圍的孤立飛地。一旦鄂圖曼帝國發動進攻，君士坦丁堡從西方獲得支援的可能性大大降低了。更糟糕的是，穆拉德二世把一四四四年國內的混亂歸咎於拜占庭人。他的這種觀點將很快影響到鄂圖曼帝國的戰略。

瓦爾納戰役結束不久後，儘管穆罕默德二世初期的統治是失敗的，穆拉德二世還是返回了安納托利亞。哈利勒帕夏仍然擔任首席大臣，但對穆罕默德二世影響更大的是他的兩位重臣：宦官總管謝哈布丁（Shihabettin）帕夏（同時擔任歐洲諸行省總督）和一位有力的前基督徒——紮甘（Zaganos）帕夏。這兩個人都主張把攻打君士坦丁堡的籌劃工作持續下去，因為他們知道，皇位覬覦者奧爾汗仍然躲在君士坦丁堡；占領這座城市將鞏固穆罕默德二世的統治，並為年輕的蘇丹帶來無與倫比的個人威望。很顯然，甚至在幼年時，穆罕默德二世已經被攻占這座基督教城市、成為羅馬帝國繼承人的計畫深深吸引。在一首詩中，他如此寫道：「我最熱切的願望是消滅異教徒。」[6]但穆罕默德二世之所以渴求君士坦丁堡，這既是帝國霸業的體現，也帶有宗教意義，且同時還有一個非伊斯蘭教的因素，這一點倒很令人意外。穆罕默德二世無比神往於亞歷山大大帝和凱撒（Caesar）的豐功偉業。中世紀的波斯和土耳其史詩已經把亞歷山大打造成伊斯蘭的英雄。穆罕默德二世應當從孩提時期就熟知亞歷山大的偉業；在宮中，每天他都命人朗讀羅馬作家阿利安（Arrian）⑨用希臘文寫的世界征服者亞歷山大的傳記。在這些影響之下，他自視擁有兩個身分：既是穆斯林的亞歷山大，必將征服天下，直至世界邊緣；也是征討異教徒的聖戰領袖。他決意逆轉世界歷史的方向——亞歷山大向東征伐，他則要征服西方，為東方和伊斯蘭帶來榮耀。這個醉人的夢想受到謀臣們的激勵，這些謀臣們能預見，征服的浪潮將對他們個人的晉升大有幫助。

早在一四四五年，早慧的穆罕默德二世就在導師們的支持下開始制定進攻君士坦丁堡的計畫。此時他只有十三歲。哈利勒帕夏對此頗感驚恐。他不贊成年輕蘇丹的計畫。在一四四四年的亂局之後，他擔心新的軍事行動會招致更多災難。儘管鄂圖曼帝國地大物博，但由於內戰險些造

---

⑧ 杜卡特是歐洲歷史上很多國家都使用過的一種金幣，幣值在不同時期、不同地區差別很大。

⑨ 阿利安（約西元八十六至約一六〇年），羅馬帝國時期的希臘史學家和哲學家，出身於尼科米底亞，曾在羅馬軍隊服役。在羅馬皇帝哈德良在位期間，阿利安曾擔任卡帕多細亞總督，並於西元一四七年擔任雅典的執政官。阿利安在退休後專注於文學研究，著有一部描述亞歷山大大帝功動的《遠征記》（*Anabasis of Alexander*），以及描述軍官尼阿卡斯（Nearchus）跟隨亞歷山大大帝遠征印度的著作（*Indica*）。

成國家崩潰的過往，在人們的記憶裡還很清晰；而且哈利勒和很多人一樣，擔心全力進攻君士坦丁堡會促使西方基督教世界聯合起來，採取大規模反制行動。此外，他私心不願開戰，他擔心，好戰的前基督徒們發動新的戰爭，會損害他自己，以及傳統穆斯林—土耳其貴族的權力。他決定唆使近衛軍叛變，借此廢黜穆罕默德二世，並請求穆拉德二世返回埃迪爾內，再度掌權。果然，穆拉德二世返回都城時受到了興高采烈的歡迎。高傲而冷漠的年輕蘇丹並不受到人民和近衛軍的愛戴。穆罕默德二世帶著他的謀臣隱居到了馬尼薩（Manisa）⑩。這是一個可恥的挫折，他永遠不會忘記，更不會原諒。將來有一天，哈利勒將因此丟掉性命。

在穆拉德二世的餘生，穆罕默德二世一直生活在父皇的陰影下，儘管他繼續以蘇丹自詡。一四四八年，他陪伴父皇參加了第二次科索沃戰役，匈牙利人在這裡做了最後一次挫敗鄂圖曼帝國的努力。穆罕默德二世在科索沃接受了戰火的洗禮。鄂圖曼軍隊雖然損失慘重，但也再次取得像瓦爾納戰役一樣的決定性勝利，並進一步加強鄂圖曼軍隊不可戰勝的神話。憂鬱的悲觀情緒開始在西方蔓延。「土耳其人的戰術更為優越，」近衛軍戰士米哈伊爾寫道，「如果你追擊他，他就逃跑；如果他追擊你，你是逃不掉的……韃靼人曾多次擊敗土耳其人，但基督徒卻是屢戰屢敗，尤其是在正面交鋒中。最主要的原因是基督徒未能阻止土耳其人發動包圍，並從側面進攻。」[7]

穆拉德二世的最後歲月是在埃迪爾內度過的。老蘇丹似乎已經對新的軍事冒險失去了興趣，更喜歡和平和穩定，而拒絕戰爭的不確定性。他在世的時候，君士坦丁堡雖然心驚膽戰，但還享受著和平；一四五一年二月，穆拉德二世去世之時，朋友和敵人都同樣哀悼他。希臘史學家杜卡斯（Doukas）⑪宣稱：「那些憑藉神聖誓言與基督徒簽訂的協議，他是始終恪守的。他的憤怒都是短暫的。他厭惡戰爭，熱愛和平，因此和平的天父賜給他平靜的死亡，而不是讓他死於刀劍。」[8]但假如這位希臘史學家得知穆拉德二世給他的繼承人留下的建議，就一定不會這麼滿口溢美之詞了。一四四〇年代拜占庭對鄂圖曼帝國內戰的干涉讓穆拉德二世確信，只要君士坦丁堡還是鄂圖曼帝國境內的一塊基督教飛地，帝國就永遠不能穩固。「他給卓越的繼承者留下的遺產是，」鄂圖曼史學家薩阿德丁（Sadeddin）⑫寫道，「樹立起聖戰的大旗，目標是占領那座城市……有了那城市，他就能保障伊斯蘭人民的繁榮，打斷可悲的異教徒的脊梁。」[9]

每一位蘇丹的駕崩對鄂圖曼帝國來說永遠是個危險時刻。根據傳統，而且為了阻止任何武裝反叛，蘇丹駕崩的消息會被嚴格保密。穆拉德二世還有一個兒子，一位名叫小艾哈邁德的嬰孩，他對穆罕默德二世的繼承沒有直接威脅，但覬覦皇位的奧爾汗還在君士坦丁堡，而且穆罕默德二世並不受民眾歡迎。蘇丹駕崩的消息被裝在密封的信封內，快馬加鞭地送給穆罕默德二世。哈利勒在這封信中建議穆罕默德二世不要耽擱，務必火速抵達埃迪爾內，任何延誤都有可能導致叛亂。根據傳說，穆罕默德二世收到信後立即命人備馬，並向侍從們說道：「愛我的人，都跟我

---

⑩ 在今天的土耳其西部，也是同名省分的首府。

⑪ 杜卡斯（約一四〇〇至一四六二年），拜占庭史學家。他對拜占庭帝國最後幾十年以及君士坦丁堡陷落的記載是這段歷史最重要的史料之一。他堅決主張拜占庭與西方聯合。

⑫ 即霍加·薩阿德丁·埃芬迪（Hoca Sadeddin Efendi，一五三六／一五三七至一五九九年），鄂圖曼帝國學者、官員與史學家。他曾是蘇丹穆拉德三世（Murad III）年幼時的師傅，著有鄂圖曼帝國歷史《歷史的皇冠》（*Tâc üt-Tevârîh*）。

來。」在家丁、家將的陪伴下，他僅僅花了兩天時間就渡海抵達加里波利。他在縱馬穿過大平原前往埃迪爾內的路上，遇見了一大群官員、維齊爾、毛拉、總督和平民，這些人都前來恭迎他的駕到，這種風俗可以一直追溯到突厥部落還在亞洲大草原的時候。歡迎的人群在離穆罕默德二世的隊伍還有一英里時，就下了馬，在一片死寂中徒步走向他們的新主子。離穆罕默德二世的隊伍還有半英里時，人群開始嚎啕大哭，哀悼駕崩的老蘇丹。穆罕默德二世和他的侍從們跳下馬，加入了哭喪的人群。冬季的大地上迴盪著悲戚的哭喊。主要官員向新蘇丹鞠躬，然後所有人重新上馬，繼續向皇宮前進。

次日，文武百官正式覲見新蘇丹。這是個氣氛緊張的場合，老蘇丹的維齊爾們將聽候命運的發落。穆罕默德二世端坐在寶座上，兩側站立著深受信賴的謀臣們。哈利勒帕夏躲在後頭，等著看穆罕默德二世會如何決斷。少年蘇丹說道：「我父皇的維齊爾們為何不上前？叫他們上前來，讓哈利勒到他慣常的位置上去。」[10]哈利勒恢復了首席大臣的職位。這是穆罕默德二世的典型決策：先維持原狀，同時暗自醞釀計畫，等待時機。

新蘇丹年僅十九歲，既自信滿懷，又躊躇徘徊；既野心勃勃，又性格內斂。他的幼年經歷顯然對他影響極大。他很可能在非常幼小的時候就與母親分離，而且是因為有一份好運氣，才能在鄂圖曼宮廷的陰暗世界裡生存下來。甚至在年輕的時候，他也深藏不露，且不相信其他人；他獨立、傲慢、缺乏人的溫情，而且有著極大的野心。他的性格充滿了矛盾，錯綜複雜。後來文藝復興時期的歐洲人將他描繪為極度殘忍和心理變態的怪物，而他也的確是個秉性矛盾重重的人。他精明機敏、英勇無畏、情緒衝動、詭計多端、擅長欺騙，有時是個殘酷的暴君，有時卻又能做出令人意外的善舉。他喜怒無常、無法預測；他是個雙性戀，不願與任何人結成親密關係；他睚眥必報，但因為開創了很多虔誠的慈善事業而深受人民愛戴。他成年後的性格特徵已經成型了：既是暴君，也是學者；既是熱中戰爭的軍事戰略家，也熱愛波斯詩歌和園藝；既是後勤管理和實踐籌劃工作的專家，又極端迷信，需要宮廷星相家來幫他做軍事上的決定；雖然是伊斯蘭的戰士，但對非穆斯林臣民也慷慨仁慈；他還喜歡與外國人和離經叛道的宗教思想家作伴。

穆罕默德二世一生中不同階段繪製的幾幅肖像，很可能是最早一批鄂圖曼帝國蘇丹的畫像。從這些肖像可以看出些一貫的特徵：鷹隼般的側臉輪廓，鷹鉤鼻突出在頗富肉感的嘴唇上方，「如同鸚鵡的喙停歇在櫻桃上」[11]（這是一位鄂圖曼詩人寫下的令人難忘的詩句），突出的下巴上覆蓋著微紅的鬍鬚。在一幅風格化的細密畫中，穆罕默德二世用戴著珠寶的手指捏著一朵完整無缺的玫瑰，輕柔地將它拿在鼻子前。這是常規的表現手法，把蘇丹描繪為審美家、園藝愛好者和波斯四行詩的作者，但畫中的蘇丹目光凝滯，彷彿在眺望世界的盡頭。在其他壯年時期的肖像中，穆罕默德二世脖頸粗壯，充滿福態；在貝里尼（Bellini）⑬創作的那幅著名的晚期肖像中（它今天懸掛在倫敦的國家美術館〔National Gallery〕），他神色嚴峻、面帶病容。所有這些畫像都包含一份沉著的威嚴，因為他是「真主在人間的影子」，他掌控著大權，世界自然而然地就在

⑬ 真蒂萊·貝里尼（Gentile Bellini，一四二九至一五〇七年），文藝復興時期的威尼斯藝術家，以其關於宗教的畫作而聞名。他曾在拜占庭帝國宮廷中工作過三年。一四七九至一四八一年間，他為鄂圖曼蘇丹穆罕默德二世畫像。這幅畫在十九世紀被修復，但畫家的姓名是後來寫上去的，因此無法確定原畫家就是貝里尼本人。

他手中，因此這算不得傲慢。但畫中也有一種冷森森的憂鬱，讓人想起他冰冷而險象環生的童年歲月。

義大利人賈科莫．德．蘭古斯琪（Giacomo de Languschi）對年紀輕輕就性格複雜的穆罕默德二世做了一番生動的描繪，與這些畫像相得益彰：

統治者蘇丹穆罕默德貝伊非常年輕……身材強健，體格魁梧，精通武藝，相貌令人恐懼而不引發尊崇，很少有笑意，極其小心謹慎，非常慷慨大方，執行自己的計畫時無比執拗，在所有事業中都膽大無畏，像馬其頓的亞歷山大一樣渴望榮耀。他每天都讓人朗讀羅馬和其他國家的歷史著作給他聽。他會說三種語言：土耳其語、希臘語和斯拉夫語。他努力學習義大利的地理……學習教宗和神聖羅馬皇帝的住地在何方，以及歐洲有多少王國。他擁有一幅歐洲地圖，上面標註了各個國家和省分。他最熱中和喜愛的是世界地理和軍事。他渴望統領天下；他審時度勢非常精明。我們基督徒要對付的就是這樣一個人……他說，三十年河東，三十年河西；他宣布，他將從東方進軍西方，就像西方人曾經向東方進軍一樣。他說，世界上應當只有一個帝國、一個信仰和一個君主。[12]

這份紀錄生動鮮明地描繪了穆罕默德二世的雄心壯志：他要舉著伊斯蘭的旗幟進入歐洲，逆轉歷史的大潮。但在他登基時，西方人總體來說還不了解他的野心和智慧。他們看到的只是一個乳臭未乾、毫無經驗，早年的統治以恥辱告終的年輕小伙子。

✯

穆罕默德二世登基的兩年前，君士坦丁堡也迎來了一位新皇帝，儘管具體的情況大不相同。註定要在即將拉開序幕的鬥爭中與穆罕默德二世對抗的那個人，和建城者同名——迷信的拜占庭人很快就會注意到這一點。君士坦丁十一世是自一二六一年以來，帕里奧洛格斯王朝的第八位皇帝。這支皇族是靠篡權上台的，在他們統治期間，拜占庭帝國不可阻擋地墜入混亂和紛爭之中。皇帝本人具有非常典型的多民族背景。他會說希臘語，但很難說他是希臘人：他的母親是塞爾維亞人，君士坦丁十一世使用了他的母家姓——德拉伽塞斯（Dragases）；他的父親有一半的義大利血統。像所有拜占庭人一樣，他自稱為羅馬人，並用前任皇帝們驕傲而古老的頭銜自詡：「君士坦丁．帕里奧洛格斯，信奉基督的真正皇帝、羅馬人的君主。」

這是個空洞的儀式稱號，但持續衰敗的拜占庭人就是這樣對儀式和禮節體系死抱著不放。皇帝屬下有一位海軍司令，但沒有艦隊；有一位陸軍總司令，士兵卻屈指可數。在宮廷的微型世界裡，達官顯貴們拚命爭搶誇張得可笑的莊嚴頭銜，例如內廷總管大臣、大法官或御廚總管。君士坦丁十一世的確是一位沒有權力的皇帝。他的帝國疆域已經銳減到只有都城和

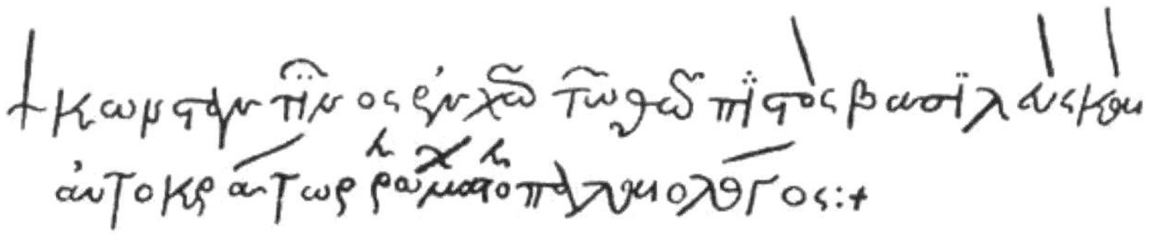

圖14　君士坦丁十一世的簽名

其周圍郊區、少數幾個島嶼和伯羅奔尼撒（Peloponnese）半島的若干領地。希臘人非常有詩意地將伯羅奔尼撒半島稱為摩里亞（Morea），即「桑樹葉」。這座半島的絲綢生產很有名，它的形狀也很像蠶吃的桑葉。

君士坦丁十一世頂上的皇冠並不值得欽羨。他繼承的是破產的國家財政、熱中內戰的皇室、被宗教狂熱分裂的城市，以及赤貧而動盪不安的貧民階層。帝國是皇族內部自相殘殺的毒蛇坑。一四四二年，他的兄弟德米特里（Demetrios）引領鄂圖曼軍隊進逼城市。拜占庭帝國做為鄂圖曼皇帝的附庸苟延殘喘，隨時都可能遭到鄂圖曼人的圍攻。君士坦丁十一世個人的權威也並不十分穩固，他於一四四九年的登基有些不合常規。他是在伯羅奔尼撒半島的米斯特拉斯（Mistra）⑭登基的——這對皇帝來說是非常不尋常的——後來也從沒有在聖索菲亞大教堂加冕過。拜占庭人不得不請求穆拉德二世批准他們的新皇帝即位，但卻沒錢送皇帝回家。他不得不忍辱負重，哀求一艘加泰隆尼亞船隻送他到都城。

一四四九年三月，他返回了君士坦丁堡；對於都城當時的情況，沒有同時期的記載流傳下來。年代較早的一份義大利地圖顯示，君士坦丁堡城內有很多空地，而在金角灣對岸，熱那亞的貿易殖民地加拉塔（或稱佩拉〔Pera〕）卻欣欣向榮、繁榮昌盛。旅行家貝特朗東・德・拉・布羅基里埃稱：「那是一座很大的城鎮，居住著希臘人、猶太人和熱那亞人。」[13]他說加拉塔是他親眼所見最美麗的港口。這位法蘭西騎士認為君士坦丁堡雖頗具魅力，卻是破爛潦倒。但教堂建築群還是震撼人心的，尤其是聖索菲亞大教堂，他在那裡參觀了「聖勞倫斯（Saint Lawrence）⑮在上面被烤死的烤架，以及一塊形似臉盆架的巨石，據說天使在去毀滅索多瑪（Sodom）與蛾摩拉（Gomorra）的路上，亞伯拉罕（Abraham）曾經在這塊石頭上請天使吃飯。」查士丁尼皇帝的騎馬像（布羅基里埃誤以為那是君士坦丁大帝的像）依然矗立：「他左手執掌權杖，右手指向亞洲的土耳其和通往耶路撒冷之路的方向，似乎在顯示，那片土地也是他的領地。」但真相是再明白不過的，拜占庭皇帝在自己家裡也做不了主：

> 這座城市裡到處是來自五湖四海的商旅，其中最強大的是威尼斯人，他們有自己的市政官來管理全部的事務，完全獨立於皇帝及其大臣之外。土耳其人也設立了一名官員來監管他們的貿易，和威尼斯人的市政官一樣，也是獨立於皇帝司法權外的。他們甚至擁有這樣的特權：如果他們的一名奴隸逃走，躲在城內，他們可以要求皇帝將逃犯交出，皇帝必須服從。皇帝在很大程度上屈從於土耳其蘇丹，因為我聽說，他每年要向蘇丹繳納一萬杜卡特的貢金。

---

⑭ 伯羅奔尼撒半島南部城市，十字軍曾在此建有城堡。

⑮ 聖勞倫斯（約西元二二五至二五八年），基督教殉道者。在教宗西斯篤二世（Sixtus II）時期，他是羅馬的七位執事之一。在羅馬皇帝瓦勒良（Valerian）迫害基督教、處死西斯篤二世後，羅馬當局要求勞倫斯將各教堂的財產交給國家，但他反而把錢散發給窮人，為此被判死刑。他臨刑前的大無畏精神感召了許多人改信基督教。根據一則傳說，他是被放在烤架上烤死的，他對劊子手們說：「我的那一側烤好了，把我翻過來，吃掉。」

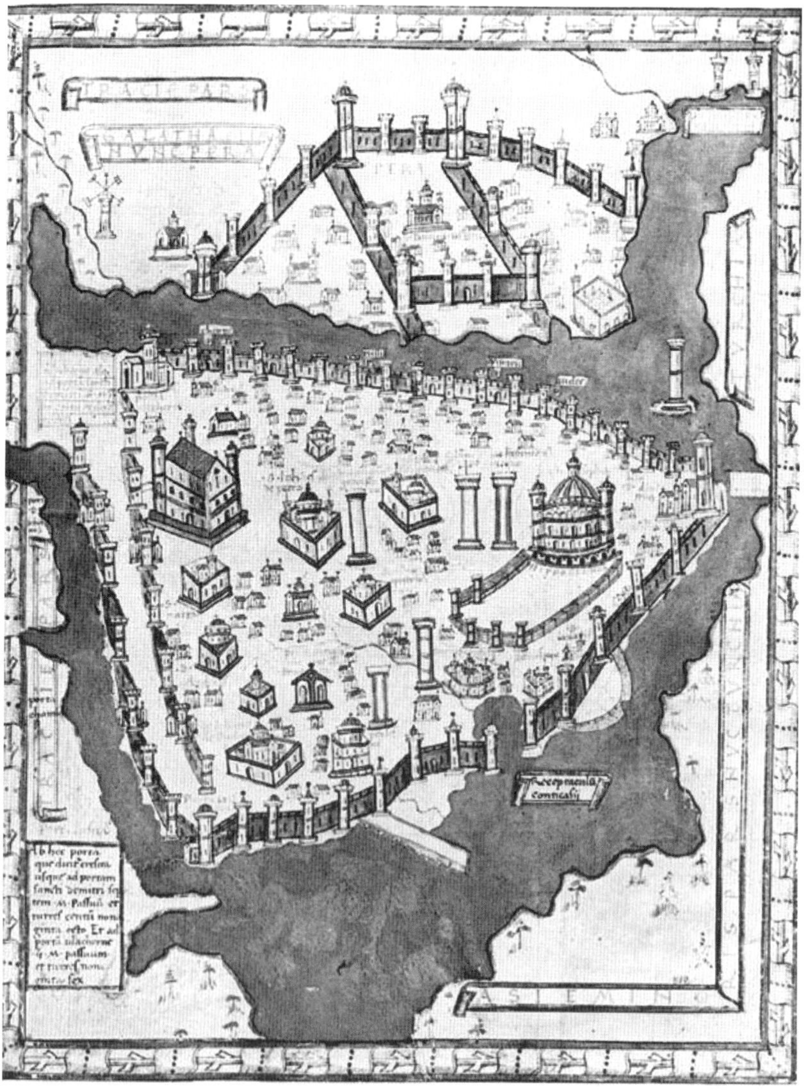

圖15　一幅關於君士坦丁堡十五世紀初面貌的義大利地圖，描繪城牆外巨大的護城河，圖的上方是加拉塔。

德・拉・布羅基里埃注意到，城內到處是往昔輝煌的遺跡，最顯眼的就是賽馬場中三座空空如也的大理石基座：「基座上曾經矗立的三匹鍍金駿馬像，目前在威尼斯。」鄂圖曼軍隊兵臨城下似乎已經只是時間問題，老百姓很可能會主動開門獻城。一四三〇年，塞薩洛尼基（Thessaloniki）⑯拒絕向穆拉德二世俯首稱臣，鄂圖曼軍隊僅花了三個小時就衝上了城牆，隨後對這座城市蹂躪和洗劫達三天之久；七千名婦女兒童被販賣為奴。這對君士坦丁堡人是一個嚴重的警告。

我們對君士坦丁十一世的相貌知之甚少。雕像上他的面部幾乎是一片空白。他似乎繼承了父皇曼努埃爾二世的端正容貌和儀態，但當時帝國內外交困，不曾雇請藝術家為新皇帝留影。黃金國璽上鷹隼般的清瘦頭像也過於簡略，不能說明什麼。但各方面的記載對他的性格都有著一致的描摹。在曼努埃爾二世的所有兒子當中，君士坦丁十一世是最精明強幹和值得信賴的，「慈悲為懷，全無惡意，」[14]果斷堅定、勇敢無畏、非常愛國。與他那些熱中於爭吵、毫無原則的兄弟們不同，君士坦丁十一世非常坦誠直率；他似乎有一種讓身邊的人都對他忠心耿耿的魅力。各方面的觀察者都同意，他是個擅長行動的人，而不是一個技藝高超的管理者或有深度的思想家；他精通騎術和兵法，勇敢而有進取心。最重要的是，他面對挫折也堅忍不拔。他對拜占庭的傳統具有強烈的責任感，一生都在努力不懈地挽救搖搖欲墜的帝國。

君士坦丁十一世比穆罕默德二世年長二十七歲；他於一四〇五年出生於君士坦丁堡，從他的

⑯ 又稱薩洛尼卡（Salonica），希臘馬其頓地區海港城市。

幼年經歷來看，應當對都城的困境心知肚明，不抱多少幻想。一四二二年，十七歲的他經歷了穆拉德二世圍攻君士坦丁堡；次年，他的兄長約翰八世（John VIII）周遊基督教列國，請求他們支援拜占庭（這些努力最終都徒勞無功），在此期間，他被任命為攝政王。一四四九年，他登基之時，已經四十四歲，經歷了二十年的戎馬生涯。這段戰爭歲月的大部分時間裡，他都在努力恢復拜占庭對伯羅奔尼撒半島的控制，有勝有敗。到一四三〇年，他肅清了外國人在半島上建立的大部分小王國；一四四〇年代，做為摩里亞的統治者，他將伯羅奔尼撒的疆域推進到了希臘北部。對穆拉德二世來說，他一直是根肉中刺，一個桀驁不馴、需要好好教訓的附庸。一四四六年，在瓦爾納的十字軍戰役失敗後，鄂圖曼帝國做出了決定性的嚴懲。一支鄂圖曼軍隊橫掃摩里亞，鄉村徹底遭到摧毀，六萬名希臘人被販賣為奴。君士坦丁被迫簽訂一項喪權辱國的停戰協定，向蘇丹俯首稱臣，並繳納沉重的貢稅。在希臘重振拜占庭帝國的大業失敗了，他的三個兄弟德米特里、湯瑪斯（Thomas）和希歐多爾（Theodore）要嘛自私自利、賣國求榮，要嘛耽於爭吵、優柔寡斷，力圖阻撓挽救帝國殘餘部分的大業；但君士坦丁卻截然不同，仍然表現出昂揚鬥志、軍事才華和坦誠直率。他們的母后海倫娜（Helena）堅定支持君士坦丁繼承皇位，只有他有資格承繼這份遺產。

圖16　君士坦丁十一世的徽章

根據後來的拜占庭傳說中，君士坦丁十一世一生命運多舛。他在摩里亞的軍事冒險雖然用意良好而且膽大無畏，但運氣非常糟糕。在瓦爾納的慘敗之後，威尼斯艦隊返航回鄉，熱那亞人沒有兌現諾言前來援助，他仍然孤軍奮戰。但他的堅持不懈為希臘人民帶來了相當大的苦難。他的私人生活同樣不幸。他的第一位妻子於一四二九年去世，沒有留下一男半女；第二位妻子於一四四二年去世。一四四〇年代末期，他多次努力與外國王室聯姻，希望借此支撐起破碎的帝國，並有一位繼承者延續皇族的香火。但在穆罕默德二世登基前夕，政治氣氛高度緊張的情況下，他的所有努力都以失敗告終。

✯

一四五一年二月，穆罕默德二世住進了埃迪爾內的皇宮。他的第一個行動令人震驚，也極其果斷。穆拉德二世駕崩後留下了一個尚在襁褓中的兒子小艾哈邁德，即穆罕默德二世的異母弟。幾天後，小艾哈邁德的母親正式覲見新蘇丹，表達對他去世父皇的緬懷，同時間，穆罕默德二世卻派遣一名寵臣阿里貝伊到後宮，將小艾哈邁德溺死在浴缸內。第二天，穆罕默德二世再以謀殺罪名處死阿里貝伊，然後把那位傷心欲絕的母親嫁給了一位貴族。這個殘忍而精明的舉動將鄂圖曼宮廷的權力鬥爭推向了符合邏輯的結論：只有一個人能統治；為了避免分裂和內戰，只有一個皇子能存活。對鄂圖曼人來說，這遠比令拜占庭衰敗不堪的無休無止內戰要好得多。穆罕默德二世一下子就闡明了鄂圖曼帝國皇位繼承的規則，後來還把這個兄弟相殘的行動寫進了法條裡：「我的兒子中不論誰繼承了蘇丹皇位，為了世界秩序的利益考量，他都應將他的兄弟處死。大多數法學家都對此表示認可。今後將按此執行。」[15]從此以後，每位新蘇丹登基之時，都將大開殺戒。這種殘酷手段在一五九五年穆罕默德三世（Mehmet III）登基時達到了頂峰，當時這位新蘇丹的十九位兄弟全部被處死。儘管如此，這種兄弟相殘的法律未能阻止內戰爆發——受威脅的皇子們常常會先發制人地採取行動，穆罕默德二世本人就將受到這種悲劇的摧殘。君士坦丁堡人理當從小艾哈邁德之死了解到穆罕默德二世的本性，但他們似乎沒有學到這個重要的教訓。

第四章　割斷喉嚨

一四五一年二月至一四五二年十一月

博斯普魯斯海峽用一把鑰匙開啟和封閉兩個世界、兩片大海。[1]

——皮埃爾・吉勒（Pierre Gilles）①，十六世紀法國學者

穆拉德二世的去世讓整個西方世界長舒了一口氣。在威尼斯、羅馬、熱那亞和巴黎，人們都過於輕信義大利人法蘭切斯科・菲賴爾福（Francesco Filelfo）在穆拉德二世駕崩一個月後，寫給法蘭西國王查理七世（Charles VII）的信：穆罕默德二世年幼無知、缺乏經驗、頭腦簡單。菲賴爾福做出的結論是，發動決定性的軍事行動，將鄂圖曼人「這群腐化敗壞的奴隸」[2]徹底逐出歐

① 皮埃爾・吉勒（一四九〇至一五五五年），法國自然科學家、翻譯家和測繪學家。他曾遊歷地中海和東方，一五四四至一五四七年曾在君士坦丁堡尋找古代手稿。

洲的時機業已成熟。歐洲君主們或許對他的這個結論不是很感興趣。一四四四年在瓦爾納的血腥慘敗已經完全敗壞了歐洲人在近期發動十字軍東征的胃口。歐洲君主們對乳臭未乾的穆罕默德二世登基表示歡迎，卻不知這預示著怎樣的災難。

較熟悉蘇丹的人就樂觀不起來了。穆拉德二世去世時，君士坦丁十一世最信賴的大使喬治·斯弗朗齊斯（George Sphrantzes）②正在從喬治亞國王的宮廷出發，渡過黑海，前去覲見特拉比松皇帝③的途中。他在進行一連串無休止的外交活動，希望為鰥夫君士坦丁十一世尋找一門合適的親事，借此鞏固他內外交困的局面，並進而獲得一名繼承人，以及獲取一筆嫁妝來填補他的金庫。在特拉比松，皇帝約翰·科穆寧（John Komnenos）歡欣鼓舞地將穆罕默德二世登基的消息告訴了斯弗朗齊斯：「來吧，大使閣下，我有喜訊與您分享。您一定要祝賀我。」斯弗朗齊斯的回應令人震驚：「這消息讓我萬分悲痛，就好像聽到了我最親近的人的死訊，我啞口無言地站在那裡。最後，我頗為沮喪地說：『陛下，這消息沒有帶來任何喜悅；恰恰相反，它令人萬分悲痛。』」隨後斯弗朗齊斯闡述了他對穆罕默德二世的了解。新蘇丹「自幼就是基督徒的死敵」[3]，熱中於攻打君士坦丁堡。另外，君士坦丁十一世缺少資金，需要維持一段時間的和平穩定，以挽救城市的財政。

君士坦丁堡方面匆匆派出使節前往埃迪爾內，向年輕的蘇丹致意並尋求安全的保障。使節們受到的接待讓他們又驚又喜。穆罕默德二世非常通情達理。據說，他以先知、《古蘭經》和「天使與諸大天使的名義起誓，他將與君士坦丁堡和君士坦丁十一世皇帝永結盟好。」[4]他甚至抽出了斯特魯馬（Struma）河下游河谷一些希臘城鎮的部分稅收，做為年金贈送給拜占庭人，儘管這些地區在法律上屬於覬覦皇位的奧爾汗王子。這些金錢將用來供養仍然被扣押在君士坦丁堡的奧爾汗。

紛至沓來的使節們都得到了和平的保證。九月，在埃迪爾內有商業利益的威尼斯人與穆罕默德二世再次締結和約；同時，鄂圖曼人將塞爾維亞君主杜拉德・布蘭科維奇（Đurađ Branković）的女兒瑪拉（Mara，她先前嫁給了穆拉德二世），以及一些城鎮歸還給了他，安撫了他一下。穆罕默德二世還請求布蘭科維奇牽線搭橋，與匈牙利人締結和約。匈牙利的卓越領袖匈雅提・亞諾什（Hunyadi János）攝政王是基督教歐洲對鄂圖曼帝國的最大威脅。匈雅提需要粉碎匈牙利國內的一些陰謀，因此很樂意與蘇丹締結為期三年的和約。加拉塔的熱那亞人，希俄斯島④、萊斯博斯（Lesbos）島和羅得島的諸領主，特拉比松，瓦拉幾亞（Wallachia）⑤和拉古薩（Ragusa）⑥派出

② 喬治・斯弗朗齊斯（一四〇一至約一四七八年），拜占庭晚期史學家和官員，親身經歷了君士坦丁堡的陷落，他關於該時期拜占庭歷史的著作，具有極高的史料價值。

③ 特拉比松是從拜占庭帝國分裂出的三個帝國之一，創立於一二〇四年四月，延續了兩百五十七年。特拉比松帝國的第一代君主阿歷克塞一世（Alexios I）是拜占庭帝國科穆寧王朝最後一位皇帝安德洛尼卡一世的孫子，他在第四次十字軍東征時預見十字軍將攻取君士坦丁堡，便占據特拉比松獨立建國。在地理上，特拉比松的版圖從未超過黑海南岸地區。一四六一年，鄂圖曼帝國蘇丹穆罕默德二世消滅了特拉比松。

④ 愛琴海的一個島嶼，距土耳其西岸僅八公里。據傳盲詩人荷馬（Homer）就出生在這裡。

⑤ 中世紀時位於歐洲東南部，巴爾幹半島東北的地區，位置大約在今日的羅馬尼亞東南部。當時是鄂圖曼帝國的附庸。

⑥ 又稱為杜布羅夫尼克（Dubrovnik），一三五八至一八〇八年間的一個城邦共和國，以杜布羅夫尼克城為核心，是鄂圖曼帝國的附庸。今日是克羅埃西亞港口城市，位於亞得里亞海岸的南部、塞拉耶佛西南方。

的使節都得到了和平的保障，而且條件合情合理。到一四五一年秋季，西方世界已經普遍認為，穆罕默德二世被他溫和的維齊爾——哈利勒帕夏牢牢掌控在手心裡，對任何人都不會構成威脅。在君士坦丁堡，很多不像斯弗朗齊斯那麼謹慎或者有經驗的人，似乎也同樣被蒙蔽了。基督教世界的帝王和君主們都樂於相信，一切正常。穆罕默德二世非常小心地隱藏著自己的真實意圖。

並不是只有基督徒誤解了穆罕默德二世的性格。一四五一年秋季，難以駕馭的卡拉曼貝伊再次試圖從鄂圖曼帝國手中奪回安納托利亞西部的領土。他占領了一些要塞，重新任命了部族領袖，並入侵鄂圖曼帝國。穆罕默德二世派遣將領去鎮壓此次叛亂，在埃迪爾內締結了各項和約後，親臨前線，當即產生了極大的影響。叛亂被迅速粉碎，穆罕默德二世班師回朝。在布爾薩，蘇丹遇到了新一輪的挑戰，這一次鬧事的是他手上的近衛軍。「他們站在道路兩側，全副武裝，站成兩排，向他呼喊：『這是我們的蘇丹的第一場戰役，他應當按慣例賞賜我們。』在這樣的局面下，穆罕默德二世不得不讓步。十麻袋的錢幣被分發給譁變的士兵。但對穆罕默德二世來說，這是一場關係重大的意志考驗，他決心非贏不可。幾天後，蘇丹召集了近衛軍統領，對他嚴詞斥責，削去他的官職；多名軍官遭到類似的懲罰。」[5]這是穆罕默德二世經歷的第二次反叛。他認識到，如果要成功占領君士坦丁堡，首先必須保證近衛軍的絕對忠誠。於是他改組了近衛軍，將自己的七千名親兵安插到近衛軍隊伍裡，並任命一位新統領。

就在此時，君士坦丁十一世和他的謀臣們也展開了行動，這恰恰說明他們對穆罕默德二世的認識是多麼貧乏。除蘇丹本人之外，唯一對鄂圖曼皇位提出要求的人——奧爾汗王子，正住在君士坦丁堡，而供養他的經費則來自夏季時君士坦丁十一世與蘇丹商定的稅收。其後，拜占庭人派遣大使去布爾薩與哈利勒會面，提出了一個專斷的要求：

> 羅馬人的皇帝不接受三十萬阿斯普爾（asper）⑦的年金。因為，與閣下的主公同為鄂圖曼後裔的奧爾汗現已成年。每天都有很多人來到他身邊，奉他為主公和領袖。他本人沒有財力慷慨賞賜這些追隨者，因此他請求皇帝的幫助。但皇帝也缺乏資金，無法滿足這些要求。故我們有兩個請求供您選擇：將年金翻倍；否則我們就將釋放奧爾汗。[6]

言外之意是再清楚不過的——如果年輕的蘇丹不肯掏腰包，就將有一個皇位競爭者可以自由行動，在鄂圖曼帝國煽動內戰。

這是拜占庭典型的謀略。在拜占庭歷史上，利用鄰國的王朝繼承權之爭，一直是拜占庭外交政策的基石。該政策常常能夠彌補軍事上的弱勢，但拜占庭也因此得到了陰險狡詐的惡名，這個臭名不值得羨慕也無人可比。在君士坦丁十一世的父親曼努埃爾二世在位期間，鄂圖曼人就已經吃過一次虧，當時曼努埃爾二世狡猾地鼓動鄂圖曼帝國的內戰，導致鄂圖曼帝國險些垮台，穆罕默德二世對此事是非常清楚的。君士坦丁十一世顯然把奧爾汗視為一張王牌（或許也是他的最後一張牌），決定要好好利用這張牌。但在當時的局勢下，這是個彌天大錯，我們無法解釋拜占庭為何會做出這樣的決策，因為宮中畢竟還有斯弗朗齊斯這樣經驗豐富，對鄂圖曼宮廷政治相當了

⑦ 拜占庭帝國使用的一種金幣，單數稱「阿斯普隆」（aspron），複數稱「阿斯普爾」。

解的外交官。或許，君士坦丁十一世之所以這樣決斷，主要是因為帝國的財政已經走到山窮水盡，而不是因為他真的指望能夠借此煽動鄂圖曼帝國內部的爭鬥。無論如何，這使得鄂圖曼宮廷內的主戰派更加堅信，必須占領君士坦丁堡。拜占庭人的這個提議，幾乎像是要刻意破壞哈利勒維持和平的努力，而且還危及到哈利勒自己的地位。對此，年邁的維齊爾大發雷霆：

你們這些愚蠢的希臘人，你們的刁滑已經讓我受夠了。已故的蘇丹對你們寬大為懷，是你們真誠的朋友。但現在的蘇丹可不是那樣的。如果君士坦丁十一世目前還沒有被蘇丹大膽而威嚴的鐵手抓住，那僅僅是因為真主仍然對你們奸詐和邪惡的計畫視而不見。如果你們以為憑藉這些妄想就能嚇倒我們，這只能說明你們的愚蠢。況且我們最近締結的和約墨跡還未乾。我們可不是沒有力量或者理智的孩童。如果你們自認為能耍什麼把戲，就去耍吧！如果你們想在色雷斯推舉奧爾汗為蘇丹，悉聽尊便！如果你們想把匈牙利人帶過多瑙河，就讓他們儘管來好了！如果你們想收復早就丟失的領土，那就儘管嘗試吧！但請你們務必銘記在心，你們在這些事情上都不會取得任何進展，而只會丟掉你們手中僅存的那麼一點點東西。7

穆罕默德二世在聽到拜占庭人的提議時面無表情。他「和藹可親」地讓使臣離去，並許諾在返回埃迪爾內之後會斟酌此事。君士坦丁十一世給了蘇丹一個非常珍貴的撕毀和約的藉口，待時機成熟時就可以利用。

在返回埃迪爾內的途中，穆罕默德二世發現，他根本無法像預想的那樣渡海前往加里波利。

達達尼爾海峽被義大利船隻封鎖了。於是，他沿著博斯普魯斯海峽北上，來到安納托利亞堡壘（Anadolu Hisari）。他的曾祖父巴耶濟德一世在一三九五年攻打君士坦丁堡的時候建造了這座要塞。在這裡，分隔亞洲和歐洲的海峽只有七百碼寬，是渡過海流洶湧、險象環生的海峽的最佳地點。兩千年前的古代波斯國王大流士對此了然於胸，曾在此處連接船隻做為橋梁，讓他的七十萬大軍通過。穆罕默德二世的小型艦隊在海峽上來回穿梭，將士兵運往歐洲時，他足智多謀的腦袋審視著博斯普魯斯海峽，且似乎已經有了幾個結論。海峽對鄂圖曼軍隊來說是個易遭到攻擊的地點，如果不能保障歐、亞之間的航運，就不可能穩固地統治這兩塊大陸；同時，如果他能控制博斯普魯斯海峽，就能切斷從黑海上的希臘殖民地通往君士坦丁堡的糧食和兵員補給線，並奪取該城從航運獲得的海關稅收。他設想在歐洲海岸、屬於拜占庭人的土地上建造第二座要塞，以控制海峽，「封鎖異教徒船隻的航道」[8]。同時他很可能也認識到，必須建立一支強大的艦隊，以對抗占據海上優勢的基督徒。

返回埃迪爾內之後，他立即處置拜占庭人提出的最後通牒，首先沒收斯特魯馬河城鎮的稅收（這些款項原定用於供養奧爾汗），並逐出該地區的希臘人。君士坦丁十一世或許已經感受到壓力逐漸加大。他於一四五一年派遣一名使節前往義大利，此人先去了威尼斯，希望能從威尼斯人的殖民地克里特招募弓箭手；然後使節又去了羅馬，給教宗送去書信。君士坦丁十一世很有可能仍期望著能對新蘇丹發起積極主動的攻勢。他發送給義大利各城邦的信件中並沒有顯現出形勢已經十萬火急。

一四五一年的冬天快到了，穆罕默德二世在埃迪爾內一刻不停地制定計畫。他身邊聚集著一大群西方人，尤其是義大利人。他和他們討論古典時代的偉大英雄亞歷山大和凱撒，這兩人是蘇丹為自己選定的榜樣。他對秋季在布爾薩的近衛軍譁變還記憶猶新，於是對軍隊和政府機構做了進一步改革。他在某些行省任命了新的總督，增加了皇宮衛隊的軍餉，並開始儲存武器裝備和給養。他可能還啟動了造船的計畫。同時，建造新要塞的計畫也在他腦中漸漸成形。第二年春天，他從帝國的各個行省徵募了成千上萬的石匠、工人和燒窯工人，並安排建材——「石料、木材、鐵和所有有用的物資」[9]——的收集和運輸……「用來在君士坦丁堡以北的神聖河口（Sacred Mouth）建造一座新城堡」[10]，也就是已經廢棄的聖米迦勒（Saint Michael）教堂附近。

蘇丹大興土木的消息迅速傳到了君士坦丁堡、黑海上的希臘殖民地以及愛琴海諸島嶼。人們陷入了深深的悲觀情緒中；他們又記起了關於世界末日的預言：「現在你們能看得到我們的國家迫在眉睫的毀滅徵兆。敵基督（Antichrist）的日子已經降臨。我們將會有怎樣的遭遇？我們該怎麼辦？」[11]君士坦丁堡的教堂內，人們焦急地祈禱，希望上帝能拯救他們的城市。一四五一年底，君士坦丁十一世又派遣了一名使節前往威尼斯，帶去了更緊急的消息：蘇丹正在集結大軍，準備攻打君士坦丁堡，如果得不到援救，它必死無疑。威尼斯元老院以慣常的議事速度做了斟酌，於一四五二年二月十四日給出了答覆。威尼斯人的回應是非常典型的小心謹慎；他們可不想影響自己在鄂圖曼帝國的商業利益。他們建議拜占庭人去尋求其他國家的合作，而不是僅僅依賴威尼斯人；但他們的確批准向君士坦丁十一世提供他索要的火藥和胸甲。與此同時，君士坦丁十一世別無選擇，只能與穆罕默德二世直接對話。他的使臣再次翻越色雷斯的群山，去覲見蘇丹。使臣指出，穆罕默德二世沒有與拜占庭商議就威脅要建造這座新城堡，是在撕毀和約；蘇丹的曾祖父在建造安納托利亞堡壘時，事先曾徵得拜占庭皇帝的同意，「就像兒子請求父親一樣」[12]。穆罕默德二世的回答簡短而到位：「一座城市裡面的東西是它自己的；但它在護城河之外就沒有任何管轄權，也不擁有任何東西。如果我要在神聖河口處建造一座要塞，它也沒有權力禁止我。」[13]他提醒希臘人，基督徒曾多次阻撓鄂圖曼人渡過海峽，並以典型的直率總結道：「去告訴你們的皇帝，現在當政的蘇丹和他的前任不一樣。前任蘇丹做不到的事情，現任蘇丹可以輕鬆地立即完成。前任蘇丹不願意做的事情，現任蘇丹肯定是願意的。未來如再有使臣如此進言，就等著被我活活剝皮。」[14]蘇丹的態度已經非常明確了。

三月中旬，穆罕默德二世從埃迪爾內出發，啟動了建造要塞的工程。他先去了加里波利，從那裡派遣六艘槳帆船和一些較小的戰船——「做好了海戰的準備，以防萬一」[15]，以及十六艘運載裝備的運輸駁船。然後他率領陸軍走陸路來到預定的地點。整個工程都是他雷厲風行作風的典型寫照。穆罕默德二世在後勤工作上的天分保證了人力和物資都能及時到位，並且數量極其龐大，以便在盡可能短的時間內完工。歐洲和亞洲各行省的總督們徵集了工人，前往施工地點。數量龐大的工人——「石匠、木匠、鐵匠和燒石灰工人，以及工程所需的其他各種勞動力，完全不缺人手，攜帶著斧頭、鏟子、鋤頭、鶴嘴鎬和其他鐵製工具」[16]——抵達施工地點，開始幹活。笨重的運輸駁船將建材從海峽對面運來，石灰和燒石灰用的爐子、安納托利亞的石料、黑海沿岸森林和伊茲密特（Izmit）⑧的木材。與此同時，他的槳帆戰船在海峽周邊巡邏。穆罕默德二世親

⑧ 土耳其西北部城市，是交通樞紐和主要港口。

自騎馬巡視工地，並和兩名建築師（都是前基督徒）一同規劃要塞的布局細節：「從周邊塔樓到主要砲塔和城門的距離，以及其他一切細節，他都在腦子裡仔細地盤算著。」[17]他可能在前一年冬天就在埃迪爾內籌劃了新城堡的設計案。他監督地界的劃定，並為城堡奠基。工匠們殺死了一些公羊，將羊血混入第一層磚石中的白堊與砂漿，以求得好運。穆罕默德二世非常迷信，受占星術影響極大。有人說，這座城堡的布局形狀之所以如此怪異，是因為受到卡巴拉（Kabbalah）⑨的影響；或者代表了先知聖名——及穆罕默德二世自己的名字——的阿拉伯文首字母的交織圖形。但更有可能的情況是，城堡的布局是由博斯普魯斯海岸陡峭險峻的地形決定的，因為這一帶包含「迂迴的扭曲處、覆蓋茂密樹林的海岬、內縮的海灣和彎曲部」，並且從海岸到工地最高點的海拔高度足有兩百英尺。[18]

工程於四月十五日（星期六）正式啟動，遵循著仔細制定的彼此競爭、計件工作的原則。穆罕默德二世恩威並施、獎優罰劣，這也是他的典型做法。全部的勞動力，從地位最高的維齊爾到最低賤的搬磚工人，全都動了起來。城堡有四條邊，最重要的三個角上各建有一座巨大的塔樓，塔樓間則由高大雄厚的城牆連接，西南角還建有一座較小的塔樓。出資、建造外層塔樓的責任被交給了四位維齊爾——哈利勒、紮甘、謝哈布丁和薩勒賈（Saruja）。蘇丹鼓勵他們彼此競爭，儘快完成各自的任務。當時宮廷內部的權力鬥爭非常激烈，而且蘇丹本人也親臨現場，「一刻不肯停歇」[19]地監督他們的工作，故四位維齊爾都受到了極大的鞭策。穆罕默德二世自己則負責主持修建連接各座塔樓的城牆和較小的塔樓。工人隊伍一共有六千多人，包括兩千名石匠和四千名石匠幫工，以及各個工種的其他工匠。整支隊伍按照軍事原則仔細地分為若干分隊。每名石匠都配有兩名幫工在他身邊幫忙，每日完成的城牆長度是有任務進度的。來自帝國各地的監察官負責維持紀律，對工人有著生殺予奪的大權。執法和軍事保護由一支相當規模的軍隊負責。同時，穆罕默德二世「公開懸賞，鼓勵工匠們又快又好地幹活」[20]。根據杜卡斯的記載，在這種充滿競爭和恐懼的高度緊張氣氛下，甚至貴族們也感受到，有必要親自去搬運石頭和石灰給汗流浹背的石匠們，以此鼓舞士氣。這裡一半像是臨時搭建的小型城鎮，一半像是巨大的工地。在鄰近廢棄的希臘村莊阿索馬通（Asomaton），成千上萬的帳篷如雨後春筍般地冒出；船隻在波浪滔天的海峽上來回穿梭。微微燃燒的石灰坑噴吐出濃煙；錘子在溫暖的空氣中叮噹作響；人們不時高聲呼喊。施工晝夜進行，火把一直燃燒到深夜。被木製鷹架環繞的城牆以驚人的速度拔地而起。在工地周圍、博斯普魯斯海峽沿岸，春天已經降臨。在林木茂密的山坡上，紫藤和紫荊樹正在吐豔；栗樹的花朵像白色的星辰；在寧靜的夜色中，當月光照過熠熠發光的海峽時，有夜鶯在松樹叢中歌唱。

☆

在君士坦丁堡城內，人們目睹了鄂圖曼人的準備工作，不禁愈來愈恐慌。前所未聞的鄂圖曼艦隊出現在海峽上，讓希臘人目瞪口呆。從聖索菲亞大教堂的屋頂和斯芬多恩（Sphendone，賽

---

⑨ 卡巴拉是猶太教神祕主義派系，發展於十二世紀。本以口述為傳統，主要傳述《妥拉》的神祕智慧。正統猶太教認為這是異教及泛神論的主張。

馬場南端未被摧毀的地勢較高的部分）的頂端，他們可以瞥見上游六英里處鄂圖曼人忙碌的景象。君士坦丁十一世和他的大臣們不知如何是好。穆罕默德二世百般挑釁。在施工初期，鄂圖曼工人就開始拆毀城堡附近的一些破敗的修道院和教堂，以獲取建材。居住在附近的希臘村民和城內的城民依舊把這些地方看做是聖地。同時，鄂圖曼士兵和工匠開始劫掠村民的田地。夏天一天天過去，莊稼就快要成熟，鄂圖曼人的挑釁也愈來愈激烈。鄂圖曼工匠從被毀的大天使米迦勒教堂拆除石柱，一些城民企圖阻止他們，卻被俘虜和處死。如果穆罕默德二世是想把君士坦丁十一世引出城來交戰，那他就沒有得逞。皇帝本人或許想出擊，但被說服放棄了。他決定穩妥地解決問題，主動提出給鄂圖曼建築工人送糧，以阻止他們搶劫希臘人的莊稼。但穆罕默德二世的回應是鼓勵他的部下將牲畜隨便放到田地裡啃食莊稼，同時不准希臘農民阻止他們。最終，農民們看到自己的莊稼慘遭蹂躪，忍無可忍，把牲畜趕了出去，於是發生了衝突，雙方都有人員死亡。穆罕默德二世命令他的指揮官卡拉（Kara）貝伊懲罰肇事的村民。次日，農民們收割莊稼的時候，一隊騎兵向他們發動突襲，將他們全部殺死。

君士坦丁十一世聽到這場屠殺的消息後，將城門緊閉，扣押了城內的所有鄂圖曼人，其中包括穆罕默德二世的幾名年輕宦官，他們正在遊覽君士坦丁堡。鄂圖曼人被扣押的第三天，宦官們懇求君士坦丁十一世釋放他們，聲稱如果他們不回去的話，他們的主人會生氣。他們哀求要嘛將他們放走，要嘛立刻將他們處決，因為回去太晚的話還是會被蘇丹處死。君士坦丁十一世改變了心意，釋放了這些人。他還派遣了一名使臣，向蘇丹呈上了既聽天由命又大膽挑釁的書信：

既然你捨棄和平，選擇戰爭，我無論用誓言還是懇求都無法讓你重新回到和平的道路上來，那麼就遵循你自己的意願吧！上帝是我的避難所。如果他已經決意將城市交給你，誰又能反抗他或者阻止這命運呢？如果上帝讓你心生和平的意願，我會很樂意地贊同。目前，既然你已經背棄了我為之起誓的和約，那麼就讓和約失效吧！從今天起，我將封閉城門。我將竭盡全力，為保衛城民而戰。你可以隨心所欲，直到公正的最終審判者裁決你、我二人。[21]

君士坦丁十一世清楚地表達了自己的決心。穆罕默德二世卻將使節處死，並送回簡短粗暴的回應：「要嘛開門獻城，要嘛做好戰鬥準備。」一支鄂圖曼軍隊被派去劫掠城牆外的地域，並劫走牲畜、擄掠人口，但君士坦丁十一世已經將鄰近村莊的大部分居民，以及收割好的莊稼都撤入了城內。鄂圖曼史學家們記載稱，君士坦丁十一世還企圖賄賂哈利勒，希望促成和平，但這種說法更有可能是哈利勒政敵的詆毀。從仲夏起，城門一直是關閉的，雙方已經處於戰爭狀態。

一四五二年八月三十一日星期四，穆罕默德二世的新要塞竣工了，從安放第一塊石頭到竣工只花了四個半月的時間。新要塞非常龐大，用克利托布羅斯（Critobulus）⑩的話說，「不像是要塞，倒像是一座小城鎮」[22]，並且掌控著海峽。鄂圖曼人稱之為「切斷海峽的城堡」或「割喉

---

⑩ 即米海爾・克利托布羅斯（Michael Critobulus，約一四一〇至約一四七〇年），希臘政治家、學者和史學家。他在鄂圖曼帝國保護下撰寫了五卷本的史書，記載鄂圖曼帝國的崛起和君士坦丁堡的陷落。他將此書獻給穆罕默德二世，在書中對這位君主表達了景仰，同時哀嘆拜占庭的滅亡，但認為這是天意註定。

堡」，但後來它的名字變成了「如梅利堡」（Rumelihisarı，意思是「歐洲城堡」）。城堡布局大體呈三角形，擁有四座大型塔樓和十三座較小的塔樓，城牆厚達二十二英尺，高五十英尺；塔樓的屋頂鋪有鉛皮。這座城堡在當時是建築學上的一大偉業。穆罕默德二世以驚人的速度協調和完成大型工程的能力，將在隨後的幾個月裡持續地讓他的對手瞠目結舌。

八月二十八日，穆罕默德二世率軍策馬繞過金角灣的頂角，在君士坦丁堡城下安營紮寨，此時這座城市已經徹底關閉，阻擋他的前進。他花了三天的時間細緻入微地觀察防禦工事和地形地貌，做了很多筆記和草圖，分析防禦工事潛在的弱點。秋天的腳步已經近了，於是他在九月一日返回埃迪爾內，對自己在夏季的工作非常滿意。艦隊也返回位於加里波利的基地。四百名士兵進駐了割喉堡，指揮官是菲魯茲（Firuz）貝伊，他受命扣押所有在海峽上航行的船隻，向其徵收過

圖17　如梅利堡，即「割喉堡」

路費。此外為了加強割喉堡的威懾力，鄂圖曼人還建造了若干火砲，並將其拖曳到城堡處。城垛上安放了小型火器；還有一個連隊的重砲「像口吐烈火的巨龍」[23]，被安置在城堡外牆下方的海岸上。這些火砲的位置和角度不同，可以控制很廣闊的射界；它們可以發射重達六百磅的巨型石彈，彈道平直、緊貼水面，與過往的船隻齊平，就像石子掠過池塘水面一樣。對岸的安納托利亞堡壘也配有火砲，於是「連一隻鳥兒也不能自由地從地中海飛往黑海」[24]。從此時起，無論白天或黑夜，沒有一艘船隻能夠不受檢查地通過海峽。鄂圖曼史學家薩阿德丁記載道：「就這樣，帕迪沙阿（他是世界的庇護者）封鎖了那條海峽，切斷了敵船的航道，灼燒了懦弱盲目的拜占庭皇帝的肝臟。」[25]

在君士坦丁堡城內，君士坦丁十一世正在集結資源，為這場看來不可避免的戰爭預做準備，並派遣使節向西方發送十萬火急的求援信。他寫信給正在摩里亞的兩位兄弟湯瑪斯和德米特里，請求他們立刻返回都城。他給了慷慨的許諾，不論誰來援救，都會得到大片土地的報償：他向匈牙利的匈雅提許諾，將把黑海沿岸的塞林布里亞（Selymbria）或墨森布里亞（Mesembria）割給匈牙利；他向亞拉岡（Aragon）和那不勒斯（Naples）國王阿方索（Alfonso）⑪許諾的是利姆諾斯（Lemnos）島。他向希俄斯島上的熱那亞人求援，向拉古薩和威尼斯呼救，並再次向教宗求助。雖然實際的援助還沒有到來，但基督教歐洲的統治者們也很不情願地意識到，一片可怕的陰影正籠罩著君士坦丁堡。各國透過外交途徑做了大量交流。教宗尼古拉五世（Nicholas V）說服

⑪ 即亞拉岡國王阿方索五世（Alfonso V），同時是那不勒斯國王（稱阿方索一世，Alfonso I）。

了神聖羅馬帝國皇帝腓特烈三世（Frederick III），讓後者在三月給蘇丹發去了措辭嚴厲（但空洞無物）的最後通牒。那不勒斯國王阿方索向愛琴海派遣了一支擁有十艘船的小艦隊，但後來又撤回了它們。熱那亞人在加拉塔和黑海的殖民地也受到了威脅，但他們無力提供實質的幫助。他們向加拉塔市長（Podesta）下達命令，一旦君士坦丁堡陷落，就務必與穆罕默德二世妥善協商。威尼斯元老院也給他們在地中海東部的指揮官們，發出了含糊其辭的指示：指揮官們必須保護基督徒，但同時不能得罪土耳其人。在割喉堡完工前，他們就已經知道，穆罕默德二世威脅到威尼斯在黑海的貿易。很快地，威尼斯間諜們就會發回割喉堡及其火砲的詳細布局圖。威尼斯人非常關心君士坦丁堡的命運，八月，元老院辦了一場投票，大部分人都不同意聽任君士坦丁堡自生自滅，但也未能達成採取果斷反制措施的共識。

在埃迪爾內，穆罕默德二世可能是猜測到，或是從某種途徑得知，君士坦丁十一世正向他在摩里亞的兄弟求援，於是迅速採取行動，將其扼殺在萌芽之時。一四五二年十月一日，他命令年邁的將軍圖拉汗（Turahan）貝伊進軍伯羅奔尼撒半島，進攻德米特里和湯瑪斯。圖拉汗蹂躪了鄉村，深入半島南方，使得那裡的拜占庭軍隊無法馳援君士坦丁堡。同時，從黑海到君士坦丁堡的糧食供應也漸漸枯竭。秋季，拜占庭皇帝向威尼斯派出了新使節。十一月十六日，威尼斯元老院做出的答覆和以往一樣含糊，但威尼斯人的注意力很快就被發生在更東方的事件所吸引。

到了十一月，在黑海與地中海之間航行的義大利船主們面臨一個兩難的困境：是向割喉堡繳納過路費，還是置之不理、甘冒風險？海峽向南的海流很湍急，南下的船隻很有可能快速地通過檢查站，而不至於被大砲擊中。十一月二十六日，一名威尼斯船長安東尼奧·里佐（Antonio

Rizzo）駕駛著糧船（糧食將送往君士坦丁堡）從黑海南下，駛入博斯普魯斯海峽。接近割喉堡時，他決定賭一把。岸上的駐軍發出警告，命令他落帆停船，但他置之不理，繼續前進。一輪砲彈從海面上低飛掠過，其中一枚巨型石彈擊中了他的槳帆船的輕型船體，將它打得粉碎。船長和其他三十名倖存者乘坐小艇登岸，隨即遭到逮捕、戴上鐐銬，押往埃迪爾內附近的迪迪莫特孔（Didimotkon）城，聽候蘇丹的發落。他們在監獄受盡煎熬的時候，在君士坦丁堡的威尼斯大使匆匆趕往皇宮，請求蘇丹饒恕這些水手。但他來得太晚了，穆罕默德二世已經決定嚴懲這些威尼斯人，以儆效尤。大多數人被斬首。里佐則被「一根尖木樁插入肛門」。然後所有的屍體都被拋棄在迪迪莫特孔城牆外，做為警示。「幾天後，我去那裡時看見了他們的屍體，」[26]希臘史學家杜卡斯回憶道。少數水手被送回君士坦丁堡，將這個恐怖的故事昭示天下。此外還有一個人活了下來，他是里佐書記的兒子，穆罕默德二世很喜愛這個男孩，後來將他收入了後宮。

圖18 如梅利堡

這椿野蠻行徑收到了蘇丹所希望的效果。君士坦丁堡的民眾當即陷入極大的恐慌。同時，儘管君士坦丁十一世發出很多求援的呼聲，但西方還是沒有聯合一致發起救援的任何跡象。只有教宗能夠超脫歐洲山頭林立的商業利益以及各王室間的宿怨和戰爭，以基督教世界的名義發出呼救，但天主教教廷本身與東正教教會之間有著歷史悠久、盤根錯節的紛爭，這給所有的求援行動都蒙上了陰影。這將嚴重影響君士坦丁十一世組織有效防禦的努力。

第五章　黑暗的教堂

一四五二年十一月至一四五三年二月

讓一個國家受伊斯蘭教統治，遠勝於讓它落到不肯承認天主教會權力的基督徒手中。[1]

——教宗格列高里七世（Gregory VII），一〇七三年

逃離天主教派，就像逃離毒蛇和火焰一般。[2]

——聖馬可．尤金尼克斯（Eugenicus）①，十五世紀希臘東正教的神學家

君士坦丁十一世從西方獲得援助和有效地組織城防的困難點，可以上溯到將近四百年前一個

---

① 即以弗所的馬可（Mark of Ephesus，一三九二至一四四四年），希臘以弗所的大主教。他認為西方天主教會是異端，堅決反對與西方聯合。他是佛羅倫斯會議上唯一一個拒絕簽字的東正教代表。東正教會尊崇他為聖徒。

夏天發生的戲劇性事件——它的真正起因甚至更為古老。

一〇五四年七月十六日，下午三點左右，聖索菲亞大教堂內，當教士們在準備下午的禮拜儀式時，三名高級教士身著全套聖服，從西面的一扇大門走進了教堂，刻意地走向祭壇。聚集在教堂內的信徒們注視著他們。這三人是羅馬教宗派來的天主教會紅衣主教，任務是與東方教會的兄弟們解決神學爭端。其中為首的教士名叫穆瓦昂穆蒂耶的安貝爾（Humbert of Mourmoutiers）②。他們在君士坦丁堡已經待了一段時間，但在經歷了漫長而艱難的談判之後，在這一天的下午，他們終於失去了耐心，決定要採取行動。安貝爾手中的文件將對基督教的統一產生爆炸性影響。他走入聖殿，將破門詔書放在主祭壇上，敏捷地轉過身來，揚長而去。這位生性執拗的紅衣主教高視闊步地走進夏日的明媚陽光，甩去腳上的塵土，大聲宣布：「願上主臨鑑，評判我輩！」[3]一名教堂執事手裡揮舞著詔

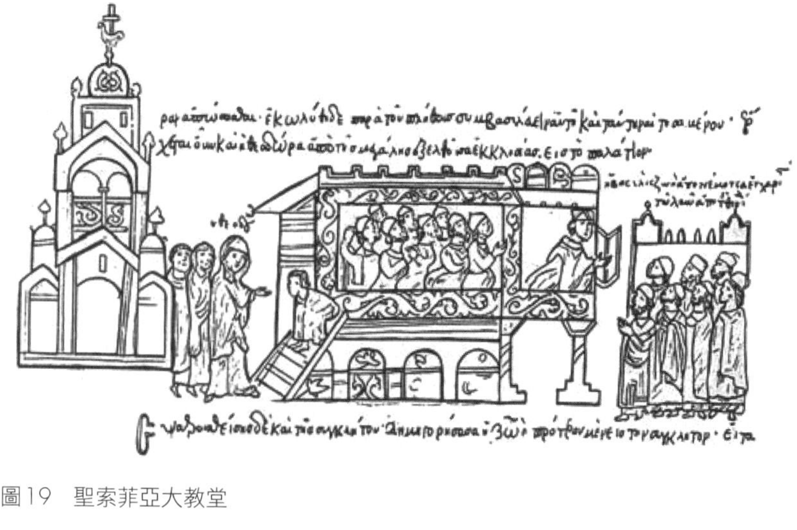

圖19　聖索菲亞大教堂

書，跑上大街，追上安貝爾，懇求他收回詔書。安貝爾拒絕了，繼續往前走，把詔書留在塵土中。兩天後，三位紅衣主教乘船返回羅馬；君士坦丁堡大街上爆發了激烈的宗教騷動，東正教會宣布將教宗代表團逐出教門，才平息了騷動。教宗的破門詔書被當眾燒毀。這個事件就是歷史上所謂東、西方教會大分裂的源起，這將為基督教世界帶來深刻的傷痛——兩大教會相互的破門令直到一九六五年才被撤銷，但傷痕是不可抹滅的。對於一四五二年冬天的君士坦丁十一世來說，東、西方教會的分裂是一個非常棘手的難題。

事實上，一〇五四年的事件不過是兩種信仰方式，醞釀了數百年的漫長分離過程的總結。東、西方教會的分裂有著文化、政治和經濟的原因。在東方，教會的語言是希臘語；西方則是拉丁語。信仰形式不同，教會組織方式不同，對教宗角色的看法也不同。一般來講，拜占庭人將他們的西方鄰居視為粗魯的野蠻人；拜占庭人與鄰近的穆斯林的共同點要比與大海對岸的法蘭克人多得多。但東、西方矛盾的中心是兩個關鍵的問題。東正教會願意接受羅馬教宗在諸位牧首中占有特殊的地位，但對教宗尼古拉一世（Nicholas I）於西元八六五年表達的觀點——教宗擁有統領「整個世界，也就是整個教會」[4]的權力——非常惱火。東正教會認為這是專制暴君的傲慢。

第二個問題是信條上的。天主教會的破門詔書指控東正教會忽略了信條中的一個重要詞彙，

---

② 穆瓦昂穆蒂耶的安貝爾（約一〇〇〇至一〇六一年），法蘭西本篤會僧侶，後來升為紅衣主教。據說他是第一個擔任紅衣主教的法蘭西人。他在一〇五四年的行動進一步推動了東、西方教會大分裂。有趣的是，他公布教宗利奧九世（Leo IX）的破門詔書時，教宗已經去世，所以嚴格來講，這份詔書已經失效。

而這個問題對熱中於神學問題的拜占庭城民們來說是至關重要的。貌似單純無害的拉丁詞彙filioque（意思是「和聖子」）其實具有極其重大的意涵。最初的「尼西亞信經」是這樣寫的：「我信聖神，他是主及賦與生命者，由聖父所發。他和聖父、聖子，同受欽崇，同享光榮。」西方天主教會在信條上增加了一個詞filioque，使得信條變成了「由聖父和聖子所共發」。後來羅馬教會甚至開始指控東正教會省略這個詞是彌天大錯。東正教會則反駁稱，增加這個詞在神學上是說不通的——聖靈僅來自聖父，增加「聖子」是異端思想。就是這些問題引發了君士坦丁堡街頭的騷動。

隨著時間流逝，東、西方的隔閡愈來愈深，儘管也有人努力彌合雙方的矛盾。一二〇四年，基督教十字軍洗劫了君士坦丁堡（教宗英諾森三世〔Innocent III〕稱此次洗劫為「毀滅的例證、黑暗力量的行徑」[5]），更使得拜占庭人對所有與西方有聯繫的東西都深惡痛絕。由於這次洗劫，義大利各城邦從拜占庭獲取了巨大的經濟利益，讓拜占庭人咬牙切齒。一三四〇年，卡拉布里亞的巴爾拉姆（Barlaam of Calabria）③向教宗本篤十二世（Benedict XII）進言：「讓希臘人反對您的並非是宗教信條的分歧，而是對拉丁人的仇恨。這種仇恨已經深入希臘人的骨髓，因為希臘人在不同歷史時期受到了拉丁人諸多殘酷的侵害，並且今天仍然受到這種侵害。」[6]這種說法在某種程度上說是正確的。但宗教信條對君士坦丁堡平民的信仰方式一直是至關重要的，拜占庭的歷代皇帝也曾多次改變信仰方式，但平民一直予以阻撓，死守自己的古老信仰，這種執拗和固執己見已經成為拜占庭歷史這塊馬賽克的重要組成部分。

到了十五世紀，鄂圖曼帝國持續不斷的壓力迫使連續多位拜占庭皇帝不斷奔赴西方，尋求支援，儘管這種求援令人心力交瘁。一四二〇年代，皇帝約翰八世訪問了義大利和匈牙利。匈牙利的天主教國王提議，如果東正教會與羅馬教會聯合，並向教宗及其信條宣誓效忠，就更容易得到西方的支持。對拜占庭皇室來說，與西方聯合一直是潛在的政策手段，而且也是信仰問題。基督教世界聯合發動的十字軍東征，曾多次遏制鄂圖曼帝國對君士坦丁堡的入侵。（約翰八世的父親曼努埃爾二世在臨終前給了他的孩子們一條典型拜占庭式的建議：「土耳其人開始惹是生非的時候，就立刻派遣使臣到西方，主動提出願意與西方聯合，並盡可能地拖延談判進程，拖得愈久愈好。因為土耳其人非常害怕我國與西方聯合，他們會突然變得通情達理；但由於拉丁各國相互的敵意，這種聯合是不會實現的！」[7]）這條建議在過去非常有用，但隨著鄂圖曼人愈來愈強大，拜占庭人的計謀常常取得與他們的意願完全相反的效果——愈努力與西方聯合，就愈刺激鄂圖曼人施加武裝干預。而對約翰八世來說，雖然他害怕得罪鄂圖曼人，且又不信任自己的臣民，但敵人敲打城門的頻率實在是太高了，他不得不向西方求援。當教宗尤金四世（Eugenius IV）提議在義大利召開會議，共商東、西方教會聯合事宜時，約翰八世於一四三七年十一月乘船前去開會，讓他的兄弟君士坦丁（就是後來的君士坦丁十一世）擔任攝政王，管理都城。

這次的佛羅倫斯會議非常拖泥帶水，與會者彼此充滿敵意，一直開到一四三九年六月才結束。會議最終宣布，東、西方教會正式聯合。頓時，整個歐洲的教堂都敲響了大鐘，甚至遠至英

③ 卡拉布里亞的巴爾拉姆（約一二九〇至一三四八年），出身義大利南部卡拉布里亞地區的學者、教士、人文主義者、語言學家和神學家。他早年信奉東正教，參與了很多神學爭端。晚年逃往西方，皈依天主教。他是個才華洋溢的偉大學者。

格蘭也敲鐘慶祝。與會的東正教代表只有一人拒絕在協議上簽字。協定的內文經過精心設計，特意模糊掉一些關鍵的問題：教宗擁有至高無上的權力、filioque的概念得到認可，且不要求東正教會在自己的信條裡加入filioque。但是，協議的墨跡還未乾，希臘人就摒棄了協議。在君士坦丁堡城內，東正教信眾充滿敵意地迎接返國的代表團；在協議上簽字的諸多代表隨即翻臉不認帳。東正教教會的牧首們拒絕接受代表團的決議；下一任君士坦丁堡牧首格列高里·馬瑪斯（Gregory Mammas）支持與西方聯合，他非常不受民眾歡迎，也根本無法在聖索菲亞大教堂慶祝聯合成功。與西方合作的爭議讓城市分為兩個敵對陣營：君士坦丁十一世和他信任的絕大部分貴族、軍官和公務員都支持聯合；教士和平民只有少部分人支持聯合。群眾認為這樁聯合是奸詐的法蘭克人強加給他們的；這些低賤和唯利是圖的動機，將危害他們永恆的靈魂。民眾極其仇視天主教會，他們已經習慣於將教宗和敵基督畫上等號，稱教宗為「惡狼、毀壞世界者」[8]；城民們喜歡給他們的狗取名叫「羅馬教宗」。城民們形成一個浮動不安的底層階級——他們赤貧、迷信，且容易受人煽動，製造出譁變和混亂。

君士坦丁十一世登基伊始就承繼了無休無止的宗教紛爭，這在拜占庭的漫長歷史上也是非常典型的。一千一百年前，君士坦丁大帝也曾受到宗教信條紛爭的困擾。君士坦丁十一世是個軍人，而不是神學家，他對東、西方教會聯合的態度完全是務實的。他只有一個執著的目標：挽救這座城市，因為這座城市的古老傳統被交到了他的手中。如果與西方聯合有助於達成這個目標，那就這麼辦，儘管城民們因此對他頗為不滿。此外，他的皇位也不太穩固。他在米斯特拉斯登基時並沒未接受正式加冕。加冕儀式本應在聖索菲亞大教堂舉行，但人們強烈地感受到，如果由一位主張聯合的牧首為另一位主張聯合的皇帝加冕，很可能會導致嚴重的失序狀態。於是加冕儀式就被悄悄地擱置了。很多城民拒絕在祈禱時為新皇帝祈福。佛羅倫斯會議上的一名主要的反聯合者喬治・斯柯拉里奧斯（George Scholarios）退隱到一座修道院，改名為真納迪奧斯（Gennadios），他開始組織反聯合的教士會議，以進行抵抗。一四五一年，君士坦丁堡牧首格列高里厭倦了這些無休無止的敵對，他前往羅馬，在那裡將反聯合派的活動情況全都告知教宗尼古拉五世。君士坦丁堡城內找不到合適的人選來接替格列高里的牧首職位。於是自此刻起，君士坦丁堡既沒有合法的皇帝，也沒有牧首。

隨著與穆罕默德二世爆發戰爭的徵兆日益顯明，君士坦丁十一世向教宗發出了一連串愈來愈絕望的求救訊息；但他卻也不甚明智地在書信中加入了反聯合派所提出的，重新召開宗教會議的訴求。前述格列高里針對君士坦丁堡現狀的報告，只會讓尼古拉五世的態度更加強硬，他也不願意繼續忍受故態復萌的希臘人在這個問題上的支吾搪塞。尼古拉五世的回覆非常冷峻：「如果你，你的貴族，以及君士坦丁堡人民接受與教會聯合，你們會發現，我們和我們可敬的兄弟們，即神聖的羅馬教會的紅衣主教們，永遠願意支持你的榮譽和你的帝國。但假如你和你的人民拒絕接受聯合的敕令，我們將被迫採取對你們的靈魂得救和我們的榮譽的必要措施。」[9]教宗的威脅只是讓拜占庭的反聯合派更鐵了心，他們繼續活動，暗地破壞君士坦丁十一世在城內的地位。一四五二年九月，一名反聯合分子寫道：「君士坦丁・帕里奧洛格斯……仍然沒有加冕，因為教會沒有領袖，而且由於虛假的聯合造成了動盪和混亂，教會也亂成一團……這個聯合是邪惡的，受上帝憎惡，分裂了教會，驅散了教會的孩子們，將我們完全摧毀。老實說，這是我們所有災難的根源。」[10]

在羅馬，教宗尼古拉五世決心採取行動，強制執行佛羅倫斯會議的決議。他決定派遣一名教宗特使前往君士坦丁堡，確保在聖索菲亞大教堂內可以慶祝聯合成功。他挑選的特使是伊西多爾（Isidore）紅衣主教，前任基輔主教。伊西多爾是拜占庭人，對當前問題的微妙性有著第一手的了解。在佛羅倫斯會議上，他是主張東、西方教會聯合的。返回基輔之後，他的東正教信眾背棄了他，並將他囚禁起來。一四五二年五月，他動身前往君士坦丁堡，隨行的有兩百名弓箭手（軍餉由教宗支付），做為他此次神學使命的軍事支持。途中，他遇見了萊斯博斯島的熱那亞人主教——希俄斯島的萊奧納德，此人對後來發生的所有事件都有積極投入、但偏見很深的評論。另方面，反聯合派已經得到了此二人即將到來的預警，君士坦丁堡城內也因此更加動盪。真納迪奧斯公開發表攻擊聯合的惡毒演說，從正午一直滔滔不絕地講到晚上。他懇求民眾堅持自己的信仰，而不是寄望於價值甚微的物質援助。但在一四五二年十月二十六日，伊西多爾紅衣主教在君士坦丁堡登陸時，護衛他的一小隊弓箭手讓民眾產生了敬畏之情。民眾心想，這一小隊人馬或許只是強大援軍的先遣部隊。於是，很多人一下子又見風轉舵地轉為支持聯合。在一段時間內，這座反覆無常的城市的民意產生了拉鋸。反聯合派被指責為不愛國，但接下來因為沒看到有更多運載援軍的船隻抵達，於是人們又重新回到真納迪奧斯的陣營。反聯合派引發了暴動。萊奧納德尖銳地要求君士坦丁十一世逮捕暴動的幕後元凶。他悲憤地抱怨道：「除了……少數僧侶和俗人，所有希臘人都被傲慢迷了心竅，因此沒有人會受——真正信仰的熱忱、自身靈魂的得救——所驅動，而率先摒棄原先固守的成見。」[11]君士坦丁十一世拒絕聽取他的建議，他擔心城市會陷入萬劫不復的混亂；相反地，他還召集了反聯合派人士到宮中，聽取他們的反對意見。

十天後，割喉堡的隆隆砲聲傳到了城裡。里佐及其船員的悲慘命運被公諸於世後，群眾陷入了新一輪的恐慌。聯合派又得到了很多人的支持。真納迪奧斯再次慷慨陳詞，抨擊牆頭草：西方的援助會讓他們喪失自身的信仰，援助的價值是值得懷疑的，而且至少他自己不願和西方扯上任何關係。有一件事情比城市陷落更讓真納迪奧斯擔心：他真真切切地相信，世界末日已經迫在眉睫。他希望東正教會能夠以純潔無瑕的靈魂去迎接最終審判。街頭爆發更多的騷動。僧侶、修女和俗人跑來跑去，爭相呼喊：「我們不要拉丁人的幫助，也不要和拉丁人聯合；讓我們徹底清除異端崇拜。」[12]雖然真納迪奧斯仍在背後煽風點火，但恐慌的民眾似乎漸漸地決定（雖然很不情願）接受佛羅倫斯會議的決議，或至少是暫時接受。拜占庭人以貨真價實的詭辯，為自己的行為辯解（他們這種狡辯的本事也算是「優良傳統」了）——教義變通。這條教義允許信徒可以為了保住性命而暫時接受非正統的神學觀點。此種在信仰上取巧的方法，一再地激怒了天主教會。但伊西多爾紅衣主教則認為強制執行聯合、拯救希臘人處於危急的靈魂的時機業已成熟

在這種充滿恐懼和宗教狂熱的高度緊張的氣氛中，慶祝聯合的禮拜儀式於一四五二年十二月十二日（這是嚴冬的一個冷寂日子），在聖索菲亞大教堂正式舉行。「教士們極其莊嚴，可敬的俄羅斯紅衣主教（即伊西多爾）也在場，他是被教宗派來的；還有最崇高的皇帝和他的所有顯貴，以及君士坦丁堡的全體人民。」[13]聯合的敕令被當眾宣讀，禱詞中加入了為教宗以及不在場的牧首格列高里祈福的橋段，但禮拜儀式的細節對很多在場觀禮的希臘人來說，是非常陌生的。禮拜用語和儀式是天主教的，而不是東正教的；聖體包含了未發酵的麵包（這在東正教看來是個

異端），冷水被倒進杯子，與葡萄酒混合。伊西多爾寫信給教宗，報告他順利完成了使命：

君士坦丁堡全城與天主教會聯合了；禮拜儀式中為您祈福；而最可敬的格列高里牧首在君士坦丁堡期間，任何教堂都不曾為他祈福，甚至他自己的修道院都沒有；現在，聯合完成後，全城也為他祈福。從最低賤到最高貴的，包括皇帝本人，全城人都團結一致，信奉天主教。感謝上帝。[14]

據伊西多爾說，拒絕參加聯合的只有真納迪奧斯和其他八名僧侶。但伊西多爾很可能是在癡心妄想。一位在場的義大利人記載道，那一天全城陷入了無比的哀慟。禮拜儀式期間顯然沒有發生騷亂。但更有可能的情況是，東正教信眾硬咬著牙參加了禮拜，然後再成群結隊地前往全能之主（Pantocrator）修道院，去找真納迪奧斯諮詢。真納迪奧斯已經成為東正教實質上的精神領袖和等待上位的下一任牧首。但他退回了自己的小房間，保持緘默，不肯出來。

從此以後，東正教徒摒棄了聖索菲亞大教堂，把它看做「並不比猶太會堂或古代異教神廟更好」[15]。他們只在城內正經八百的東正教教堂做禮拜。沒了牧首和信眾，巨大的聖索菲亞大教堂陷入了黑暗和沉默。持續不斷的祈禱聲消失了，曾經照亮穹頂（那就像「整座浩瀚夜空，裝點著閃閃發光的星辰」[16]）的成千上萬盞油燈也劈啪作響，相繼熄滅了。很少有人參加聯合派的禮拜儀式，聚集在聖殿前的人寥寥無幾。鳥兒哀戚地在教堂中殿周圍振翅。東正教徒們感覺到，真納迪奧斯的嚴詞譴責被證明是正確的——並沒有強大的援救艦隊從馬摩拉海駛來，保衛基督教世界。從此以後，聯合派和東正教徒之間、希臘人和拉丁人之間的隔閡比以往更深，基督教方面對圍城戰的所有記載都反映出了這一點。東、西方的大分裂將為君士坦丁十一世守城的努力蒙上一道長長的陰影。

一四五二年十一月一日，真納迪奧斯在與外界隔絕之前，在全能之主修道院大門上貼了一份宣言。它讀起來像是預言，充滿了世界末日降臨的陰鬱和自我辯解：

可悲的羅馬人，你們竟如此誤入歧途！你們背離了希望——因為只有上帝才能給人希望——而信任法蘭克人的力量。你們的城市很快就將毀滅殆盡。除了城市之外，你們還喪失了真正的宗教。哦，上帝，憐憫我吧。我在祢面前發誓，我在此事上是純潔無辜的。悲慘的城民們，小心注意你們今日所行之事。你們將面臨奴役；你們否認了先祖傳下來的真正信仰。你們供認了自己的不虔誠。你們接受最終審判時必將遭受磨難！17

在一百五十英里之外的埃迪爾內，穆罕默德二世興致勃勃地觀察著這些事態發展。鄂圖曼帝國外交政策的一個指導原則就是避免基督教世界聯合起來；哈利勒帕夏因此主張繼續實行和平政策——任何攻打君士坦丁堡的企圖都可能促使基督教世界團結一致，將保衛君士坦丁堡的大業轉化為發動新十字軍東征的契機。但對穆罕默德二世而言，君士坦丁堡城內傳來的消息給了他希望，鼓勵他大膽行事。

在冬季的短暫白日和漫長夜晚裡，蘇丹一直在思忖自己的征服夢想。他對此十分執著，但又猶豫不決。他在埃迪爾內的新宮殿內動用著帝國的力量，改革親兵部隊，並操縱貨幣的含銀量，以支付所有行動的開支。穆罕默德二世在身邊聚集了一群義大利謀臣，從他們那裡獲取關於西方時局以及軍事技術的情報。他花了很多時間研究關於防禦工事和攻城戰的插圖著作。他焦躁不安、興奮狂熱而又躊躇不定。他諮詢占星家，在腦子裡計畫著如何攻破君士坦丁堡城防的方法，與宣稱不可能攻破君士坦丁堡的年邁維齊爾們的古老常識抗衡著。同時，他研究鄂圖曼的過往以及此前圍攻君士坦丁堡的歷史，極其仔細地檢驗這些戰役失敗的原因。一旦晚上無法入睡，他就會徹夜繪製君士坦丁堡防禦工事的草圖（夏天時他曾親自對其做過觀察），並設計攻打這些工事的策略。

史學家杜卡斯生動地描繪了蘇丹這些如癡如狂、暗無天日的日子。他筆下出現的是一位行事詭祕、疑心病極重、被野心吞噬的蘇丹，這些描述雖有一定的真實性，但杜卡斯可能會為了他的基督徒讀者而做了誇飾處理。據杜卡斯的記載，穆罕默德二世常常在夜間喬裝打扮為一名普通的士兵，在大街上遊蕩，在市場和旅店裡聆聽人們關於他的閒聊。如果有誰認出了他，並愚蠢地依照禮節高呼萬歲，穆罕默德二世就會刺死這個人。這故事口耳相傳，有無數版本，迎合了西方人對嗜血暴君的想像。根據傳說，在某天夜裡將近凌晨的時分，蘇丹派遣宮廷衛兵去傳喚哈利勒。他或許把哈利勒視為他宏圖大略的最大阻礙。年邁的維齊爾聽到傳喚，不禁渾身戰慄。在這個時間點被叫去覲見「真主在人間的影子」，可不是什麼好的預兆。他擁抱了妻子兒女，似乎在做最後的道別，然後跟隨衛兵前去，手裡端著一個裝滿錢幣的托盤。杜卡斯暗示，哈利勒的恐懼不是沒有道理的，因為他曾收受了希臘人的很多賄賂，勸說穆罕默德二世不要開戰——儘管這一點是真是假，可能永遠無法澄清了——哈利勒富可敵國，曾經借錢給老蘇丹，即穆罕默德二世的父親。哈利勒來到蘇丹寢宮時，發現穆罕默德二世已經起床，穿戴整齊。老人匍匐在地，舉起托盤。「這是什麼？」穆罕默德二世問道。「陛下，」哈利勒答道，「根據慣例，一名貴族在非比尋常的時間被主公傳喚，是不能空著手來的。」「我不需要禮物，」穆罕默德二世說，「把那座城市給我就行了。」哈利勒被此次奇異的傳喚和蘇丹熱切的面容嚇得毛骨悚然，他表示會全心全意地支持蘇丹的計畫。穆罕默德二世最後說道：「我們將信任寄託於真主的許可，以及先知的祈禱，我們將占領那座城市。」然後允許魂不附體的維齊爾返家。

不管這個故事的真實性如何，大約在一四五三年一月前後，穆罕默德二世召集了大臣，發表決意開戰的演說。希臘史學家克利托布羅斯把這份演說記載了下來。蘇丹將君士坦丁堡的問題放置在鄂圖曼人崛起的整個歷史背景中。他十分清楚，五十年前，鄂圖曼帝國羽翼未豐的時候，君士坦丁堡煽動了帝國的災難性內戰，為帝國帶來了極大的損害；「君士坦丁堡從未停止敵對我們，不斷地挑動和教唆我們的人民互相殘殺，推動混亂和內戰，傷害我們的國家。」[18]他擔心，君士坦丁堡在將來仍然會成為鄂圖曼帝國和基督教國家之間無休止戰爭的動因。一旦鄂圖曼人將其占領，它將成為帝國的中心，「但如果沒有它，或者讓它持續當前的狀態，我們所擁有的東西隨時都可能喪失，也不可能獲得更多的利益」[19]。大臣們也一定清楚地記得，就在不久前，君士坦丁十一世還企圖利用奧爾汗來破壞帝國的穩定。蘇丹努力翻轉可以一直上溯到阿拉伯人攻城時期的舊觀念——要攻破君士坦丁堡是不可能的。他對城內近期的事態瞭若指掌；他知道，就在他說話的時候，君士坦丁堡城民們「正像不共戴天的死敵一樣為了宗教信念的分歧而內鬥著，他們的內部組織因此充滿了煽動和動盪」；並且，和往昔不同的是，今天基督徒已經不再控制海上航道。蘇丹還談及了聖戰傳統——就像他們的祖先一樣，今天的穆斯林有義務開展聖戰。穆罕默德二世還特別強調了儘快採取行動的必要性；務必迅速地集中全部可用資源，決戰決勝：「為了這場戰爭，我們要投入全部力量，無論是人力資源，或是金錢、武器或其他物資，都不能吝惜；直到我們占領或者摧毀城市，其他任何事情都算不得重要。」[20]這是開展大規模全面戰爭的召喚，似乎已經說服了所有人。戰備工作開始加速進行。

✯

正如阿拉伯人在西元七一七年經歷的那樣，博斯普魯斯海峽沿岸的冬天可能會驚人地嚴酷。從地理位置上而言，君士坦丁堡突入海峽，暴露在從黑海颳來的猛烈北風之下。這裡的空氣潮濕，氣溫會降到零度以下，寒風刺骨。一連幾週的綿綿苦雨將街道化為泥坑，地勢陡峭的小巷可能會突然淹起大水。暴風雪突如其來，將半英里之外的亞洲海岸完全抹平，然後又迅速消逝。有時濃霧會籠罩城市很多天，詭異的死寂似乎控制了整座城市，教堂的鐘聲傳不遠，公共廣場上的馬蹄聲也十分模糊，似乎馬蹄上包裹著毛氈。在一四五二至一四五三年的冬天，君士坦丁堡的天氣尤其惡劣和多變。人們觀察到「罕見而奇異的地震和大地顫動，天上降下電閃雷鳴，十分可怕，以及狂風、洪水和傾盆大雨」[21]。惡劣的天氣讓大家的心情更加糟糕。沒有任何基督教船隻前來救援，以兌現聯合派的諾言。城門仍然緊閉，從黑海來的糧食供應也由於蘇丹的遏阻而逐漸停止。一般城民鎮日聆聽東正教教士們的宣講，在酒館裡狂飲沒兌水的葡萄酒，並向聖母像祈禱，求祂護佑城市，就像當年阿拉伯人圍城時那樣。人們陷入狂熱，極度關注自身靈魂的純潔，這無疑是因為受到真納迪奧斯譴責的影響。參加聯合派主持的禮拜儀式，或者從一位曾參加聯合禮拜的教士那裡接受聖餐（哪怕他僅僅是儀式的旁觀者）都被認為是罪孽。君士坦丁十一世騎馬走過大街時受到眾人的嘲諷。

雖然大環境不理想，皇帝還是竭盡全力地準備城防。他派遣使節去愛琴海島嶼及更遠方收購食物：「小麥、葡萄酒、橄欖油、乾無花果、鷹嘴豆、大麥和豆類。」[22]並同時開始修補防禦工事（陸牆和海牆）年久失修的地段。他們缺少優質石料，也沒辦法從城外的採石場獲取原料，於是不得不從廢棄的建築物和被捨棄的教堂上拆取建材；甚至古老的墓碑也被加以利用。陸牆前方的壕溝被清理乾淨；雖然民眾有所保留，但君士坦丁十一世還是說服他們參加勞動。透過公開募集行動，朝廷從個人、教堂和修道院籌集了款項，用以購買糧食和武器。城內所有可用的武器（數量極少）被收集起來，重新分配。另外還向城牆之外仍然被拜占庭控制的少數幾座堡壘派駐了士兵，包括：馬摩拉海北岸的塞林布里亞和埃皮巴托斯（Epibatos），博斯普魯斯海峽海岸、割喉堡遠方的希拉比亞（Therapia），以及王子（Princes）群島④中最大的一個島嶼。做為最終的挑

圖20　描繪聖母瑪利亞的紋章

④王子群島位於馬摩拉海中，在伊斯坦堡東南方約二十英里處，一共有九個島。拜占庭時期，皇室將獲罪的王子或其他王室成員流放至此；隨後的鄂圖曼土耳其亦依循此例，王子群島因而得名。

戰姿態（儘管它虛弱無力），君士坦丁十一世派遣槳帆船劫掠了馬摩拉海沿岸的鄂圖曼村莊，將俘虜帶回城內，賣為奴隸。「這使得土耳其人對希臘人大發雷霆，並發誓一定要給希臘人血的教訓。」[23]

對君士坦丁十一世來說，在這段時間裡，除了劫掠鄂圖曼村莊之外的唯一一個亮點是，一群迷途的義大利船隻來到了君士坦丁堡。他說服（或者說強迫）他們參加城防。十二月二日，威尼斯的一艘大型運輸槳帆船從黑海之濱的卡法出發，在賈科莫．科科（Giacomo Coco）的指揮下，謊稱自己已經在上游支付了過路費，騙過了割喉堡的大砲封鎖線。這艘船接近割喉堡時，船員們向鄂圖曼砲手們熱情呼喚，稱他們為「朋友，向他們致意，吹響喇叭，發出歡天喜地的聲音。我們的人發出第三次致敬時，已經駛離了城堡，海流把我們帶往君士坦丁堡」[24]。同時，威尼斯和熱那亞在君士坦丁堡的代表將真實的局勢報告給了各自的共和國當局。兩個共和國開始緩慢地採取行動。在里佐的船被擊沉之後，威尼斯元老院命令共和國的海灣副統領加布里埃利．特里維薩諾（Gabriel Trevisano）前往君士坦丁堡，將威尼斯的商船隊從黑海帶回。此次前來的威尼斯人當中有一位叫做尼可拉．巴爾巴羅（Nicolo Barbaro）的隨船醫生，他在日記中對隨後幾個月的事件做了極其生動的記述。

在君士坦丁堡城內的威尼斯殖民地，大家愈來愈焦慮。威尼斯市政官米諾托（Minotto）是個富有進取心且意志堅定的人，他一心要把三艘大型商用槳帆船和特里維薩諾的兩艘輕型槳帆船留下，參加城防作戰。十二月十四日，米諾托和特里維薩諾、其他威尼斯船長，以及皇帝進行了會晤。米諾托懇求船長們留下，「首先是為了上帝的愛，其次是為了基督教的榮譽和我們威尼斯政府的榮譽」[25]。經過漫長的談判後，船主們同意留下。但是，就船主們應當將貨物留在船上還是將它們留在城內做為守信的抵押，雙方展開了一番爭執。君士坦丁十一世懷疑，一旦貨物被裝上船，這些船就會揚長而去；最後船主們不得不親自向皇帝起誓，才被允許將他們的貨物（成捆的絲綢、蜂蠟和其他物資）裝上船。君士坦丁十一世的擔憂不是沒有道理的，在二月二十六日晚間，其中一艘威尼斯船隻和六艘來自克里特島的甘地亞（Candia）城的船隻偷偷起錨，借助一股強勁的東北風溜走了。「很多富人乘坐這些船隻逃走，一共有七百人左右，這些船隻安全抵達了特內多斯（Tenedos）⑤，沒有被土耳其艦隊俘虜。」[26]

雖然發生了這件令人沮喪的事情，但也有喜訊傳來。加拉塔的熱那亞市長的呼救喚來了具體的援助。二月二十六日前後，兩艘大型蓋倫（galleon）帆船⑥抵達君士坦丁堡，帶來了「很多作戰所需的精妙裝備和機器，以及英勇而自信的精銳士兵」[27]。這些船隻隆隆駛入帝國港口，「甲板上站著四百名全副甲冑的士兵」[28]，這副景象當即對民眾和皇帝都產生了極深的影響。這些援兵的指揮官是一名與熱那亞共和國的名門望族有聯繫的職業軍人，名叫喬萬尼·朱斯蒂尼亞尼·

⑤ 今稱博茲賈（Bozcaada）島，屬土耳其，在愛琴海上，鄰近土耳其西部海岸。

⑥ 蓋倫帆船是至少有兩層甲板的大型帆船，在十六至十八世紀期間被歐洲多國採用。它可以說是卡拉維爾（caravel）帆船及克拉克帆船的改良版本，船身堅固，可用做遠洋航行。最重要的是，它的生產成本比克拉克帆船便宜，生產三艘克拉克帆船的成本可以生產五艘蓋倫帆船。蓋倫帆船被製造出來的年代，正好是西歐各國爭相建立海上強權的大航海時代。所以，蓋倫帆船的面世對歐洲局勢的發展亦有一定的影響。

隆哥（Giovanni Giustiniani Longo）。他是一名久經沙場的老兵，自願發起這次遠征，並且自己承擔開支。他一共帶來了七百名全副武裝的士兵，其中四百人是在熱那亞招募的，另外三百人來自羅得島和熱那亞控制下的希俄斯島（那裡是朱斯蒂尼亞尼家族的基地）。君士坦丁十一世很快認識到此人的重大價值，向他提出，如果能夠擊退鄂圖曼人，就將利姆諾斯島賞賜給他。在隨後幾週內，朱斯蒂尼亞尼將在防禦戰中扮演極其重要的角色。還有其他一些士兵陸續趕到。來自熱那亞的博基亞爾多（Bocchiardo）三兄弟安東尼奧、保羅和特羅伊洛（Troilo）帶來了一小隊人馬。加泰隆尼亞人提供了一支隊伍。一名卡

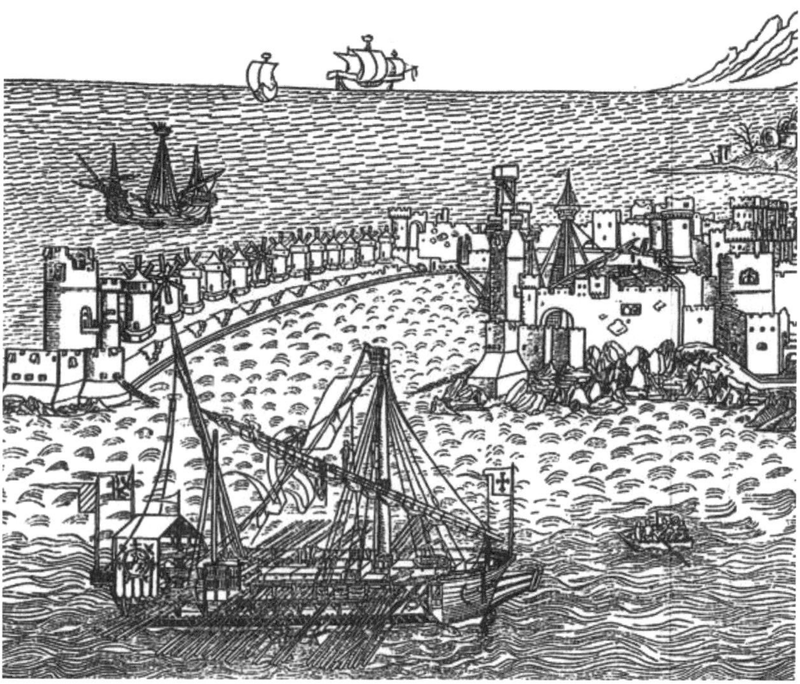

圖21 威尼斯大型槳帆船，地中海上的散裝貨船

斯提爾（Castile）⑦貴族——唐・法蘭西斯科・德・托雷多（Don Francisco de Toledo）也響應了號召。除此之外，向基督教世界求援換來的就只有不和諧的迴響。城民們感到自己遭受背叛。「羅馬給我們的援助和開羅的蘇丹提供的一樣多，」[29]喬治・斯弗朗齊斯悲憤地回憶道。

⑦ 西班牙中部的一個地區，在西班牙歷史上扮演了重要角色，是現代西班牙的基礎。如今卡斯提爾仍是西班牙的政治和行政中心。

第六章　城牆與大砲

一四五三年一月至二月

某些可燃物質能夠產生火焰、閃光和巨響，它們造成的恐懼能夠引發奇妙的後果，沒人能夠抵禦或者忍受……如果將少量此種粉末（份量不超過人的手指大小）裹在羊皮紙內並點燃，它就會產生爆炸，生成炫目的閃光和令人震驚的巨響。如果用量更大，或者使用更堅固的東西包裹，爆炸就會更加猛烈，閃光和巨響將令人無法忍受。[1]

——十三世紀英格蘭僧侶羅傑・培根（Roger Bacon）如此評論火藥的效果

熱那亞援兵抵達之後，城防工作得以加速進行。朱斯蒂尼亞尼是個「城牆作戰的專家」[2]，他冷靜地評估城市的防禦工事，並採取了適當舉措。在他指揮下，守軍在二月和三月間「疏浚護城河，修補和加高城牆，修復城垛，加固內、外塔樓，並加強了整段城牆，包括面向陸地的和朝向大海的地段」[3]。

君士坦丁堡的防禦工事雖然破敗，但仍然是令人生畏的。拜占庭帝國能夠生存這麼久，都城固若金湯的防禦能力一直是個主要的原因。世界上沒有第二座城市的地理位置如此得天獨厚。城市周界總長度為十二英里，其中八英里面向大海。馬摩拉海圍繞著城市的南面，此處海流極其迅猛，風暴常常驟然降臨，因此從海上登陸進攻的風險極大。一千年中，沒有一個侵略者認真地嘗試從這個地段進攻。君士坦丁堡的海岸得到一道綿延不斷的城牆的防護，城牆高度至少有五十英尺，沿線分布有一百八十八座塔樓和一些較小的設防港口。這道城牆受到的主要威脅不是敵船的攻擊，而是海浪對其地基無休止的侵蝕。有時大自然會特別凶殘，在西元七六四年的寒冬，巨大的浮冰衝上胸牆，將海牆摧毀。馬摩拉海沿岸的整段城牆上到處是紀念歷代皇帝修繕這段城牆的大理石銘文。水流湍急的大海繞過這一線海岸，一直到古衛城（Acropolis）處，然後北上進入較平靜的金角灣。金角灣為帝國艦隊提供了一個極佳的安全錨地；這一地段的城牆上設有一百一十座居高臨下的塔樓，還有數量眾多的水閘以及兩個相當規模的港口，但此處的防禦一直被認為是比較脆弱的。第四次十字軍東征期間，威尼斯人的戰船從這裡的前灘登陸，登上城牆，攻破了城市。自七一七年的阿拉伯人圍城以來，守軍在戰時為了封鎖金角灣的入口，就習慣在入口處升起一條鐵鍊。鐵鍊長達三百

圖22　牆上的銘文：「在熱愛基督的君主羅曼努斯治下，聖尼古拉塔得以從地基修復」

碼，由鑄鐵打造，每個鐵環長二十英寸，整條鐵鍊被安放在堅固的木製浮筒上。如果得到熱那亞人的支持，就可以將鐵鍊的一端固定在金角灣對岸加拉塔城海牆的一座塔樓上。冬季，守軍將鐵鍊和浮筒都準備就緒，以防備敵人的海上進攻。

城市的西端（也就是三角形的底邊）得到長四英里的陸牆的保護，也就是所謂的「狄奧多西城牆」。這道城牆橫亙從馬摩拉海到金角灣的狹窄陸地，保護君士坦丁堡城，使它免受任何傳統的陸路攻擊。在這座城市的歷史中，有許多重大的事件就發生在這座非比尋常的城牆沿線。它的歷史幾乎和城市本身一樣悠久，在地中海世界一直是個亙古不變的傳奇。穿過色雷斯平原前往君士坦丁堡的商人或朝聖者，從巴爾幹某個宮廷前來的使節，或者有著征服野心、四處劫掠的軍隊，從遠方看到顛峰時期的君士坦丁堡的第一個印象就是那森冷的巨大陸牆。它橫越輕微起伏的大地，從一道地平線到另一道地平線，壁壘和塔樓連綿不絕。在陽光照耀下，石灰岩打造的城牆表面化為一片燦爛的雪白，羅馬紅磚的接縫構成延續不斷的水平線條，城牆上還有外形相似、帶有穹頂的射箭孔。眾多塔樓有的呈方形，有的是六邊形，還有的是八邊形，偶爾也有圓形。它們互相簇擁、間距極近，據一位十字軍戰士說：「一個七歲男孩能夠把一顆蘋果從一座塔樓投擲到另一座。」[4]它們分成若干層，崛起到內牆最頂端的高度，皇帝的鷹旗就在那裡驕傲地迎風招展。城牆上每隔一段距離就有一座重兵把守、森冷的城門，和平時期，人畜就從這些城門出入。在城牆南端，靠近馬摩拉海的地方，一座飾有金板、大理石與青銅雕像的大門在陽光中熠熠生輝。這就是「黃金門」（Golden Gate），一座龐大而華麗的拱門，兩側各建有一座磨光大理石打造的恢弘塔樓。在拜占庭的鼎盛時期，得勝歸來的皇帝們會帶著勝利的象徵物——身披枷鎖的被征服的外國國王、重新奪回的聖物遺跡、大象、身著奇裝異服的蠻族奴隸、堆滿戰利品的馬車，以及威武雄壯的帝國軍隊——從這裡盛裝經過。到一四五三年，黃金門的黃金和很多裝飾物都已經沒了蹤影，但城門做為一座偉大的紀念碑，仍然昭示著羅馬人的榮光。

陸牆劃定了城市發展成熟後的界線，它雖然被冠以孩童皇帝（boy Emperor）狄奧多西二世（Theodosius II）的名字，但主持建造陸牆的其實是五世紀初的一位重要政治家安特米烏斯（Anthemius），「當時最睿智的人之一」[5]。城市之所以能延續上千年，要無限感激他的長遠眼光。於西元四一三年建成的第一道城牆震懾了匈人的君主阿提拉（綽號「上帝之鞭」[6]），令他在四四七年放棄攻打城市。阿提拉蹂躪鄰近

圖23　城牆截面圖顯示三層防禦結構：內牆、外牆及護城河

的色雷斯的同一年，城牆因為嚴重地震而坍塌，全城人立刻行動來應對這個危機。一萬六千名城民在驚人的短短兩個月內就完全重建了城牆，不僅恢復了安特米烏斯最初的設計規模，還增加了一道同樣帶有一連串塔樓的外牆、一道防護性的胸牆，以及一道磚砌的壕溝（即護城河），構成了一道極其複雜、令人生畏的可怕障礙。此時，城市西部的防禦體系包括了一百九十二座塔樓，分為五個獨立防區，縱深兩百英尺，從壕溝底部到塔樓頂端的高度為一百英尺。這筆豐功偉業被記載在一則充滿誇耀的銘文中：「在不到兩個月時間內，君士坦丁①成功地建起了這些強大的城牆。甚至帕拉斯（Pallas）②也無法如此迅速地建成如此強大的堡壘。」7

構建完成的狄奧多西城牆，凝聚了在火藥時代來臨前，希臘—羅馬世界關於城防的軍事工程學的全部智慧。防禦體系的核心仍然是安特米烏斯建造的內牆——內牆的內心是混凝土，然後在內、外兩面都覆蓋上附近採石場出產的大塊石灰岩，並插入磚塊，以便讓整個結構更加鞏固。城牆頂端的作戰平台得到城垛的防護，從下面有階梯通往頂端平台。按照羅馬人的習慣，塔樓並不是與城牆連為一體的，這就可以保證塔樓與城牆可以各自穩固地沉積下來，而不至於破裂。塔樓高達六十英尺，包括兩個房間；樓頂是平的，可以在上面安放投擲石塊和希臘火的機械。哨兵們在塔樓頂端持續不斷地掃視著地平線，夜間則與城牆沿線其他塔樓的哨兵相互呼喊，以防止打瞌睡。內牆的高度是四十英尺；外牆要低一些，只有大約二十七英尺，所以外牆上的塔樓也比內牆

① 指的是當時的高官弗拉維烏斯·君士坦丁（Flavius Constantine），他在狄奧多西二世命令下主持了城牆的修復工作。
② 即希臘神話中的智慧女神雅典娜。

塔樓要低。內、外兩道城牆之間有寬六十英尺的平台，防守外牆的士兵就集結在那裡，隨時準備與敵人短兵相接。在外牆腳下，還有一道寬六十英尺的平台，任何越過壕溝的侵略者都將在這裡慘遭屠戮。磚砌的壕溝又是一道寬六十英尺的屏障，內側溝邊築有一道護牆；一四五三年的時候，壕溝是部分有水還是完全乾涸，我們不得而知。防禦體系的縱深之大和複雜程度、城牆的堅固以及居高臨下的優勢，使得狄奧多西城牆幾乎堅不可摧，中世紀時只擁有傳統攻城武器的軍隊根本奈何不了它。

陸牆上開有一系列城門。有些城門處在壕溝上建有橋梁，通往周邊的鄉村，這些橋梁在圍城之前就被摧毀了；其他城門僅供軍用，以連接各層城牆，方便部隊在防禦體系內部迅速調動。城牆上還有一些輔助性的邊門，但拜占庭人時刻牢記這些邊門對城市安全構成的威脅，因此對它們的管控非常嚴格。總的來講，城牆沿線的民用和軍用城門是間隔分布的，軍用城門用數字編號，民用城門則取了名字。例如，「泉源之門」得名自城外的一處聖泉；還有「競技場門」、「軍靴匠門」、「銀湖門」等等。有些城門名字的最初涵義已經被遺忘，於是人們給它們取了新名字。三號軍用城門也被稱為「紅黨門」，得名自君士坦丁堡歷史早期的一個競技場組織；而「查瑞休斯門」（Charisius，查瑞休斯是另一個組織——藍黨的領袖）也叫「墓地門」。防禦體系內部還建造了一些值得一提的建築，體現出拜占庭內在的矛盾。在靠近金角灣的地方，布雷契耐（Blachernae）皇宮就偎依在城牆後，據說這座宮殿曾經極其華美，到訪的外國人找不到言辭來形容它；布雷契耐皇宮旁邊是陰暗而悲戚的阿尼瑪斯（Anemas）監獄，這是一座惡名昭彰的地牢，拜占庭歷史上一些最恐怖的插曲就發生在這裡。約翰五世就在這裡戳瞎了他兒子和三歲孫子的眼睛；拜占庭最臭名遠揚的皇帝之一——「恐怖的」安德洛尼卡被折磨得不成人形，然後被一匹生疥癬的駱駝背著，在群眾的嘲諷中被押往賽馬場，接著在那裡被頭朝下地吊掛在兩根廊柱中間，在戲謔聲中慘遭屠戮。

城牆的歷史如此悠久，不少地段都與厚重的歷史、神話和半被遺忘的傳說緊密聯繫。幾乎所有地點都曾經歷過這座城市歷史的一些戲劇性時刻——可怕的背叛、神奇的救援，以及死亡。西元六二八年，希拉克略通過黃金門帶來了真十字架。九六七年，離心離德的皇帝尼基弗魯斯二世（Nicephorus II）在泉源之門被憤怒的暴民用亂石擊斃。一二六一年，城民們從城內打開了泉源之門，迎接東正教皇帝的歸來，擺脫了拉丁人的統治。四五〇年，皇帝狄奧多西二世在城外山谷墜馬負傷，奄奄一息地被人從五號軍用門抬進城。十二世紀，有預言稱，神聖羅馬皇帝腓特烈·巴巴羅薩（Frederick Barbarossa）將利用競技場門來攻打城市，於是人們封閉了這座城門。

除了聖索菲亞大教堂之外，沒有任何一座建築能比城牆更強烈地體現君士坦丁堡人民的精神生活。如果說教堂是他們對天堂的憧憬，那城牆則是他們抵禦敵人攻擊的盾牌，並且得到聖母親自的佑護。在圍城期間，人們會持續祈禱，並把聖母的遺跡聖物抬到城牆上巡遊；信徒們認為，這比軍事準備更有效。這些活動籠罩在強大的精神能量場之下。聖母的袍子被保存在城牆附近布雷契耐的教堂。人們相信，就是它的神奇力量在西元六二六年逐退了阿瓦爾人，在八六〇年打跑了俄羅斯人。軍事工程的作用則是次要的。人們看到守護天使出現在城牆上的幻象，皇帝們將大理石十字架插入城牆的面上，並向它祈禱。在城牆中心附近有一個簡單的護符，表達了君士坦丁堡最深的恐懼：「哦，我主基督，保佑你的城市免於苦難、遠離戰爭吧。征服敵人的狂暴。」

同時，維護保養城牆是城市最關鍵的公共勞動，每一位城民都有義務參與，沒有任何例外。不管拜占庭國家財政多麼糟糕，總是能夠募集到金錢來修補城牆。朝廷為維護城牆設立了專門的官職，總體負責城牆事務的官員擁有「城牆伯爵」（Count of the Walls）這威風凜凜的頭銜。流逝的歲月和不斷的地震持續令塔樓破裂、石料崩塌，人們不斷地進行修護，城牆上留下了大量紀念修理工作的大理石碑文。這些碑文中最早的是在西元四四七年的首次重建中留下的，最晚的則是一四三三年對外牆全面翻新時的紀念。一四五三年圍城前的最後幾次維修時留下的碑文表達的意思是，人神共同努力來維護城市之盾。碑文寫道：「一四三八年五月，在最虔誠的兩位君主約翰③和瑪利亞．帕里奧洛格斯治下，由曼努埃爾．布蘭尼烏斯．萊昂塔里（Manuel Bryennius Leontari）合作和出資，對這座賦與生命泉水、受上帝保佑的城門進行了重建。」[8]

或許沒有任何防禦工事比君士坦丁堡的城牆，更能總結出古典時期和中世紀攻城戰的真相。這座城市幾乎一直處在圍攻之下；它的防禦反映了城市的內在特徵和歷史——君士坦丁堡混合了自信與宿命論、神聖的靈感和務實的技能、悠久的歷史和保守的心態。和城市本身一樣，城牆長期以來一直傲然屹立；地中海東部的人們估計，這城市和城牆將永遠如此屹立下去。防禦工事的結構在五世紀就已經成熟，後來的變化極小；建築技術非常保守，可以上溯到古希臘人和羅馬人的時代。人們沒有特別的理由去發展築城技術，因為攻城戰術的演化一直處於停滯狀態。基本的攻城技術和裝備——封鎖、挖地道和攀爬城牆、攻城錘、投石機、攻城塔、地道和雲梯——長期以來基本上沒有發生變化。守城一方永遠占據優勢；君士坦丁堡靠近海岸的地理位置更是一大優勢。曾經兵臨陸牆之下的敵軍都不曾成功地突破多層防禦體系；同時，城市為了應付不時之需，總是把蓄水池裝滿淡水，糧倉儲滿糧食。雖然阿瓦爾人帶來了一系列令人嘆為觀止的投石攻城機具，但這些投石機的拋射彈道過於彎曲，破壞力微不足道，無法打破城牆。阿拉伯人則被大批凍死。保加爾人克魯姆汗（Khan Krum）④嘗試了魔法——他做了人祭，並向他的士兵們拋灑海水，也無濟於事。甚至君士坦丁堡的敵人們也漸漸相信，這座城市得到了神助。只有拜占庭人自己曾經成功地從陸牆一面攻破城市，而且總是依靠詭詐的奸計。在最近幾個世紀亂七八糟的內戰中，多次發生裡應外合、於夜間城門洞開的情事。

陸牆只有兩個地點具有潛在的弱點。在中段，地勢沿著一條長長的山谷下降，一直到里卡斯（Lycus）河，然後在河的對岸又逐漸升高。因為城牆是建在地勢下降的山坡上的，因此那一段的塔樓就不再是制高點，比遠方山峰要低。敵人如果占據了遠方的山峰，就掌握了制高點。此外，里卡斯河被透過涵洞引入城內，因此在那個地段沒辦法把壕溝挖得很深。幾乎所有的攻城部隊都發現這一地區是個防守脆弱的環節，雖然從未有人成功過，但還是給進攻者帶來一線希望。城防體系的第二個異常環節位於北端。內、外三層城牆的規則體系在接近金角灣時突然中斷。城牆的周界突然向外拐了一個直角，把一塊額外的突出地域包含在內。從這裡到金角灣海邊的四百碼距

③　即拜占庭皇帝約翰八世。

④　即「恐怖的」克魯姆，西元九世紀初的保加爾大公。他鞏固了保加爾人與斯拉夫人的聯合，並頒布了一部旨在確立封建制度的法典。克魯姆大大地擴展了保加爾的版圖。他與拜占庭帝國交戰達五年之久，曾大敗拜占庭軍隊。八一四年，克魯姆圍攻帝都君士坦丁堡，被拜占庭皇帝利奧五世（Leo V）擊敗。克魯姆在這次戰鬥中死去，保加爾人被迫與拜占庭議和。

離上，城牆變成了形狀不一的堡壘和牆段的大雜燴，雖然城牆非常牢固地興築在露出地表的巨岩之上，但在大部分地段只有一道防線，而且沒有挖掘壕溝。該段城牆之所以如此建造，是為了將布雷契耐的聖母神龕包覆在城內。起初，該座內含聖母神龕的教堂蓋在城牆之外。拜占庭人最初認為，聖母的護佑已經足以保護教堂，這真是典型的拜占庭式邏輯。但在西元六二六年，阿瓦爾人幾乎將教堂付之一炬——神龕則被聖母自己救下——於是拜占庭人修改了城牆的走向，把教堂納入城牆之內，布雷契耐皇宮也建在這一塊土地上。一四五二年夏季，穆罕默德二世偵察地形時已經注意到這兩個防守脆弱的環節。兩段城牆呈直角相交的地點將吸引他特別的關注。

君士坦丁堡城民在朱斯蒂尼亞尼指揮下修補城牆，並抬著聖像在城牆頂端遊行。他們對城牆的防護力信心十足，這是可以理解的。亙古不變、威嚴宏偉而堅不可摧的城牆一再證明，一支小規模的守軍就足以阻擋龐大的攻城部隊，直到後者的意志力被圍城戰的後勤負擔壓垮，或者士兵因為痢疾潰散，或者士兵的軍心渙散。城牆雖然有些部分有所損壞，但基本上還是堅固的。於一四三〇年代訪問君士坦丁堡的布羅基里埃發現，甚至防備較脆弱的直角處也「受到堅固高牆的防護」[9]。但守軍們並不知道，他們正在為之準備的戰爭發生在一場技術革命的顛峰時刻，這場革命將深刻地改變攻城戰的規則。

✯

沒人確切地知道，鄂圖曼人究竟在何時獲得了火砲技術。火藥武器大約在一四〇〇年前後透過巴爾幹傳入鄂圖曼帝國。按照中世紀的標準，這種新技術的傳播極其迅速，最早關於火砲的文字記載是在一三一三年，到一三二六年就有了最早描繪火砲的圖畫，而到了十四世紀末，歐洲全境就已經在大量製造火砲。在法蘭西、日耳曼和義大利，生產鐵製或銅製火砲的小型工坊如雨後春筍般拔地而起，與之相關的工業也迅速發展。硝石「工廠」大量興建起來；中間商進口銅和錫；熟練工匠們將他們的金屬鑄造技術賣給出價最高的人。但從實際效果上講，早期火藥武器的好處是值得懷疑的，如在阿金庫爾戰役（Battle of Agincourt）⑤中，英軍除了長弓之外還部署了野戰火砲，但後者對戰局影響甚微。這些武器非常笨重，準備起來無比繁瑣，瞄準的準星極差，對己方砲手的危險和對敵人一樣大。但火砲無疑具有一種震撼的心理效果。在克雷西戰役（Battle of Crécy）⑥中，英王愛德華三世（Edward III）「以五、六門火砲讓法軍大亂，這是他們第一次看見這些隆隆巨響的機器」[10]。一三八二年，菲利普·范·阿爾特維爾德（Philip van Artevelde）⑦

⑤ 阿金庫爾戰役發生於一四一五年十月二十五日，是英法百年戰爭中著名的以少勝多的戰役。在英王亨利五世（Henry V）的率領下，以長弓兵為主力的英軍在法國的阿金庫爾擊潰了由大批貴族騎士組成的法軍，為隨後在一四一九年收服整個諾曼第奠定了基礎。這場戰役成了英國長弓兵最輝煌的勝利，在戰爭史上影響深遠。此役還成為後世大量文藝影視作品的主題，包括莎士比亞（Shakespeare）的名劇《亨利五世》（*Henry V*）。

⑥ 英法百年戰爭早期的一次戰役，一三四六年，英王愛德華三世的軍隊憑藉長弓兵的強大火力和堅固的防禦陣地，在法蘭西的克雷西以少勝多，大敗法王腓力六世（Philip VI）的軍隊。這使得英格蘭在戰爭早期占了上風。

⑦ 菲利普·范·阿爾特維爾德（約一三四〇至一三八二年），法蘭德斯貴族。一三八一年，他率領根特（Ghent）城民發動起義，反抗法蘭德斯伯爵路易二世（Louis II），起義先小勝後大敗，阿爾特維爾德本人戰死。他的父親「智者」雅各布·范·阿爾特維爾德（Jacob van Artevelde）是法蘭德斯的著名政治家。

的荷蘭巨砲「開砲時發出如此巨響，似乎地獄中的所有魔鬼都在喧鬧」[11]。這些早期的記載常常用地獄的比喻來描述火砲。這種「戰爭的恐怖工具」[12]的雷鳴般巨響讓人不禁聯想到地獄——火砲打亂了自然秩序，徹底地斷送了騎士風尚。早在一一三七年，教會就禁止將火藥用於軍事用途，還徹底禁止使用弩弓，但沒有產生什麼影響。魔鬼已經從瓶子裡跑了出來。

直到一四二〇年，除攻城戰之外，火砲對作戰的貢獻還是極小的，但此時鄂圖曼人開始對火砲產生濃厚興趣。他們攻入巴爾幹後，繳獲了相關的資源，俘虜了一些工匠，開始製造自己的火砲。他們興辦鑄砲廠、開採銅礦、建立火藥工廠；雇傭技術熟練的鑄造工人、石彈切割工人和硝石製造工人。鄂圖曼人學習得非常快。他們極其擅長吸收新技術，並將有技術的基督徒吸納進他們的軍隊，同時訓練自己的士兵。穆罕默德二世的父親穆拉德二世建立起了砲兵的基礎設施，在近衛軍中組建了砲兵部隊和砲車車夫的隊伍。與此同時，雖然教宗禁止向異教徒出口火砲，威尼斯和熱那亞商人還是將武器運往地中海東部。兜售技術的工匠們也熱中於將自己的一身本領賣給正在崛起的蘇丹，於是紛紛來到鄂圖曼宮廷。

一四二二年，穆拉德二世攻打君士坦丁堡，讓後者首次嘗到了鄂圖曼人新技術的厲害。根據希臘人的記載，穆拉德二世帶來了巨型「射石砲」（由日耳曼人指揮），轟擊城牆，但砲擊大體是無效的，七十枚砲彈擊中了一座塔樓，但沒有造成顯著的破壞。二十四年後，穆拉德二世再次用大砲攻打另一段城牆時，故事就完全不一樣了。一四四〇年代，君士坦丁十一世試圖保護帝國所剩不多的幾個行省之一——伯羅奔尼撒免遭鄂圖曼人的侵襲，於是在科林斯（Corinth）地峽建造了一道長六英里的城牆（被稱為「赫克薩米利翁」〔Hexamilion〕，意思是「六英里」），從西海岸一直延伸到東海岸，將半島完全封鎖。這是一項規模相當宏大的軍事工程，被認為足以抵擋長期進攻。但在一四四六年十二月初，穆拉德二世用長管火砲攻打這道城牆，僅僅五天時間就將其突破。君士坦丁十一世險些丟掉性命，勉強逃走。

在一四二二至一四四六年之間，鄂圖曼人對火砲的認識大大加深了，而這個時期恰恰是火砲製造和火藥技術演化的關鍵時刻。大約在一四二〇年代，歐洲的火藥製造技術有了一個重要發展，大大增強了它的威力和穩定性。在此之前的普遍做法是將火藥的原料——硫磺、硝石和木炭分別儲存在不同的桶內，要使用的時候才在現場混合它們。這種方法生產出的火藥燃燒較慢，容易受濕氣影響，而且各種原料很容易相互分離。十五世紀初，人們透過實驗發現，更好的生產方法是將原料混合成糊狀，然後將其烘乾，做成餅形，需要的時候就根據具體的用量從餅上取下顆粒。這種所謂「粒狀」火藥燃燒較快，威力比以往提高了百分之三十，而且不容易受到潮濕環境的影響。有了新式火藥，就能夠以驚人的力量向一堵城牆發射重型砲彈。此時，長達十六英尺、能夠拋射七百五十磅重砲彈的巨型攻城砲也問世了。一四一二年，根特的巨型射石砲「瘋女格麗特」（Dulle Griet）⑧開火時的巨響似乎是「地獄的復仇女神發出的」，打垮了布爾日（Bourges）的城牆。但是，新式火藥也增加了對砲手的風險，並影響了鑄砲技術——砲管被鑄造得更堅固也更長，新的趨勢鑄造一體成形的火砲，因此砲身就必須用青銅鑄造，於是造價也飆升了。鑄造銅砲的造價是鐵砲的三倍，但好處的確很多，昂貴的造價顯然是值得的。自從號角的轟鳴令耶利哥

---

⑧ 這門大砲得名自法蘭德斯民間傳說中的「瘋女格麗特」，據說她曾率領一支娘子軍攻打地獄。

（Jericho）⑨的城牆崩塌以來，優勢首次轉移到攻城的一方手中。在十五世紀的歐洲，攻城大砲的怒吼此起彼落，石彈不斷轟擊石牆，此前被認為是堅不可摧的眾多堡壘驟然坍塌。

鄂圖曼人具有得天獨厚的優勢，能夠充分利用這些進步技術。鄂圖曼帝國不斷擴張，境內的銅礦可以自給自足，而且擁有天然硝石。帝國透過征服或者貿易掌握了火藥技術，然後建立起一些機構，在自己的軍隊中推廣新技術。鄂圖曼人很快就精通了火砲製造、運輸和射擊技術，而且在火藥戰爭必備的深度後勤補給工作上首屈一指。要在指定時間將一個有戰鬥力的砲兵連部署到戰場上，對中世紀的補給鏈來說是個極大的挑戰，除了要運輸笨重的火砲外，還要及時供應與火砲口徑相符的足夠數量的石彈以及火藥。鄂圖曼人從帝國全境搜羅人力和物資——從黑海獲取砲彈，從貝爾格勒（Belgrade）獲取硝石，從凡城（Van）⑩獲得硫磺，從卡斯塔莫努（Kastamonu）⑪弄來青銅，透過海外貿易獲取錫，將巴爾幹的教堂銅鐘熔化用於鑄砲——並透過由大車和駱駝組成的陸路交通網分配和輸送這些物資，這個運輸網的效率是無與倫比的。深度的計畫是鄂圖曼軍事機器運作的典型特徵，因此鄂圖曼人在提出專門需求的火藥時代顯得得心應手。

鄂圖曼人吸收火砲技術的速度如此之快，到了一四四〇年代，鄂圖曼人顯然就已經掌握在戰

圖24　用火藥填充大砲

場上利用臨時設施鑄造中型砲管的技術。穆拉德二世將鑄砲所需的金屬原料運到了赫克薩米利翁，在那裡就地鑄造了很多長管火砲，這使得鄂圖曼人在攻城戰中能夠做到特別靈活的機動。他們不是將現成的火砲拖到前線，而是更方便、快捷地將火砲配件運往前線，在那裡組裝；攻城結束後，如果需要，還可以將火砲拆解。而在使用過程中膛炸的火砲（膛炸是屢見不鮮的現象）可以快速得到修復，重新投入作戰。此外在現場時，砲彈可能與火砲的口徑並不完全相符，於是可以根據手頭的彈藥，量身定做砲管。（十七世紀，在攻打克里特島上的威尼斯城市甘地亞的史詩大戰中，鄂圖曼軍隊仍然採用上述的方法。在二十一年的征戰中，鄂圖曼軍隊收集了三萬發威尼斯製造的砲彈。鄂圖曼人的火砲無法使用這些砲彈，於是他們鑄造了新的砲管，來適應敵人砲彈的口徑，讓它們派上了用場。）

對鄂圖曼人來說，攻城砲似乎滿足了遊牧民族靈魂深處的一種特別需求：它迎合了他們對定居民族根深柢固的敵視。草原遊牧民族的後裔已經證明了自己在運動戰中的持續優勢，只有在面對定居民族的城牆時，他們才感到棘手。有了火砲，他們就有可能速戰速決，而避免漫長的圍城戰。熱愛科學的穆罕默德二世在觀察君士坦丁堡堅不可摧的城牆時，立刻想到了大砲。他登基不

⑨ 根據《約書亞記》（*Book of Joshua*），約書亞（Joshua）率領希伯來人攻打耶利哥城，在上帝保佑下吹響號角，城牆就坍塌了。

⑩ 土耳其東部城市。

⑪ 土耳其北部城市。

久就開始試驗鑄造重型火砲。

拜占庭人也認識到了火藥武器的潛力。在城內，他們也有一些中型火砲和火槍，君士坦丁十一世竭盡全力地儲存相應的資源。他成功地從威尼斯人那裡取得了火藥供應，但他的帝國像個窮光蛋，無力大量投資在昂貴的新式武器上。大約在一四五二年之前，一個名叫烏爾班的匈牙利鑄砲工程師來到君士坦丁堡，希望在帝國宮廷飛黃騰達。像他這樣四處兜售技術的人愈來愈多，在整個巴爾幹到處尋找買家。他表示願意為拜占庭人效勞，為他們鑄造一體成形的重型銅砲。阮囊羞澀的皇帝對此人很感興趣，但沒有資源讓他施展拳腳；皇帝給烏爾班發了一筆微薄的津貼，希望把他留在城內，但這津貼沒有按時發放。這位不幸的工藝大師生活愈來愈拮据；大約在一四五二年，他離開了君士坦丁堡，前往埃迪爾內，尋求覲見穆罕默德二世。蘇丹歡迎這位匈牙利人，賞賜他錦衣玉食，並仔細詢問他。希臘史學家杜卡斯對兩人的會面做了生動的還原。穆罕默德二世問他，能否鑄造一門足夠強大的大砲，它能夠拋射足夠大的石彈，以摧毀君士坦丁堡的城牆，並比劃了一下他估計的石彈尺寸。烏爾班的回答是非常明確的：「如果陛下需要的話，我可以鑄造一門能夠發射這種石彈的銅砲。我對城牆做了仔細觀察。我的大砲不僅能把這些城牆炸成齏粉，甚至連巴比倫的城牆也不在話下。鑄造這樣的大砲所需的工作，我是完全能勝任的。但是，」他急於限定自己開出的支票，「我不知道如何讓這樣的大砲發射，所以不能保證一定能發射成功。」[13] 穆罕默德二世命令他鑄造大砲，並宣布蘇丹將親自研究如何發射大砲。

不管這次覲見的細節究竟如何，烏爾班大約在一四五二年夏季，也就是割喉堡施工期間，開始鑄造他的第一門巨砲。大約在這個時期，穆罕默德二世一定開始大量儲存製造大砲和火藥所需的物資：銅和錫、硝石、硫磺和木炭。他可能還頒布聖旨，命令石匠們在黑海沿岸的採石場製造花崗岩彈頭。三個月內，烏爾班就鑄造出了他的第一門大砲。它被拖到割喉堡，用來監視博斯普魯斯海峽。就是這門砲在一四五二年十一月摧毀了里佐的槳帆船，並首次將鄂圖曼大砲的威名傳遍了君士坦丁堡。穆罕默德二世對這結果頗為滿意，命令烏爾班將現有火砲的尺寸擴大一倍，鑄造一門真正恐怖的大砲，也就是後世巨砲的原型。

在烏爾班以前，鄂圖曼人可能就已經在埃迪爾內鑄造火砲了。烏爾班的貢獻在於，他能夠製造尺寸大得多的模具，並控制關鍵的變數。一四五二年冬季，他開始鑄造很可能是史上最大的巨砲。希臘史學家克利托布羅斯詳細描述了這個無比艱苦、非比尋常的製作過程。首先，用陶土混合剁得很細的亞麻布和大麻，製造一個大約二十七英尺長的砲管模具。模具分成兩個部分，用來容納石彈的前端的口徑是三十英寸；用於容納火藥的後端尺寸較小。然後需要挖掘一個巨大的坑，並將已經燒製完畢的陶土模具放入坑內，砲口朝下。然後在模具外再覆蓋一層陶土，「就像劍鞘一樣」[14]，並固定妥當，兩層陶土之間留有空隙，用於注入熔化的金屬。然後在整個結構的周邊緊密地堆砌「鐵和木料、泥土和石塊，從外部緊壓」[15]，以支撐青銅的巨大重量。最後在模具上潑撒潮濕的沙子，將整個結構覆蓋起來，只留下一個可供注入熔化金屬的孔洞。同時，烏爾班建造了兩座磚砌的熔爐（它的內、外壁覆有燒製好的陶土，並用大石塊固定），它們足以耐熱攝氏一千度的高溫，並用小山一樣的木炭將熔爐埋起來，「埋得非常深，只露出爐口」[16]。

中世紀鑄造廠的運作險象環生。後世的鄂圖曼旅行家艾弗里雅．切列比（Evliya Chelebi）參觀了一座鑄砲廠，把鑄砲工作中人們的恐懼和蒙受的風險描繪了下來：

> 鑄造大砲的日子，廠主、工頭和鑄造工人，以及砲兵總管大臣、主監察官、伊瑪目（Imam）⑫、宣禮員和計時員，全都聚集起來；在「阿拉！阿拉！」的呼聲中，人們將木柴投入熔爐。熔爐燒了二十四小時之後，鑄造工和司爐工都脫得赤條條的，只穿著拖鞋和保護胳膊的厚厚衣袖，戴著一種遮蔽面部而只露出眼睛的奇怪帽子；因為熔爐在燒了二十四小時之後，那高溫讓人無法接近，除非做這樣的打扮。想看看地獄烈火是什麼景象的人都應當看看這個場面。[17]

人們判斷熔爐內溫度達到正確值的時候，工人們開始向坩堝內投入銅塊，以及一些碎銅（對基督徒們來說具有諷刺意味的是，這些材料可能是從教堂大鐘上弄來的）。這項工作的危險性到了難以置信的程度。工人們需要將銅塊一塊塊地投入沸騰冒泡的大鍋，用金屬長柄勺撈走在表面漂浮的廢渣；錫合金發出有毒氣體；如果金屬碎片是濕的，它帶入的水分就會化為水蒸氣，導致熔爐破裂，站在附近的人全都得完蛋。重重的危險讓工人們非常迷信。據艾弗里雅說，在需要投入錫塊的時候：

> 維齊爾、穆夫提（Mufti）⑬和謝赫（Sheikh）⑭們都應召前來[18]；除了鑄造廠人員之外，到場的一共只有四十人。其他隨從人員都不得入內，因為熔化中的金屬是容不得惡眼注視的。廠主們會請求坐在離熔爐很遠處沙發上的維齊爾和謝赫們，一刻不停地重複這句話：「一切權力和力量都屬於阿拉！」然後，工匠師傅們用木製鏟子將好幾英擔⑮的錫投入熔化

的黃銅海中。領頭的鑄造工向維齊爾和謝赫們說：「請以真正信仰的名義，向銅的海洋中投入一些金銀幣，做為施捨！」人們用船上的帆桁那麼長的竿子將金銀混入銅錫合金；竿子被熔化後，就立刻換上新的竿子。

一連三天三夜，若干組鑄造工人一刻不停地操縱風箱，對點燃的木炭進行過熱處理，直到目光敏銳的鑄造師傅判斷出，合金已經燒成正確的熾熱紅色。連續好幾星期的艱苦工作在這一週來到一個關鍵的時刻，需要做出精準的判斷。「時限已到……鑄造師傅和其他工匠師傅們穿上笨拙的毛氈防護服，用鐵鉤子打開熔爐口，並高呼『阿拉！阿拉！』液態金屬開始流出，足以照亮百步之外的人臉。」[19]熔化的金屬就像岩漿一樣沿著陶土管道緩緩流動，進入大砲模具的孔洞。汗

---

⑫ 伊瑪目是伊斯蘭教社會的重要人物。在遜尼派中，伊瑪目等同於哈里發，是穆罕默德的指定政治繼承人。遜尼派認為伊瑪目也可能犯錯誤，但假如伊瑪目堅持伊斯蘭教的儀式，就仍要服從他。在什葉派中，伊瑪目是擁有絕對宗教權力的人物，只有伊瑪目才能明曉和解釋《古蘭經》的奧祕涵義，他是真主選定的，不會犯錯。文中指的是主持禮拜的德高望重的穆斯林，是一種榮譽稱號。

⑬ 穆夫提是伊斯蘭教法的權威，負責就個人或法官所提出的詢問提出意見。穆夫提通常必須精通《古蘭經》、聖訓、經註以及判例。在鄂圖曼帝國時期，伊斯坦堡的穆夫提是伊斯蘭國家的法學權威，總管律法和教義方面的所有事務。隨著伊斯蘭國家現代法律的發展，穆夫提的作用日益減小。如今，穆夫提的職權僅限於遺產繼承、結婚、離婚等民事案件。

⑭ 謝赫是阿拉伯語中一個常見的尊稱，意指「部落長老」、「伊斯蘭教教長」、「有智慧的男子」等。

⑮ 一英擔相當於五十點八公斤。

流浹背的工人們用非常長的木杆戳著黏滯的金屬，把氣泡戳破，因為氣泡可能會導致金屬在燒製時破裂。「青銅從管道中流入模具，直到將其注滿，還溢出了一腕尺（cubit）⑯。大砲就這樣鑄成了。」[20]緊壓在模具周邊的濕沙子會減緩冷卻的速度，並阻止青銅在這一過程中破裂。金屬冷卻之後，人們要費盡九牛二虎之力將大砲（它就像是包裹在陶土繭裡的幼蟲）從地裡挖出來，並用牛群把它拖到地面上。這是一個神奇的變化過程。

✯

工人們將模具敲碎拆除，並對金屬進行刮擦和打磨之後，呈現在人們眼前的是「一頭恐怖而超凡的怪獸」[21]。原始的砲管在冬日陽光下閃著黯淡的光澤。它長達二十七英尺。由堅固的青銅鑄就的砲管壁厚達八英寸，足以抵禦火藥爆炸的衝擊力；砲管口徑為三十英寸，足以讓一個成年人手腳並用地鑽入，能夠發射圓周長達八英尺、重量超過半噸的

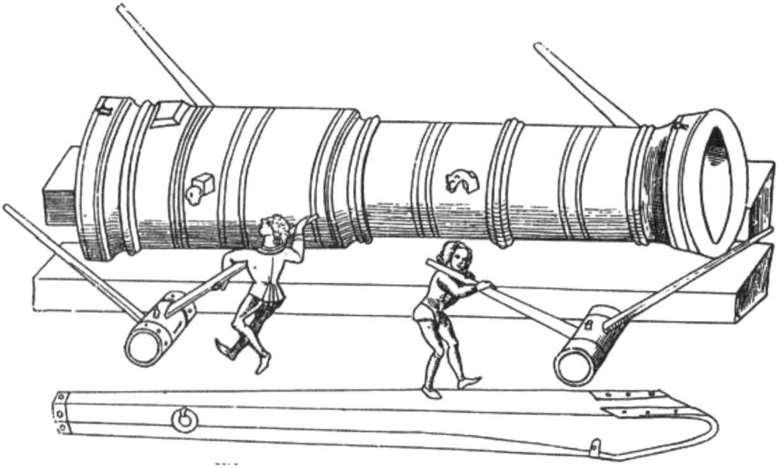

圖25　十五世紀的射石砲

超重型石彈。一四五三年一月，穆罕默德二世下令在位於埃迪爾內的新宮外進行一次試射。巨大的射石砲被拖曳到城門附近的指定位置。全城人都得到警告，次日「砲聲將有如雷霆，大家務必多加小心，免得毫無準備，耳朵被震聾，或者孕婦被驚嚇導致流產」[22]。這一天早上，砲手們給大砲裝填火藥。一群工人將一塊巨大的石彈抬入砲口，讓它滾進砲管深處，穩妥地安放到火藥室前方。砲手將點燃的火把伸向點火孔。一聲巨響，滾滾濃煙遮天蔽日，巨大的石彈呼嘯出膛，在開闊的原野上飛了一英里，最後墜入鬆軟的泥土中，一直鑽到六英尺深的地下。杜卡斯本人可能也目睹了這次試射，據他描述，「這火藥的威力如此巨大，」[23]甚至十英里外也能聽得見爆炸聲。穆罕默德二世則特意讓人們把關於恐怖巨砲的消息傳回君士坦丁堡，巨砲不僅是實用的武器，也是心理戰的利器。在埃迪爾內，烏爾班的鑄造廠繼續生產尺寸各異的更多火砲；它們都沒有第一門那麼龐大，但也有不少的砲管長度超過了十四英尺。

二月初，鄂圖曼人開始將注意力轉移到，如何將烏爾班巨砲從埃迪爾內運往君士坦丁堡（路程為一百四十英里），這巨大的實踐困難上。大批人員和牲畜被分配去執行這個艱巨任務。人們用鐵鍊將許多大車鎖在一起，艱難地將巨大的砲管裝載到車上，然後用六十頭公牛拖曳大車。大車嘎吱作響地在綿延起伏的色雷斯鄉間蹣跚前進，兩百人專門負責扶著砲管，還有一隊木匠和工人負責逢山開路、遇水搭橋。巨砲以每天兩英里半的速度向君士坦丁堡的城牆緩緩前進。

⑯ 古代的一種長度計量單位，相當於從中指尖端到肘部的長度。

第七章　浩瀚如繁星

一四五三年三月至四月

它前進時，槍矛如林；它止步時，營帳遮蓋大地。[1]

——穆罕默德二世的史官圖爾松（Tursun）貝伊如此描繪鄂圖曼軍隊

穆罕默德二世的計畫要想完成，不僅需要火砲優勢，還需要兵力優勢。他決心以壓倒性的強大兵力迅速猛攻君士坦丁堡，搶在基督教世界來得及做出反應之前，就把君士坦丁堡徹底打垮。鄂圖曼人素來深知，攻城戰中兵貴神速。像近衛軍戰士米哈伊爾（他是當時為鄂圖曼人作戰的一名戰俘）這樣得以觀察鄂圖曼軍隊的外國人也對此心知肚明：「土耳其皇帝不惜重大代價，快速猛攻和占領城市以及要塞，為的是避免長期圍城。」[2]成功取決於能否在大規模地快速動員人力和裝備。

於是，穆罕默德二世在年初發布了傳統的徵召令。按照古老的部落習俗，蘇丹將他的馬尾旗樹立在皇宮庭院內，宣布即將發動戰爭。這個訊號發出後，「傳令官被派往各行省，命令所有人都前來參加攻打君士坦丁堡的戰役」[3]。鄂圖曼帝國的兩支軍隊——歐洲軍和安納托利亞軍的指揮結構確保徵召令能夠得到即刻的回應。根據一整套複雜的契約和徵募規則，整個帝國都動員起來。外省的騎兵（他們將組成軍隊的主力）做為地主，對蘇丹負有服兵役的義務，因此必須應徵前來，每個人都必須帶來自己的頭盔、鏈甲和戰馬護甲，以及自己的扈從（扈從的數量由他的地產規模而定）。在騎兵之外，還「從手藝人和農民」[4]中徵募一支季節性的穆斯林步兵部隊，軍費由全體公民按照一定的比例承擔。這些士兵將成為君士坦丁堡戰役的砲灰。「兩軍交鋒時，」一個義大利人冷嘲熱諷道，「他們就像豬群一樣被毫無憐憫地驅趕上前，然後成群地倒斃。」[5]穆罕默德二世還從巴爾幹徵召了基督徒輔助部隊，主要是斯拉夫人和瓦拉幾亞人（他們是帝國的附庸封臣，按照法律規定，有服兵役的義務）。另外他還準備好了精銳的職業軍隊——著名的近衛軍步兵，以及若干騎兵團和相應的砲手、軍械匠、衛隊和憲兵部隊。這些精銳部隊能按期領到軍餉（三個月發放一次），其武器裝備的開支由蘇丹個人承擔；他們全都是前基督徒，大部分來自巴爾幹，幼年時就被擄掠並皈依

圖26　馬尾旗：鄂圖曼帝國威嚴的象徵

伊斯蘭教。他們只忠於蘇丹一個人。雖然他們人數很少（步兵可能不超過五千人），但卻構成了鄂圖曼軍隊恆久的核心。

戰役的動員工作驚人地高效。在穆斯林地區並不需要強拉壯丁，人們會主動報名參軍，其積極性讓匈牙利的喬治（George of Hungary，他此時也是身在鄂圖曼帝國的戰俘）這樣的歐洲人瞠目結舌：

> 開始招兵買馬的時候，他們立刻前去報到，如此積極和迅速，就好像他們被邀請去參加婚禮，而不是戰爭似的。他們按照徵召的順序在一個月內就集結完畢，步兵和騎兵分開，各自有指定的首領，集結的編組也被用於紮營；在備戰時……人們熱情高漲，爭先恐後地報名，願意代替鄰居去服役，那些被留在家裡的人感到自己受了冤屈。他們說，戰死疆場、馬革裹屍要比在家裡壽終正寢強得多……在戰爭中陣亡的人不會受到哀悼，而是被頌揚為聖徒和勝利者，成為世人的榜樣，受到極大的景仰。[6]

「人們聽說這次戰役將是攻打君士坦丁堡，全都蜂擁而至，」杜卡斯補充道，「包括少不更事的孩童和耄耋之年的老人。」[7]獲得戰利品和飛黃騰達的憧憬，以及聖戰的使命感讓他們激情滿懷，這些主題密不可分地結合在《古蘭經》中：根據伊斯蘭教的神聖法律，凡是透過武力攻克一座城市之後，可以在三天之內合法地進行擄掠。對目標的認識更是讓人們鬥志昂揚：穆斯林普遍相信（儘管這種想法或許是錯誤的），君士坦丁堡的紅蘋果擁有神話般的大量金銀珠寶。很多沒有被徵召的人也主動來了：志願兵和自由劫掠者、顯貴們的追隨者、德爾維希和被古老預言感召的聖徒，他們用先知的訓誡和殉道的光榮前景煽動群眾。整個安納托利亞激情如火，記起了「先知曾許諾和預言，這座巨大城市……將成為信士們的居所」[8]。人們從安納托利亞的各個角落蜂擁前來，「從托卡特（Tokat）、錫瓦斯（Sivas）、科馬契（Kemach）、埃爾祖魯姆（Erzurum）、甘噶（Ganga）、巴伊布林特（Bayburt）和特拉比松」[9]趕往位於布爾薩的集結點。歐洲地區的集結點則是埃迪爾內。一支大軍逐漸成形：「騎兵、輕步兵、重步兵、弓箭手、彈弓手和長槍兵。」[10]與此同時，鄂圖曼帝國的後勤機器也隆隆開啟，收集、修理或生產鎧甲、攻城武器、火砲、帳篷、船隻、工具、兵器和糧食。駱駝隊在綿延的高原上來回穿梭。鄂圖曼人在加里波利維修船隻。部隊被運送過博斯普魯斯海峽，抵達割喉堡。從威尼斯間諜那裡獲取了情報。在戰役的組織工作上，世界上沒有任何一支軍隊可與鄂圖曼軍隊相提並論。

二月，鄂圖曼人的歐洲軍在卡拉加（Karaja）貝伊指揮下開始肅清君士坦丁堡的腹地。君士坦丁堡在黑海沿岸、馬摩拉海北岸和博斯普魯斯海峽附近還控制著一些設防的前哨陣地。附近鄉間的希臘人撤進了各個要塞。鄂圖曼軍隊將拜占庭的每座要塞都圍了個水泄不通。投降的人被釋放，沒有受到傷害；但也有一些人，例如馬摩拉海岸邊埃皮巴托斯附近一座塔樓的守軍選擇了抵抗。鄂圖曼軍隊猛攻這座塔樓，將守軍斬盡殺絕。有些要塞很堅固，沒辦法迅速攻克；鄂圖曼軍隊就繞過它們，並監視其動向。這些交戰的消息傳回了君士坦丁堡，讓因為宗教仇隙而內鬥不休的城民們愈發惶恐。為了防止君士坦丁十一世率軍衝殺出城、擾亂準備工作，鄂圖曼軍隊已經派遣了三個團的兵力嚴密監視君士坦丁堡。同時，工兵部隊在加固橋梁、平整道路，為大砲及重裝備（它們在二月已穿越色雷斯）的運輸做準備。到三月，一隊戰船從加里波利啟航，駛過了君士坦丁堡，然後將安納托利亞部隊的主力運往歐洲。大軍開始集中。

最後，在三月二十三日，穆罕默德二世耀武揚威地「率領他的軍隊，包括騎兵和步兵，穿過鄉間，大肆破壞、恣意襲擾，一路帶來極大的恐懼和痛苦」[11]。這一天是星期五，對穆斯林來說是一週中最神聖的日子，穆罕默德二世特意選擇這一天開拔，就是為了強調此次戰役的神聖性。伴隨他的有很多宗教人士：「眾多烏理瑪（ulema）①、謝赫和先知後裔……不斷重複禱言……與大軍一道前進，策馬騎行在蘇丹身旁。」[12]穆罕默德二世身邊可能還有一位叫做圖爾松貝伊的官員，他將記載圍城戰的始末，這是極其罕見的來自鄂圖曼帝國方面，關於此次戰役的第一手資料。四月初，這支大軍在君士坦丁堡城下集結完畢。四月一日是復活節，東正教日曆中最神聖的一天，城民們帶著虔誠與恐懼的複雜心情慶祝了這個節日。午夜，在教堂內，人們用燭光和焚香來宣示復活的基督的神祕。在被黑暗籠罩的城市裡，簡單但富有魔力的復活節連禱聲以神祕的四分之一節拍不斷地升降起伏。教堂大鐘被敲響。只有聖索菲亞大教堂一片沉寂，沒有東正教徒前來做禮拜。在前幾週內，人們「哀求上帝，不要讓城市在復活節的神聖一週內遭到攻擊」[13]，並從聖像中尋找精神力量。按照習俗和傳統，最受尊崇的一幅聖像——「指路聖母像」

---

① 烏理瑪的阿拉伯文原義為學者，是伊斯蘭教學者的總稱。任何一位了解《古蘭經》註疏學、聖訓學、教義學、教法學，及有系統的宗教知識的學者，都可被稱為烏理瑪。它被用來泛指伊斯蘭社會中所有的知識分子，包括阿訇（Akhoond）、毛拉、伊瑪目等。

(Hodegetria)，這是一幅能夠創造奇跡的聖母像——被抬到布雷契耐皇宮，在那裡度過復活節的一週。

第二天，鄂圖曼前驅部隊已經出現在城牆外。君士坦丁十一世派兵出擊，與這些敵人交戰。在隨後發生的戰鬥中，一些鄂圖曼劫掠者被殺死。但隨著時間一分一秒過去，愈來愈多的鄂圖曼士兵出現在地平線上。君士坦丁十一世決定將部隊撤入城內。壕溝上的橋梁全部被摧毀，城門緊鎖。城市被徹底封閉，靜候它的命運裁決。蘇丹的軍隊開始排兵布陣，這些陣勢都已經操演熟練，既小心謹慎，又有深謀遠慮。四月二日，鄂圖曼主力部隊在離城五英里處停下腳步。它被分為若干部分，每個團都有自己的陣地。隨後幾天內，大軍分批逐步前進，這無情的步步緊逼讓觀察者想起「奔流入海的大河」[14]。很多史學家都使用了這個比喻來描繪鄂圖曼軍隊難以置信的強大和一刻不停的移動。

圍城的準備工作進展神速。工兵們開始將城外的果園和葡萄園夷為平地，以便為火砲開闢出廣闊的射擊場。他們還挖掘了一條與陸牆相距兩百五十碼、沿著陸牆全線與之平行的塹壕，塹壕前方築起了土牆，以抵禦砲火。塹壕頂部覆蓋了木製框架，以提供防護。在這道防線之後，穆罕默德二世將他的主力部隊部署到離陸牆一英里處的最終陣地上：「按照慣例，在伊斯坦堡城外紮營的那天，全軍各團分別列隊。他在中軍，身邊簇擁著頭戴白帽的近衛軍弓箭手、土耳其和歐洲弩手、火槍手和砲手。戴紅帽的步兵部隊排列在他左右兩側，騎兵壓陣。全軍以這樣的隊形進逼伊斯坦堡。」[15]每個團都有自己的指定位置：安納托利亞軍在右翼（鄂圖曼人以右為尊），指揮官是土耳其將軍伊沙克（Ishak）帕夏，他的副將是一名叛教的前基督徒馬哈茂德（Mahmut）帕夏。基督徒和巴爾幹部隊則在左翼，由卡拉加帕夏指揮。另外一支龐大隊伍則在改信伊斯蘭教的希臘人紮甘帕夏統領下，前去在金角灣以北的沼澤地帶鋪設道路，並控制一直通往博斯普魯斯海峽的山地，監視加拉塔的熱那亞人聚居處的動靜。四月六日（又是一個星期五），穆罕默德二世抵達了精心挑選的前線指揮部所在地——居高臨下的瑪律特佩（Maltepe）山，位於大軍的中間，對面就是他認為最脆弱的城牆地段。一四二二年的時候，他的父皇穆拉德二世也是在這裡指揮了攻城戰。

圖27　一名土耳其近衛軍士兵

城牆上的守軍目睹城外平原迅速建起一座帳篷的城市，不禁驚恐萬分。據一位作家稱，「蘇丹的軍隊人數眾多，就像無數沙粒……遮蔽了兩片海岸之間的地域」[16]。鄂圖曼帝國的戰役執行得井然有序，但對具體目標卻祕而不宣，這種低調更是令人恐懼。拜占庭史學家哈爾科孔蒂利斯（Chalkokondyles）②承認：「穆罕默德蘇丹的軍隊和營地秩序井然，糧草充足，紮營時的秩序頗

②拉奧尼科斯·哈爾科孔蒂利斯（Laonikos Chalkokondyles，約一四三〇至約一四七〇年），拜占庭史學家。他的著作是研究拜占庭末期和鄂圖曼帝國崛起時期歷史的重要資料來源。

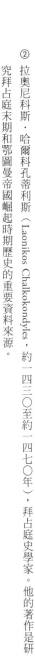

具美感，沒有任何混亂和尷尬局面。除了蘇丹之外沒有任何一位君主能做得到這些。」[17]一叢叢錐形帳篷安排得非常整齊清爽，每一群帳篷的中間都是指揮官的營帳，它的主杆上飄揚著顯眼的旗幟。在整個營地的中間，人們鄭重其事地搭建起穆罕默德二世本人的金、紅兩色刺繡營帳。蘇丹的營帳清楚地顯現了他的尊貴和威嚴，象徵了他的權力，也顯現出蘇丹做為遊牧民族領袖的本源。每位新蘇丹登基時都會命人為他製作一頂華麗的帳篷，以表現他做為君主的特別之處。穆罕默德二世的營帳位於拜占庭守軍弩箭射程之外；按照慣例，在營帳周圍建起了木柵，挖掘了壕溝，安放了盾牌；以蘇丹營帳為圓心，如同「光暈環繞月亮」[18]一般部署著他最為忠心耿耿的部隊——「最精銳的步兵、弓箭手和支援部隊，以及他的其他私家兵卒，這些士兵是全軍的佼佼者」[19]。這些士兵的任務是像保護自己的眼睛一樣保護著蘇丹，整個帝國的安全就寄託在他們的身上。

整個營地的組織工作非常細緻。帳篷如海洋一般，頂部招展著各色大小旌旗：蘇丹本人的金白兩色皇旗、他的近衛騎兵的紅旗、近衛步兵的綠紅兩色或紅金兩色旗幟。旗幟是中世紀軍隊中

圖28　鄂圖曼軍隊的帳篷與火砲

權力和秩序的標誌。城牆上的觀察者還能看見眾位維齊爾和主要指揮官那色彩鮮豔的帳篷，以及不同部隊的獨特帽子和服飾：近衛軍戴著非常突出的白色拜克塔什教派（Bektashi）③的帽子；步兵頭纏紅色頭巾；騎兵戴著尖頂的頭巾式盔帽，身披鏈甲；斯拉夫人則穿著巴爾幹式服裝。目睹鄂圖曼大軍盛況的歐洲人對他們的士兵和裝備做了評述。佛羅倫斯商人賈科莫・特塔爾迪（Giacomo Tetaldi）聲稱：「他們其中的四分之一穿著鏈甲或者皮甲，其他很多人的裝備是法蘭西式的，還有匈牙利式的，還有人戴著鐵盔，配備土耳其弓弩。其他士兵除了盾牌和彎刀——這是一種土耳其式的劍——之外就沒有任何裝備。」[20] 讓站在城牆上的觀察者愈發震驚的是，敵人擁有的牲畜數量驚人。「我承認，在軍營裡的牲口數量常常比人多，以便運輸補給和糧食，」哈爾科孔蒂利斯寫道，「但是這些人……不僅帶來了足以滿足運輸需求的駱駝和騾子，還把牲畜做為一種娛樂工具，所有人都熱中於展示最好的騾子、馬匹或駱駝。」[21]

守軍看到敵人忙進忙出、意圖顯明，不禁心生畏懼。黃昏接近時，宣禮員們從營地的數十個地點發出召喚祈禱的呼聲，這呼聲裊繞地在營地上方徐徐升起。人們點燃篝火，準備一天中的唯一一餐（因為鄂圖曼軍隊在作戰時生活非常節儉），炊煙隨風飄散。兩軍僅僅相隔兩百五十碼，城牆上的守軍可以聽得清敵營的種種聲響：喃喃低語聲，木槌敲擊聲，打磨刀劍的霍霍聲，馬

---

③拜克塔什教派是伊斯蘭教的一派，受到蘇菲派的影響，混合了遜尼派、什葉派和蘇菲派的神學觀點，具有神祕主義特點，歷史上主要在安納托利亞和巴爾幹流行。這一派在鄂圖曼近衛軍中勢力很大。一八二六年，鄂圖曼帝國發起改革，裁撤了近衛軍，拜克塔什教派也一度被禁止。

匹、騾子和駱駝的響鼻和嘶鳴聲。更糟糕的是，他們或許還能聽見敵軍中由歐洲人組成的那一翼傳來的基督徒禱告聲。鄂圖曼帝國雖然決議打一場聖戰，但對他們的附庸卻非常寬容：「儘管他們是蘇丹的臣民，但蘇丹並沒有強迫他們摒棄基督教信仰，所以他們可以隨心所欲地信仰和祈禱。」特塔爾迪如此寫道。鄂圖曼軍隊從基督徒臣民、雇傭兵、叛教者和技術專家那裡得到的巨大幫助，成了令歐洲史學家們再三哀嘆的主題。「我可以作證，」萊奧納德大主教咆哮道，「土耳其人那邊有希臘人、拉丁人、日耳曼人、匈牙利人、波希米亞人（Bohemian）和來自其他所有基督教國家的人……如此背棄基督，是多麼可憎！」[22]他的咒罵並不完全公正，因為很多基督徒士兵是做為蘇丹的附庸，被強迫參戰的。「我們不得不騎馬前往伊斯坦堡，去為土耳其人效力，」[23]近衛軍戰士米哈伊爾回憶道，因為如果拒絕服役，就只有死路一條。在被迫參加攻城戰的士兵中有一個名叫涅斯托爾—伊斯坎德爾（Nestor-Iskander）的年輕的俄羅斯東正教徒。他在俄羅斯南部邊疆靠近摩爾達維亞（Moldavia）的地區被一支鄂圖曼軍隊俘虜，被迫接受了割禮，以準備皈依伊斯蘭教。他所在的部隊接近君士坦丁堡時，他開了小差，溜進城市，對後來發生的事件做了生動的描述。

穆罕默德二世麾下的圍城軍隊究竟有多少兵力，沒人能說得清。鄂圖曼帝國在極其宏大的規模上動員正規軍和志願兵的能力，一再地讓他們的對手瞠目結舌、胡亂猜測。為蘇丹歌功頌德的鄂圖曼史學家將大軍簡單地比擬為「鋼鐵洪流」[24]、「浩瀚如繁星」[25]。目睹這支大軍的歐洲人給出了一些具體的數字，但都是很粗略的數字。他們的估算從十六萬一直到四十萬都有。得以在近距離觀察鄂圖曼軍隊的近衛軍戰士米哈伊爾的說法更務實一些：「土耳其皇帝為正面交鋒動員的兵力不可能有人們傳說的那樣雄厚。有人說土耳其軍隊數不勝數，這是不可能的，因為所有的統治者都希望知道他的軍隊究竟有多少人，以便進行組織。」[26]特塔爾迪的估計數字似乎最接近事實，他冷靜地計算出：「在圍城戰中，一共有二十萬人。其中大約六萬人是士兵，三至四萬人是騎兵。」[27]在十五世紀，這已經是相當驚人的數字了，因為阿金庫爾戰役中英、法兩軍的總數只有三萬五千人。如果特塔爾迪的估算接近實際情況的話，那鄂圖曼軍隊帶來的馬匹的數量將非常龐大。在六萬士兵之外，鄂圖曼大軍的其餘部分是輔助和隨軍人員：補給隊伍、木匠、鑄砲工匠、鐵匠、軍械匠，以及「裁縫、糕點師、手藝人、小販，和其他為了獲取利益或擄掠戰利品而追隨軍隊的人」[28]。

君士坦丁十一世要統計自己的兵力就簡單得多，只需要數一數就行了。三月底，他命令各城區做一次人口統計，記錄「有多少身體健全的人，包括僧侶，以及每個人擁有多少可以用於城防的武器」[29]。在得到統計結果後，他就把計算的工作託付給他忠心耿耿的大臣和畢生摯友喬治·斯弗朗齊斯。斯弗朗齊斯回憶道：「皇帝召見了我，並說：『這項任務屬於你的職責範圍，只有你最適合，因為你有本事計算所需、監督城防的準備工作，並保守祕密。請把這些清單拿回家研究，做出精確的評估：我們究竟有多少手持武器、盾牌、弓和火砲。』」[30]斯弗朗齊斯盡責地做出估算。「我執行了皇帝的命令，向他呈報對我方資源的詳細評估，但計算的結果卻相當讓人灰心喪氣。」原因很簡單：「我們的城市雖然面積遼闊，守軍卻只有四千七百七十三名希臘人和僅僅兩百名外國人。」[31]除此之外還有一些其實事不關己的人也主動前來參戰，包括「熱那亞人、威尼斯人和那些偷偷從加拉塔前來幫助守城的人」，這些人的總數「不到三千」[32]。因此，全城守軍只有不到八千人，卻要防守長達十二英里的城牆。在這不到八千人的守軍中，「大部分希臘人不擅長作戰，他們完全憑藉本能使用盾牌、利劍、長槍和弓箭作戰，而沒有任何軍事技能」[33]。守軍嚴重缺乏「擅長使用弓弩的人」[34]。對政府心懷不滿的東正教群眾能幫多少忙，也很難說。君士坦丁十一世擔心兵力如此匱乏的消息如果傳出去，會嚴重影響士氣，因此決定隱瞞真實情況。「真實的數字被當做祕密保守起來，只有皇帝和我兩個人知道。」[35]斯弗朗齊斯回憶道。很顯然，這場戰役的攻防雙方力量非常懸殊。

君士坦丁十一世隱瞞了真相，並開始著手最後的準備工作。四月二日，也就是城門最後一次緊閉的那天，他派遣船隻將金角灣的鐵鍊升起，鐵鍊從城內衛城角附近的尤金尼烏斯門（Eugenius Gate）一直拉到加拉塔海牆內的一座塔樓上。這項工程由一位原名叫巴爾托拉米奧・索利戈（Bartolamio Soligo）的熱那亞工程師負責。之所以選擇他，或許是因為他能夠說服在加拉塔的熱那亞同胞，讓他們允許將鐵鍊固定在他們的城牆上。這個問題是很有爭議的。加拉塔的熱那亞居民允許拜占庭人這麼做，就可以算是破壞了自己嚴守的中立。如果鄂圖曼方的戰事不利，這肯定會招來穆罕默德二世的怒火，但熱那亞人還是同意了拜占庭的請求。對君士坦丁十一世來說，只要有足夠的海軍力量保護鐵鍊，金角灣沿岸的四英里城牆就幾乎不需要部署兵力了。

在穆罕默德二世於城外排兵布陣的同時，君士坦丁十一世召開了作戰會議，與朱斯蒂尼亞尼和其他指揮官共商大計，如何將他的少量軍隊部署在十二英里長的戰線上。他知道，只要鐵鍊鞏固，金角灣一帶就是安全的；他也不是很擔心其他地段的海牆。博斯普魯斯海峽的海流非常湍急，敵人無法輕易地乘船在那裡登陸。馬摩拉海沿岸同樣有強大的海流，而且岸邊淺灘也不利於敵人的登陸作戰。最需要關注的是陸牆，儘管它們貌似固若金湯。

雙方都知道陸牆的兩個弱點。第一個弱點是城牆的中段，即兩座具有戰略意義的城門——聖羅曼努斯門和查瑞休斯門之間的那段城牆（被希臘人稱為「中牆」〔Mesoteichion〕）。在這座城門之間，地勢向著里卡斯河谷的方向下降了大約一百碼。在那裡，有涵洞將里卡斯河從城牆下方引入城內。鄂圖曼軍隊在一四二二年的攻勢就集中在這一地段。穆罕默德二世的指揮部設在這一段城牆對面的瑪律特佩山上，顯然是有所圖謀的。第二個弱點是金角灣附近的那段僅有一層、沒有壕溝保護的城牆，特別是兩段城牆以直角相接的那個地點。三月底，君士坦丁十一世說服威尼斯槳帆船的船員沿著這段城牆緊急開挖了一道壕溝，但這個地段依舊讓人憂心忡忡。

君士坦丁十一世根據具體問題，對自己的部隊做了具體部署。他把全城的十四區分為十二個軍區，並相應地分配了資源。他決定把自己的指揮部設在里卡斯河谷，於是皇帝和蘇丹幾乎能隔著城牆直接面對面。他把最精銳的主力部隊（約兩千人）部署在這裡。朱斯蒂尼亞尼最初駐紮在北面山嶺處的查瑞休斯門，但後來把他的熱那亞士兵調往中部，與皇帝會合，並接管了這個關鍵地段的日常指揮工作。

接著皇帝分配了針對陸牆各個地段的防守工作，由「君士坦丁堡的重要人物」[36]指揮。在皇帝的右側，查瑞休斯門的指揮官可能是卡里斯特斯的希歐多爾（Theodore of Karystes），「一個老當益壯的希臘人，箭術嫻熟」[37]。再往北的地段、一直到直角處，被託付給了熱那亞的博基亞爾多兄弟，他們「自費前來參戰，帶來了自己的裝備」[38]，包括火槍和威力強大的大型弩箭；布雷契耐皇宮周圍防守較脆弱的單獨一道城牆，也大體被交給義大利人防守。威尼斯市政官米諾托親自住進了布雷契耐皇宮；皇宮塔樓上，聖馬可的旗幟和皇帝的旗幟一起飄揚。皇宮的大門之一——卡里加利亞門（Caligaria Gate）由「來自日耳曼的約翰」（John from Germany）指揮，他其實是蘇格蘭人，是個職業軍人和「能幹的軍事工程師」[39]。他還有一項任務是管理城內希臘火的供應。

君士坦丁十一世統率的是一支真正意義上的多國部隊，但由於宗教、民族的不同和商業競爭，內部仍然存在矛盾。為了減小熱那亞人和威尼斯人之間、東正教徒和天主教徒間、希臘人和義大利人間的摩擦，他特意將士兵們混編，希望能加強他們之間的互相依賴。君士坦丁十一世左翼的那段城牆的指揮官是他的親戚「希臘人西奧菲勒斯（Theophilus），一個來自帕里奧洛格斯家族的貴族，精通希臘文學，而且是幾何學專家，」[40]他對《伊利亞德》（*Iliad*）耳熟能詳，但對如何防守特洛伊城牆卻知之甚少。在接近黃金門的地段，城牆由一群希臘、威尼斯和熱那亞士兵防守，陸牆在馬摩拉海岸與海牆相接的那個點，則由一名來自拜占庭坎塔庫澤努斯（Cantacuzenos）家族，名叫德米特里的貴族鎮守。

馬摩拉海岸的守軍更加混雜。雅各．孔塔里尼（Jacopo Contarini）率領一支隊伍駐紮在斯圖狄翁（Studion）村；鄰近的那段城牆是敵人不大可能進攻的地段，由一群東正教僧侶負責監視。君士坦丁十一世把一支由叛教的土耳其人（由覬覦蘇丹位置的奧爾汗王子負責指揮）組成的隊伍部署在遠離陸牆的埃萊夫塞雷（Eleutherii）港，儘管這些人的忠誠度是非常可靠的，因為假如城市陷落，蘇丹一定不會給他們好日子過。城市北端的海岸由一支加泰隆尼亞隊伍駐防，衛城則被託付給伊西多爾紅衣主教和他麾下的兩百人。儘管這一地段有大海的保護，君士坦丁十一世還是決定給每座塔樓配備兩名神射手——一名弓箭手和一名弩手或火槍兵，這說明他對這一帶守軍的戰鬥力是多麼不放心。金角灣則由熱那亞和威尼斯水手防守，指揮官是威尼斯軍官特里維薩諾；停在港內的兩艘克里特船隻的船員則負責把守鐵鍊附近的一座城門——美麗之門（Horaia Gate）。阿盧威克瑟·迪艾多（Aluvixe Diedo）負責保護鐵鍊本身和港內的船隻。

為了給他的孱弱「大軍」提供進一步的支援，君士坦丁十一世決定保留一支快速反應的預備隊。有兩支隊伍被保留在離城牆較遠的地方，隨時待命。其中一支由盧卡斯·諾塔拉斯（Lucas Notaras）大公指揮，他是一名技藝嫻熟的軍人，「在君士坦丁堡的重要性僅次於皇帝本人」[41]，駐紮在佩特拉（Petra）區，擁有一百名騎兵和一些輕型火砲。第二支快速反應部隊由尼科弗魯斯·帕里奧洛格斯（Nicephorus Palaiologos）指揮，駐紮在已經廢棄的使徒（Holy Apostles）教堂附近的中央山嶺上。這些預備隊一共有大約一千人。

君士坦丁十一世在這些部署上傾注了他一生的作戰和調動軍隊的經驗，但或許他自己也沒想到，在隨後的日子裡，這些互相競爭的隊伍將會打得多麼頑強。他把很多關鍵地段交給外國人防守，因為他是主張東、西方教會聯合的，不確定城內的東正教信眾會不會忠於他。他把四座主要城門的鑰匙託付給了重要的威尼斯指揮官，並確保城牆上的希臘指揮官都是宗教上的聯合派。盧卡斯·諾塔拉斯可能是反聯合的，所以皇帝特意把他安排在後方，免得他防守城牆時被迫和天主教徒合作。

在君士坦丁十一世努力將他的孱弱兵力部署到四英里長的陸牆上時，還有一個關鍵問題需要決斷。當初設計三道城牆系統時，是預想有兵力強大得多的部隊可以進行縱深防禦，較高的內牆和較低的外牆上都能部署守軍。但如今他沒有足夠的兵力可同時防守兩道城牆，因此不得不選擇在哪一道城牆上駐軍。城牆在一四二二年的圍攻中遭到了砲擊，其後外牆獲得大體修復，內牆卻沒有修理。在過去的圍城戰中，守軍也曾遇到過同樣的抉擇，他們都選擇防禦外牆，並且都取得了成功。君士坦丁十一世和他的圍城戰專家朱斯蒂尼亞尼選擇了同樣的戰略。在有些地段，這個決定引起了爭議。「我一直是反對這麼做的，」永遠持批評態度的萊奧納德大主教寫道，「我極力敦促不要放棄較高的內牆的防禦，」[42]但他的建議可能是過於強人所難了。

皇帝決心竭盡全力去鼓舞士氣。他知道穆罕默德二世害怕天主教國家會援救這座東正教城市，於是決定進行一回小規模的武力展示。依照他的請求，威尼斯槳帆船的船員們在四月六日上陸，穿著他們顯眼的歐洲式鎧甲，在陸牆全線遊行，「隊伍前面舉著旗幟……讓城民們頗為慰藉」[43]，這是明白無誤地讓敵人知道，法蘭克人也參加了守城。同一天，那些槳帆船也做了作戰準備。

在另外一頭，穆罕默德二世則派遣一小隊騎兵旌旗招展地來到城門前，與守軍談判。按照《古蘭經》教法的傳統要求，他們先邀請拜占庭人自行繳械投降。《古蘭經》稱：「派遣使者之前，我不懲罰（任何人）。當我要毀滅一個市鎮的時候，我命令其中過安樂生活者服從我，但他們放蕩不檢，所以應受刑罰的判決。於是我毀滅他們。」[44]按照這個模式，基督徒守軍可以皈依伊斯蘭教、舉手投降、繳納人頭稅，或者選擇抵抗，一旦城市被攻破，就將遭受三天的擄掠。拜占庭人早在西元六七四年就聽到過這種制式化的警告，後來還經歷了好幾次。他們的回覆一直是：「我們不接受人頭稅和伊斯蘭教，也不會將我們的堡壘拱手讓出。」[45]在勸降的要求遭到拒絕後，鄂圖曼軍隊就可以認為，他們的攻城得到了神聖法則的批准，於是傳令官們在軍營中到處宣布，攻城戰正式開始了。穆罕默德二世繼續將他的大砲運往前線。

君士坦丁十一世決定盡可能多地親臨戰場，讓士兵們都能看得見他。他的指揮部就是聖羅曼努斯門後的一座大帳篷，每天他都從那裡出發，騎著他的阿拉伯種小母馬，與喬治．斯弗朗齊斯和西班牙人唐．法蘭西斯科．德．托雷多一起，「鼓舞士兵，檢查崗哨，搜尋擅離職守的人」[46]。他無論走到何處，都會在距離最近的教堂做彌撒，並確保每隊士兵都有自己的僧侶和教士，以便聽取告解和在戰場上為臨終者做最後的聖禮。他還命令教堂日夜不停地做禮拜，為城市的救贖祈禱；晨禱結束時，人們要抬著聖像在大街小巷以及城牆上遊行，以鼓舞士氣。城外的穆斯林能看得清基督徒的長鬍子，聽得見聖歌在春天的空氣中迴盪。

惡劣的天氣進一步打擊了守軍的鬥志。當時發生了一連串輕微的地震，還下起了傾盆大雨。在高度緊張的氣氛下，很多人自以為看到了預兆，記起了古老的預言。「教堂內的聖像以及廊柱和聖徒雕像出了汗，」史學家克利托布羅斯回憶道，「有人被惡靈附體，受到不吉利幻象的感召，占卜者預言了很多災難。」[47]對君士坦丁十一世來說，這些預言沒有帶給他多大的困擾，更讓他頭痛的是敵人大砲運抵了前線。一四四六年，鄂圖曼軍隊的大砲在五天之內就摧毀他精心建造的赫克薩米利翁城牆，隨後大開殺戒，他對此仍然記憶猶新。

☆

穆罕默德二世憑藉著卓越的後勤能力，協調調度好了裝備、物資和雄厚的人力，如今鄂圖曼已經做好了戰鬥準備。他的砲彈、硝石、坑道挖掘裝備、攻城武器和糧食都已齊備，且做了清點和部署。鄂圖曼軍士清整了武器、將大砲拖曳到指定位置，士兵們（騎兵和步兵、弓箭手和長槍兵、軍械匠、砲手、劫掠輕騎兵和坑道工兵）都已經集結完畢，各個摩拳擦掌。鄂圖曼帝國蘇丹們對鄂圖曼人做為遊牧部族的往昔還記憶猶新，非常懂得如何去驅使士兵，把他們的熱情引導到共同的目標上去。穆罕默德二世熟稔如何激勵人們的聖戰狂熱。烏理瑪們在軍營中來來去去，背誦聖訓中關於君士坦丁堡陷落的古老預言，以及它對伊斯蘭教的重大意義。穆罕默德二世每天都在金、紅兩色帳篷前的地毯上，當眾朝向東方的麥加方向（也是聖索菲亞大教堂的方向）祈禱。同時，他還許諾，如果能攻克城市，士兵們將得到無限的戰利品。信眾受到了紅蘋果的巨大誘惑，滿心期待。在為真主的意志效勞的同時還能撈得大量的戰利品，這雙重誘惑對以劫掠為生的遊牧民族來說是無法抗拒的。穆罕默德二世就在這雙重許諾的基礎上開始準備攻城。

穆罕默德二世知道（他年邁的維齊爾——哈利勒帕夏對此的認識更為深刻），必須速戰速決。攻城拔寨需要人員的犧牲。對攻城的熱情和期待，以及用橫遭踐踏的屍體填滿溝壑的意志力，都是有時限的。意想不到的挫折很快就能夠導致士氣消沉；在如此集中的一大群人中，謠言、異議和不滿情緒能夠像草原勁風一般快速席捲所有的帳篷；如果戰役一直拖到酷夏，哪怕是井井有條的鄂圖曼軍營也很容易流行傷寒。這次冒險對穆罕默德二世本人來說也是很危險的。他透過威尼斯間諜的網絡得知，不管基督教各國是多麼耽於爭吵和四分五裂，西方最終還是會從陸路或海路馳援君士坦丁堡。他從瑪律特佩的小山上仰視綿延起伏的陸牆、緊密分布的塔樓，以及三道防禦體系，回憶起它們在歷史上表現出的固若金湯。他在公共場合或許會宣稱自己堅信士兵們的英勇，但他最終還是把希望寄託在大砲身上。

另一方面對君士坦丁十一世來說，時間同樣是至關重要的。守軍的圖謀非常絕望且單純。他們無力發動反擊來解除圍困。他們唯一的希望是，堅持足夠長的時間，等待西方的援軍強行打破封鎖。他們在西元六七八年曾經抵擋住阿拉伯人，現在也必須堅守。

如果說君士坦丁十一世有一張王牌的話，那就是喬萬尼·朱斯蒂尼亞尼這個人。這位熱那亞人在來到君士坦丁堡之前，城民們就早已熟知他做為「久經沙場的老將」[48]的威名。他懂得如何對防禦工事的明顯弱點進行評估和彌補，如何最有效地使用投石機和火槍這樣的防禦武器，以及如何讓有限的兵力發揮最大的效力。他將守城戰的高超本領傳授給守軍，並考慮從城市的側門發動反擊的可能性。義大利各城邦之間的殘酷戰爭，造就了朱斯蒂尼亞尼這樣才華洋溢的軍事家和技術型雇傭兵，他們把城防當做一門科學和藝術來研究。但朱斯蒂尼亞尼此前從未經歷過大規模的砲擊。即將發生的事件也將在最大限度上考驗他的本事。

第八章　世界末日的恐怖號角

一四五三年四月六日至四月十九日

何人的口舌能夠言說此等災難與恐懼？[1]

——涅斯托爾—伊斯坎德爾

大砲被裝在圓盤輪的大車上，在從埃迪爾內通往君士坦丁堡的泥濘道路上，冒著春雨緩緩前進，花了很長時間才抵達前線。老遠之外就能聽見它們行進的嘈雜聲。拖曳大車的公牛艱難地掙扎著，大聲吼叫；趕車的人們呼喊著；嘎吱作響的車軸發出持續不斷、音節單調的聲音，如同恆星放射出的詭異聲波。

大砲抵達前線後，又花了很長時間用起重機械將每一門大砲從車上卸下，部署就位，並調整好射角。到四月六日，只有一些輕型火砲準備就緒。它們對城牆發動了第一輪砲擊，但顯然收效甚微。在戰鬥打響後不久，一支熱情高漲的鄂圖曼非正規部隊，向里卡斯河谷防守較脆弱的城牆地段發動了一次零亂的進攻。朱斯蒂尼亞尼的士兵從城牆上衝殺出來，把入侵者打得抱頭鼠竄，「殺死了一些敵人，還打傷了一些」[2]。鄂圖曼軍隊不得不發動一次相當規模的反擊，迫使守軍返回城牆，才恢復了秩序。這回首敗讓蘇丹更加堅定了決心，等待砲兵完全部署就緒，而不是貿然進攻、損耗士氣。

在此期間，他開始執行鄂圖曼軍隊攻城戰術的另一套策略。工兵們隱藏在泥土壁壘之後的地堡內，開始在城牆中段之外挖掘地道；他們的目標是挖掘一條長兩百五十碼的地道，一直通到城牆腳下，然後從地下將城牆炸塌。蘇丹還命令士兵們開始「將石頭、木料、泥土送往前線，並聚集所有其他種類的物資，」[3]選擇合適的地點，嘗試將城市的壕溝填平，為大規模攻勢鋪平道路。這項工作非常危險，甚至是致命的。壕溝離有人據守的城牆只有四十碼遠，沒有任何防護，城牆守軍可以對壕溝處的人隨意掃射，除非用猛烈的火力壓制住城牆守軍。雙方將為爭奪每一個立足點或可供推進戰線的地域，展開激烈廝殺。朱斯蒂尼亞尼對地形做了研究，開始採取措施，擾亂鄂圖曼人的行動。守軍多次發動突襲，並在夜色掩護下進行伏擊；他們「衝出城門，襲擊城牆外的敵人」[4]。他們從壕溝中跳出，有時會被打退，有時則能俘虜土耳其人，從他們口中榨取情報。爭奪壕溝的這些小規模戰鬥很有效，但守軍很快就無法承受兵力的損失。不管能殺死多少土耳其人，己方陣亡的每一名戰士都是嚴重的損失，於是在戰爭開打後不久守軍就決定儘量不再出擊，而主要在城牆上防守，「有的人用弩箭射擊，其他人用普通的弓」[5]。爭奪壕溝的戰鬥將成為這場戰役的一場激烈角逐。

四月七日之後的時間裡，蘇丹一面焦躁不安地等待重砲送抵，一面把注意力轉移到其他方面。鄂圖曼軍隊橫掃色雷斯時，占領了途經的全部村莊，但還有少數孤立的要塞仍然在堅守著。穆罕默德二世繞過了這些要塞，只留下少量兵力監視它們。大約在四月八日，他派遣了一支相當規模的隊伍和一些火砲去攻打希拉比亞要塞（位於割喉堡遠方、俯瞰博斯普魯斯海峽的一座山上）。希拉比亞要塞抵抗了兩天，直到鄂圖曼軍隊的大砲摧毀了全部的防禦工事，並殺死了大部分守軍。剩餘的人「無力繼續抵抗，舉手投降，表示願意聽從蘇丹發落。於是他把這四十人全部穿刺在尖木樁上」[6]。馬摩拉海岸邊斯圖狄烏斯（Studius）處的一座類似的城堡，也很快被砲火摧毀。這一回，有三十六名不幸的俘虜被穿刺在城牆外的尖木樁上。

幾天後，穆罕默德二世的海軍統帥巴爾托格魯（Baltaoglu）率領部分艦船占領了馬摩拉海中的王子群島，拜占庭皇族在動盪時期常常選擇在這裡避難。在群島中最大的島嶼——王子島上有一座堅固的要塞，駐有「三十名重武裝士兵和一些當地人」[7]，他們拒不投降。砲火也未能讓他們屈服，於是巴爾托格魯的部下在要塞城牆外堆積了大量柴禾，放火燒城。在瀝青、硫磺和大風的助威下，大火侵襲了塔樓，城堡很快就起火。沒被燒死的人只得無條件投降。投降的士兵被就地處決，村民則被賣為奴隸。

到了四月十一日，穆罕默德二世返回金紅帳篷，此時全部大砲都已經集結完畢。穆罕默德二世把它們分為十四或十五個砲兵連，部署在城牆沿線防備較為脆弱的關鍵點上。烏爾班的大砲之一（「一門恐怖的大砲」[8]）被部署在金角灣附近布雷契耐的一座城牆前，這段城牆「沒有壕溝或外牆的保護」[9]。另外一門大砲被安置在兩段城牆的直角相接處。第三門則安置在更南面的泉源之門處。其他大砲則被拖曳到防備脆弱的里卡斯河谷沿線的關鍵地點。烏爾班的超級巨砲（希臘人稱之為「皇家大砲」）被部署在蘇丹營帳前方，直接威脅聖羅曼努斯門——「全城防備最脆弱的城門」[10]。蘇丹從他的營帳就可以對巨砲的表現做出評估。每門重砲都得到一些較小的火砲的支援，組成一個砲兵連，鄂圖曼砲手們親切地把它們稱為「帶著小崽子的大熊」。這些火砲發射的石彈的重量從兩百磅到一千五百磅不等，烏爾班的超級巨砲配備的就是一千五百磅的巨型石彈。根據一位目擊者的估測，最大的兩門砲的砲彈高度「分別有人的膝蓋和腰那麼高」[11]。另外一名觀察者則聲稱，最大的砲彈「周長可達我手掌長度的十一倍」[12]。雖然目擊者談及了「不計其數的作戰機械」，但穆罕默德二世可能一共擁有約六十九門大砲，按照當時的標準是一支極其龐大的砲兵部隊，同時還擁有一些技術上更為古老的投石機械，例如槓桿拋石機，這是一種利用槓桿原理拋射石彈的攻城武器。槓桿拋石機在三百年前穆斯林軍隊攻克十字軍城堡的戰鬥中，扮演了極其重要的角色，現在卻已經是與時代格格不入的老骨董。

安裝大砲和準備射擊是一個艱苦的過程。砲管是獨立式的，沒有成套的砲車。運輸的時候，只是簡單地將砲管捆縛在堅固的大車上。鄂圖曼軍隊在前線有土牆保護的地段修建起傾斜的木製平台，並在其前方樹立木柵欄，以抵禦敵人的火力，木柵欄上有帶鉸鏈的門，開砲前要將門打開，砲彈就穿過這個門飛出；砲管運抵前線後，要搭建一個巨大的滑車裝置將砲管安放到平台上。

大砲需要極其繁雜的後勤支援。在黑海北岸，鄂圖曼人開採了數量巨大的黑色石料，並將其製作成砲彈的形狀，然後用商船將它們運往前線。四月十二日，這樣的一支船隊抵達了雙柱（Double Columns）港，送來了「大砲所需的石彈、柵欄和木料，以及軍營所需的其他彈藥」[13]。如果要長期射擊，還必須徵用相當數量的硝石。穆罕默德二世命令紮甘帕夏修建一條繞過金角灣尖端、通往港口的道路，應當就是為了加快運輸這些補給物資。運輸大砲本身需要大型的木製大車以及大量的人員和公牛。和烏爾班一起在埃迪爾內鑄造大砲的工匠同時也是砲手。他們親自運送自己的勞動成果，將其部署到位，裝填砲彈、發射，並就地維修。烏爾班巨砲雖然是在一百五十英里之外製造的，但鄂圖曼軍隊把大量資源帶到了前線，足以對現有的火砲進行改造，甚至可以鍛造或鑄造新的火砲，所以除了攻城士兵之外，工匠們也非常活躍。大量的鐵、銅和錫被帶到了前線；工人們挖掘出半球形的木炭坑，建造了磚砌的熔爐。軍營內的一個單獨區域被改建成臨時的工業作坊，那裡黑煙滾滾，鐵匠們錘音叮咚。

為大砲做戰鬥準備需要時間和對細節的高度重視。火藥被裝入砲管，然後向砲管內填入木製或羊皮製的砲塞，用鐵棒壓緊，以確保「無論何種情況，除了受到火藥爆炸的衝擊力外，砲塞絕對不會飛出砲膛」[14]。然後砲手們將石彈抬到大砲前端，小心翼翼地填入砲膛。砲彈被設計成與砲膛匹配，但口徑很難做到完全相符。砲手們透過「某些技術和對目標的計算」（在實踐中其實就是試射並不斷調整）進行瞄準；透過用木楔墊高砲台來調整俯仰射角。另外還要用巨大的木梁將大砲墊放到位，同時用石塊壓住木梁，以吸收後座力，「以免火藥爆炸的衝擊力和猛烈的後座力使得大砲偏離正確位置，導致射偏」[15]。引爆用的火藥被填入火門，射擊準備就完成了。四月十二日，在四英里的正面上，蘇丹的砲手們將火把湊近火門，為世界上第一次大規模的集中砲擊拉開了帷幕。

如果說在戰爭史上有這樣一個時刻，能夠讓人們真切地對火藥的強大威力心生敬畏的話，那就是一四五三年春季鄂圖曼大砲開始轟鳴的時刻。根據當時的記載：

火藥被點燃後，瞬間就發出一聲可怕的轟鳴，腳下的大地猛烈顫動，一直傳播到遠方，那噪音是聞所未聞的。然後是恐怖的雷鳴般巨響和可怖的爆炸，火焰照亮和炙烤了周邊的萬物，木塞子被乾燥空氣的熾熱爆炸衝出，石彈被強大的衝擊力推出。難以置信的力量驅使著石彈呼嘯而去，擊中了城牆，當即撼動和擊毀了城牆。石彈本身則被炸裂為無數碎片，碎片四處亂飛，附近站著的人無不死於非命。[16]

巨大的石彈擊中防備較脆弱地段的城牆時，產生的效果是毀滅性的：「有時它能摧毀整段城牆，有時能打垮一半，有時能或多或少地摧毀部分塔樓，或一堵胸牆，沒有任何一段城牆足夠堅固或厚實，能夠抵擋這威力，或者完全不受石彈力量或速度的影響。」[17]起初，守軍感到，攻城戰的整段歷史都在他們眼前展開了。狄奧多西陸牆是兩千年來防禦工程演化的結晶，是人類智慧所能構建的工程學奇跡，而且得到上帝的佑護；而現在，城牆在遭到一連串精準的砲彈轟擊後就開始坍塌了。萊奧納德大主教在皇宮附近觀察了大砲對單一城牆的效果：「他們用砲彈將城牆炸為齏粉。儘管它非常厚

圖29　大砲發射

實和堅固，還是在這可怕機械的轟擊下倒塌了。」[18]

轟擊城牆的超級大砲發射的砲彈可以飛越一英里的距離，直接射進君士坦丁堡的心臟，以可怕的力量摧毀房屋或教堂，將平民成群地打倒，或者將他們活埋在萎縮了的城市果園和田野上。一名目擊者震驚地發現，一發砲彈擊中了一座教堂的牆壁，教堂當場土崩瓦解。還有人說，方圓兩英里內的大地都在震動，甚至安全地繫牢在金角灣港口的堅固木製槳帆船，也受到了這震動的影響。博斯普魯斯海峽對岸五英里遠的亞洲也聽到了砲聲。與此同時，拋射彈道更為彎曲的槓桿拋石機也開始將石塊投擲到城牆後方的屋頂上，並射中了皇宮的部分建築。

在最初，砲擊對守軍的心理效果甚至比實際效果更為強大。大量集中的火砲產生的噪音和震動、濃厚的煙霧和石彈撞擊石牆產生的巨大衝擊力，讓久經戰陣的老兵也不禁膽寒。而對於平民來說，這是即將到來的世界末日預告和對他們罪孽的懲罰。按照一位鄂圖曼史學家的說法，砲聲「如同世界末日的恐怖號角」[19]①。人們跑出自己的房屋，捶擊胸膛，畫十字架，呼喊著：「主啊，憐憫我們！會發生什麼事？」有婦女在街上暈倒。教堂內擠滿了信徒，他們「請願、祈禱、哀號和高呼：『主啊！主啊！我們遠離了你。我們的遭遇和你的聖城遭到的苦難，全都是對我們罪孽的公正懲罰。』在忽閃忽滅的燭光下，人們跪在最神聖的聖像前，持續不斷地祈禱著：『在最後關頭，不要把我們拋棄給你的敵人；不要滅殺你有德的人民；不要取走你對我們的愛，讓我們在這時節軟弱。』」[20]

---

① 典出《古蘭經》第三十六章。按照伊斯蘭教的教義，在末日審判時，死人將復活。這個說法與基督教類似。

君士坦丁十一世竭盡全力，透過務實的工作和宗教的慰藉去維持城內的士氣。他每個鐘頭都要巡視城牆，鼓舞指揮官和士兵們的鬥志。教堂鐘聲響個不停，他告誡「全體人民，教導他們不要放棄希望，也不要鬆懈對敵人的抵抗，而是全心思地信任全能的上帝」[21]。

守軍嘗試了很多方法來減輕石彈的衝擊力。他們在城牆表面潑上由白堊和磚灰混合而成的灰泥，給與城牆多一層的保護。此外，他們還在一些地方懸掛了帶有成捆羊毛的木梁、成片皮革，甚至珍貴的掛毯，以吸收石彈的部分衝擊力。但火藥的撞擊力十分強大，這些方法收效甚微。守軍盡了最大的努力，嘗試用自己的少量火砲去摧毀敵人的大砲。但他們缺少硝石，而且鄂圖曼軍隊的大砲有木柵的保護。更糟糕的是，他們發現城牆和塔樓不適合安置砲台。它們不夠寬闊，無法承受大量火藥爆炸產生的後座力；也不夠堅固，無法抵禦震動，因為「開砲時城牆會撼動，大砲對己方城牆的破壞要比對敵人的殺傷更為嚴重」[22]。他們最大的火砲很快就膛炸了，讓飽受折磨的守軍怒不可遏，他們懷疑砲長是蘇丹的臥底，想把他處死，「但沒有足夠的證據能證明他應得這樣的處罰，於是把他釋放了」[23]。最重要的是，守軍很快發現，在戰爭的新時代裡，狄奧多西城牆在結構上是不合適作戰的。

希臘史學家們努力地將他們所見所聞訴諸筆端，但卻找不到合適的詞彙來描述大砲。「這種裝置沒有自古就有的名稱，」頭腦專注於古典時代的克利托布羅斯宣稱，「除非把它稱為某種攻城錘或攻城器。但在日常語言中，大家都把它稱為『器械』。」[24]此外，大砲的其他名號也四處傳揚：射石砲、破城者、攻陷城市者、夢魘，不一而足。在壓力極大的時刻，一種全新的可怕現實（遭大砲轟擊的地獄般場景）改變了人們的語言。

✯

穆罕默德二世的戰略是打一場消耗戰，儘管他自己也頗為焦躁。他決定用砲火日夜轟擊城牆，並不斷發動沒有規律可循的小規模攻擊，以拖垮守軍，為最後的總攻打開缺口。「襲擊日夜進行，沒有間歇，有兩軍交鋒、有爆炸，以及石塊和砲彈對城牆的轟擊，」梅里西諾斯（Melissenos）②記述道，「我們兵力遠遜於他，因此蘇丹希望用持續砲擊炸死我們，拖垮我們的精神，用這種方法輕鬆地拿下城市。於是他不給我們一刻休息的時間。」[25]砲擊和爭奪壕溝的戰鬥從四月十二日一刻不停地持續到四月十八日。

大砲雖然在最初產生了極大的心理震懾，但操縱它們卻是非常艱難的工作。皇家大砲的裝填和瞄準需要花費很大力氣，所以每天只能發射七次，黎明前會先打一發，以警示敵人，這一天的砲擊開始了。火砲的表現難以預測，很容易誤傷砲手。在春雨中，要把大砲固定在陣地上都很困難，後座力非常大，大砲就像狂暴的犀牛一樣向後猛衝，常常脫離砲台，陷入泥漿。如果不多加小心，附近的人就可能被大砲壓死；如果砲管膛炸，站在周邊的人就極有可能粉身碎骨。皇家大砲很快就讓烏爾班憂心忡忡。火藥爆炸產生的高溫開始在不夠純淨的金屬上產生髮絲般的裂紋。顯然，鑄造如此龐大火砲的技術要求是非常高的。希臘史學家杜卡斯對這個技術問題非常感興趣，回憶說，為了控制這個問題，在砲彈發射出去之後，砲手就立刻用溫熱的油浸泡砲管，以防

② 關於梅里西諾斯，可參考本書頁三五九「關於資料來源」。

止冷空氣進入，擴大裂紋。

但砲管可能會像玻璃一樣炸得粉碎的危險繼續困擾著烏爾班，根據傳說，這位基督徒技術雇傭兵很快就遭到了報應。他仔細檢查後發現，砲管裂縫的問題的確非常嚴重，於是希望撤走這門大砲，重新鑄造。但一直在前線觀察大砲表現的穆罕默德二世急於求成，下令繼續射擊。與大砲膛炸相比，烏爾班更害怕蘇丹生氣，於是重新裝填了大砲，並請穆罕默德二世站遠些。點燃火藥後，皇家大砲「開砲時炸得四分五裂，碎片亂飛，打死、打傷附近多人」[26]，包括烏爾班自己。儘管有很有力的證據表明，烏爾班不是這麼死的（基督徒史學家們恨不得他早死早好），但很顯然，他的超級大砲在戰役初期就毀壞了。鄂圖曼軍隊迅速用鐵圈加固了大砲，重新投入作戰，但它很快又膛炸了，這讓穆罕默德二世暴跳如雷。這門超級大砲顯然超越了當時冶金技術的極限。它的主要功效是製造拜占庭人心裡的震懾；造成實際破壞的反倒是尺寸較小、但仍然威力驚人的其他射石砲。

不久，匈牙利人匈雅提．亞諾什派來了使者，這使得穆罕默德二世更急於速戰速決。穆罕默德二世一直以來的策略都是離間他的各個敵人；因此他與當時的匈牙利攝政王匈雅提簽訂了一項為期三年的和約，以確保在他攻打君士坦丁堡期間不會遭到西方的陸路攻擊。此時，匈雅提的使者來到鄂圖曼宮廷，向蘇丹宣布，他們的主公匈雅提已經辭去了攝政王職位，還政於他的被監護人國王拉斯洛五世（Ladislas V），因此和約不再有效。匈雅提希望將和約文本返還，並收回蘇丹手中的那份和約。狡猾的匈牙利人以此向鄂圖曼帝國施壓，並且可能是受了梵蒂岡方面的唆使。蘇丹不得不考慮，匈牙利軍隊有可能會渡過多瑙河，前來援救君士坦丁堡，這在鄂圖曼軍營中也掀起了不安的波瀾。這消息當然也加強了守軍的信心。

不幸的是，匈牙利人的來訪也讓拜占庭人產生了猜疑，於是流傳開這樣一條無法證實的謠言：到訪的匈牙利人向鄂圖曼帝國提供了重要的支援。其中一名到訪的匈牙利使者興致勃勃地觀看了大砲的發射。當他看見一發砲彈擊中了城牆的某個地段，同時砲手們裝填第二發砲彈，準備轟擊同一地段時，他因為對砲兵技術感興趣，大笑砲手們的幼稚。他建議砲手們將第二發砲彈瞄準「離第一發砲彈的彈著點三十至三十六碼的地方，但高度相同」，第三發砲彈則瞄準前兩發的彈著點中間的位置，以便「讓三發砲彈的彈著點形成一個三角形。那段城牆就會倒塌」[27]。這種射擊策略能夠加快摧毀城牆的速度。很快地，「帶著小崽子的大熊」就開始緊密協調和配合。由較小的火砲在已經削弱不少的中段城牆上打出三角形的兩個底點，然後由一門烏爾班巨砲完成這個三角形：「魔鬼般的力量和不可阻擋的動力將砲彈射往城牆，造成了不可修復的破壞。」[28]史學家們圍繞在匈牙利人的這條良策編織出了一個奇怪的解釋：一位塞爾維亞預言家曾宣稱，在君士坦丁堡被土耳其人占領之前，基督徒的苦難不會終結。關於匈牙利人來訪的故事凸顯了基督徒幾個僵固的觀念：鄂圖曼軍隊只有得到了歐洲人的優越技術知識，才能得勝；君士坦丁堡的陷落是由於基督教世界的衰敗；宗教預言仍然在歷史中扮演重要角色。

雖然大砲的瞄準有困難，而且射速很慢，砲擊還是從四月十二日一刻不停地進行了六天之久。現在最凶猛的火力被集中到里卡斯河谷一帶的城牆和聖羅曼努斯門。每天能向城市發射約一百二十發砲彈。城牆不可避免地開始坍塌。一週之內，外牆的一段、兩座塔樓以及它背後內牆的一座砲塔就崩塌了。但是，儘管守軍起初被砲擊嚇得肝膽俱裂，但卻也在火力之下漸漸恢復了信心：「我們的士兵每天感受蘇丹戰爭機器的威力，已經見怪不怪，沒有表現出任何恐懼或怯懦。」[29]朱斯蒂尼亞尼毫不鬆懈地修理破碎的城牆，很快就想出辦法來有效地解決外牆坍塌的問題。他命人用尖木樁建起了臨時壁壘，然後守軍在此基礎之上堆砌手頭能搞得到的任何東西。石塊、木料、木柴、灌木和大量泥土被運去填補城牆的缺口。為了防止木製的臨時壁壘被火箭燒毀，還在它的外層覆蓋了獸皮；臨時壁壘達到足夠高度後，守軍在它頂端每隔一段距離就安放一些裝滿泥土的木桶做為城堞，以保護守軍免受鄂圖曼軍隊的弓箭和火槍的掃射。為了修補城牆，投入了大量的人力；天黑之後，男女城民都前來幹活，徹夜搬運木料、石塊和泥土，努力填補白天被打破的防禦工事。這種持續的夜間勞動讓愈來愈疲憊的城民們益發勞頓，但他們建成的泥土工事用來抵禦石彈的毀滅性衝擊力，卻是驚人地有效。石彈落到泥土工事上，就像石子被拋到爛泥裡一樣，失去了效力：砲彈「被埋在鬆軟和易變形的泥土中，不像撞擊堅硬的石牆那樣能夠打破缺口」[30]。

同時，爭奪壕溝的激烈戰鬥仍在持續著。鄂圖曼軍隊在白天努力將壕溝填滿。他們在火力掩護下，將手頭能搞得到的所有東西——泥土、木料、瓦礫，甚至（根據某些記載）他們自己的帳篷——都拖運到無人地帶，然後傾倒進壕溝裡。夜裡，守軍會從小門出擊，將壕溝裡的東西清理出來，使它恢復原先的深度。城牆前的小規模戰鬥非常慘烈，而且是近距離的白刃戰。有時土耳其人會試圖用網子回收滾入壕溝的珍貴砲彈；有時他們會對被削弱的城牆發動試探性的進攻，確保承受極大壓力的守軍沒有任何休息的機會。他們還試著用帶鉤子的木棒將臨時壁壘頂端裝滿泥土的木桶拽下來。

在近距離交戰中，鎧甲品質更好的守軍比較占便宜，但就連希臘人和義大利人也對敵人在火線上的英勇感到嘆為觀止。「土耳其人在近距離作戰中打得非常勇敢，」萊奧納德回憶道，「所以他們全都死了。」[31]城牆上的守軍用長弓、勁弩和火繩槍掃射下方，令土耳其人損失慘重。守軍發現自己的火砲無法發射重型砲彈之後，就把它們改裝成巨型霰彈槍。他們給一門火砲裝填五或十個胡桃大的鉛球。這些砲彈在近距離的效果是驚人的：它們「穿透力極強，如果一發鉛彈擊中一名身披鎧甲的士兵，能夠直接擊穿他的盾牌和身軀，然後擊穿站在他身後的人，接著還能再打死一個人，直到火藥的力量耗盡。一發鉛彈能同時殺死兩、三個人」[32]。

鄂圖曼士兵遭到如此凶悍火力的襲擊，傷亡非常慘重；他們去回收己方死者的屍體時，又給守軍提供了一個大開殺戒的良機。威尼斯外科醫生尼可拉・巴爾巴羅被自己親眼所見的情景驚呆了：

有一、兩人被擊斃後，隨即就會有其他土耳其人上前，將死者屍體搬走。他們會將屍體扛在肩上，就像扛豬一樣，也不管自己離城牆是多麼近。但我們在城牆上的人用火槍和弩弓向他們射擊，瞄準搬運戰友屍體的土耳其人，將他打倒在地，然後還會有其他土耳其人來搬運屍體，絲毫不畏懼死亡，寧願死去十個人，也不願讓一具土耳其人的屍體留在城牆前，因為那會給他們帶來極大的恥辱。[33]

守軍盡了最大的努力，但鄂圖曼士兵還是在無情砲火的掩護下，填平了里卡斯河谷的一段壕溝。四月十八日，穆罕默德二世判斷，對城牆的破壞和對敵人的消耗程度已經足夠發動集中總攻。這一天春光明媚。暮色降臨時，鄂圖曼軍營迴盪起召喚人們祈禱的呼聲，帶著一種平靜的確定性；在城牆內，東正教徒們來到教堂參加守夜，點燃蠟燭，向聖母禱告。黃昏兩個鐘頭之後，在溫和的春季月光下，穆罕默德二世命令他的一支相當規模的精銳部隊開始前進。士兵們敲響駱駝皮製成的戰鼓，奏響笛子和鐃鈸（這是鄂圖曼軍隊以音樂為武器的心理戰），火光照耀、吶喊連連。穆罕默德二世開始鞭策「重步兵、弓箭手、標槍手和全部近衛步兵」[34]前進。他命令部隊進攻里卡斯河谷裡的一個薄弱點，那裡的陸牆有一段已經崩塌。君士坦丁堡城民們第一次親耳聽到鄂圖曼軍隊大舉進攻時發出的令人毛骨悚然的聲音，不禁驚慌失措。「我無法描述他們向城牆衝鋒時發出的呼喊聲。」[35]巴爾巴羅後來戰慄地寫道。

君士坦丁十一世高度緊張。他害怕敵人會發動全線總攻，並且深知他的部下準備不足。他下令敲響教堂大鐘。驚恐萬分的群眾跑上大街，士兵們則匆匆趕回自己的陣地。鄂圖曼軍隊在大砲、火槍和弓箭的猛烈火力掩護下越過了壕溝。他們的火力非常強大，守軍根本無法在臨時搭建的土牆上立足，因此鄂圖曼近衛軍得以攜帶著雲梯和攻城錘抵達城牆腳下。他們把城牆上的防護城堞都拆除，讓守軍進一步暴露在地毯式火力之下。同時他們還嘗試燒毀木製柵欄，但未能成功。城牆缺口很狹窄，而且地勢傾斜，進攻者的衝鋒很不順利。根據涅斯托爾—伊斯坎德爾的說法，在黑暗中雙方廝殺成一團，非常嘈雜和混亂：

> 大砲和火繩槍的轟鳴聲、教堂大鐘的咆哮聲、兵器碰撞聲混成一片，槍口焰如同閃電，

人們（城內的婦女兒童）的哭喊和嗚咽讓人相信，天與地已經相接，都在顫抖；如此吵鬧，完全聽不清別人的說話聲。哭泣和尖叫、人們的哀號和抽噎、大砲的怒吼和教堂鐘聲混合成雷鳴般的巨響。很多地方起火，濃煙滾滾，再加上大砲和火繩槍發出的黑煙，雙方陣線上的濃煙都愈來愈厚，遮蔽了整座城市。兩軍都看不見對方，也不知道自己在打的是誰。[36]

在皎潔的月光下，雙方於小路的狹窄空間內互相砍殺。甲冑較好的守軍在朱斯蒂尼亞尼的勇敢指揮下占了上風。進攻者的勢頭漸漸弱了：「他們被砍成碎片，兵力在城牆上消耗殆盡。」[37]經過四個小時的鏖戰後，城牆上突然一下子安靜下來，只有躺在壕溝內的垂死者的呻吟打破這平靜。鄂圖曼軍隊「完全不管丟棄的屍體」，收兵回營了。守軍則在持續六天的死戰之後終於「像死人一樣癱倒在地」。

次日清晨，君士坦丁十一世及其隨從前來視察城牆。壕溝及其兩岸堆滿了「殘缺不全的屍體」。攻城鍾被拋棄在城牆下，火焰還在燃燒。軍隊和城民都已經筋疲力竭，君士坦丁十一世沒法讓他們去安葬死去的基督徒，於是這個任務被交給了僧侶。和以往一樣，各方面估計的傷亡數字相差極大：涅斯托爾—伊斯坎德爾聲稱鄂圖曼軍隊有一萬八千人死亡；巴爾巴羅給出的數字（兩百人）則更為實際。君士坦丁十一世下令不准阻撓敵人回收他們的死者屍體，但燒毀了攻城鍾。然後他帶領教士和貴族們前往聖索菲亞大教堂，向「全能的上帝和最純潔的聖母感恩，希望邪惡的異教徒在蒙受如此慘重損失之後，能夠自行退去」[38]。城市獲得了一個喘息之機。對此，穆罕默德二世的回應則是進一步加強砲擊。

第九章　上帝的神風

一四五三年四月一日至四月二十日

海戰比陸戰更危險和激烈，因為在海上沒有任何退路，別無他法，只能死戰到底，聽憑命運安排，每個人盡其所能。[1]

——讓・伏瓦薩（Jean Froissart）①，十四世紀法蘭西史學家

四月初，在大砲轟擊陸牆的同時，穆罕默德二世也開始首次部署他的另一個新式武器：艦

① 讓・伏瓦薩（約一三三七至一四〇五年），法蘭西詩人和宮廷史官。他做為學者，四處遊歷，生活在若干歐洲宮廷的達官顯貴之中。他的《聞見錄》（*Chroniques*）是敘述英法百年戰爭的第一手資料，包括法蘭德斯、西班牙、葡萄牙、法蘭西和英格蘭的大事。《聞見錄》是封建時代最重要和最詳盡的文獻材料，也是對當時騎士與宮廷生活的真實記述。他也寫謠曲、迴旋詩和寓言詩，讚頌典雅的愛情。

隊。他很快就認識到了一個事實（從阿拉伯人圍困君士坦丁堡以來，所有意圖攻打這座城市的人都很容易意識到這一點）：如果不能牢牢地控制大海，攻城很可能就會失敗。他的父親穆拉德二世在一四二二年攻城時無力阻絕拜占庭的海上航道，因為鄂圖曼艦隊於六年前在加里波利被威尼斯人殲滅了。如果不能封鎖住博斯普魯斯海峽和達達尼爾海峽，黑海沿岸的希臘城市以及地中海的其他基督教國家，就能輕易地從海上提供君士坦丁堡補給。正是為了控制海峽，穆罕默德二世才在一四五二年夏季興建了割喉堡，並為其配備了重砲。從那以後，沒有任何船隻能夠不經檢查就自由通過博斯普魯斯海峽，進出黑海。

與此同時，他還開始修理艦船，擴充海軍。一四五二年冬天，鄂圖曼帝國啟動了一項雄心勃勃的造艦計畫，在加里波利的鄂圖曼海軍基地，或許還在黑海沿岸的錫諾普（Sinop）以及愛琴海畔的其他一些船塢大量建造新船。根據克利托布羅斯的記載，穆罕默德二世「認為在圍城戰以及日後的戰鬥中，艦隊的影響將比陸軍更大」[2]，因此特別重視造艦工作。帝國在沿著黑海和地中海開疆拓土的過程中獲得了一大批經驗豐富的造船匠、水手和領航員（既有希臘人也有義大利人），這支技術力量可以運用於造艦事業。穆罕默德二世還擁有造艦必需的大量自然資源：木材和大麻纖維、用於船帆的布、用來製作錨和釘子的鑄鐵，以及用來堵縫防漏和塗抹船體的瀝青和油脂。這些資源來自帝國的五湖四海，甚至國外。穆罕默德二世借助卓越的後勤能力將這些資源集中起來，用於戰爭。

就像大砲一樣，鄂圖曼人很快就從基督教敵人那裡學會了造船和海戰的技術。中世紀地中海的主要戰船是槳帆船，它是古典時期希臘和羅馬槳帆船的天然繼承者。槳帆船從青銅時代開始，一直到十七世紀，不斷演化發展，雄霸整個地中海。克里特島米諾斯（Minos）文化的印章、埃及的紙莎草紙和古典時期希臘的陶器上都留下了對槳帆船基本外形的描繪。槳帆船在地中海歷史上的地位就像葡萄酒和橄欖樹一樣重要。到中世紀晚期，典型的槳帆戰船外形狹長、行動敏捷，長度一般在一百英尺，寬度不到十二英尺，較高的船首可做為作戰平台或者強行登上敵船的橋梁。海戰的戰術和陸戰幾乎沒有什麼區別。槳帆船上載滿了士兵，兩軍交鋒時先使用投射武器，然後士兵們就會嘗試衝上敵船，展開凶殘的白刃戰。

槳帆船的出水高度極低，因此船體顯得非常低矮。為了將划槳的機械優勢最大化，滿載的槳帆船的船體超過水面的高度可能僅有兩英尺。槳帆船也可以用帆，但在戰鬥中的速度和靈活性還是主要依靠划槳。槳手只有一排，坐在甲板上，因此在戰鬥中非常暴露；每個槳位上通常有兩到三個人；每名槳手操縱一支槳，槳的長度由他所在的位置決定。槳位上非常擁擠；每名槳手坐的空間只有現代的客機座位那麼大，划槳時的側面空間是極其寶貴的；槳手必須用肘部力量將船槳筆直地向前推，在這過程中要從位置上起身，然後再坐回到位置上。因此，划槳需要技術熟練的槳手節奏協調一致地工作；一支槳可能長達三十英尺，重量約一百磅，所以需要相當大的肌肉力量。槳帆船的優勢就是戰鬥中的高速和靈活性。一艘龍骨得到充分潤滑的槳帆船，在人力驅動下可以維持每小時七點五海里的衝鋒速度達二十分鐘左右。如果划槳超過一個小時，槳手很快就會疲憊。

槳帆船在平靜海面上速度很快，但也有特別突出的缺陷。出水高度太低使得它的適航性驚人地差，甚至在雖然驚濤駭浪但航行距離較短的地中海也是如此，因此槳帆船的航行主要限制在夏季，而且偏好在近海航行，而不適合長期遠航。不合時令的風暴常常摧毀整支槳帆船艦隊。只有在風從船尾方向吹來時，槳帆船的帆才能派上用場；如果有猛烈的逆風，船槳也就沒用了。而且，為了獲得盡可能高的速度，槳帆船的設計導致船體非常脆弱，而且出水高度太低，在進攻側舷較高的船隻（例如風帆商船或較高的威尼斯大型槳帆船）時就會吃很大的虧。在爭奪君士坦丁堡的戰役中，槳帆船的優缺點都將受到嚴峻考驗。

穆罕默德二世集結了一支相當規模的艦隊。他修復了一些舊船，還建造了一批新的三層槳戰船（即每個槳位的上、下三層分別有一名槳手的槳帆船），以及一些用於快速襲擊的輕型槳帆船，即「有完整甲板的快速長形槳帆船，配備三十至五十名槳手」[3]，歐洲人稱其為弗斯特（fustae）戰船。他很可能親自監督了很大一部分造船工作，精挑細選「來自歐亞所有海岸地區的經驗豐富的水手、技術特別熟練的槳手、非熟練船員、舵手、三層槳戰船船長、其他船隻的船長和海軍統領，以及各種類型的船員」[4]。這支艦隊的部分船隻早在三月時就在博斯普魯斯海峽運兵，但直到四月初，艦隊主力才在加里波利集結就緒。艦隊司令是巴爾托格魯，「一位偉人，擁有豐富的海戰經驗而且技術嫻熟的海軍統領」[5]。在鄂圖曼軍隊的七次攻城戰中，這是他們第一次帶來一支艦隊攻打君士坦丁堡。這是一個關係重大的變革。

加里波利被譽為「信仰守護者的家園」[6]，對鄂圖曼軍隊來說是座充滿神奇魔力的城市，也是非常吉利的遠征出發點。一三五四年，在一次帶來好運的地震之後，鄂圖曼軍隊於這座城市獲得了在歐洲的第一個立足點。充滿聖戰熱情和渴望征服的艦隊從達達尼爾海峽啟航，開始駛入馬摩拉海。據說，在出發時，船員們「高聲吶喊，歡呼雀躍，吟唱禱文，呼喊著互相鼓勵」[7]。事實上，這支艦隊的歡呼聲可能沒有那麼高昂，因為很大一部分槳手很可能是被強徵來的基督徒。根據一位後世史學家的說法，「真主佑助的神風推著他們前進」[8]，但真實情況肯定是很不一樣的。在這個季節颳的主要是北風，因此在馬摩拉海北上的航行既不順風，也不順水。通往君士坦丁堡的航道長達一百二十英里，這對槳帆船來說是一次緩慢而艱難的旅途。鄂圖曼艦隊到來的消息沿著航道不脛而走，激起了人們的震驚和恐慌。穆罕默德二世深知，和陸軍一樣，海軍的優勢兵力也具有心理上的優勢。海面被密密麻麻的船槳和桅杆遮蔽的景象，讓兩岸的希臘村民惶恐不已。旱鴨子更容易被這景象震撼，所以對鄂圖曼艦船的數量所做的估計過於誇張；像賈科莫．特塔爾迪和尼可拉．巴爾巴羅這樣有經驗的基督徒航海家的估計就比較可靠。按照他們兩人的說法，鄂圖曼艦隊約有十二至十八艘槳帆戰船（三層槳和兩層槳的混編戰船）、七十至八十艘較小的弗斯特戰船、約二十五艘重型運輸駁船、一些輕型雙桅帆船和小型傳令船，總計約一百四十艘大小船隻。這支艦隊浩浩蕩蕩地出現在西方海平線上，一定是幅宏偉的勝景。

在艦隊抵達君士坦丁堡很久之前，守軍就得知了穆罕默德二世雄壯海軍的情況，因此他們有足夠的時間精心制定自己的海軍策略。四月二日，他們用鐵鍊封閉了金角灣，為自己的船隻建立了安全錨地，並有效地保護較弱的海牆。這種策略在君士坦丁堡的歷史上曾多次運用。早在西元七一七年，拜占庭人就用一條鐵鍊封鎖了海峽，以阻擋攻城的穆斯林海軍。按照巴爾巴羅的說法，在四月六日，「我們讓來自塔納（Tana）的三艘槳帆船和另外兩艘狹長型槳帆船做好了戰鬥準備，」[9]然後船員們在陸牆全線遊行，以誇耀自己的兵力。四月九日，守軍組織了所有港內可用的海軍資源，準備就緒。他們的船隻種類混雜，能夠聚集在一起也是被不同的動機驅使。在場的有來自義大利各城邦及其殖民地（威尼斯、熱那亞、安科納〔Ancona〕和克里特）的船隻，還有一艘加泰隆尼亞船，一艘普羅旺斯船，以及十艘拜占庭船隻。守軍的槳帆船尺寸不一，有三艘「大型槳帆船」，這種船是義大利海上貿易的主要工具，比普通的槳帆戰船慢，但是更為堅固，側舷更高；還有兩艘「狹長型槳帆船」，船體細長，出水高度很低。一四五三年四月初停泊在金角灣的大部分船隻都是風帆商船——側舷較高、以風為動力的「圓船」，也就是船尾及艉樓較高、堅固耐用而帶有桅杆的克拉克（carrack）帆船②。理論上，這些船隻都不是戰船，但在當時的地中海，海盜活動猖獗，因此很多商船都配有武器，所以商船和戰船的區別是很微妙的。這些克拉克帆船出水高度很高，甲板和桅杆瞭望台居高臨下，因此如果配備武器和善戰的士兵的話，對低矮的槳帆戰船有天然優勢。在海戰史的這個時期，帆船常常能有效地自衛，打退最堅決的進攻。槳帆船才剛剛開始搭載火砲，口徑很小，而且位置太低，很難對克拉克帆船構成威脅。直到五十年後，威尼斯人才設計出能夠裝載在槳帆船上的大威力火砲。另外，來自威尼斯和熱那亞（這兩個城市共和國的生存和繁榮完全依賴海上霸權）的水手精通所有航海問題，自信滿懷。他們制定了相應的計畫。

於是在四月九日，他們把十艘最大的商船開到鐵鍊前方，「隊形緊密，船首向前」[10]。巴爾巴羅對各艘船的尺寸和船長姓名都做了忠實的記錄：熱那亞人佐爾齊．多里亞（Zorzi Doria）的船是兩千五桶③，還有一艘是六百桶。他還記錄了其中三艘的船名：來自甘地亞的「菲羅瑪蒂」號（Filomati）和「古羅」號（Guro），以及來自熱那亞的「加塔羅科薩」號（Gataloxa）。這些商船旁邊部署著最堅固的槳帆船。這些船隻「全副武裝，秩序井然，似乎求戰心切，全都非常優秀，」[11]占據了從君士坦丁堡到金角灣對岸的加拉塔的整段鐵鍊的距離。內港還有十七艘配有橫帆的商船和更多的槳帆船擔任預備隊，包括皇帝本人名下的五艘船（它們的武器可能已經被拆除，以便加強鐵鍊處的防禦）。還有幾艘多餘船隻被鑿沉，以防它們被砲火擊中，造成大火蔓延。在隊形密集的艦隊中，水手們最怕的就是火。船長們對自己的防禦措施和航海技術非常自信，並且還在前灘部署了火砲做為額外的保障，在海上靜候鄂圖曼艦隊的到來。守軍的總數可能有三十艘船，敵人艦隊則擁有一百四十艘。從紙面上看，雙方力量非常懸殊，但是義大利水手深通海戰的精髓。操縱船隻是一種技術性很強的活動，依賴於訓練有素的船員，因此海戰的結局並不由數量決定，而是更取決於經驗與決心，以及風向和海流帶來的偶然運氣。「我們看到自己擁有一支如此強大的艦隊，感到非常自信，一定能打敗異教徒土耳其人的艦隊。」[12]巴爾巴羅自鳴得意地寫道，流露出威尼斯人對鄂圖曼帝國航海技術一貫的低估。

四月十二日下午一點左右，君士坦丁堡守軍終於看到鄂圖曼艦隊頂著北風徐徐接近。海平線逐漸被桅杆遮蔽，海牆上一定擠滿了爭相觀看的城民。鄂圖曼艦隊「堅定無比地」[13]駛來，但看到基督教船隻已經在鐵鍊處擺開了陣勢，就駛向了海峽的另一側，在對岸排開隊形。觀看的拜占庭人聽到「熱切的呼喊聲、響板和手鼓的奏樂。敵人用這些聲音威懾我們的艦隊和城內的人，讓

---

② 克拉克帆船是十五世紀盛行於地中海的一種三桅或四桅帆船。它的特徵是巨大的弧形船尾，以及船首的巨大斜桅。克拉克帆船體型較大、穩定性好，是歐洲史上第一種可用做遠洋航行的船隻。

③ 古時船隻常用能夠容納木桶的數量來衡量船的尺寸，類似於今天說某船能夠搭載多少的貨物。

我們心生恐懼，」[14]受到了極大震撼，城內氣氛愈加陰鬱。下午晚些時候，整個鄂圖曼艦隊在博斯普魯斯海峽北上兩英里，來到歐洲一側海岸的一個小港（希臘人稱之為「雙柱港」，就是今天的多爾瑪巴赫切宮〔Dolmabache Palace〕④所在地）。這支威武雄壯的龐大艦隊無疑讓義大利人也頗為沮喪，因為鐵鍊處的船隻全天在那裡待命，一直到夜間，「等待了一個又一個鐘頭，以防敵人攻擊我們的艦隊」[15]，但鄂圖曼艦隊沒有發動進攻。一場消磨意志的貓抓老鼠遊戲拉開了戰爭的帷幕。為了盡可能減小遭到突襲的風險，中立的加拉塔城的城牆上一直部署有兩名哨兵，從那個有利的地勢，可以密切監視博斯普魯斯海峽遠方雙柱港的鄂圖曼艦隊。哪怕是一艘鄂圖曼船隻在海峽中有所動靜，馬上就會有人跑過加拉塔的街頭，奔向金角灣，去向港口指揮官阿盧威克瑟·迪艾多報告。然後作戰號角會被吹響，在船上待命的人立刻站起身來，準備戰鬥。他們就這麼神經緊繃地日夜等待，他們的艦船在金角灣平靜的水面上輕輕搖曳。

穆罕默德二世給他的新艦隊下達了三個明確的任務：封鎖城市、嘗試衝進金角灣、阻擊任何有可能從馬摩拉海駛來的援救艦隊。起初，巴爾托格魯只是派遣巡邏船在城市周邊水域巡弋，目的是阻止船隻進出城市在馬摩拉海那一邊的兩個小港。差不多在同一時期，另外一隊鄂圖曼船隻滿載著砲彈和其他彈藥從黑海趕到。這些補給物資的運抵似乎讓鄂圖曼軍營裡展開了新一輪的忙碌。

穆罕默德二世急於加緊對君士坦丁堡的束縛，於是命令巴爾托格魯嘗試進攻鐵鍊。如果鄂圖曼軍隊能夠衝進金角灣，君士坦丁十一世就會不得不從陸牆抽調寶貴的兵力去防守海岸。為了這個時刻，雙方都小心翼翼地做了準備。穆罕默德二世對革新砲兵技術的胃口是無止境的。顯然是在他的鼓動下，鄂圖曼軍隊在他們的槳帆船上安裝了小型火砲。他們在槳帆船的作戰平台上擠滿了重步兵，並給船隻配備了大量的武器：石彈、羽箭、標槍和易燃物。加拉塔城牆上的瞭望員密切地觀察著這些準備工作，好讓拜占庭艦隊的指揮官盧卡斯·諾塔拉斯能有足夠的時間為大型克拉克帆船和槳帆船配備人員和彈藥。

大約在四月十八日，也就是鄂圖曼陸軍向聖羅曼努斯門處的陸牆發動首次總攻的同時，巴爾托格魯也發起鄂圖曼海軍的第一波攻勢。艦隊從雙柱港大舉出動，繞過金角灣的尖端，快速向鐵鍊推進。槳手們拚命划槳，向停泊在鐵鍊前方的高大船隻的戰線衝去，鄂圖曼水手們高聲吶喊並發出戰鬥口號，以此互相激勵。他們進入了弓箭射程之內，然後放慢速度，用弓箭和火砲向拜占庭艦隊發出一輪齊射。石彈、金屬砲彈和火箭呼嘯著掠過海面，掃蕩了拜占庭艦船的甲板。在最初一輪齊射之後，鄂圖曼戰船繼續向停泊不動的敵艦衝去。兩軍相接時，鄂圖曼軍隊努力地按照常規戰術強行登上敵船，展開近距離作戰。他們投擲抓鉤和梯子，企圖爬上高大的敵船；他們還嘗試砍斷這些商船的錨纜。標槍和矛槍像冰雹一樣飛向守軍。鄂圖曼海軍的進攻固然非常凶猛，但優勢還是在更為高大且更為堅固的守軍克拉克帆船那邊。鄂圖曼槳帆船上的火砲發射的石彈太小，不足以損傷克拉克帆船結實的木製船體，而且鄂圖曼水手們是從低處向上仰攻的，就像從壕溝底部攀爬陸牆一樣，非常吃虧。基督教船隻上的水手和士兵可以從船首和船尾平台，以及更高的桅杆瞭望台上向下投擲武器。帶有穩定翼的鐵製標槍、羽箭和石塊像大雨一樣傾瀉到努力攀爬

---

④ 位於伊斯坦堡的一座土耳其宮殿，竣工於一八五六年，曾是鄂圖曼帝國的主要行政中心。

船舷、毫無防禦的敵人頭上，「打傷很多人，還殺死了相當多的人」[16]。商船的水手們接受過海上近距離作戰的訓練，而且配有相應的裝備；他們早已準備好了水罐，隨時可以撲滅火焰；桅杆上安裝的簡易吊車裝置可以拋擲沉重的石塊，將它們投向外殼脆弱的大群狹長槳帆船，「以這種方式給敵人造成了相當嚴重的損失」[17]。爭奪鐵鍊的戰鬥非常激烈，但最終基督徒占了上風。他們成功地從側翼包抄了鄂圖曼槳帆船艦隊。巴爾托格魯害怕失敗受辱，於是選擇撤退，返回了雙柱港。

第一輪海戰的獲勝者是拜占庭守軍。他們對自己的船隻瞭若指掌，而且深深懂得海戰的這樣一個基本事實：如果船員紀律嚴明、裝備精良，嚴陣以待的商船完全能夠抵擋住一大群低矮槳帆船的進攻。穆罕默德二世在海上運用火砲的希望也落空了。槳帆船的船體比較脆弱，只能安裝小型火砲，而這些火砲對大帆船的堅固側舷沒有什麼破壞力；而且操縱火砲的條件（火藥很容易吸入海上的濕氣，而且在顛簸的甲板上很難有效瞄準）更使得成功的機率大打折扣。到四月十九日，穆罕默德二世的軍隊在陸路和海路都受到了挫折，而守軍鬥志不減。圍城戰愈拖愈久，讓穆罕默德二世愈來愈焦躁，而西方援救君士坦丁堡的可能性也愈來愈大。

✯

對君士坦丁十一世來說，成功的防禦依賴於基督教歐洲的援助。戰前的無數次外交活動都是為了向西歐哀求或者租借兵員與資源，以捍衛基督教世界。城民們每天都會向日落的方向眺望，期待能看到一支新的艦隊——一群威尼斯或熱那亞槳帆戰船，帶衝角的船首從馬摩拉海的波濤中出現，戰鼓齊鳴、號角吹響，聖馬可的雄獅旗或者熱那亞的旌旗在帶鹹味的海風中招展。但大海上一直空蕩蕩的。

事實上，君士坦丁堡的命運完全被義大利各城邦錯綜複雜的內政所決定。早在一四五一年底，君士坦丁十一世就派遣使者到威尼斯，告訴他們，如果沒有援助，君士坦丁堡必然陷落。威尼斯元老院針對這一問題做了漫長討論；熱那亞人對此支吾搪塞；羅馬教宗深表關切，但要求拜占庭人拿出教會聯合確已完全執行的證據來。何況，沒有威尼斯人的幫助，教宗也沒有實際的資源來援助拜占庭。熱那亞和威尼斯是商業上的競爭對手，緊盯著對方，卻什麼也沒做。

君士坦丁十一世向西方求援是基於宗教上的考慮，這種思維是典型中世紀的；但他求援的對象卻是被經濟因素驅動的國家，而且這些國家的思維驚人地現代。威尼斯人對拜占庭人支持還是反對東、西方教會聯合並不感興趣，對保衛基督教信仰也沒有興趣。他們是精明而講究實際的商人，忙於訂立商業協定、保障自己航道的安全，以及對經濟利益的算計。他們更擔心海盜，而不肯為神學爭議費腦筋；他們更關心商品，而不是宗教信條。他們的商人仔細研究可供買賣的商品（小麥、皮毛、奴隸、葡萄酒和黃金）的價格、槳帆船艦隊人力的補給，以及地中海季風的模式。他們靠貿易和大海生存，依賴折扣、利潤和現金。威尼斯指揮官和蘇丹關係極其融洽，和埃迪爾內的貿易利潤很高。此外，君士坦丁十一世在之前的二十年裡，很大程度上地損害了威尼斯人在伯羅奔尼撒半島的利益。

就是在這樣的氣氛裡，一四五二年八月，少數元老甚至投票主張任憑君士坦丁堡自生自滅。第二年春天，威尼斯人得到報告，鄂圖曼帝國控制了通往黑海的貿易航道，而且有威尼斯船隻被擊沉，他們才開始改變對拜占庭的冷漠態度。二月十九日，威尼斯元老院決定組建一支擁有兩艘武裝運輸船和十五艘槳帆船組成的艦隊，於四月八日起航。這次遠征的組織工作被託付給了艾爾維索·隆哥（Alviso Longo），並給了他謹慎的指示，其中有一條有幫助的命令：避免在海峽內與鄂圖曼軍隊發生衝突。他最後於四月十九日起航，也就是君士坦丁堡城牆首次遭到總攻的第二天。其他國家也做出了類似的缺乏協調的救援努力。四月十三日，熱那亞共和國政府請求「在東方、黑海和敘利亞」[18]的公民、商人和官員盡一切努力幫助君士坦丁堡的皇帝和摩里亞的君主德米特里。僅僅在五天之前，熱那亞政府還在批准貸款為船隻提供武裝，以對抗威尼斯人。大約在同一時期，教宗寫信給威尼斯元老院，表示希望從威尼斯租借五艘槳帆船去援救君士坦丁堡。威尼斯人在追討債務方面永遠是算盤打得很精，他們在原則上接受了這一請求，但是回信提醒教宗，教廷在一四四四年為了瓦爾納的聖戰（這場戰役以失敗告終）建造槳帆船而欠威尼斯的債務尚未還清。

但教宗尼古拉五世已經自費採取了一項果斷措施。他對君士坦丁堡的命運深感憂慮，在三月時雇傭了三艘熱那亞商船，為其提供了糧食、人員和武器，派遣它們去援助君士坦丁堡。到四月初，這些船隻已經抵達了安納托利亞海岸之外的希俄斯島（屬於熱那亞），但無法繼續前進。讓鄂圖曼艦隊步履艱難的北風把這些熱那亞人困在希俄斯島達兩週之久。四月十五日，風向轉為南風，三艘商船再次啟航了。到十九日，它們抵達了達達尼爾海峽，與拜占庭帝國的一艘重型運輸船一起繼續前進。這艘運輸船滿載著拜占庭皇帝從西西里買來的糧食，船長是一個叫法蘭切斯科·利卡奈拉（Francesco Lecanella）的義大利人。這四艘船在達達尼爾海峽北上，未受阻擋就經過了加里波利的鄂圖曼海軍基地，這是因為鄂圖曼艦隊已經全部開往雙柱港。這四艘船很可能與幾天前在金角灣鐵鍊處抵抗鄂圖曼海軍的那些商船類似：側舷很高的帆船，可能是克拉克帆船，鄂圖曼史學家圖爾松貝伊稱其為柯克船（cogs）⑤。在南風的吹拂下，它們在馬摩拉海的前進速度很快，到四月二十日早上，船員們已經看得清東方海平線上巍然屹立的聖索菲亞大教堂的巨大圓頂。

君士坦丁堡城民如癡似狂地堅持瞭望，等待援軍抵達。大約上午十點，人們看到了這些船隻，認清船上飄揚的熱那亞白底紅十字旗。這消息讓城民們當即騷動起來。幾乎就在同時，鄂圖曼海軍的巡邏船也發現了這些船隻，把消息報告給正在瑪律特佩營帳內的穆罕默德二世。他縱馬狂奔到雙柱港，向巴爾托格魯發布了清楚而專斷的命令。穆罕默德二世無疑是因為艦隊在鐵鍊處的挫折和陸軍在陸牆下的失敗而惱羞成怒，給指揮官和艦隊發出了毫不含糊的命令：「將這些帆船俘虜，把船員帶來見我，否則就不要活著回來。」[19]鄂圖曼槳帆船艦隊緊急做了戰鬥準備，配備滿員的槳手，擠滿精銳士兵——重步兵、弓箭手和近衛軍。輕型火砲再次被抬上戰船，還有燃燒武器和「其他很多武器：圓盾和方盾、頭盔、胸甲、投射武器、標槍、長矛，以及其他適合這種戰鬥的裝備」[20]。艦隊沿著博斯普魯斯海峽南下去迎戰擅自闖入的熱那亞船隻。為了維持士氣，他們必須勝利。但這第二次海戰的戰場是海峽中離城市更遠處，博斯普魯斯海峽反覆無常的

⑤ 柯克船是十世紀出現在波羅的海地區的一種單桅帆船，漢薩同盟（Hanseatic League）在北歐的海上貿易中大量使用這種船隻。

風向和當地的海流更加難以捉摸，對船隻的要求也更加嚴酷。熱那亞商船順風前行，鄂圖曼艦隊則是逆風，所以無法使用風帆，於是降下了船帆，在驚濤駭浪的大海上划槳南下。

到下午早些時候，四艘救援船已經抵達城市東南方，穩步駛向德米特里大帝塔，那是君士坦丁堡衛城的一個顯著地標。它們離海岸較遠，準備調轉方向駛入金角灣入口。雙方力量的巨大懸殊讓巴爾托格魯的部下「充滿必勝的信心」[21]。他們穩穩地接近，「敲響了響板，並向那四艘船高呼，快速划槳，就像渴望勝利的人一樣」[22]。鄂圖曼槳帆船艦隊接近對方時，鼓點和嗩吶的樂聲飄過了海面。一百艘戰船的桅杆和木槳匯聚在四艘商船周圍，結局似乎是不難猜到的。城民們蜂擁到城牆上、屋頂上或者賽馬場的斯芬多恩，以及其他能夠俯瞰馬摩拉海及博斯普魯斯海峽入口的高處。在金角灣的另一側、加拉塔城牆的遠方，穆罕默德二世及其隨員從一座小山上觀看海戰。巴爾托格魯的三層槳戰船逼近了最前方的熱那亞商船，雙方都緊張焦慮而又抱有希望地注視著。巴爾托格魯從艉樓上專橫地命令熱那亞商船落帆。熱那亞人置之不理，繼續前進，於是巴爾托格魯命令他的艦隊向這些克拉克帆船猛烈開火。石彈從空中掠過；弩箭、標槍和火箭從四面八方射來，但熱那亞人巋然不動。這一次，優勢仍然在高大的帆船那邊：「他們居高臨下地作戰，從桁端和木製塔樓上射下箭矢、標槍和石塊。」[23]洶湧的浪濤使得槳帆船很難穩定地射擊，也難以在克拉克帆船周圍準確地移動。熱那亞船隻在南風勁吹下仍在破濤斬浪地前進。戰鬥演變成一場運動戰，鄂圖曼戰船在驚濤駭浪中努力接近對方，以便登船或者燒毀對方的船帆，而熱那亞船隻則從有城堞的艉樓上使用投射武器猛擊敵人。

由高大帆船組成的小船隊毫髮未傷地抵達了衛城處，準備拐彎駛入安全的金角灣，但此時災難降臨。風勢突然停歇了。船帆毫無生氣地垂掛在桅杆上，四艘船離城市僅有咫尺之遙，卻無力繼續前進，開始在金角灣開闊入口處詭異難測的反向海流上無助地漂浮著，逐漸飄向加拉塔海岸——穆罕默德二世及其陸軍就在那裡觀戰。帆船一瞬間就喪失了優勢，主導權轉移到了划槳船那一邊。巴爾托格魯聚集了他較大的戰船去包圍熱那亞商船，再次用投射武器猛擊它們，但效果並沒有改進多少。鄂圖曼槳帆船上的火砲口徑太小，安放位置也太低，無法損傷對方的船體，也不能摧毀對方的桅杆。基督徒船員們能夠用成桶的水將船上的火焰撲滅。巴爾托格魯看到猛烈火力也沒有奏效，於是「聲如洪鐘地呼喊」[24]，下令艦隊逼近敵人，強行登船。

成群的槳帆船和長船將笨重而喪失行動力的克拉克帆船團團圍住。大海上，桅杆和船體糾纏成亂糟糟的一團，按照史學家杜卡斯的說法，「看上去有如陸地」[25]。巴爾托格魯的三層槳戰船的船首撞上了四艘基督教船隻中最大但武裝最弱的那艘——拜占庭帝國的重型運糧槳帆船。鄂圖曼步兵從登船橋梁上蜂擁而去，用抓鉤和梯子拚命努力接舷，用斧頭砍對方的船體，或者努力用火把將其燒毀。有些士兵沿著錨纜和繩索爬了上去；其他人向木製壁壘投擲長矛和標槍。戰鬥在近距離中演變成了一場殘酷的肉搏戰。基督教船員穿著高品質的鎧甲，從高處用棍棒猛擊爬上船舷的進攻者的腦袋，用短彎刀砍斷爬船的敵人的手指，向下方擁擠的人群投擲標槍、長矛、長槍和石頭。他們從居高臨下的桁端和桅杆瞭望台上「用可怕的投石機向下轟擊，石頭像雨點般墜落到隊形密集的土耳其艦隊頭頂上」[26]。弩手小心瞄準，將選定的目標一一殺死；船員們用起重機將沉重的石塊和水桶升起，然後砸向敵人長船的脆弱船體，打傷或擊沉了很多敵船。各種嘈雜聲混成一團：呼喊和號哭聲、大砲的轟鳴聲、身著鎧甲的人身體後仰落水濺起的水聲、船槳斷裂聲、石頭撞擊木頭的破裂聲、鋼鐵撞擊聲、箭雨的呼嘯聲（箭矢降落如此之快，以至於「無法把槳插進水裡」[27]）、刀劍砍刺人肉的聲音、火焰爆裂聲，以及傷者的痛苦哀鳴。「四面八方盡是呼喊和混亂，士兵們互相激勵，」克利托布羅斯記載道，「人們砍殺敵人，也被敵人砍殺；屠戮他人，也被他人屠戮；互相推搡、咒罵、威脅和呻吟。這噪音可怕極了。」[28]

圖30　鄂圖曼帝國槳帆船攻擊基督教帆船

一連兩個小時，鄂圖曼艦隊與無比頑強的對手激烈搏鬥著。萊奧納德大主教不情願地承認，鄂圖曼士兵和水手們打得非常勇敢，而且充滿激情，「像魔鬼一樣」[29]。漸漸地，雖然鄂圖曼人損失很重，但他們畢竟兵多將廣，開始占了上風。一艘基督教船隻被五艘三層槳戰船包圍，還有一艘被三十艘長船團團圍住，第三艘則被四十艘滿載士兵的駁船圍了個水泄不通，就像一大群螞蟻在圍攻一隻巨大的甲蟲。一艘鄂圖曼長船因為船員筋疲力竭而後撤，或者被擊沉，披甲的士兵被海流捲走，或者緊緊抓住船柱，同時有更多的戰船補充上來，撕咬對手。巴爾托格魯的三層槳戰船頑強地死咬著最大但武裝最弱的拜占庭運輸船，後者「英勇地自衛，船長法蘭切斯科．利卡奈拉跑來救援」[30]。但熱那亞船長們漸漸認識到，如果短期內得不到援救，那艘運輸船就完了。他們用操演過的戰術設法將自己的船隻靠到運輸船側面，並用纜繩將四艘船連接在一起，於是（按照某位觀察者的說法）它們就像四座塔樓一樣在黑壓壓一大片鄂圖曼戰船之間巍然屹立。海面上擁擠的船隻如此之多，甚至「幾乎看不見海水」[31]。

蜂擁在城牆上和鐵鍊後方、金角灣港內船隻上的人們只能無助地觀戰，只見四艘基督教船隻在衛城腳下緩緩地漂向加拉塔海岸。隨著海戰的戰場愈來愈靠近陸地，穆罕默德二世策馬跑到前灘，激動萬分地向英勇奮戰的士兵們發出命令、威脅和鼓勵，然後策馬走進淺水，希望親自指揮戰鬥。巴爾托格魯已經能聽得見蘇丹呼喊出的命令，但對其置之不理。暮色降臨了。戰鬥已經持續了三個鐘頭。鄂圖曼艦隊看來必勝無疑，因為「他們輪流上前戰鬥，不斷接替戰友，生力部隊取代傷亡者的位置」[32]。基督徒的投射武器遲早要耗盡，他們的力氣遲早要用完。但就在此時發生了一件事情，一瞬間扭轉了戰局，基督徒認為唯一的解釋是上帝伸出了援手。南風又颳了起來！四艘克拉克帆船的巨大方形帆慢慢被吹動起來，逐漸飽滿，船隻在不可阻擋的勁風吹動下開始一同向前移動。它們逐漸加速，衝破了脆弱的槳帆船組成的包圍圈，向金角灣入口衝去。穆罕默德二世向他的指揮官和戰船大聲詛咒，「狂怒之中弄壞了自己的衣服」[33]，但此時夜色已經降臨，要追擊敵人已經太晚了。惱羞成怒、暴跳如雷的穆罕默德二世只得命令艦隊返回雙柱港。

在沒有月光的夜色中，兩艘威尼斯槳帆船從鐵鍊後方駛出，每艘船上吹響了兩、三次號角，船員們則高聲吶喊，以欺騙敵人，讓他們以為「至少二十艘槳帆船」[34]正在前來迎戰，不敢繼續追擊。在教堂鐘聲和城民們的歡呼聲中，這兩艘槳帆船把帆船拖進了港內。穆罕默德二世「目瞪口呆。他一言不發，狠狠抽動馬鞭，狂奔離去」[35]。

圖31　海牆外的帆船

第十章　鮮血的螺旋

一四五三年四月二十日至四月二十八日

兵不厭詐，這是戰爭。[1]

——先知穆罕默德

博斯普魯斯海峽的海戰產生了深遠的直接影響。短短幾個鐘頭就猛烈地逆轉了整個戰役的局面，出人意料地讓守軍重新獲得了心理優勢。春季的大海如同巨大的禮堂，公開展示了鄂圖曼艦隊的戰敗之恥，在城牆上萬頭攢動的希臘人和金角灣對岸的鄂圖曼陸軍右翼，以及穆罕默德二世本人都親眼目睹了這個場景。

雙方都清楚地認識到，龐大的鄂圖曼艦隊雖然在海峽粉墨登場的時候對基督徒產生了極大的震撼，但在航海技術上仍無法與西方人抗衡。西方人憑藉優越的技術和裝備、槳帆戰船內在的缺陷以及很好的運氣贏得了這場海戰。只要鄂圖曼帝國未能牢牢地占有制海權，不管蘇丹的大砲在陸牆處能夠取得什麼戰果，攻城戰都將舉步維艱。

君士坦丁堡城內的情緒突然間又高漲起來：「蘇丹的野心遭到了挫折，他那威名遠播的力量遭到削弱，因為他的這麼多三層槳戰船甚至無法俘虜一艘船。」[2]新來的四艘船不僅帶來了急需的糧食、武器和兵員，也給守軍帶來了寶貴的希望。這支小艦隊說不定只是一支更強大的救援艦隊的前驅。如果四艘船就能抗衡鄂圖曼海軍，義大利各共和國的十幾艘裝備精良的槳帆船或許就能決定戰局？「這個意想不到的結局重新點燃了他們胸中的希望，給他們帶來了鼓舞和非常樂觀的情緒，對未來有了美好的憧憬。」[3]在這場瀰漫著宗教狂熱的衝突中，這絕不單純是人和物資的較量，或者偶然的風向變化，這被認為是上帝伸出援手的明證。「他們向他們的先知穆罕默德禱告，但徒勞無益，」醫生尼可拉·巴爾巴羅寫道，「而我們的永恆上帝卻聽到了我們這些基督徒的祈禱，所以我們才贏得了這場戰鬥。」[4]

大約在這個時期，君士坦丁十一世可能是受到這場勝利的鼓舞，或者是因為打退了鄂圖曼軍隊的早期陸路攻勢，他感到求和的時機已經成熟。他可能提議向鄂圖曼帝國納貢，給穆罕默德二世一個台階下，好讓他能夠體面地撤軍；求和的建議可能是透過哈利勒帕夏發出的。在攻城戰中，進攻者和防禦者之間其實有著一種複雜的共生關係。君士坦丁十一世完全清楚，城外的穆斯林軍營陷入了一種危機情緒。自戰役初始以來，鄂圖曼人第一次開始出現嚴重的疑慮。君士坦丁堡依舊巋然不動，是一塊「卡在阿拉喉嚨裡的骨頭」，就像十字軍建造的城堡一樣。對於伊斯蘭信仰的戰士們來說，這座城市不僅是個軍事難題，也是個心理障礙。他們原本對戰勝異教徒、扭轉歷史大潮信心十足，因為他們擁有技術和文化上的優勢，但現在這信心突然間脆弱起來，人們又回憶起了八個世紀以前先知的旗手艾優卜在城牆下陣亡的故事。「這個事件，」鄂圖曼史官圖爾松貝伊寫道，「在穆斯林隊伍中產生了絕望和混亂……軍心大亂。」[5]

這對鄂圖曼人聖戰大業的自信心是個關鍵時刻。在四月二十日晚上，從務實的角度來看，漫長圍城的慘澹前景似乎觸手可及，而隨之而來的將是後勤困難和士氣低落、疾病流行（這對中世紀的攻城軍隊來說始終是個大災難），以及士兵們開小差的可能性。這對穆罕默德二世的個人權威也是個明白無誤的威脅。近衛軍已經處在公開叛亂的邊緣。與他的父親穆拉德二世不同，穆罕默德二世從來沒有贏得過常備軍的愛戴。近衛軍此前曾兩次反叛暴躁任性的年輕蘇丹，這一點並沒有被人們淡忘，首席大臣哈利勒帕夏記得尤其清楚。

那天晚上，穆罕默德二世接到了他的精神導師和鄂圖曼軍營中的主要宗教領袖——謝赫阿克謝姆賽丁（Akshemsettin）的一封信，信裡集中體現了當前局勢的嚴峻。它描繪了軍隊的情緒，並提出警告：

> 此事……給我們帶來了很大痛苦，沉重地打擊了士氣。機遇沒把握住，導致了一些負面的發展：首先……異教徒欣喜若狂，大肆喧譁地誇耀；其次，有人認為，陛下在發號施令中判斷失誤，欠缺能力……陛下需要進行嚴厲處罰……如果不即刻施加嚴懲……需要填平壕溝、最後總攻命令發出之時，部隊就不會竭盡全力。[6]

謝赫還指出，這次失敗很可能會打擊士兵們的宗教信仰。「有人指責說，我的禱告都失敗了，」他繼續說道，「還有人說，我的預言被證明是毫無根據的……陛下必須對此善加處置，免得最終我們不得不滿面羞恥、灰心喪氣地撤退。」[7]

在此鞭策下，穆罕默德二世於次日（四月二十一日）清晨「率領一萬騎兵」[8]，從位於瑪律特佩的軍營出發，前往雙柱港，他的艦隊就停泊在那裡。巴爾托格魯被召喚到岸上，為這次慘敗提出解釋。在前一天的激戰中，這位不幸的海軍司令一隻眼睛被己方士兵投擲的石塊嚴重擊傷；他匍匐在蘇丹面前的時候，一定是魂不附體。根據一位基督徒史學家的生動描述，穆罕默德二世「從內心深處發出呻吟，怒火中燒，氣得七竅生煙」[9]。他暴跳如雷地質問，為什麼在風平浪靜的時候也沒能俘虜敵船：「如果你連這幾艘船都對付不了，怎麼能消滅君士坦丁堡港內的艦隊？」[10]海軍司令回答說，他已經盡了最大努力去俘虜基督教船隻。「陛下明察，」他為自己辯護道，「所有人都看得一清二楚，我的槳帆船的衝角一直死死咬著拜占庭皇帝船隻的艉樓。我一直浴血奮戰，大家都很清楚，我的很多部下都陣亡了，其他槳帆船上也損失了很多人。」[11]穆罕默德二世怒火中燒又心煩意亂，下令將海軍司令釘死在尖木樁上。群臣大為震驚，匍匐在穆罕默德二世面前，替巴爾托格魯求情，說他確實是勇敢地死戰到底，眼睛負傷就是努力奮戰的明證。穆罕默德二世發了慈悲。死刑被撤銷；做為懲罰，巴爾托格魯在艦隊和騎兵部隊目睹下接受了一百下鞭笞。他的官銜和財產全被剝奪，財產被分給近衛軍。穆罕默德二世深知這種決策在積極和消極兩方面的宣傳價值。巴爾托格魯從此消失在茫茫史海中，海軍司令職位這杯苦酒被交到了哈姆紮（Hamza）貝伊手上，他在穆罕默德二世的父親治下曾擔任海軍司令。目睹巴爾托格魯受辱的士兵和水手們，以及蘇丹身邊的維齊爾和謀臣們都得到了一個深刻教訓。他們對蘇丹不悅的可怕後果有了第一手的觀察。

關於這個事件，還有一個不同版本，是希臘史學家杜卡斯記載下來的。他講述的關於攻城戰的故事非常生動有趣，但常常令人難以置信。根據他的版本，穆罕默德二世命人將巴爾托格魯按在地上，他親自用「重達五磅的金棒（這位暴君命人製作了這根金棒，專門用來打人）」[12]抽打了巴爾托格魯一百下。然後，一個希望獲得蘇丹寵信的近衛軍士兵用石塊狠砸巴爾托格魯的頭部，並挖出了他的眼睛。這個故事很生動，但幾乎可以肯定是虛構的。不過它也反映了西方人對穆罕默德二世的普遍看法：東方暴君、富裕的野蠻人、虐待狂，並且有一支絕對服從他的奴隸大軍。

穆罕默德二世嚴懲了海軍司令，以儆效尤之後，立即召集近臣，討論君士坦丁十一世前一天提出的議和請求。這許多事件發生得如此之快，已經互相交疊，對局勢產生了很大的影響。在經歷重大挫折和首次異議與騷動之後，蘇丹面對的問題很簡單：是繼續打下去？還是尋求以有利條件媾和？

在鄂圖曼帝國最高層有兩個派系，長期以來一直在蘇丹反覆無常的統治下為了生存和爭奪權力而鬥爭。其中一派是首席大臣哈利勒帕夏，他是血統純正的土耳其人和鄂圖曼帝國傳統統治階級的成員，在穆罕默德二世的父親穆拉德二世治下就擔任過維齊爾，並引導了年輕的蘇丹度過動盪的早期統治。哈利勒帕夏親身經歷了一四四〇年代的危機歲月和近衛軍在埃迪爾內反叛穆罕默德二世的事件。他深知，假如穆罕默德二世在希臘人的城牆下失敗受辱，他將頗為擔憂此後自己是否有倖存的機會，因此他非常謹慎。在整個戰役期間，哈利勒的戰略一直受到政敵的破壞。他們稱他為「異教徒的朋友」[13]，並指控他接受了希臘人的賄賂。

另外一派是鄂圖曼帝國的暴發戶：一群野心勃勃的軍事領袖，他們大多是外來者，即來自不斷開疆拓土的帝國五湖四海的新穆斯林。他們一向反對任何和平政策，並鼓勵穆罕默德二世去完成征服世界的夢想。他們飛黃騰達的夢想是與攻克君士坦丁堡息息相關的。他們中領頭的是第二維齊爾——紮甘帕夏，他是個皈依伊斯蘭教的希臘人，「最令人生畏，影響力和權威也最大」，並且他還是個卓越的軍事指揮官。主戰派得到了宗教領袖和聖戰宣揚者，例如學識淵博的伊斯蘭學者烏理瑪艾哈邁德・古拉尼（穆罕默德二世的嚴厲師傅）和謝赫阿克謝姆賽丁的堅定支持，這些人代表了伊斯蘭世界長久以來占領這座基督教城市的狂熱夢想。

哈利勒提出，必須抓住這個機遇，以有利的條件體面地撤軍。他指出，海戰的失利已經揭示了攻城的困難；如果戰役繼續拖下去，匈牙利軍隊或者義大利艦隊前來救援的可能性就愈來愈大。他表示自己堅信金蘋果註定有一天會落入蘇丹手中，「就像成熟的果實從樹上掉落」[14]，但如今金蘋果尚未成熟。如果他們對拜占庭強加一個條件苛刻的懲罰性和約，勝利的一天就會更快到來。他提議向拜占庭皇帝索要每年七萬杜卡特的天價貢金，做為撤軍的條件。

主戰派堅決反對議和。紮甘回答說，必須加倍努力，堅持打下去；熱那亞船隻的到來只是凸顯對敵人施以決定性打擊的必要性。現在是關鍵時刻。鄂圖曼帝國的領導層認識到，他們的命運已經到了一個關鍵點，但爭論的激烈性也反映出，領頭的維齊爾們深知，自己在爭奪於蘇丹面前的影響力，而最終也是在為自己的生存而奮鬥。穆罕默德二世端坐在寶座上，觀察著群臣為謀求晉升而相互爭鬥，但他的天性就一直是個主戰派。這場會議以明顯多數決定繼續打下去。他們向君士坦丁十一世發去了回覆：只有立即獻城投降，和平才可能降臨；蘇丹將會把伯羅奔尼撒半島割給君士坦丁十一世，並補償半島目前的統治者——君士坦丁十一世的兩個兄弟。蘇丹刻意提出了一個對方不可能接受的條件。君士坦丁十一世很自然地拒絕了這條件，因為他深明自己的歷史責任，必須要把父皇的衣缽延續下去。一三九七年，鄂圖曼軍隊兵臨城下時，拜占庭皇帝曼努埃爾二世曾喃喃地說：「我主耶穌基督，不要讓眾多基督徒聽到，在曼努埃爾皇帝統治的時期，君士坦丁堡以及城內的基督教信仰的神聖與可敬之物被拱手交給異教徒。」[15]君士坦丁十一世要秉承父親的精神，死戰到底。於是戰役繼續進行，鄂圖曼主戰派感到巨大的壓力，於是決心加緊攻城。

✯

三英里之外，鄂圖曼軍隊繼續攻打城市，同時執行了一個祕密的綜合進攻計畫，該計畫的內情只有穆罕默德二世及其將領知曉。從前一天開始，鄂圖曼軍隊開始大規模砲擊，一刻不停地轟擊了一整夜，持續到蘇丹作戰會議的那天。砲火主要集中在里卡斯河谷內聖羅曼努斯門附近的城牆上，也就是攻防雙方都知道的城牆防備最脆弱的地段。

在持續砲火之下，一座主塔——巴克塔提尼安（Bactatinian）塔樓轟然倒塌，好幾碼寬的外牆也隨之坍塌。城牆上一下子打開了一個相當大的缺口，守軍驟然暴露了。「城內和艦隊的人們開始感到恐懼，」尼可拉．巴爾巴羅記載道，「我們絲毫沒有懷疑，他們想立刻發動全面總攻；所有人都相信，戴頭巾的土耳其人很快就會衝進城。」[16]在足夠的火力集中到一個點上之後，哪怕是看上去固若金湯的防禦工事，也會在鄂圖曼軍隊的砲口下快速瓦解，這嚴重地挫傷了守軍的士氣。「有很長一段城牆被砲火打壞，所有人都以為自己完蛋了，因為敵人在區區幾天內就摧毀了這麼長的城牆。」[17]從大缺口向外張望的守軍清楚地明白，哪怕「只有一萬人」[18]從這個地段發動集中攻勢，城市也必然會陷落。守軍正等著不可避免的浩劫，但此時穆罕默德二世和全部高級將領卻正在雙柱港商討是否繼續作戰，所以沒有發布進攻的命令。基督教守軍派系眾多，防禦作戰在很大程度上依賴個人的主動性；而鄂圖曼軍隊是高度中央集權的，只有在接到了中央的指令之後才會做出反應。因此鄂圖曼軍隊沒有做任何事情去利用和擴大砲擊的戰果，守軍得到了重新排兵布陣的時間。

在夜色掩護下，朱斯蒂尼亞尼和他的部下開始緊急搶修受損的城牆。「他們用裝滿石塊和泥土的木桶修補城牆，在城牆後方開挖了一條非常寬的壕溝，壕溝的一端建有石壩，石壩上覆蓋著葡萄藤和多層枝葉，並用水浸透，讓它們變得像城牆一樣堅硬。」[19]這道用木頭、泥土和石塊堆積而成的壁壘仍然非常有效，能夠讓巨型石彈的威力大打折扣。守軍的這些搶修工作是在敵人持續的火力之下進行的，敵人的「巨砲和其他火砲，以及很多火槍、不計其數的弩弓和很多手槍一刻不停地射擊著」[20]。巴爾巴羅在對這一天戰事的記載的結尾處描繪了敵人的恐怖形象。大群裝束頗具異國情調的敵人蜂擁而上，讓這位隨船醫生心生恐懼。城牆前的地面「根本看不見，因為完全被土耳其人遮蓋住了，尤其是近衛軍，他們是蘇丹麾下最勇敢的士兵，還有蘇丹的很多奴隸，他們戴的是白色頭巾，而普通土耳其人戴的是紅色頭巾」[21]。但敵人沒有再進攻。顯然，在這一天，君士坦丁堡憑藉著好運氣，以及「我們大慈大悲的救主耶穌基督」[22]的保佑，躲過了厄運。

✯

四月二十一日的戰局發展極其迅速和錯綜複雜，似乎雙方都意識到，一個關鍵時刻來臨了。守軍持續地採取行動應對敵人的進攻；他們沒有兵力可供出擊，只能從古老城牆組成的三角之內觀察敵情，把希望寄託在堅固的防禦工事上。他們等待敵人的進攻，匆匆地應付每一個危機，堵塞防線上的缺口，同時還在互相爭吵。他們有時聽到敵人即將總攻的傳聞，就灰心喪氣；有時聽說援軍即將抵達，心中又充滿了希望，如此周而復始。他們一刻不停地拚命努力去守住防線，並遙望西方的海平線，尋找船帆的跡象。

近幾天的事件似乎讓穆罕默德二世愈發焦躁，瘋狂地大肆活動。海軍的戰敗、對西方援軍的畏懼和部隊的悲觀情緒：他在二十一日這一天受到了這些問題的困擾。他在城市周邊焦躁不安地轉來轉去，從金、紅兩色營帳到雙柱港，又前去視察加拉塔以北的鄂圖曼部隊，親自進行實地考察，研究問題，從不同角度觀察「金蘋果」，腦子裡運籌帷幄。他對君士坦丁堡的渴望可以一直追溯到他的孩提時代。他在幼年就曾從遠方眺望這座城市，一直到一四五二年在阿德里安堡街道上①輾轉徘徊的那些不眠之夜。他一向對君士坦丁堡癡迷不已，所以專心研究了關於攻城戰的西方著作，對地形進行了初步勘察，還繪製了城牆的詳細地圖。穆罕默德二世為了占領這座城市做了堅持不懈的努力：不恥下問、蒐集資源、招募技術人才、訊問間諜、積累資訊。他一方面對君

① 即鄂圖曼帝國當時的首都埃迪爾內。

士坦丁堡十分癡迷，一方面又城府極深（在鄂圖曼宮廷的危險世界裡，他在少年時期就學會了保守祕密），自己的計畫在沒成熟之前絕不會示人。據說，曾有人詢問穆罕默德二世關於未來一場戰役的情況，他不肯直接回答，而是說：「請君謹記，假如我的一根鬍鬚知道了我的祕密，我就會把它拔下來，丟進火焰。」[23]他下一步將如何行動，也是一個嚴格保守的祕密。

他推斷，主要問題在於保護金角灣的鐵鍊。它的存在使得蘇丹的海軍無法從三角形的這一邊對城市施壓，因此守軍可以節約兵力，集中力量防守陸牆，使得鄂圖曼軍隊的巨大兵力優勢大打折扣。當初在科林斯地峽，鄂圖曼軍隊的大砲在一週之內就摧毀了君士坦丁十一世的護牆。雖然此時大砲已經在古老的狄奧多西城牆上打開了一些缺口，但進度比他預想的慢得多。從外界看來，城牆系統過於複雜、層次太多、壕溝也太深，很難速戰速決。另外，朱斯蒂尼亞尼是個天才的戰略家。他極其高效地調動了有限的人力和物資：石牆被打破，土牆卻巋然不動，防線堅守了下來。

被封閉起來的金角灣為可能抵達的基督教救援艦隊提供了安全的錨地，並為基督教海軍的反擊提供了基地。金角灣還導致穆罕默德二世的各支陸軍部隊與海軍之間的交通線大為延長，部隊要從陸牆前往雙柱港就不得不走很遠的路，以便繞過金角灣的頂部。鐵鍊的問題非解決不可。

沒人知道穆罕默德二世的妙計從何而來，也不知道他醞釀了多久，但在四月二十一日，他提出了加快解決鐵鍊問題的方案。他推斷，如果無法強行突破鐵鍊，就必須繞過它；要繞過它，就必須從陸路運走艦隊，讓它在鐵鍊防線的內部進入金角灣。當時的基督教史學家們對這個策略的來源有著自己的解釋。萊奧納德大主教確信，這又是背信棄義的歐洲人給蘇丹出謀劃策，並用他們的技術幫助蘇丹；給穆罕默德二世獻計的是「一個毫無信義的基督徒。我相信，那個人是從威尼斯人在加爾達（Garda）湖的策略學到了這個把戲，並將它傳授給土耳其人」[24]。早在一四三九年，威尼斯人就從陸路將若干槳帆船從阿迪傑（Adige）河搬運到了加爾達湖，但中世紀的戰史中有很多這樣的先例，而且穆罕默德二世非常熱中於鑽研軍事史。在十二世紀，薩拉丁曾將槳帆船從尼羅河運到紅海；一四二四年，馬穆魯克（Mamluks）②軍隊把槳帆船從開羅運到了蘇伊士。不管穆罕默德二世是從哪裡得到這條良策的，其計畫顯然在二十一日前就已經開始執行；戰事的不利迫使他加緊實施這項計畫。

穆罕默德二世這麼做還有一個理由。他感到，必須對金角灣對岸加拉塔城的熱那亞殖民地施壓。加拉塔在這場戰役中曖昧的中立態度讓攻守雙方都頗為不滿。在戰前，加拉塔和君士坦丁堡與鄂圖曼人都有貿易往來，生意興隆。在此期間，它在兩大勢力之間起到了管道的作用，物資和情報都透過加拉塔來往穿梭。有謠言說，加拉塔城民白天在鄂圖曼軍營裡公開活動，為其提供冷卻大砲所需的油料，以及其他有利可圖的貨物；晚上則溜過金角灣，去君士坦丁堡的城牆上站崗

---

② 馬穆魯克王朝在約一二五〇至一五一七年間統治埃及和敘利亞。「馬穆魯克」是阿拉伯語，意為「奴隸」。自九世紀起，伊斯蘭世界就已開始啟用奴隸軍人。奴隸軍人往往利用軍隊篡奪統治權。馬穆魯克將領在阿尤布（Ayyubid）蘇丹薩利赫·阿尤布（As-Salih Ayyub，一二〇五至一二四九年）去世後奪取王位。一二五八年，馬穆魯克王朝恢復哈里發的地位，並保護麥加和麥地那的統治者。在馬穆魯克王朝統治下，殘餘的十字軍被趕出地中海東部沿岸，而蒙古人也被趕出巴勒斯坦和敘利亞。文化上，他們在史書撰寫及建築方面成就輝煌。最後他們被鄂圖曼帝國打敗。

放哨。鐵鍊的一端固定在加拉塔城牆內，鄂圖曼人無法直接對付，因為穆罕默德二世不願意與熱那亞撕破臉皮。他深知，假如與加拉塔發生直接的衝突，熱那亞就可能會派來一支強大的艦隊。同時，他也認識到，加拉塔城民當然會同情基督徒。朱斯蒂尼亞尼就是個熱那亞人。前來支援的熱那亞船隻或許也打破了加拉塔人的曖昧態度。希俄斯島的萊奧納德記載道：「此前加拉塔人非常小心謹慎……但他們現在卻急於提供武器和兵員，但只能是祕密提供，以防被假裝跟他們友好的鄂圖曼人發現。」[25]熱那亞人的腳踩兩條船意味著，資訊在拜占庭與鄂圖曼人之間的傳遞並不是單向的，這將很快產生悲劇性後果。

加拉塔城外原先遍布葡萄園和灌木叢，這一地域已經完全被紮甘帕夏指揮的鄂圖曼部隊占領。蘇丹可能在攻城戰的早期就做出了決定，要修建一條道路，具體走向是：從博斯普魯斯海峽岸邊靠近雙柱港的某個點出發，沿著一座陡峭的山谷爬升，來到加拉塔城外的一座山嶺，然後從另一座山谷下降，來到熱那亞殖民地之外金角灣沿岸一個叫做泉源（Springs）谷的地方，那裡處於加拉塔城牆之外，設有熱那亞人的墓地。穆罕默德二世決定就用這條道路來搬運船隻。這條道路的制高點大約有海拔兩百英尺，對搬運船隻的工作來說將是個嚴峻的挑戰。但穆罕默德二世有的是人力。他素來高瞻遠矚，而且口風很緊，老早就為這個行動收集了物資：用來修建簡易軌道的木材、用來承載船隻的滾軸和支架、成桶的油脂和大量的公牛與工人。鄂圖曼人先把這一地域的灌木叢清除乾淨，並盡可能將地面鏟平。四月二十一日，搬運艦隊的工作開始加速進行。成群工人將木製軌道從博斯普魯斯海峽一直鋪向山谷，預備好滾軸並塗抹了油脂，還建造了支架，用來將船隻抬出水面。為了轉移守軍的注意力，穆罕默德二世把一個連的大砲調到了加拉塔城以北不遠處的一座山上，然後命令紮甘轟擊保衛金角灣的基督教船隻。

守軍能夠從加拉塔這個管道或者鄂圖曼軍營內的基督徒士兵那裡得到情報，卻未能發現敵人在開展如此大規模的工程，真是令人匪夷所思。早先，加拉塔的熱那亞人可能認為鄂圖曼軍隊是在做簡單的修路工程。後來，他們要嘛是被砲火壓得抬不起頭來，無法嚴密觀察；要嘛（按照威尼斯人的說法）他們與鄂圖曼人暗地勾結。穆罕默德二世很可能也明令確保他的基督徒士兵不得參加此項工程。不管真相如何，君士坦丁堡守軍對敵人的新動向一無所知。

四月二十二日星期日清晨，鄂圖曼人的砲火仍在咆哮，基督徒們前往教堂去做禮拜。第一具支架被放入博斯普魯斯海峽的水中。鄂圖曼人將一艘輕型弗斯特戰船放入支架，然後借助滑輪將它搬到軌道上的木製滾軸上，滾軸事先已經用油脂做了潤滑。始終事必躬親的蘇丹在那裡觀看和鼓勵士兵們的努力。「滾軸上已經捆縛了繩索，他將長長繩索的另一端固定在戰船的邊角上，命令士兵們去拖曳。有的人直接用手拽拉，有的人借助某種絞車和絞盤裝置。」[26]成群的公牛和工人將戰船拖上了斜坡，同時兩側還有更多的工人和士兵扶著戰船。戰船在軌道上前進一段距離之後，工人們在它前方鋪設更多軌道。在大量人力、畜力資源的支持下，戰船在陡峭的斜坡上緩緩前進，走向兩百英尺之上的山嶺。

海上吹來了宜人的晨風，穆罕默德二世忽然靈機一動，下令正在被搬運的各艘戰船的基本人員登船。「有些人高呼著升起船帆，就好像他們要揚帆遠航一樣。海風把船帆吹得鼓鼓漲漲的。還有的人坐在槳位上，手裡抓著船槳，前後划動，就好像真的在划船一樣。指揮官們在桅杆基座旁跑來跑去，吹著口哨，大呼小叫，向槳手們揮動皮鞭，命令他們划船。」[27]船上五顏六色的旌旗迎風招展，戰鼓擂響，小型樂隊在船首上吹響喇叭。這是一幅即興表演的狂歡景象，非常離奇和夢幻：旗幟飄揚、樂隊大吹大擂、船槳划動、船帆在清晨清風中鼓動、牛群低吼著使勁。土耳其人在戰爭中期做出的這個姿態給對方帶來了極大的心理震撼，這個故事也將成為土耳其民族征服神話的重要元素。「這景象非比尋常，」克利托布羅斯記載道，「除非親眼所見，沒人會相信。戰船被運過陸地，就像在海上航行一樣，船員和全部裝備都在船上，船帆也張掛了起來。」[28]在附近的高地上，紮甘帕夏繼續砲擊下方的港口。兩英里之外，大砲在轟擊聖羅曼努斯門處的陸牆。

第一艘被搬運的戰船從山嶺頂端開始艱難地向下移動，前往泉源谷。特別注重細節的穆罕默德二世已經把第二個砲兵連調到岸邊，以防止船隻入水時遭到攻擊。離正午還有一段時間，第一艘船水花四濺地進入了金角灣的平靜水域，船員已經做好了抵擋突襲的準備。其他戰船很快也陸續入水。當天一共有約七十艘船接二連三地在泉源谷附近入水。這些船都是弗斯特戰船，也就是快速的輕型兩層或三層槳戰船，「配備十五至二十，甚至二十二個槳位」[29]，船身長度在七十英尺左右。尺寸更大的槳帆船則留在雙柱港海域。

此次行動的所有微妙細節（時間安排、路線以及動用的技術）仍然神祕莫測。事實上，要在二十四小時內完成整個工程，可能性是極小的。從人體工程學角度來看，搬運距離至少有一點二五英里，斜坡角度為八度，要先上坡，然後再穩妥地下坡，哪怕有大量人力、畜力以及絞車的幫助，也肯定需要長得多的時間。鄂圖曼人很可能早在四月二十二日之前就把大型船隻拆解，然後在靠近金角灣的地方重建起來，其他船隻的搬運也肯定早就開始了。穆罕默德二世是個城府極深的人，把祕密保守到最後一刻是很符合他秉性的，但所有的史學家都同意，在四月二十二日早上，戰船接二連三地進入了金角灣。整個行動在戰略和心理上都是了不起的傑作，籌劃巧妙，執行有力。甚至後世的希臘史學家也不情願地做出了讚譽。「這是一項豐功偉績，也是傑出的海戰策略。」[30]梅里西諾斯如此寫道。這將給守軍帶來極其嚴重的後果。

✯

由於金角灣沿岸的海牆得到了鐵鍊的保護，而且陸牆承受了極大壓力，所以海牆上幾乎沒有守軍。肯定很少有基督徒士兵親眼看到第一艘敵船從對面山上出現，然後下坡入水。他們發現這個新變化之後，恐慌很快不脛而走。人們從陡峭的街道上跑來，在城牆上戰戰兢兢地看著鄂圖

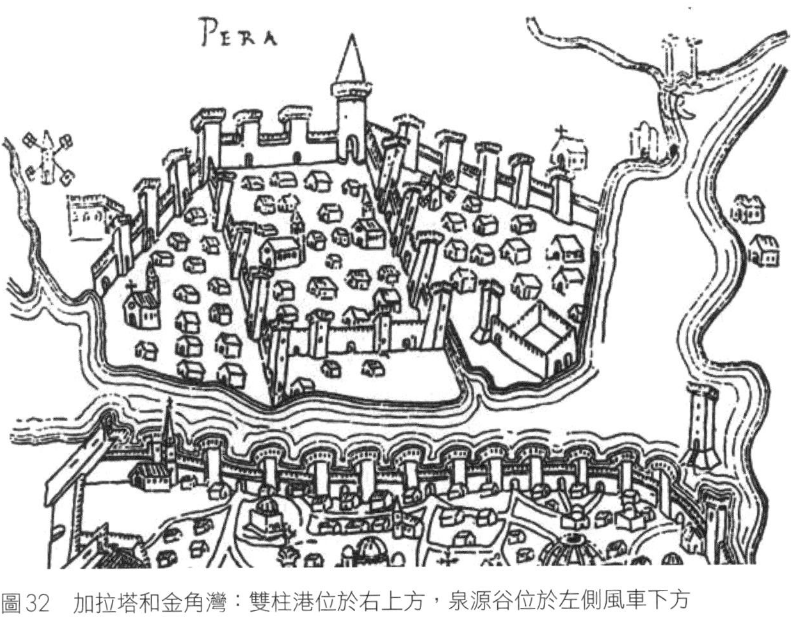

圖32　加拉塔和金角灣：雙柱港位於右上方，泉源谷位於左側風車下方

曼艦隊陸續進入金角灣。這是鄂圖曼人在博斯普魯斯海峽戰敗後，在戰略和心理上做出的巧妙還擊。

君士坦丁十一世立刻就認識到，這對他那已經承受了極大壓力的部隊意味著什麼。「現在金角灣沿岸海牆也處在前線，他們不得不派兵駐守，並從其他防區抽調兵力去那裡。從城牆其他地段抽調兵力是非常危險的，因為那些地段現有的兵力已經屈指可數，無法有效地防守。」[31]做為海戰指揮官的威尼斯人同樣憂心忡忡。這條封閉的海峽只有幾百碼寬，鄂圖曼艦隊就在不到一英里之外；金角灣曾經是躲避敵人的避難所，現在卻變成了一個沒有喘息之地的狹窄殺戮場。

> 我們艦隊的船員們看到那些弗斯特戰船時無疑非常害怕，因為他們確信這些敵艦當晚就會聯合在雙柱港的艦隊，內外夾擊地攻打我們的艦隊。我方艦隊在鐵鍊之內，土耳其艦隊在鐵鍊內外都有戰船，所以我們面臨的危險是極大的。我們還擔心敵人發動火攻，燒毀在鐵鍊處的我方船隻。我們被迫在海上晝夜守備，對土耳其人萬分畏懼。[32]

守軍清楚地認識到，必須儘快消滅金角灣內的敵人艦隊。第二天，威尼斯市政官和皇帝攜手在威尼斯人的聖瑪利亞教堂召開了作戰會議，決心「燒毀敵人艦隊」[33]。這次會議只有十二人參加，而且是祕密的閉門會議。除了君士坦丁十一世之外，與會者大多是威尼斯的指揮官和船長。威尼斯人認為這是他們自己的事務，但也允許一個外人參加：熱那亞人喬萬尼・朱斯蒂尼亞尼，「在所有事務上都值得信賴的人」，他的意見受到普遍尊重。會議各方進行了漫長而激烈的辯論，提出了多種不同方案。有人主張整支艦隊在白天大舉出動，發動全面進攻，這就需要熱那亞船隻的配合。但這個方案被否決了，因為與加拉塔的談判會非常複雜，而戰局已經十萬火急。還有人主張出動一支陸軍部隊去消滅保護敵人艦隊的火砲，然後將敵船燒毀。但守軍的兵力非常微弱，這麼做風險太大，因此也被否決了。最後，一艘特拉比松槳帆船的船長賈科莫・科科，「一個果斷堅決、沉默寡言的人」[34]，強烈支持第三種方案：在夜間發動一次小規模海戰，透過出其不意的奇襲燒毀土耳其艦隊；行動必須祕密籌劃，不通知加拉塔的熱那亞人，並立即執行，因為時間就是生命。他提議由他來指揮此次突襲。與會者進行投票表決，最後這個計畫得以通過。

四月二十四日，科科開始著手實施他的計畫。他選擇了兩艘堅固的高舷商船，在其船舷上堆積了大量裝滿羊毛和棉花的麻袋，並填塞平整，用來抵禦鄂圖曼火砲發射的石彈。還有兩艘槳帆船將伴隨商船前進，擊退敵人的反擊，而真正挑大梁的將是兩艘快速的輕型弗斯特戰船，每艘船上配有七十二名槳手。這兩艘弗斯特戰船上裝滿了希臘火和其他易燃物，用來火攻敵人。每艘大船還有一艘運載其他物資的小船伴隨。計畫很簡單：有防護的風帆商船將做為肉盾，保護快速的弗斯特戰船，直到後者接近敵人。弗斯特戰船將衝出己方的保護圈，向隊形密集的鄂圖曼戰船發動火攻。參戰船隻將在日落一小時後集合，於午夜發動突襲。事先做了周全的準備；但是，當指揮官們聚集在港口指揮官阿盧威克瑟・迪艾多的槳帆船上聽取戰前的最後指令時，計畫卻出人意料地受到了阻撓。城內的熱那亞人不知透過什麼管道打探到這個消息，也想參加突襲。他們堅決要求暫緩行動，好讓他們的船隻做好準備。威尼斯人不情願地同意了。進攻被推遲了。

熱那亞人的戰鬥準備花了四天時間。在此期間，陸牆遭到持續轟擊。威尼斯人等得不耐煩了。「從這個月的二十四日一直等到二十八日，」巴爾巴羅記載道，「四月二十八日，以我主耶穌基督的名義，他們終於決定嘗試燒毀奸詐的土耳其人的艦隊。」[35]為了安撫敏感的熱那亞人，進攻艦隊做了一些微調：威尼斯人和熱那亞人各自提供了一艘有防護的商船；兩艘威尼斯槳帆船分別由加布里埃利．特里維薩諾和紮卡里亞．格廖尼（Zacaria Grioni）指揮；運載易燃物的三艘快速弗斯特戰船由科科指揮；另外還有一些運載更多瀝青、木柴和火藥的小船。

四月二十八日，離拂曉還有兩個小時，進攻艦隊在金角灣東北角加拉塔海牆的庇護下安靜地駛出，繞過通往泉源谷的黑暗海岸的彎曲處，路程不到一英里。打頭陣的是兩艘商船，朱斯蒂尼亞尼就在其中的熱那亞商船上。其他船隻緊隨其後。海面上波瀾不興，沒有任何動靜。唯一能夠顯示有人在的跡象就是熱那亞人的加拉塔城樓上短暫閃爍的光亮。他們接近鄂圖曼艦隊時，聽不到任何聲響。

尺寸較大的商船在使用人力划槳時速度較慢，而理應接受商船保護的弗斯特戰船的槳手更多，速度很快。不知道是受了緩慢接近時的沉寂和緊張情緒的刺激，還是因為進攻被推遲而惱火，或者是由於渴望「揚名天下」[36]，賈科莫．科科突然間摒棄了精心制定的計畫。他自作主張，率領他的火攻船脫離了艦隊，全速向停泊著的敵人艦隊衝去，搶先發動了進攻。一瞬間周遭萬籟俱寂。然後敵人向沒有防護的火攻船開了砲。第一發砲彈很接近目標，但沒有命中。第二發砲彈擊中了一艘弗斯特戰船的中部，將其擊穿。「這艘弗斯特戰船堅持的時間還不夠念十遍主禱文，就沉沒了。」[37]巴爾巴羅記載道。一瞬間，披甲的士兵和槳手們墜入夜色下的大海，很快無影無蹤了。

夜色漆黑，跟在後面的船隻不知道前面發生了什麼狀況，繼續前進。更多的火砲在近距離開火。「大砲和火槍發出如此之多的濃煙，讓大家什麼都看不見，雙方都在大喊大叫。」[38]基督教船隻上前時，特里維薩諾的大型槳帆船衝入了火線，當場被兩發砲彈擊穿了船體。海水迅速灌入船體，但躺在甲板下方的兩名傷患沉著冷靜地採取了措施，避免船隻沉沒。他們用儲存在艙內的斗篷堵住破口，總算阻止海水灌入。被嚴重擊傷的槳帆船雖然已經被海水淹了一半，但仍然漂浮在水面，槳手們艱難地把船划回了安全地帶。其他船隻試圖繼續進攻，但敵人猛烈開砲，投擲石塊和其他武器，火力非常凶猛，再加上特里維薩諾的槳帆船嚴重受損，於是它們選擇了撤退。

天漸漸亮了，但在混亂之中，兩艘大型商船仍然停留在戰場上，按照原計畫擺開了防禦陣勢，但竟沒有發現其他船隻已經撤退。看到這兩艘船出人意料地落了單，鄂圖曼艦隊從錨地出發，意圖將它們包圍和俘虜。「爆發了一場可怕而凶殘的戰鬥……看上去著實有如地獄；子彈和箭矢如同傾盆大雨，大砲不時轟鳴，火槍不斷脆響。」[39]七十艘小船蜂擁上去攻擊基督教船隻，穆斯林水手們高呼阿拉的尊名。但那兩艘商船側舷較高，而且有防護，再加上船員們作戰經驗豐富，因此抵擋住了進攻。近距離激戰一連持續了一個小時，雙方都沒有占到任何便宜，最終雙方脫離接觸，各自鳴金收兵。鄂圖曼艦隊損失了一艘弗斯特戰船，但贏得了整場戰鬥的勝利。「土耳其其軍營中歡呼雷動，因為他們擊沉了賈科莫．科科的弗斯特戰船，」巴爾巴羅回憶道，「而我們滿心恐懼地哭泣，害怕土耳其人用他們的艦隊打敗我們。」[40]義大利人清點了損失：一艘弗斯特戰船被擊沉，全體船員和一些士兵隨之墜入深淵；一艘槳帆船嚴重受損；義大利人在海戰中的優勢地位被打破了。陣亡者的名單很長，包括不少有名望的人：「賈科莫．科科，船長；科孚

（Corfu）島的安東尼奧，合夥人；安德烈亞・斯泰科（Andrea Steco），大副；朱安・馬拉尼奧（Zuan Marangon），弩手；特羅伊洛・德・格雷齊（Troilo de Grezi），弩手……」等等。「那艘被擊沉的弗斯特戰船上的人全都葬身大海，願上帝憐憫他們。」[41]

四月二十八日上午，守軍發現，他們不僅損失慘重，還要蒙受更恐怖的苦難。原來，失蹤的人並非全部被淹死，有大約四十人從下沉的戰船泅水逃生，在黑暗和混戰中游到了敵方占據的海岸，被俘虜了。穆罕默德二世下令將俘虜全部釘死在尖木樁上，並展示給君士坦丁堡全城人看，以儆效尤。海戰的倖存者們在城牆上戰戰兢兢地看著敵人的準備工作。一位名叫雅各・德・坎皮（Jacopo de Campi）的熱那亞商人（他在鄂圖曼帝國做了二十五年的生意）將這可怕景象描繪如下：

> 蘇丹下令將他想要懲罰的人按倒在地；一根削尖的長木樁被插入此人的肛門；劊子手用雙手舉著一支大木槌，使出全身力氣向下錘擊，木樁被釘入人體。按照木樁插入位置的不同，這個可憐人要嘛當場死亡，要嘛還要忍受一段時間。然後劊子手將木樁抬起，將它插入地面。於是受刑的可憐人就只能這樣苟延殘喘，很快就會死去。[42]

「木樁就這樣被安插在那裡，受刑者在城牆衛兵眾目睽睽之下悲慘地死去。」[43]

當時的歐洲作家對這種死刑方式的殘暴大肆口誅筆伐，並認為它是土耳其獨有的刑罰。刺刑（尤其是做為一種震懾被圍攻的城市的心理戰工具）其實是鄂圖曼軍隊從基督教巴爾幹學來的。

後來，鄂圖曼人自己也經受了史上最惡名昭彰的一次暴行：據說，弗拉德・德古拉（Vlad Dracul）③於一四六一年在多瑙河平原將兩萬五千名鄂圖曼人釘死在尖木樁上。目擊者稱：「無數尖木樁被安插在地上，上面掛的不是水果，而是死屍」[44]，而在這些刑具的正中央有一根較高的木樁（以彰顯這名受刑者的地位）釘著曾經擔任海軍司令的哈姆紮貝伊的屍體，還穿著紅、紫兩色的官服。假如穆罕默德二世聽到這個描述，一定也會大為震驚、心驚肉跳。

四月二十八日下午，義大利水手們被刺穿在尖木樁上的可怕景象收到了蘇丹希望的效果。「城內為這些青年發出的哀慟無法描述。」[45]梅里西諾斯寫道。但悲痛很快變成了狂怒。為了取得一點心理平衡，也為了發洩進攻失敗的挫折感，他們以牙還牙，自己也做出了暴行。自圍城開始以來，城內就扣押著約兩百六十名鄂圖曼俘虜。次日，很可能是在君士坦丁十一世的命令之下，守軍進行了血腥的報復。「我們的人暴跳如雷，在城牆上當著鄂圖曼全軍的面野蠻地屠殺了土耳其俘虜。」[46]俘虜被一個一個地帶上城牆，在鄂圖曼軍隊的注視下被吊死。眾多絞架圍成一個圓圈。萊奧納德大主教哀嘆道：「就這樣，由於不虔誠和殘忍的行為，這場戰爭變得愈發野蠻。」[47]

懸掛在絞架上的俘虜和被釘死的水手們隔著戰線相望，這真是一種無言的諷刺。但在這一系列暴行之後，戰役主導權顯然已經再次回到了進攻方那一邊。金角灣內的鄂圖曼艦隊實力幾乎毫髮無損，守軍也清楚地認識到，具有關鍵意義的金角灣徹底喪失了。這次笨拙的夜襲行動嚴重地

---

③ 即瓦拉幾亞大公弗拉德三世・采佩什（Vlad al III-lea Țepeș，一四三一至一四七六年），即後世傳說中「吸血鬼德古拉伯爵」的原型。

損害了君士坦丁堡的實力。他們對此做了思考，尋找失敗的原因，並控訴負有責任的人，這在義大利人之間發生了爭吵。很顯然，科科的進攻被推遲是個致命的錯誤。敵人透過某種途徑得到了風聲，在海上守株待兔。穆罕默德二世在敵人發動夜襲前，把更多的火砲調到了內港，準備伏擊基督徒的突襲艦隊。加拉塔城樓上的光亮顯然是熱那亞殖民地內部有人在向蘇丹通風報信。義大利人各個派系之間的互相指責愈來愈激烈，也愈來愈失去理性。

第十一章　恐怖的機械

一四五三年四月二十八日至五月二十五日

圍城戰需要機械：各種類型和形式的龜甲撞城錐……可移動的木製塔樓……不同形式的梯子……挖掘不同類型城牆所需的不同工具……不用雲梯登城所需的機械。[1]

——十世紀關於圍城戰技術的手冊

「嗚呼，最有福的聖父，這是多麼可怕的災難，海神的狂怒竟然一擊將他們滅頂！」[2]夜襲失敗之後，守軍當即就為失敗的責任歸屬爆發了尖銳和激烈的爭吵。威尼斯人在這次慘敗中損失了八十至九十名親密戰友，找出了他們認為應該為此負責的人。「可憎的來自佩拉的熱那亞人是叛徒，是背棄基督教信仰的逆賊，」尼可拉．巴爾巴羅宣稱，「他們借此向土耳其蘇丹邀寵。」[3]威尼斯人聲稱，加拉塔的某人溜到了蘇丹軍營，向他呈報夜襲的消息。威尼斯人還提出具體的指控：他們認為是加拉塔的市長自己派人去向蘇丹報告的，或者是一個叫做法尤佐（Faiuzo）的人。熱那亞人則反駁，威尼斯人應當為這次慘敗負全責。科科「是個沽名釣譽之徒」[4]，無視命令，為這整場行動帶來了災難。另外，他們還指責威尼斯水手偷偷將物資裝上船，準備逃離君士坦丁堡。

雙方大吵特吵起來，「互相指責企圖逃跑」[5]。義大利人內部的深層敵意浮出了水面。威尼斯人聲稱，他們已經服從皇帝的命令，將船上的貨物卸載上岸，並要求熱那亞人也「將你們船隻的舵和帆保存在君士坦丁堡城內的安全地點」[6]。熱那亞人反駁說，他們絕無逃離城市的企圖；與威尼斯人不同，他們的妻兒老小和財產都在加拉塔，「我們將保衛加拉塔，直到流盡最後一滴血，」並且拒絕將「我們的高貴城市、為熱那亞增光添采的珍寶交給你們」。加拉塔的熱那亞人的曖昧態度使得他們受到了各方面的指控，大家都控訴他們是欺騙盟友的叛徒。熱那亞人與拜占庭和鄂圖曼帝國都是交易夥伴，但他們天性是同情其他基督徒的，而且他們允許拜占庭人將鐵鍊固定在他們的城牆上，就已經破壞了自己的中立性。

君士坦丁十一世很可能親自介入了相互猜忌的義大利人之間的爭吵，但金角灣本身仍然是個懸而未決的難題。基督教艦隊害怕敵人的夜襲或者兩面夾擊（金角灣內部、泉源谷附近有一支鄂圖曼艦隊；金角灣之外、雙柱港附近還有另一支艦隊），絲毫不敢鬆懈。水手們晝夜處於戒備狀態，小心謹慎地捕捉火攻船接近的聲響。在泉源谷附近，鄂圖曼軍隊的大砲嚴陣以待，準備應對基督教艦隊的第二次進攻，但鄂圖曼艦隊沒有採取行動。在科科陣亡之後，威尼斯人重組了自己的隊伍。一位新指揮官多爾芬・多爾芬（Dolfin Dolfin）受命接管科科的戰船；同時他們還在考慮可否用其他方法消滅金角灣內的鄂圖曼戰船。在四月二十八日的失敗之後，海路進攻顯然是太危險了，於是他們決定用遠程手段來騷擾敵人。

五月三日，兩門尺寸相當大的火砲被部署到金角灣沿岸某一座水門處（七百碼外的對岸就是鄂圖曼艦隊的錨地），並開始砲擊鄂圖曼船隻。起初砲擊的效果很可觀。他們擊沉了一些弗斯特戰船，按照巴爾巴羅的說法，「我們的砲擊打死了很多敵人」，但鄂圖曼軍隊迅速採取行動來應對這一威脅。他們把艦船調離基督徒火砲的射程，並用他們自己的三門大砲還擊，「造成了相當嚴重的破壞」。雙方的大砲在隨後十天內隔著海面互相轟擊，但都無法摧毀對方，「因為我們的大砲在城牆後，他們的大砲則得到了堤岸的良好保護，而且雙方的距離達到半英里」[7]。於是，這場砲擊競賽逐漸陷入僵局，但金角灣的壓力還在，而且穆罕默德二世在五月五日回敬以自己的砲擊計畫。

他那不知疲倦的頭腦一定早就在思考這個問題：既然加拉塔城牆處在火線上，如何才能砲擊鐵鍊處的基督教船隻呢？解決方案是建造一門彈道更為彎曲的大砲，讓它從加拉塔城的後方射擊，這樣砲彈就可以從加拉塔城頭頂上越過，而不至於誤擊這座中立城市。於是他命令鑄砲工匠們開始研製一種原始的臼砲，「能夠將石彈射得很高，石彈落下來之後就能夠正中敵船，將其擊沉」[8]。新的大砲已經製造成功，準備就緒。它從加拉塔後方一座山上向鐵鍊處的基督教船隻開了火。加拉塔的城牆正處於這門砲的火線之內，但這對穆罕默德二世來說有個好處：向態度可疑的熱那亞人施壓。這門臼砲的第一批砲彈從加拉塔城民們的屋頂上呼嘯而過，城民們一定感受到鄂圖曼帝國勒緊了他們脖子上的絞索。當天的第三發砲彈「從山頂上轟鳴著飛下，」[9]沒有命中敵船，卻擊中了一艘中立的熱那亞商船的甲板。該船「容積為三百桶，裝載著絲綢、蜂蠟和其他商品，總價值一萬兩千杜卡特。它當場就沉沒了，桅頂和船體都消失得無影無蹤，船上有人被淹死」[10]。於是，守衛鐵鍊的所有船隻都轉移到了加拉塔城牆之下，尋求庇護。臼砲繼續轟擊，射程略有縮短，砲彈開始落在城牆和城內房屋上。槳帆船和其他船隻上不斷有人被石彈擊斃，「有時一發砲彈能打死四個人，」[11]但城牆提供了足夠的防護，因此沒有更多船隻被擊沉。加拉塔的熱那亞人第一次遭到直接砲擊，儘管只有一人死亡（「一位名譽極佳的婦女，當時站在大約三十人的人群中間」[12]），鄂圖曼人的意圖是再清楚不過的。

加拉塔城派出了一個代表團來到蘇丹的大營，向他抱怨此次攻擊。一位維齊爾面無表情地抗議說，他們以為被擊沉的船屬於敵人，並平靜地向代表們保證，最終占領君士坦丁堡之後，「欠他們的錢都會還清」[13]。「土耳其人就用這種侵略行徑報答加拉塔人民向他們表現的友誼，」[14]杜卡斯譏諷地宣稱。他說的「友誼」指的是加拉塔人向土耳其人通風報信，導致科科夜襲的失敗。在此期間，石彈繼續以彎曲的彈道越過金角灣。按照巴爾巴羅的說法，到五月十四日，鄂圖曼軍隊的臼砲已經發射了「兩百一十二發石彈，每一發石彈至少有兩百磅重」[15]。基督教艦隊一直被壓制在原地，未能發揮任何作用。在十四日之前很久，基督徒們就已經放棄了對金角灣的有效控制。陸牆處於戰事吃緊，需要更多的人力和物資，這更加深了水手們之間的矛盾。穆罕默德二世的壓力消解了不少，於是命令在金角灣上修建一座浮橋，位置就在君士坦丁堡城外不遠處，以縮短他的交通線，並保證人員和大砲能夠自由移動。

✯

在陸牆處，穆罕默德二世也在施加更大的壓力。他的戰術是消磨對方的力量，並愈來愈重視心理戰。現在守軍的兵力更加微弱，他決定用持續的砲火把他們拖垮。四月底，他把一些大砲調到聖羅曼努斯門附近的城牆中段，「因為那裡的城牆比較低，也比較弱」[16]；當然，他同時還在加緊砲擊皇宮一帶僅有一道城牆的地段。大砲晝夜轟鳴；鄂圖曼軍隊還隨時可能會發動小規模襲擊，檢驗守軍的決心，然後一連幾天都不進攻，讓守軍自己鬆懈下來。

快到四月底的時候，一次大規模砲擊把城牆頂端炸塌了大約三十英尺。天黑之後，朱斯蒂尼亞尼的部下再次開始搶修，用泥土封堵缺口，但次日鄂圖曼大砲又開始了狂轟濫炸。但是，快到中午的時候，其中一門大砲的火藥室發生破裂，可能是因為砲管的缺陷，儘管俄羅斯人涅斯托爾—伊斯坎德爾聲稱這是被守軍的火砲擊中所致。但這個挫折讓穆罕默德二世火冒三丈，下令立即發動一次攻勢。鄂圖曼軍隊向城牆發起了衝鋒，令守軍措手不及。隨後爆發了一場激烈交火。城內敲響了警鐘，人們衝向城牆。「兵器碰撞、火光奪目，所有人都感到城市已經被連根拔起。」[17]衝鋒的鄂圖曼士兵被成片地打倒在地，又被後面瘋狂地衝上來的其他士兵踩在腳下。對俄羅斯人涅斯托爾—伊斯坎德爾來說，這個景象極其恐怖：「死屍幾乎將壕溝填滿，土耳其人就踏過己方士兵的屍體，像在大草原上衝鋒一樣，繼續戰鬥，死者的屍體成了通往城市的橋梁或者樓梯。」守軍最終無比艱難地打退了這次進攻，戰鬥一直持續到夜色降臨。成堆的死屍被拋棄在壕溝內；「從突破口附近一直到山谷，流血漂櫓」[18]。守軍士兵和城民們筋疲力竭，倒頭就睡，任憑傷者在城牆外呻吟。第二天，僧侶們再次開始他們的憂傷工作：埋葬戰死的基督徒，並清點敵人屍體。君士坦丁十一世已經被消耗戰拖得身心俱疲，現在看到傷亡數字，顯然非常煩惱。

疲憊、飢餓和絕望開始給守軍帶來嚴重的損失。到五月初，糧食已經短缺；此時已經很難和加拉塔的熱那亞人做生意，划船去金角灣捕魚也變得非常危險。在戰鬥間歇，很多防守城牆的士兵會離開崗位，為家人搜尋食物。鄂圖曼軍隊知道這個情況，不斷發動突襲，用一端帶鉤子的木棍將城牆上裝泥土的木桶拉下來。他們甚至能夠大搖大擺地接近城牆，用網兜回收砲彈。城內的爭吵愈演愈烈。熱那亞人的大主教萊奧納德控訴擅離崗位的希臘人是懦夫。希臘人反駁說：「如果我的家人挨餓，城防關我什麼事？」[19]萊奧納德感到，還有很多希臘人「對拉丁人滿腹仇恨」[20]。有人被指控囤積糧食、怯懦畏敵、心存投機和妨礙城防。講不同語言、信仰不同信條和血統出身不同的各個人群之間的矛盾愈來愈深。朱斯蒂尼亞尼和諾塔拉斯互相爭奪軍事資源。萊奧納德嚴厲譴責「某些人的醜惡行徑，他們是喝人血人膏的惡魔，囤積糧食，或者哄抬糧價」[21]。在圍城的巨大壓力之下，脆弱的基督教聯盟開始瓦解。萊奧納德責怪君士坦丁十一世沒能控制住局面：「皇帝行事過於寬大，抗命不遵的人既沒有受到言語訓斥，也沒有受到刀劍的懲罰。」[22]城牆外的穆罕默德二世很可能也得知了這些爭吵和矛盾。「守城軍隊陷入了分裂，」[23]鄂圖曼史官圖爾松貝伊在這個時期記載道。

為了防止士兵去搜尋糧食而怠忽職守，君士坦丁十一世下令向士兵的家屬平均分配糧食。形勢已經非常險惡，他在大臣們的建議下徵用了教堂的聖餐盤，將其熔化、鑄成錢幣，分發給士兵們，讓他們去購買糧食。皇帝的這個舉措很可能是頗有爭議的，不大可能受到虔誠的東正教徒的支持，後者認為城市蒙受的苦難是罪孽和錯誤所應得的懲罰。

拜占庭指揮官們在加緊商討戰局。敵人艦隊進入金角灣，嚴重打亂了守軍的計畫，他們被迫根據新局勢重新部署部隊和劃分防區。城牆守軍一天二十四小時地瞭望西方大海，但海平線上沒有任何動靜。大約在五月三日，守軍召開了一次重要會議。指揮官、民政要人和教會人士共商國是。敵人的大砲還在轟擊城牆，守軍士氣愈來愈低落，大家感受到敵人的全面進攻已經迫在眉睫。在充滿不祥預感的氣氛下，有人提議讓君士坦丁十一世離開城市，前往伯羅奔尼撒半島，在那裡重整旗鼓，招募新兵，以圖東山再起。朱斯蒂尼亞尼表示願意提供他的槳帆船送皇帝逃離。史學家們對君士坦丁十一世的答覆做了非常煽情的記述。他「沉默許久，淚如雨下，然後說道：『我讚賞和感激你們的建議，感謝你們每一個人，因為這建議符合我的利益，一定是這樣的。但我怎麼能這麼做？怎麼能離開教會、上帝的教堂、帝國和所有人民？請告訴我，如果我逃走的話，全世界會怎麼看我？不，眾位大人，不行。我要在這裡和你們一起殞身報國。』他向他們鞠躬致敬，哭得傷心欲絕。牧首和在場的其他人都開始默默流淚。」24

平靜下來之後，君士坦丁十一世提出了一個務實的建議：威尼斯人應當立即派遣一艘船到愛琴海東部，尋找救援艦隊的跡象。要突破鄂圖曼人的海上封鎖是非常危險的，但當即就有十二人自願報名，於是準備了一艘雙桅帆船來執行這個任務。五月三日快到午夜時，這十二人喬裝打扮成土耳其人，登上了這艘小船。船被拖曳到鐵鍊處。帆船張掛著鄂圖曼帝國的旗幟，升起船帆，溜過了敵人的巡邏隊，絲毫沒有被敵人察覺，然後在夜色掩護下向西進入馬摩拉海。

✯

雖然大砲有一些技術問題，穆罕默德二世仍然繼續砲擊城牆。五月六日，他判斷，發動致命一擊的時機已經到了：「他命令陸軍全軍再次向城市推進，全天猛攻。」[25]城內傳出的消息可能讓他確信，守軍的鬥志已經在崩潰；或許還有其他情報警告他，義大利人正在緩慢地組織一支援軍。他感到，城牆中段的脆弱環節已經到了一個臨界點。他決定再發動一次大規模進攻。

五月六日，大砲再次猛烈開火，較小的火砲也加入合唱，此時砲手們對射擊模式已經駕輕就熟。砲擊還伴隨著「吶喊聲和響板的敲擊聲，以威懾城內的人」[26]。很快地，又有一段城牆倒塌了。守軍要等到夜間才能修補城牆，但這一次，鄂圖曼人在夜間也繼續砲擊，所以守軍無法封閉這個缺口。次日早上，大砲繼續對城牆基部狂轟濫炸，又打垮了相當長的一段。鄂圖曼軍隊持續砲擊了一整天。晚上七點左右，他們向城牆突破口發動了一次排山倒海的進攻，像往常一樣大呼小叫、鼓樂喧天。遠方港口內的基督徒水手們聽到了狂野的呼喊聲，擔心鄂圖曼艦隊也會相應地發動進攻，於是做好了戰鬥準備。成千上萬的鄂圖曼士兵越過壕溝，衝向突破口，但此處非常狹窄，兵力優勢發揮不出來，他們在強行猛衝的過程中踩倒了不少自己人。朱斯蒂尼亞尼衝上去迎戰，突破口處爆發了一場絕望的肉搏戰。

一個名叫穆拉德的近衛軍士兵引領著第一波攻擊。他凶猛地向朱斯蒂尼亞尼砍殺，朱斯蒂尼亞尼險些喪命，但這時有一個希臘人從城牆上跳下來，用斧頭砍斷了穆拉德的雙腿，才將朱斯蒂尼亞尼救下。率領第二波攻擊的是鄂圖曼帝國歐洲軍的旗手奧馬爾（Omar）貝伊，迎戰他們的是朗加比斯（Rhangabes）指揮下的一大隊希臘兵。在大肆砍殺和衝刺的混戰中，雙方的指揮官在各自部下面前展開了一對一單挑。奧馬爾「拔出利劍，向對方猛攻，兩人瘋狂地互相劈砍。朗加比斯走到一塊石頭上，雙手握劍，砍到奧馬爾的肩膀，將他劈成兩段，因為朗加比斯的臂力極強」[27]。鄂圖曼士兵們看到指揮官戰死，不禁火冒三丈，將朗加比斯團團圍住，把他砍倒在地。就像《伊利亞德》的場景一樣，雙方都衝上去爭搶指揮官的屍體。希臘人急於奪回城門外的屍體，「但未能成功，自己損失慘重」[28]。鄂圖曼士兵們將殘缺不全的屍體砍成肉泥，把希臘兵趕回了城內。這場鏖戰持續了三個鐘頭，但守軍堅守住了戰線。戰鬥漸漸平息下來，大砲又開始咆哮，以阻止守軍封閉缺口。同時鄂圖曼軍隊發動了一次牽制性攻擊，企圖將皇宮附近的城門燒毀，但也被擊退。朱斯蒂尼亞尼和疲憊不堪的守軍士兵們在黑暗中努力重建臨時壁壘。由於城牆遭到轟擊，他們不得不在比原先位置更靠後的地方修建土木壁壘。城牆堅持住了，但非常勉強。在城內，「希臘人因為朗加比斯的戰死而萬分悲痛和恐懼，因為他是個了不起的戰士，非常英勇，而且受到皇帝的敬愛」[29]。

☆

對守軍來說，砲擊、進攻和修補城牆的循環愈來愈模糊不清。就像描繪塹壕戰的日記一樣，史學家們的記載也愈來愈單調和重複。「五月十一日，」巴爾巴羅記載道，「除了陸牆遭到相當規模的砲擊，陸上和海上都很平靜，沒有發生什麼值得一提的事情……十三日，一些土耳其人來到城牆下，發動了小規模襲擾，但除了不幸的城牆遭到持續轟炸之外，白天和夜間都沒有發生什麼重要的事情。」[30]涅斯托爾——伊斯坎德爾對時間的把握開始出錯，他記載的事件的順序開始紊亂，甚至有重複記錄。士兵和平民都厭倦了戰鬥、修理、埋葬死者和清點敵人的死屍。鄂圖曼軍隊對營地內的衛生狀況高度重視，總會把己方陣亡者抬走安葬，但壕溝內還是堆滿了腐爛的死屍。激烈殘殺威脅著飲用水的安全：「河流溪澗中的汙血汙染了水源，發出惡臭。」[31]城內的城民們愈來愈沉迷於教堂禮拜和聖像創造奇跡的神力，忙於思考罪孽和對局勢進行神學解釋。「全城到處可見有男女群眾組成神祕的遊行隊伍前往上帝的教堂，淚流滿面，讚美和感恩上帝與最純潔的聖母。」[32]鄂圖曼軍營裡每隔一段時間就會響起召喚祈禱的呼聲，借此計時。德爾維希們在士兵中間來回穿梭，告誡信眾要堅定信心，牢記聖訓中的預言：「在攻打君士坦丁堡的聖戰中，三分之一的穆斯林將被擊敗，這是真主不能寬恕的；三分之一將英勇犧牲，成為偉大的烈士；還有三分之一將取得最終勝利。」[33]

守軍的傷亡持續增加，君士坦丁十一世和他的指揮官們焦急地到處搜尋人力物力來填補缺口。他們雖然竭盡全力，還是無法讓所有守軍精誠團結。大公盧卡斯·諾塔拉斯與朱斯蒂尼亞尼爭吵不休，威尼斯人則大體上獨立行動、自行其是。目前唯一尚未動用的人力資源就是槳帆船的船員，於是皇帝向威尼斯社區求援。五月八日，威尼斯十二人議事會召開了會議，投票決定將三艘威尼斯大型槳帆船上的武器卸下，將船員調往城牆，然後在造船廠內將槳帆船摧毀。這是個不得已而為之的萬難之策，目的是確保船員們一心一意地參加守城，但這個措施招致了激烈反對。卸載武器的工作正要開始，船員們手執利劍阻擋住了跳板，宣稱：「我們倒要看看，誰敢從這些槳帆船上卸貨！……我們知道，一旦我們把這些槳帆船上的貨物卸下，在造船廠內把它們擊沉，希臘人就會用武力把我們扣押在城內，當做他們的奴隸。而我們現在還是來去自由的。」[34]船長和船員們害怕自己安全撤離的交通工具被摧毀，封鎖了他們的船隻，嚴陣以待。這一天，鄂圖曼人仍然在持續不斷地轟擊陸牆。形勢危急，議事會不得不在第二天再次開會，修改了計畫。這一次，兩艘長型槳帆船的指揮官加布里埃利．特里維薩諾同意將他的船隻上的武器卸下，並帶領四百人加入聖羅曼努斯門的防守。花了四天時間才說服船員們合作並搬運裝備。他們在五月十三日抵達聖羅曼努斯門時，幾乎已經太晚了。

✯

雖然穆罕默德二世的砲火主要集中在聖羅曼努斯門地段，但還有一些火砲在轟擊皇宮附近、狄奧多西城牆與單獨一道城牆相接的地點。到五月十二日，大砲已經摧毀了這裡的一段外牆，穆罕默德二世決定在這個地點發動一次集中夜襲。午夜將近時，一支龐大的隊伍開始向突破口前進。守軍措手不及，被安納托利亞軍旗手穆斯塔法指揮的一支隊伍從城牆上打退了。守軍從城牆的其他地段迅速調來援軍，但鄂圖曼軍隊一一將他們擊退，開始在城牆上搭起雲梯。皇宮周邊小巷裡的人們倉皇失措。城民們從城牆逃走，很多人「在那天夜裡相信城市已經陷落了」[35]。

按照涅斯托爾—伊斯坎德爾的說法，就在此時，在三英里之外的聖索菲亞大教堂門廊上，正在召開一場氣氛肅殺的作戰會議。大家必須直接面對嚴峻的形勢。守軍的兵力一天天減少：「如果繼續這樣下去，我們全都必死無疑，他們就會占領城市。」[36]面對這樣的殘酷現實，君士坦丁十一世直言不諱地提出了一系列選擇，供指揮官們斟酌：他們可以在夜間衝殺出城，嘗試透過奇襲打敗鄂圖曼軍隊；或者死守到底，寄希望於匈牙利人或義大利人的救援，同時等待不可避免的厄運。盧卡斯．諾塔拉斯建議繼續死守，其他人則再次懇求君士坦丁十一世離開城市。就在此時，他們得到消息，「土耳其人已經在攀爬城牆和屠戮城民」[37]。

君士坦丁十一世策馬奔向皇宮。在黑暗中，他遇見了一些從突破口逃跑的平民和士兵。他徒勞無功地努力讓他們返回前線，每過一分鐘，戰局都日益惡化。鄂圖曼騎兵已經開始衝入城內，城牆內已經爆發了激戰。君士坦丁十一世和他的衛隊的到來總算穩定住了希臘兵的軍心：「皇帝抵達前線，向他的士兵們呼喊，鼓勵他們英勇奮戰。」[38]在朱斯蒂尼亞尼的幫助下，他打退了入侵城牆的敵人，把他們困在迷宮般的小巷內，將其分割為兩個部分。四面受敵的鄂圖曼士兵們發動了勇猛的反擊，企圖殺死皇帝。君士坦丁十一世毫髮未傷，激情滿懷地將敵人一直驅趕到突破口處，甚至還打算繼續縱馬衝殺出去，「但內廷貴族和他的日耳曼衛兵們攔住了他，勸說他騎馬回城」[39]。沒能逃走的鄂圖曼士兵全被殺死在黑暗的小巷內。次日，城民們把鄂圖曼士兵的屍體拖到城牆上，丟進下方的壕溝，好讓他們的戰友拖回屍體。君士坦丁堡在這次危機中倖存，但敵人的每一次進攻都讓城市的生存希望減少了一分。

✯

這是穆罕默德二世向皇宮段城牆發動的最後一次大規模攻勢。雖然沒能得手，但他一定能感覺到，勝利已經在望。現在他似乎下了決心，要把全部火力集中在防守最脆弱的地段——聖羅曼努斯門。五月十四日，他得知基督徒已經將部分槳帆船的武器拆除，並將大部分船隻撤入遠離鐵鍊的一個小港，於是得出結論：在金角灣的鄂圖曼艦隊已經相對安全。然後他把加拉塔附近山上的大砲也調到了陸牆前。起初，他命令這些火砲轟擊皇宮附近的城牆，但成效不彰，於是他又把它們調到了聖羅曼努斯門。現在的砲擊戰術愈來愈改為集中所有火砲射擊一個點，而不是把各門火砲平攤在寬大正面上。砲火比以往更為凶悍：「這些大砲晝夜不停地轟擊我們可憐的城牆，把大段城牆炸塌。我們城內的人日夜勞作，用木桶、柴禾、泥土和其他所有必需的東西搶修被摧毀的城牆。」[40]特里維薩諾指揮下的槳帆船水手們就駐紮在這裡，「配備了優質大砲和火槍，以及大量弩弓和其他裝備」[41]。

同時，穆罕默德二世不斷向守衛鐵鍊的基督教船隻施壓。五月十六日晚上十點，有人發現部分雙桅帆船脫離了停泊在海峽中的鄂圖曼主力艦隊，全速駛向鐵鍊。瞭望的基督徒水手們推測，這是在鄂圖曼艦隊服役的基督徒正在逃離，「我們在鐵鍊處的基督徒欣喜地等待他們」[42]。但當這些船隻接近的時候，卻向守軍開火。義大利人立刻出動了他們的雙桅帆船，將敵人打得抱頭鼠竄。基督教戰船只差一點就追上了，但「他們開始拚命划槳，逃回了自己的艦隊」[43]。次日，鄂圖曼艦隊出動五艘快速弗斯特戰船，再次發動試探性進攻。守軍用「七十多發砲彈」[44]的暴雨將其擊退。

五月二十一日黎明前，鄂圖曼艦隊向鐵鍊發動了第三次，也是最後一次進攻，這一次整支艦隊大舉出動。他們划著槳逼近鐵鍊，「手鼓和響板的聲音震耳欲聾，想用這個來嚇唬我們」[45]，然後艦隊停了下來，審視對手的實力。鐵鍊處的基督教船隻全副武裝，做好了戰鬥準備，一場大規模海戰似乎一觸即發。就在此時，城內傳來宣布全面進攻的警報聲。金角灣內的所有基督教船隻都迅速開往戰鬥崗位，而鄂圖曼艦隊則躊躇不決。最後他們調頭返回了雙柱港，於是「天亮兩個小時之後，雙方都十分平靜，就好像海路進攻根本不曾發生過」[46]。這是鄂圖曼人最後一次嘗試進攻鐵鍊。鄂圖曼艦隊的槳手大多是基督徒，如今士氣可能已經非常低落，無力挑戰基督徒的船隻，但這些舉措讓守軍精神緊繃，無法休息。

在其他地方，穆斯林非常的忙碌，而這對守軍來說是個不祥之兆。五月十九日，鄂圖曼工兵建成了一座浮橋，將它架設在離城牆外不遠處的金角灣海面上。這又是穆罕默德二世一個臨場應變的傑作。浮橋由一千個大酒桶（顯然是從加拉塔城內喜好葡萄酒的基督徒那裡弄來的）組成，每兩個木桶首尾相接，上面鋪設木板，形成一條夠寬的車道，足以讓五名士兵並肩行走，同時又夠堅固，可以承載大車的重量。修建浮橋的目的是為了縮短陸軍兩翼之間的交通線（在此之前要繞過金角灣頂部）。巴爾巴羅指出，穆罕默德二世準備浮橋是為了發動一次總攻，好讓他的士兵能夠快速移動。但浮橋直到圍城戰後期才在最終位置上架設就緒，「因為假如在全面進攻前就在金角灣上架設好浮橋，那只需一發砲彈就能將其摧毀」[47]。從城牆處可以一覽無遺鄂圖曼人的這些準備工作。守軍再次被穆罕默德在攻城戰上所投入的巨大人力、物力所震撼。但還有一項工程沒有暴露在基督徒們眼前，它很快就將讓他們魂飛魄散。

✯

到五月中旬，穆罕默德二世已經把守軍消耗到了極限，但君士坦丁堡的防線仍然完整。他已經充分利用了陸、海軍的資源，動用中世紀攻城戰的三項關鍵戰術——突襲、砲擊和封鎖。但他還有一項非常經典的戰術尚未嘗試：挖地道。

在塞爾維亞的鄂圖曼附庸國境內有一座叫做新布林多（Novo Brdo）①的城市，它是巴爾幹內陸最重要的城市，它憑藉銀礦帶來的財富而馳名歐洲。圍攻君士坦丁堡的斯拉夫部隊中包括了一群來自新布林多的熟練礦工，他們有可能是薩克森（Saxon）移民，「精通挖掘和開鑿坑道的技術，對他們的工具而言，大理石就像蜂蠟一般柔軟，黑壓壓的群山不過是一堆塵土」[48]。在戰役早期，他們就嘗試在城牆中段下方挖地道，但由於地形不合適，放棄了計畫。五月中旬，其他的方法都已經失敗，圍城戰進入第二個月，坑道工兵們展開了一個新工程，這回地點是在皇宮附近的單道城牆附近。挖地道雖然非常艱苦，但卻是摧毀城牆最有效的手段之一，穆斯林軍隊已經使用這個方法達數世紀之久，屢建奇功。到十二世紀末，薩拉丁的繼承人們已經精通了這門技術，透過砲擊和地道雙管齊下，在六週內就占領了十字軍的多座大型城堡。

大約在五月中旬，在木柵和碉堡的掩護下，薩克森銀礦工人們開始從鄂圖曼軍隊戰壕後方挖掘地道，目標是兩百五十碼外的城牆。這是需要熟練技術的工作，非常辛苦，特別困難。在冒煙的火把照明下，礦工們挖掘了狹窄的地下坑道，前進的過程中不斷用木料支撐地道。鄂圖曼軍隊在歷史上也曾經嘗試挖地道來破壞君士坦丁堡的城牆，但都沒有成功。年老的城民們都堅信，挖地道是行不通的，因為城牆下面大部分是堅固的岩石。但在五月十六日深夜，守軍瞠目結舌地發現，這個老觀念是錯誤的。城牆上的士兵偶然聽見城牆內的地下傳來鶴嘴鎬的敲擊聲和模糊的交談聲。地道顯然已經從城牆底下穿過，鄂圖曼工兵們將要在城內挖出一個祕密入口。守軍很快將這個消息報告給了諾塔拉斯和君士坦丁十一世。他們急忙召開了一次會議，然後在城內尋找有採

① 今屬科索沃共和國。

礦經驗的人，來應對這個新的威脅。臨危受命的是個奇人：「約翰・格蘭特（John Grant），日耳曼人，優秀的軍人，精通軍事問題」[49]，追隨朱斯蒂尼亞尼的隊伍來到了君士坦丁堡。他其實是個蘇格蘭人，顯然曾經在日耳曼工作過。他在來到君士坦丁堡之前有哪些經歷，已經很難揣測。他顯然是個武藝高強的職業軍人、攻城戰專家和工程師，在短期內他將在這場戰爭中最奇異的支線劇情中扮演重要的角色。

格蘭特顯然非常熟悉坑道作業。他根據敵人挖掘地道的聲響判斷出地道的位置，然後偷偷地快速挖掘了自己的地道。守軍有著出其不意的優勢。他們在黑暗中衝進敵人的地道，燒毀了支撐地道的木料，導致地道崩塌，鄂圖曼工兵們被困在黑暗中，最後窒息而死。地道帶來的威脅讓守軍徹底喪失了城牆帶來的安全感。從此以後，守軍特別小心謹慎地搜尋敵人挖地道的跡象。格蘭特一定是開創了當時防禦地道的標準戰術。他在城牆附近的地面上每隔一段距離就放置一碗或一桶水，人們觀察水面，如果水面有漣漪的話，就說明地下有震動。確定敵人地道的位置並快速和祕密地予以攔截需要更多的技術。隨後的日子裡，雙方在地下展開了一場殘酷的鬥爭。這場地下戰鬥需要特別的技術和紀律，是在光天化日之下爭奪城牆和鐵鍊的鬥爭之外的第三條戰線。五月十六日之後的幾天內，基督教工兵們沒有發現敵人的任何新動向。二十一日，他們發現了一條新地道。它同樣從城牆地基下穿過，目的是在城內打開一個入口，好讓部隊溜進城來。格蘭特的部下攔截了這條地道，但沒能打敵人一個措手不及。鄂圖曼士兵們從地道撤退，將支撐木梁燒毀，於是地道就坍塌了。

後來雙方就在黑暗的地下來了一場貓抓老鼠的遊戲，打得非常慘烈。次日，「晚禱時分」[50]，守軍在卡里加利亞門附近發現了敵人的另一條地道，並予以攔截。他們用希臘火活活燒死了地道內的工兵。幾個小時後，有震動表明，附近還有一條地道，但這條地道很難攔截。不過後來地道內的支撐木梁卻自行垮塌，現場的工兵全被活埋。

薩克森礦工們不知疲倦地埋頭苦幹。雙方每天都要在地下交鋒。據賈科莫・特塔爾迪回憶說，每一次「基督徒們都挖掘自己的地道，然後仔細監聽，找到敵人地道的位置……他們用煙把土耳其人熏死在自己的地道內，或者有時用惡臭的東西。在有些地方，他們向地道內灌水，還常常與敵人工兵展開肉搏戰。」[51]

在地道戰持續進行的同時，穆罕默德二世的工兵們在地上還實施了另一項非比尋常、而且完全出人意料的工程。五月十九日拂曉，查瑞休斯門附近城牆上的哨兵們開始準備一天的戰鬥，當他們越過敵人的帳篷海向遠方眺望，卻被眼前的景象驚得目瞪口呆。在他們前方十步遠的地方，也就是壕溝邊上，屹立著一座巨大的攻城塔，「其高度超過外堡的城牆」[52]，一夜之間不知從哪裡冒了出來。鄂圖曼軍隊非常快速地搭建起這座帶輪子的攻城塔，在夜間將它運到城牆前，如今正對著城牆居高臨下。敵人的效率讓守軍無比震驚，也百思不得其解。攻城塔的骨架由堅固的木梁組成，覆蓋著駱駝皮和雙層木柵，以保護內部的人員。塔樓的下半部分裝滿泥土，外面一圈築有土牆，「所以大砲或者火槍的彈丸都奈何它不得」[53]。這座活動攻城塔內的各層之間有梯子相連，梯子也可以用做連接攻城塔和城牆的橋梁。一夜之間，大量工人還在攻城塔背面修建了一座有防護的堤道，「這堤道有半英里長……上面鋪著兩層木柵，然後又覆蓋了駱駝皮，士兵們就可以安全地從攻城塔走到軍營，而不用害怕子彈、弩箭或小型火砲發射的石彈」[54]。守軍士兵們爭相跑上城牆去觀看這令人難以置信的景象。攻城塔是源自古典時期戰爭的古老事物，儘管萊奧納德大主教認為「就連羅馬人也很難建造出這樣的裝置」[55]。鄂圖曼人設計這座攻城塔是專門為了填滿城牆前棘手的壕溝。在塔內，眾多士兵在挖掘泥土，並透過防護層的小口子將泥土拋入前方的壕溝。他們一整天都在這麼苦幹。同時，攻城塔高層的弓箭手向城內射箭，為下面的人提供掩護。弓箭手們似乎「鬥志非常高昂」[56]。

這是典型的穆罕默德二世風格的工程——祕密籌劃、規模宏大，執行起來速度奇快，就像搬運戰船那樣。攻城塔給守軍造成的心理震懾也是極大的。鄂圖曼軍隊的足智多謀和資源的取之不盡對守軍來說一定是個不斷再現的噩夢。君士坦丁十一世和他的指揮官們匆匆來到城垛，應付新的危機，「他們看到它時，無不呆若木雞。他們非常擔心，這座攻城塔將使得城市失守，因為它的高度比外堡還要高」[57]。攻城塔的威脅是非常明顯的。它就在守軍眼皮底下把壕溝漸漸填平了，弓箭手的掩護火力則使得守軍難以做出回應。到了黃昏，鄂圖曼軍隊已經取得了相當大的進展。他們用木材、乾樹枝和泥土填平了壕溝。攻城塔內的人推動它繼續接近城牆。手足無措的守軍決定必須當機立斷：如果這座居高臨下的攻城塔再運作一天，後果將不堪設想。天黑之後，守軍在城牆後準備了成桶的火藥，點燃引信後將其從城牆上推向攻城塔。發生了一連串的大爆炸：「大地突然

圖33　一座攻城塔攻擊一座城堡

像雷鳴一般咆哮起來，攻城塔及其人員被炸上雲霄，就像被猛烈暴風捲起一樣。」攻城塔炸裂了，「人和木料從高處飛落下來」[58]。守軍向下方正在呻吟的傷者傾倒了成桶的燃燒瀝青。守軍還從城牆出擊，大肆屠戮倖存者，將死屍和被推到城牆附近的其他攻城武器（「長長的攻城錘、帶輪子的雲梯、附有防禦塔的大車」）[59]一起燒毀。穆罕默德二世從遠處目睹了這次失敗。他怒火中燒地命令士兵們後撤。接近了城牆其他地段的類似的攻城塔也被撤下，或者被守軍燒毀。攻城塔面對火攻顯然太脆弱，於是鄂圖曼軍隊沒有再重複對它的試驗。

地道戰愈打愈激烈。五月二十三日，守軍發現並進入了又一條地道。他們借助閃爍的火光沿著狹窄的坑道前進，突然間迎頭撞上了敵人。他們投擲希臘火，把地道頂部弄塌，將敵人工兵活埋，還俘虜了兩名軍官，把他們帶回地面。希臘人嚴刑拷打這兩名鄂圖曼軍官，直到他們招供了其他地道的位置；「他們招供之後，就被斬首，屍體被從城牆上拋下。土耳其人看到自己的人被從城牆上丟下，非常惱火，對希臘人和我們義大利人恨之入骨。」[60]

次日，銀礦礦工們改變了戰術。他們不再像以往那樣挖掘穿過城牆的地道以打通進入城內的通道，而是在離城牆還有十步遠時就改變方向，挖掘與城牆平行的地道。他們用木料支撐地道，並做好將其燒毀的準備，希望借此使一段城牆坍塌。守軍在千鈞一髮之際發現了敵人的新動向；鄂圖曼工兵們被擊退，守軍用磚塊堵住了城牆下的地道。這起事件在城內引起了極大的不安。五月二十五日，鄂圖曼人最後一次嘗試挖地道，工兵們再次在很長一段城牆下挖掘了地道，並做好支撐，準備點火，但卻再次被守軍發現和擊退。在守軍眼中，這是已發現的地道中最危險的一條；而這也宣告了地道戰的結束。薩克森礦工們一刻不停地苦幹了十天；他們挖掘了十四條地道，但全被格蘭特摧毀。穆罕默德二世承認攻城塔和地道都失敗了，只得讓大砲繼續射擊。

✯

在君士坦丁堡以西，遠離大砲轟鳴和夜襲嘈雜的地方，上演了另一場規模雖小但同樣重要的劇碼。在愛琴海東部一個島嶼的港口，一艘帆船正在錨地搖曳。它就是那艘衝出封鎖線的威尼斯雙桅帆船。五月中旬，它走遍了各個島嶼，尋找救援艦隊的跡象，卻一無所獲，從過往船隻那裡也沒有獲得任何好消息。現在他們知道，沒有任何船隻前去援救君士坦丁堡。事實上，威尼斯艦隊正在希臘外海，謹慎地搜尋關於鄂圖曼海軍意圖的情報，而教宗從威尼斯租借的槳帆船還在修建過程中。從君士坦丁堡出發尋找援軍的水手們完全理解自己所處的局面。他們在甲板上激烈地爭論，下一步該怎麼辦。一名水手強烈主張駛離君士坦丁堡，返回「基督教的土地，因為我很清楚，此時土耳其人肯定已經占領了君士坦丁堡」[61]。他的夥伴們轉向他，回答說，皇帝把這個任務託付給了我們，我們必須完成使命。「所以我們必須返回君士坦丁堡，不管它在土耳其人還是基督徒的手中，不管我們此行是生是死，我們都必須回去。」[62]大家進行了民主表決，決議無論如何都要返航。

雙桅帆船順著南風在達達尼爾海峽北上，假扮成土耳其船隻，在五月二十三日破曉前接近了君士坦丁堡。這一回鄂圖曼艦隊沒有上當。他們害怕威尼斯槳帆船艦隊前來救援，所以在仔細地巡邏，並把這艘小帆船視為救援艦隊的前鋒。鄂圖曼戰船逼近過來，意圖攔截，但雙桅帆船把它們拋在了後頭。鐵鍊及時打開，放它入港。當天，船員們前去覲見皇帝，向他報告說，沒有發現任何救援艦隊。君士坦丁十一世先感謝他們義無反顧地返回城市，隨後「失聲痛哭起來」。他最終認識到，基督教世界連一艘救援船隻都沒有派出，這讓得到援救的希望徹底斷絕了。「有鑑於此，皇帝決定完全聽從最仁慈的救主耶穌基督、聖母瑪利亞以及帝都的保護者聖君士坦丁的安排，但願能夠守住城市。」[63]這是圍城戰的第四十八天。

第十二章　不祥之兆

一四五三年五月二十四日至五月二十六日

我們從人們的回答和問候中看到徵兆。我們注意家禽的鳴叫和烏鴉的飛翔，並從中總結出預兆。我們研究夢境，相信它們能夠預示未來……就是這些罪孽，以及其他的類似罪行，使我們應得上帝的懲罰。[1]

——約瑟夫．布里恩尼奧斯（Joseph Bryennios），十四世紀拜占庭作家

預言、啟示和罪孽，圍城戰進入了五月的最後幾週，君士坦丁堡的人們陷入了宗教的恐懼中。拜占庭人一向迷信徵兆。君士坦丁堡的建立就是由於神跡的感召：一千兩百四十年前，君士坦丁大帝在米爾維安（Milvian）大橋的關鍵戰役前夕目睹了十字架的幻象。人們積極地追尋和闡釋各種預兆。隨著帝國不可阻擋地日漸衰敗，這些預兆愈來愈與深度的悲觀主義如影隨形。有一個流傳甚廣的說法認為，拜占庭帝國將是地球上最後一個帝國，它的最後一百年於一三九四年前

後開始。人們記起了早期阿拉伯人攻城時留下的古老預言書，廣泛地誦讀著它們晦澀玄妙的詩節：「七山之城，當第二十封信在你的城牆上宣示時，災難將降臨在你頭上。你的陷落和你的君王們的毀滅就不遠了。」[2]拜占庭人把土耳其人看做帶來世界末日的民族，標誌著最後審判，是上帝懲罰基督徒罪孽的工具。

在這種氣氛下，人們持續不斷地審視有可能預示帝國末日（或者世界末日）的徵兆：疫病、自然現象、天使降臨等等。君士坦丁堡的古老超越了居民們的理解力，城市本身籠罩在傳奇、古老預言和超自然寓意中。城內那些歷經千年的古老紀念碑的最初意涵已經被人遺忘，被人們認為是魔法密碼，隱含著對未來的預示：公牛廣場（Forum of the Bull）雕塑基座上的雕刻簷壁，據說包含著用密碼寫就的關於城市末日的預言，而查士丁尼大帝指向東方的巨型騎馬像不再代表對波斯人自信滿懷的統治，而是預示著最終將摧毀城市的敵人的前來方向。

在這樣的大環境下，隨著圍城戰一天天持續下去，人們對末日審判的預感愈來愈強烈。有違常理的天氣和持續不斷的砲擊造成的恐怖讓東正教信徒們確信，末日將在爆炸和黑煙中降臨。敵基督將以穆罕默德二世的形象逼近城門。城內廣泛流傳著預示未來的夢和徵兆：有個小孩看見守衛城牆的天使拋棄了自己的崗位；有人打撈到了滴血的牡蠣；一條大蛇愈來愈逼近，蹂躪大地；對城市造成破壞的地震和冰雹清楚地宣示「世界的毀滅愈來愈近」[3]。所有跡象都表明，時間已經不多了。在聖喬治（Saint George）教堂有一份預言檔，被切割成方塊，顯示了歷代皇帝，每個方塊裡有一位皇帝：「隨著時間流逝，方塊逐個被填滿，他們看到，只有一個方塊仍然是空著的」[4]，也就是即將由君士坦丁十一世占據的那個方塊。拜占庭人有種觀念，認為時間是環狀迴圈和對稱的。第二個關於皇室的預言更印證了這種觀念：建立和喪失城市的皇帝都叫君士坦丁，他們的母親都叫海倫娜。的確，君士坦丁一世和君士坦丁十一世的母親都叫做海倫娜。

在這種狂熱的迷信氣氛下，城民的鬥志似乎在瓦解。城內各處不斷舉行代禱禮拜。不論白天或黑夜，教堂內一直有人在持續不斷地祈禱，只有聖索菲亞大教堂一直空空蕩蕩的。涅斯托爾—伊斯坎德爾看到，「所有人都聚集在上帝的神聖教堂內，哭泣、抽噎、舉起雙臂向蒼天呼籲，懇求上帝的恩典」[5]。對東正教徒來說，祈禱也是城防工作的關鍵部分，和每天夜裡搬運石頭和樹枝去修補工事一樣重要。祈禱能夠支撐起環繞城市的神佑的能量場。更樂觀的人記起了一系列相反的預言：聖母瑪利亞親身保佑著君士坦丁堡，而且真十字架的遺跡就在城內，所以它永遠不可能被攻破；就算敵人打進了城，他們也頂多能前進到君士坦丁大帝的柱廊前，天使就會手執利劍，從天而降，將他們驅散。

儘管有這樣的心理安慰，威尼斯雙桅帆船在五月二十三日帶回的壞消息，還是讓大家對世界末日的恐慌更加強烈，這種恐懼在滿月之夜持續增強。滿月之夜可能就是第二天，即五月二十四日，但具體的日期無法確定。在君士坦丁堡城民的心中，月亮有著一個特殊的地位。月亮會從聖索菲亞大教堂的銅製穹頂上升起，照耀著金角灣風平浪靜的海面和博斯普魯斯海峽。

圖34　牆上鐫刻的花押

自古代以來，月亮就是拜占庭的標誌。每天夜裡，月亮就像是從亞洲群山上挖出的金幣，高高懸掛；月圓月缺象徵著城市的古老以及它曾經經歷的無止盡的時光輪迴——波動沉浮、永恆而不祥。人們認為地球在最後一千年中將由月亮統治，「生命將轉瞬即逝，財富變幻莫測」[6]。到五月底，人們有著一個特別的恐懼：在月亮漸滿過程中，城市絕對不會失陷；但在二十四日之後，月亮要開始虧缺了，吉凶難卜。這個日子讓群眾心生恐懼。君士坦丁堡的整段預言的歷史似乎即將抵達一個關鍵點。

因此，人們在等待五月二十四日黃昏時的心情是非常沉重和焦灼的。在一整天的狂轟濫炸之後，夜晚突然變得萬籟俱寂。各方面的記載都同意，這是一個美麗的春夜，君士坦丁堡最美麗的時節，最後一縷暮光仍然在西方閃爍，遠方傳來海浪拍擊城牆的聲音。「空氣清新，沒有雲彩，」巴爾巴羅回憶道，「天空純淨得像水晶。」[7]但在日落之後的第一個小時，月亮漸漸升起，城牆上的瞭望者看到了一幅非比尋常的景象。月亮原本應當是一輪完整的金盤，但他們看到的卻是「只有三天的新月，幾乎看不見」[8]。一連四個鐘頭，月亮一直陰沉蒼白，只露出極小的月牙，然後才「一點點艱難地恢復整個圓盤，夜間的第六個小時，才形成了完整的圓形」[9]。這次月偏食讓守軍感受到了預言的力量。新月難道不是鄂圖曼人的標誌嗎？穆罕默德二世軍營上空飄揚的旗幟上就有這個新月標誌。據巴爾巴羅說，「皇帝以及所有的王公貴族都非常害怕這個跡象，但土耳其人看到這個跡象，卻在營地內歡呼雀躍，因為勝利似乎屬於他們了」[10]。對正在竭力維持民眾士氣的君士坦丁十一世來說，這是一個沉重的打擊。

次日，君士坦丁堡朝廷（可能是在君士坦丁十一世的鼓動下）決定再一次直接向聖母求救，以鼓舞民眾。人們對聖母的超自然神力篤信不疑。祂的最神聖的一幅聖像——「指路聖母像」，被認為具有神力。據說福音書作者聖路加（Saint Luke）本人創作了這幅聖像，它在歷史上曾多次在成功保衛君士坦丁堡的作戰中扮演了光榮的角色。西元六二六年，阿瓦爾人攻城時，守軍就抬著這幅聖像在城牆上遊行。據說在七一八年阿拉伯人兵臨城下的時候，它再次拯救了城市。於是，在五月二十五日早上，一大群人聚集在存放聖像的神龕處——柯拉神聖救主（Saint Saviour in Chora）教堂（就在城牆附近），向聖母求援。指路聖母像被放在木製托盤上，由聖像協會的成員扛在肩上。悔罪的遊行隊伍按照傳統順序從陡峭狹窄的街道走下：最前方的引路人舉著十字架；然後是搖動香爐的黑衣教士，最後是俗家信徒，男女都有，還有兒童，大家很可能是赤著腳走路的。贊禮員引導大家詠唱聖歌。令人魂牽夢縈的聖歌的四一拍音律、人們的哀慟之聲、焚香的煙霧，以及向佑護世人的聖母發出的傳統祈禱，都在這個清晨冉冉升起。城民們一次又一次重複對神力保佑的強烈懇求：「請拯救祢的城市，如祢所知和所願。祢就是我們的武器、我們的壁壘、我們的盾牌、我們的統帥——為祢的人民而戰吧。」[11]據說這次遊行的具體路線由聖像自己發出的力量決定，就像占卜法杖的牽引力一樣。

在這種充滿恐懼和虔誠的緊張氣氛中，發生了一場突如其來的嚴重災難。聖像突然間無法解釋，「毫無緣由、

圖35　指路聖母像的紋章

不受任何有形力量干預地從人們手中脫落，掉在了地上」[12]。人們不禁毛骨悚然，狂喊著衝上前去，要撿起聖母像。但它緊緊黏在地上，怎麼也拿不起來，就像被鉛塊壓在地上一樣。教士和扛聖像的人叫嚷著、祈禱著努力了很長時間，想把聖像從泥地上撿起。最後聖像終於被撿了起來，但所有人都被這個不祥之兆震驚了。更糟糕的事情還在後面。人們戰慄著重新組成了遊行隊伍，但還沒走多遠，又下起了暴雨。一時間電閃雷鳴，傾盆大雨和冰雹狠狠敲打著狼狽不堪的隊伍，人們「既不能站直身子，也無法前進」[13]。聖像搖搖晃晃地停住了。洪流從狹窄的街道上猛沖而下，勢頭非常凶猛，幾乎要把街上的孩童捲走：「跟在後面的很多孩子都面臨被可怕的洪水捲走和被淹死的危險，好在有人迅速抓住他們，艱難地把他們拖出奔湧而下的洪水。」[14]人們不得不放棄遊行。人群做鳥獸散，心裡帶著對此次困境的明白無誤解釋。聖母拒絕聽取他們的祈禱；暴雨「一定預示著萬物迫在眉睫的毀滅，就像凶猛的洪水一樣，它將把萬物都徹底摧毀」[15]。

次日，人們一覺醒來，發現城市被濃霧吞沒了。一絲風也沒有；空氣沉寂，大霧全天籠罩著城市。一切都看不清、寂靜、無形。這詭異的氣氛讓人們更加歇斯底里。似乎天氣也在和守軍作對，消磨他們的意志。這樣不合常理的大霧只有一個解釋。它表明「上帝離開了城市，徹底背離和拋棄了它。因為上帝隱藏在雲霧中，偶然露面，旋即再次消失」[16]。將近黃昏時，空氣似乎愈來愈渾濁，「一片黑暗開始在城市上空聚集」[17]。還有人目睹了更奇怪的事情。最初，城牆上的哨兵看到君士坦丁堡被火光照亮，似乎敵人正在放火燒城。人們驚恐萬狀地跑去看個究竟，大聲叫嚷，這時他們抬頭望向聖索菲亞大教堂的穹頂，發現它屋頂上閃爍著一種奇怪的光。生性容易激動的涅斯托爾—伊斯坎德爾如此描繪他親眼所見的景象：「一大團火焰從窗戶頂端噴湧而出；

它環繞整座教堂頸部很長一段時間。火焰成了一體；它發生了變化，其光亮無法描摹。它一下子飛向天空。看見它的人都驚呆了；他們開始哀號，用希臘語喊道：『上帝寬恕我們！光明飛向天堂了！』」[18]信徒們認為，上帝顯然已經拋棄了君士坦丁堡。在鄂圖曼軍營，不自然的大霧和詭異的光亮對士兵們也產生了類似的影響。鄂圖曼人看到這些奇異景象，同樣手

圖36「上帝保佑之城」

足無措、驚恐萬狀。穆罕默德二世在營帳內輾轉反側、無法入眠。他看到城市上空的光亮時，起初感到非常不安，於是召喚毛拉們闡釋這個預兆。他們應召而來，宣稱這些徵兆對穆斯林的事業大吉大利：「這是一個偉大的神跡：君士坦丁堡的末日快到了。」[19]

次日（可能是五月二十六日），教士和大臣們派出一個代表團去覲見君士坦丁十一世，表達了自己的不祥預感。他們描述了神祕的光亮，試圖勸說皇帝去尋找一個更安全的地方，對穆罕默德二世進行有效的抵抗：「陛下，請考慮關於這座城市的所有傳言。查士丁尼皇帝在位時，上帝給了我們這光亮，用來保護偉大的神聖教堂和這座城市。但在今夜，它離開了城市，飛往天堂。這表明，上帝的恩典和慷慨已經離我們而去——上帝想要將我們的城市交給敵人……我們懇請陛下離開城市，免得我們全都滅亡！」[20]君士坦丁十一世情緒非常激動，再加上過於疲勞，他昏倒在地，失去知覺很長時間。他甦醒後，仍然堅持己見：離開城市將令他的名字永遠蒙羞；如果形勢無望，他寧願留下，與臣民共存亡。此外，他還命令教士和大臣們不得在群眾中傳播沮喪的言論：「不要讓他們陷入絕望、喪失鬥志。」[21]

對此，其他人做出了不同的反應。五月二十六日夜間，一名叫做尼古拉斯・朱斯蒂尼亞尼（Nicholas Giustiniani）的威尼斯船長（他與守軍的英雄人物喬萬尼・朱斯蒂尼亞尼沒有親戚關係）駕船從鐵鍊處溜走，在夜色掩護下逃走了。還有一些較小的船隻從馬摩拉海的海牆沿線的幾個小港出航，避開了鄂圖曼人的海上封鎖，駛往希臘人控制的愛琴海港口。一些比較富裕的城民躲在金角灣內的義大利船隻上，認為如果最後的浩劫降臨，待在義大利人的船上能給他們最佳的生存機會。還有的人在城內尋找安全的避難所。大多數人對戰敗的後果都不抱任何幻想。

在中世紀充滿神祕主義的大環境下，天象的預兆和不合情理的天氣變化，沉重地打擊了君士坦丁堡城民的鬥志，這些徵兆被認為是上帝意志的清楚表現。其實，這些恐怖現象源自於遙遠的太平洋，能與人們對末日決戰的最駭人想像匹敵。大約在一四五三年初，澳大利亞以東一千兩百英里處一個叫做庫威（Kuwae）島的火山島發生了大爆炸。八立方英里的熔岩被射入平流層，其爆炸力是廣島原子彈的兩百萬倍。這是中世紀的喀拉喀托（Krakatoa）①，對全世界的天氣造成了影響。火山灰被全球風系（global wind）裹挾到世界各地，造成氣溫下降，對從中國到瑞典的農業收成都造成了毀滅性打擊。中國的長江以南地區的氣候原本和佛羅里達一樣溫和，卻連續下了四十天的雪。在英格蘭，當時對樹木年輪的記錄表明它們的生長嚴重受挫。來自庫威島的富含硫磺的顆粒物，很可能就是一四五三年春季困擾君士坦丁堡的不合情理的寒冷，以及反覆無常的大雨、冰雹、濃霧和降雪的罪魁禍首。懸浮在空氣中的顆粒物還造成了耀眼的落日以及奇怪的光學現象。在五月二十六日籠罩聖索菲亞大教堂銅穹頂的可怖光帶，很可能就是火山灰顆粒物造成

① 喀拉喀托是爪哇和蘇門答臘之間巽他（Sunda）海峽中心一個島上的火山。一八八三年喀拉喀托火山大噴發，造成歷史上最嚴重的災難。澳大利亞、日本和菲律賓都能聽到爆炸聲，大量的火山灰灑落到八十萬平方公里的地區。它引起海嘯，浪高三十六公尺，造成爪哇和蘇門答臘三萬六千人死亡。喀拉喀托火山於一九二七年再次噴發，至今仍在活動。

的，或許還有聖艾爾摩（Saint Elmo）之火（大氣放電造成的閃光）②的影響。就是這個奇異現象讓守軍以為上帝拋棄了他們。（一八八三年，喀拉喀托火山爆發導致的耀眼光芒同樣令紐約人驚慌失措，但他們生活在一個科學更昌明的時代，他們更容易誤以為那是失火所致，所以趕緊去呼叫消防隊。）

✫

對預兆充滿狂熱的不僅僅是君士坦丁堡人。到五月的最後一週，鄂圖曼軍營也面臨著士氣瓦解的嚴重危機。在伊斯蘭的旗幟之間，人們小聲地表達不滿。按照阿拉伯陰曆，此時是當年的第五個月，他們從海、陸兩路攻打這座城市已經長達七週。他們忍受著春季的糟糕天氣，在城牆下蒙受慘重的損失。不知有多少慘遭踩踏的死屍被從幾乎填滿的壕溝處抬走。火葬柴堆的黑煙每天都在平原上空升起。但當他們從帳篷海向外仰望時，城牆仍然屹立；在被大砲摧毀的城牆地段，長長的泥土壁壘（頂端放置木桶）堵住了缺口，無言地嘲諷固執的敵人。拜占庭皇帝的雙頭鷹旗仍然在城頭上飄揚著，皇宮上方的聖馬可雄獅旗則表明，拜占庭得到了西方人的支援（編按：聖馬可雄獅旗是威尼斯的代表旗幟），援軍很可能就在路上。沒有任何一支身披堅甲的大軍能夠像鄂圖曼軍隊這樣高效地維持一場漫長的圍城戰。他們對軍營生活基本規則的理解遠勝於任何一支西方軍隊。迅速焚燒死屍、保護水源、以衛生的手段處理糞便，這在鄂圖曼軍隊裡都是關鍵的紀律。但他們面對的困難也愈來愈大。據估算，在中世紀，一支兩萬五千人的攻城軍隊（這規模是攻打君士坦丁堡的鄂圖曼軍隊的三分之一），每天需要運來九千加侖的水和三十噸的草料，才能維持生存。在六十天的圍城戰中，這樣一支軍隊還需要處理掉一百萬加侖的人畜尿液和四千噸的固態生物垃圾。很快地，夏日的酷暑將大大增加穆斯林在物質上的不便，疾病的威脅也會日益增長。鄂圖曼人的決心也在一分一秒地軟化。

事實上，在經過七週的激戰之後，雙方都已經疲憊不堪。人們認識到，雙方要有個了結，無論如何不能再拖下去了。人們的神經已經達到崩潰的臨界點。在這背景下，爭奪君士坦丁堡的鬥爭，已經演變為穆罕默德二世和君士坦丁十一世維持部下士氣的對決。在君士坦丁十一世目睹城內鬥志逐漸瓦解的同時，鄂圖曼軍隊也神祕地遭到了類似的打擊。我們無法確知這些事件的發生順序和日期。五月二十三日，那艘威尼斯雙桅帆船返抵君士坦丁堡，帶回了沒有任何救援艦隊的壞消息；鄂圖曼軍隊或許把這艘船當成基督教救援艦隊的前驅。次日，鄂圖曼軍營中迅速傳播開一則傳言：一支強大的艦隊正在接近達達尼爾海峽，而一支匈牙利十字軍在匈雅提．亞諾什（「可怕的白騎士」）的率領下，已經渡過了多瑙河，正在向埃迪爾內進軍。很可能是君士坦丁十一世散播了這個謠言，希望借這最後的努力打擊鄂圖曼人的士氣。這個謠言當即取得了很大的成功。鄂圖曼軍營內掀起一波波猶豫躊躇和驚慌失措的情緒。按照史學家的記載，鄂圖曼士兵們想起，「很多國王和蘇丹都曾有志於攻占君士坦丁堡……並集結和裝備了龐大的軍隊，但沒人能抵達要塞的腳下。他們都帶著滿身傷痛、心灰意冷地撤退了。」[22]灰心喪氣的情緒籠罩著軍營。如

---

② 聖艾爾摩之火是一種自古以來就被海員觀察到的自然現象，常發生於雷雨中，在桅杆頂端之類的尖狀物上，產生如火焰般的藍白色閃光。它其實是一種冷光現象，是由於雷雨中強大的電場造成場內空氣離子化所致。

果希俄斯島的萊奧納德的說法真實可靠的話，「土耳其人開始大聲疾呼，反抗他們的蘇丹」[23]。疑慮和危機感又一次扣緊了鄂圖曼統帥們的心弦，關於圍城戰的舊分歧也開始再次浮出水面。

對穆罕默德二世而言，這是個危機關頭。如果不能占領君士坦丁堡，他的威望將遭到致命打擊，但他的軍隊所擁有的時間和耐心都已經所剩無幾。他必須重新贏得部下的信任，當機立斷。月食為他提供了一個提高部隊士氣的天賜良機。前來參戰的毛拉和德爾維希們的宗教熱情，確保對月食的樂觀解釋可以在軍營中傳播開來（編按：指前文提到像伊斯蘭新月標誌的月食現象）。但穆罕默德二世還不能輕易做出繼續攻城的決定，依照蘇丹過往的精明和狡猾，他決定再一次向君士坦丁十一世勸降。

大約在五月二十三日前後，他派遣了一名使者，一個叛教的希臘貴族，叫做伊斯瑪儀（Ismail），去向拜占庭人描繪他們可能面臨的命運。他強調了守方沒有希望的處境：「希臘人，你們已經命懸一線。那麼你們為什麼還不派一名使者去和蘇丹議和？如果你們把這個使命託付於我，我會妥善安排，請蘇丹向你們提出議和的條件。否則，你們的城市將遭受奴役，你們的妻兒將被賣為奴隸，你們將會徹底滅亡。」[24]守軍決定謹慎地斟酌敵人的提議，但為了保險起見，他們派去了一個「身分並不高貴」[25]的人，而不是拿一名指揮者的生命去冒險。這個倒楣的人被帶到了金、紅兩色營帳，匍匐在蘇丹面前。穆罕默德二世簡明扼要地給出了兩個選擇：君士坦丁堡要嘛每年繳納十萬拜占特的巨額貢金；要嘛全城人都離開城市，「可以攜帶自己的財物，每個人想去哪裡都可以」[26]。這個提議被傳回了皇帝和他的議事會。赤貧的君士坦丁堡顯然無力支付如此巨額的貢金；但放棄城市、乘船逃走的設想對君士坦丁十一世來說仍然是不可接受的。他的答覆是，他願意交出除了城市之外的一切財產。穆罕默德二世反駁說，他的選擇只有這麼幾個：舉手投降、死於戰火或者皈依伊斯蘭教。城內的人感覺到，穆罕默德二世的和平提議是沒有誠意的，他派伊斯瑪儀來「只是為了查驗希臘人的精神狀態……看看希臘人對自己的處境是怎麼看的，他們的位置有多穩固。」[27]但對穆罕默德二世來說，如果君士坦丁堡能夠投降，就再好不過了。他打算把這座城市做為自己的首都，如果拜占庭人能主動投降，就能保全城市；但如果透過武力占領了它，按照伊斯蘭教法，他就必須任由士兵們洗劫城市三天。

沒有人知道，當時君士坦丁堡只差一點就主動投降了。有人提出，熱那亞人（他們在加拉塔的殖民地也間接地受到了威脅）向皇帝施壓，拒絕讓他投降，但對一向堅決主張抵抗的君士坦丁十一世來說，是不大可能去認真考慮投降的。對雙方而言，要議和已經太晚了。仇恨實在是太深了。在五十天時間裡，雙方隔著城牆互相嘲諷和殘殺，在對方面前屠殺戰俘，這場戰役已經無法和平落幕。對鄂圖曼人來說，只有兩個選擇：撤軍或征服君士坦丁堡。史學家杜卡斯可能把握住了君士坦丁十一世的答覆的深層意思：「你（蘇丹）盡可以索要貢金，不管金額多大都行，然後簽署和約並撤軍，因為你不知道自己能不能取勝。如果不這麼做，你就只能失望了。我不會把任何一位城民，以及這座城市交給你。我們寧可全數死戰到底，也不苟且偷生。」[28]

如果西方援軍即將抵達的謠言確實是君士坦丁十一世散布出去的，這也是一把雙刃劍。鄂圖曼人頗為躊躇，但敵人即將來援的威脅讓他們的決策速度大大加快。君士坦丁十一世的明確答覆讓鄂圖曼軍營內的爭論達到了一個新高點。大約在次日，即五月二十六日，穆罕默德二世召開了作戰會議來解決問題：要嘛放棄圍城；要嘛繼續下去，發動一場全面進攻。這次會議的爭論焦點與四月二十一日在海上戰敗之後那次的危機會議相似。年邁的土耳其裔維齊爾——哈利勒帕夏再次發言。他非常謹小慎微，擔心年輕蘇丹的草率之舉會帶來惡果，以及這會刺激基督教世界採取聯合行動。他曾目睹穆罕默德二世的父親統治下的風雲變幻，深知焦躁不安的軍隊的危險性。他熱切地主張和平：「陛下的權威已經雄霸天下，我認為透過和平能夠比戰爭更有效地增加陛下的威望。因為戰爭的結局是難以揣測的，與它相伴的往往是災禍，而不是繁榮昌盛。」[29]他指出，匈牙利軍隊和義大利艦隊都可能前來援救君士坦丁堡；他敦促穆罕默德二世向希臘人索取高額貢金，然後班師回朝。叛教的希臘人紮甘帕夏再一次堅決主張戰鬥，指出雙方兵力懸殊，而且守軍力量日漸衰弱，已經接近崩潰的邊緣。他對西方可能援救拜占庭的說法嗤之以鼻，表現出對義大利政治的瞭若指掌：「熱那亞人分裂成好幾個派系，威尼斯人正遭到米蘭（Milan）公爵的攻擊。他們都不會提供任何援助。」[30]他迎合穆罕默德二世對光榮的渴望，要求「發動一次短期而猛烈的總攻，如果仍然失敗的話，再聽從陛下的發落。」[31]其他將領，例如歐洲軍的指揮官圖拉汗貝伊，仍然支持紮甘。以謝赫阿克謝姆賽丁和毛拉古拉尼為首的強而有力的宗教人士集團也支持他。

辯論非常激烈。鄂圖曼宮廷內兩大派系之間的權力鬥爭已經驚濤駭浪地持續了十年，在此刻來到了一個關鍵點。這場鬥爭的結果將對鄂圖曼國家的未來產生巨大影響，但雙方也很清楚，他們也是在為自己的性命而鬥爭。一旦失敗，他們就只有兩條路：上絞架或被劊子手用弓弦勒死。最終，穆罕默德二世決定追求軍事上的光榮，而刻意無視戰敗或者兵變的可能性。在做出最終裁決之前，他很可能派遣紮甘去巡視軍營，將官兵們的態度報告給他。如果是這樣的話，紮甘的報告自然是毫不含糊的，他「發現」，軍隊鬥志昂揚，磨拳擦掌地等待最終的總攻。穆罕默德二世決定，前思後想的日子已經過去了：「確定總攻的日期吧！紮甘。讓軍隊做好準備，包圍加拉塔，讓它不能幫助我們的敵人。準備工作要儘快展開。」[32]

這個消息隨即在軍營內傳布開來：近幾天之內將準備總攻。穆罕默德二世知道他必須抓緊時機，鼓舞部隊正在衰竭的士氣，為最後總攻做好準備，並迷惑敵人。五月二十六日黃昏時，傳令官們在帳篷之間四處奔走，呼喊著發布蘇丹的命令。每座帳篷前都必須點燃十隻火把和篝火。「軍營內所有帳篷處都點燃了兩堆篝火，火勢非常大，亮如白晝。」[33]守軍從城垛上驚愕和迷惑地向下眺望，只見火光逐漸以圓形向外擴展，遮蔽了整個地平線，從城牆前的營地一直蔓延到加拉塔周圍的山地，對岸的亞洲海岸上也火光衝天。火光非常明亮，甚至可以辨認清楚各個帳篷。「這奇特的景象著實令人難以置信，」杜卡斯記載道，「海面像閃電一樣耀眼。」[34]特塔爾迪回憶說：「似乎大海和陸地都著了火。」[35]在夜空被篝火照得通亮的同時，鄂圖曼人敲響了戰鼓和鐃鈸，這聲響緩慢地逐漸增強，信徒們愈來愈快地不斷重複「真主永遠無處不在，穆罕默德是祂的僕人」[36]。這呼喊震耳欲聾，似乎「蒼穹也要被震裂」[37]。在鄂圖曼軍營內，人們歡呼雀躍，為全心全意的最後總攻而鬥志昂揚。城牆上的有些守軍起初過於樂觀地以為敵營失了火。他們爭先爬上城牆頂端去觀看這盛況，然後才明白那火光衝天的地平線和瘋狂呼喊聲的真正涵義。火光產生了預期的效果：它讓守軍魂飛魄散，「看似半死，既不能呼氣，也不能吸氣」[38]。守方起初對敵人的宗教狂熱感到震驚，然後陷入了恐慌。基督徒們狂熱地向聖母求救，持續不斷地禱告：「救救我們吧，上帝！」[39]很快地，敵人以行動證實了呼喊和火光的涵義。在黑暗掩護下，蘇丹大軍中的基督徒士兵們偷偷向城內射箭，箭上縛著的信件，概述了即將發動的進攻。

鄂圖曼軍隊正借著火光做總攻準備。螞蟻般的人群衝上前去，將木柴和其他東西運到最前線，準備把壕溝填平。大砲在此前一整天的時間內猛烈轟擊里卡斯河谷的朱斯蒂尼亞尼的臨時壁壘。那一天很可能就是濃霧籠罩的日子，守軍已經被這可怕的徵兆嚇破了膽。石彈如冰雹般一刻不停地落下。防禦工事上開始出現裂口。「我無法描述大砲在這一天對城牆造成的破壞，」巴爾巴羅記載道，「我們受到了極大的摧殘，心驚膽寒。」[40]夜幕降臨了，朱斯蒂尼亞尼麾下筋疲力竭的士兵們準備再去修補工事，但在明亮火光的照耀下，城牆被照得透亮，敵人的砲擊一直持續到深夜。將近午夜時分，篝火和火把突然間全部熄滅了，鄂圖曼人狂喜的呼喊聲也驟然消失，砲擊也停止了，令人喪失意志的沉默統治了這個五月的夜晚。這沉默和狂歡一樣令守軍呆若木雞。朱斯蒂尼亞尼和城民們繼續勞作，爭分奪秒地利用所剩不多的晚上時光，搶修城牆。

大約就在這個時候，城牆的逐步崩塌迫使守軍調整城防安排。過去他們常常從周邊防禦工事的門裡殺出，發動突襲，以打亂敵人的活動。但隨著城牆逐漸被摧毀，被臨時土木壁壘取代，從他們自己的戰線發動偷襲也愈來愈困難了。有些老人知道，皇宮下方有一個隱蔽的邊門可供出擊，目前是被木柵遮蔽了起來。那個地點就是狄奧多西城牆與較為不規則的科穆寧城牆相接形成的直角處。這個古老的城門被稱為「競技場門」或「木頭門」，因為它曾經通往城外的一座木製競技場。這座小城門被堅固的城牆遮蔽，但士兵們仍然能從這裡出擊，對外面台地上的敵人進行襲擾。君士坦丁十一世下令將這座門的通道清理乾淨，繼續從這裡突襲敵人。另外一個古老的預言似乎已經被大家拋在腦後。西元六六九年，在阿拉伯人第一次攻打君士坦丁堡時，出現了一本奇異的預言書，即所謂的《偽美多迪烏斯啟示錄》（*Apocalypse of Pseudo-Methodius*）③。在該書的很多預言中都有著這麼一段：「你，拜占庭，將蒙受災禍，因為伊斯瑪儀（阿拉伯）將占領你。伊斯瑪儀的每一匹馬都會到來，領頭的那匹將在你面前搭起帳篷，然後開戰，打破競技場門，一直走到公牛那裡。」[41]

③ 七世紀末出現的一本類似《啟示錄》的預言書，對中世紀基督教神學產生了很大影響。最早用古敘利亞語寫成，對穆斯林以及近東的征服提出評論。這本書因為被錯誤地認為是四世紀的教士奧林匹斯的美多迪烏斯所作，所以被稱為《偽美多迪烏斯啟示錄》。它預言了世界末日，包括一位類似救世主的羅馬帝國末代皇帝的出現。

第十三章 「銘記這一天！」

一四五三年五月二十七日至五月二十八日

這些磨難是真主有意為之。伊斯蘭的利劍在我們手中。如果我們沒有選擇忍受這些磨難，我們就不配聖戰者的名號，在最終審判日將會羞於站在真主面前。[1]

——穆罕默德二世

塞爾維亞史學家「近衛軍戰士」米哈伊爾講述了一個關於穆罕默德二世征服手段的傳說。按照他的說法，蘇丹召集了王公貴族，下令「抬來一張巨大的地毯，鋪在大家面前，然後在它中心位置放了一顆蘋果，然後給大家說了一個謎語：『你們當中誰能夠不踩到地毯就拿到蘋果？』眾人就商議起來，想這怎麼能辦得到呢？沒有一個人能想出辦法來。穆罕默德二世自己走到地毯前，雙手抓住地毯，把它捲了起來，一邊捲一邊往前走；然後他拿到了蘋果，又把地毯原樣展開」[2]。

穆罕默德二世如今認為奪取勝利果實的時機已經成熟了。雙方都清楚地認識到，最後的戰鬥已經開始了。蘇丹希望能夠透過最後一次大規模進攻，一舉將守軍打垮，就像搖搖欲墜的城牆在砲火下終於倒塌一樣。君士坦丁十一世透過間諜，或許還從哈利勒那裡得知，如果他們能熬過這次攻勢，鄂圖曼軍隊一定會撤退，慶祝勝利的教堂鐘聲就一定會響起。雙方的統帥都在為最後決戰竭盡全力。

穆罕默德二世開始瘋狂地忙碌。在戰役的最後幾天內，他似乎一刻不停歇地四處奔走，騎馬在部隊裡穿梭，在金、紅兩色營帳內接見部下，鼓舞士氣，發布命令，許諾獎賞有功之臣，威脅嚴懲作戰不力者，親自監督最後的準備工作。最重要的是，要讓全體將士都看到他。「帕迪沙阿」的親臨現場激勵了士兵們的鬥志，讓他們準備好去戰鬥和死去。穆罕默德二世知道，這就是他命運的關鍵時刻。榮耀的夢想就要實現了；否則就是不可想像的失敗。他決心親自監督每一個環節，戰備工作務必做到盡善盡美。

五月二十七日星期日早上，他命令大砲再次開火。這次的砲擊很可能是整場戰役中最猛烈的一次。一整天時間裡，大砲持續轟擊著城牆中段，目標是打開一個足夠寬的缺口，以便發動大規模進攻，並阻止守軍進行有效的維修。巨大的花崗岩砲彈錘擊城牆三次，才打倒一段相當長的城牆。在光天化日之下，再加上鄂圖曼人的火力非常凶猛，守軍根本無法進行搶修，但鄂圖曼人此時也沒有嘗試進攻。巴爾巴羅說，整整一天時間，「他們砲擊可憐的城牆，把很多段城牆炸塌，有一半城牆嚴重受損。除了砲擊之外，他們什麼也沒做」[3]。缺口愈來愈大，穆罕默德二世確保讓守軍的搶修愈來愈困難，守軍在總攻之前得不到任何喘息之機。

白天，穆罕默德二世在他營帳外召集了軍官會議。全部各級指揮官都聚集在此，聆聽蘇丹的訓示。「行省總督、將軍、騎兵軍官、軍長、高級指揮官，以及千夫長、百夫長或五十夫長、近衛騎兵、船長、艦隊司令，全都到場。」[4]穆罕默德二世向聽眾繪聲繪影地描述了君士坦丁堡神話般的財富，現在這財富已經觸手可及：皇宮和宅邸中藏匿的黃金，教堂內的還願財物和「用黃金、白銀、寶石和無價珍珠製成的」[5]聖物，可供換取贖金、占為己有或者奴役的貴族、美女和男孩，還有美麗的高宅大院和花園將供他們居住和享用。他不僅強調了占領世界上最著名城市將帶來的不朽榮耀，還指出了攻克它的必要性。只要君士坦丁堡還在基督徒的手中，就一直對鄂圖曼帝國構成明顯的威脅。但占領君士坦丁堡之後，就可以將它做為新的征服戰爭的跳板。他認為，當前的任務是非常輕鬆的。陸牆已經嚴重受損，壕溝已經被填平，守軍所剩無幾而且士氣低落。他還特意貶低了義大利人的決心，因為義大利人參加守城對他的聽眾（編按：指前述聽訓的各級指揮官）來說仍然是個心理障礙。幾乎可以肯定（儘管希臘史學家克利托布羅斯沒有提及這一點），穆罕默德二世還強調了聖戰的意義：伊斯蘭世界對君士坦丁堡的長久渴望、先知的聖訓以及殉教的誘惑。

然後他闡述了具體的戰術安排。他相信，守軍已經被持續不斷的砲擊和小規模廝殺拖得筋疲力竭。事實也的確如此。現在時機已經成熟，可以用兵力優勢壓倒對方了。部隊將分成若干批，輪番進攻。一支隊伍疲勞之後，另一支將迅速頂替。他們將用一波波的生力部隊輪番猛攻，直到疲憊的守軍支撐不住。需要打多久就打多久，一刻也不停歇：「我們開戰之後，戰鬥將一刻不停，不睡覺、不吃喝、不休息，不做任何停頓，持續地向敵人施壓，直到戰勝他們。」[6]他們將做好協調，從各個地段同時發起進攻，讓守軍無法調兵遣將去救援特別危險的地點。雖然蘇丹發表了一場慷慨陳詞，但無休止的進攻是不可能做到的：在實踐中，將全面進攻壓縮在幾個小時之內是有限制的。頑強的守軍能夠給猛衝上來的進攻方造成嚴重損失；如果進攻方不能迅速壓倒守軍，撤退就不可避免。

每位指揮官都收到了具體的命令。雙柱港的艦隊將包圍城市，牽制住海牆上的守軍。金角灣內的戰船將協助架設金角灣上的浮橋。浮橋架好之後，紮甘帕夏的部隊將從泉源谷開拔，進攻陸牆的末端。卡拉加帕夏的部隊將攻打皇宮附近的城牆。在陸牆中段，穆罕默德二世、哈利勒和近衛軍將進攻里卡斯河谷的破損城牆和土木壁壘，很多人認為這個地段是整場戰役的關鍵。在穆罕默德二世的右翼，伊沙克帕夏和馬哈茂德帕夏將嘗試攻打通往馬摩拉海的那段城牆。蘇丹特別強調確保部隊嚴守紀律。他們必須完完全全地服從命令：「長官命令他們安靜地前進時，他們必須一聲不吭；命令他們吶喊時，他們必須發出令人毛骨悚然的怒吼。」[7]最後，穆罕默德二世重申了此次的勝利對鄂圖曼民族未來的重大意義，並許諾將親自指揮戰鬥。於是，他解散了與會的軍官們，讓他們各自返回自己的部隊。

隨後，在頭戴顯眼的白頭巾的近衛軍保護下，蘇丹策馬巡視了軍營。傳令官們也伴隨著他，大聲宣布攻勢即將發動。在帳篷的海洋中呼喊出的消息點燃了士兵們的激情。攻克城市後，士兵們將依照傳統得到犒賞：「你們知道，在亞洲和歐洲還有很多空缺的總督職位。最好的職位將被賞賜給第一個衝過敵人木柵的人。我將給他應得的榮耀，用高官厚祿報答他，讓他在我們這一代人中無比幸福。」[8]鄂圖曼軍隊在發動所有主要戰役之前，都會向官兵們許諾等級不同的榮耀，以鼓勵大家奮勇直前。但同時也還有相應的懲罰威脅：「如果讓我看見有人躲在帳篷裡，不去城牆下作戰，我一定會讓他生不如死。」[9]鄂圖曼軍隊在征服戰爭中的這種激勵手段確保了特別英勇的表現會得到相應的榮譽和賞賜，以此激發士兵的鬥志。蘇丹的傳令官們在戰場上督戰，直接向蘇丹本人彙報，以執行獎懲制度。傳令官們記錄下的士兵英勇表現，將使這位幸運兒當場獲得晉升。士兵們都知道，偉大的戰功會得到獎勵。

但穆罕默德二世在某方面又更進一步。他宣布，既然君士坦丁堡沒有投降，那麼按照伊斯蘭教法，破城之後，士兵們可以自由劫掠三天。他以真主之名，「以四千先知，以先知穆罕默德，以他父親與兒女的靈魂，以他佩戴的寶劍的名義起誓，他會把城市的一切都賞賜給士兵們，包括所有男女城民、城內的一切、財物和地產。他將信守這個誓言，絕不違逆。」[10]

對象徵著無盡財富和奇觀的紅蘋果的憧憬，對遊牧劫掠者的靈魂有著直截了當的吸引力，是馬背上的民族對城市財富渴望的一個原型。在綿綿春雨中吃苦受累七星期之後，士兵們一定已經對紅蘋果望眼欲穿。在很大程度上，他們想像中的富得流油的城市其實並不存在。穆罕默德二世描繪的無比富庶的君士坦丁堡早在兩個半世紀前就被基督教十字軍洗劫一空。它那神話般的財富、黃金飾品、鑲嵌珠寶的聖物在一二〇四年的災難中已大部分流失，被諾曼騎士們熔化或者和青銅駿馬像一起被運到了威尼斯。一四五三年五月的君士坦丁堡已經一貧如洗，過往的光輝只剩一個縮小的鬼影，它主要的財富就是它的人民。「曾經是智慧之城，如今是廢墟之城，」[11]真納迪奧斯如此描述奄奄一息的君士坦丁堡。少數富人可能在自家宅邸藏匿了一些黃金，教堂內還有一些貴重物品，但鄂圖曼士兵們仰望城牆時，憧憬的阿拉丁傳說般的巨大財富早已不復存在。

不管怎麼說，蘇丹的宣講還是讓聆聽的士兵們陷入了狂熱。他們的高聲呼喊傳到了在城牆上觀察的守軍耳邊。「哦，如果你聽到他們的聲音飛向天堂，」萊奧納德記載道，「你一定會呆若木雞。」[12]穆罕默德二世或許並不願意承諾放縱士兵劫掠，但為了徹底贏得嘟嘟噥噥的士兵們的支持，他不得不這麼做。他本人是希望避免君士坦丁堡遭到嚴重破壞的，如果議和的話就能夠保住城市。對穆罕默德二世來說，紅蘋果不僅僅是可供劫掠的一堆戰利品；它還將成為他的帝國的中心，因此他特別希望能完好地把它保存下來。因此，在許諾戰利品的同時，他還發出了這樣的告誡：城市的建築物和城牆將成為蘇丹本人的財產；大軍進城之後，在任何情況下都不得破壞或摧毀這些建築。占領伊斯坦堡絕對不能像一二五八年蒙古人縱火焚燒和洗劫巴格達（中世紀最繁華的城市）那樣。

總攻的日期定在後天，即五月二十九日，星

圖37　城市廢墟：賽馬場殘跡與城市的空曠區域

期二。為了激起士兵們的宗教狂熱，消除任何負面思想，蘇丹宣布，五月二十八日全天將被用做贖罪儀式。人們將在白天齋戒，進行儀式化的沐浴，祈禱五次，並請求真主幫助他們占領城市。隨後兩晚將按照習俗點燃蠟燭。這火光、祈禱和音樂混合而產生的神祕感和敬畏感，對穆斯林和他們的敵人都產生了極大的心理震撼，這種心理效果在君士坦丁堡城牆外得到了最大限度的發揮。

與此同時，在鄂圖曼軍營的士兵們正熱情地做最後的準備工作。他們收集了大量泥土和木柴，用來填平壕溝；製作了雲梯；收集了成堆的箭矢；帶輪子的防護盾被推到前線。夜幕降臨之後，城市再次被明亮的篝火環繞；對真主之名的有節律的呼喚聲從營地裡沉穩地升起，戰鼓隆隆敲響，鐃鈸和嗩吶齊鳴。據巴爾巴羅說，博斯普魯斯海峽對岸的安納托利亞海岸上也能聽得見這叫喊聲，「我們所有基督徒都戰戰兢兢」[13]。在君士坦丁堡城內，這一天是東正教的萬聖節，但教堂也提供不了慰藉，有的只是悔罪和持續不斷的呼救祈禱。

這一天晚上，朱斯蒂尼亞尼和他的部下仍然著手搶修破損的外牆，但在火光照耀下，敵人的大砲仍然持續轟鳴。守軍的身形在火光下非常暴露。按照涅斯托爾—伊斯坎德爾的說法，就在這個時候，朱斯蒂尼亞尼的好運氣開始枯竭了。在他指揮行動的時候，一塊石彈碎片，可能是一發跳彈，擊中了這位熱那亞指揮官，穿透他的鋼製胸甲，插入他的胸膛。他當場倒地，被抬回家中床上。

朱斯蒂尼亞尼對拜占庭人來說具有關鍵意義。從一四五三年一月他率領七百名身披耀眼甲冑的幹練士兵，戲劇性地登上碼頭的那一天起，朱斯蒂尼亞尼就一直是防禦戰的代表人物。他是自願且自費前來參戰的，「為的是基督教信仰的利益和全世界的榮耀」[14]。他精通守城技術，作戰英勇無畏，在守衛陸牆的戰鬥中不知疲倦，只有他一個人同時受到希臘人和威尼斯人的愛戴，希臘人原先十分仇視熱那亞人，但只有朱斯蒂尼亞尼是個極大的例外。朱斯蒂尼亞尼指揮建造的土木壁壘是一項聰明絕頂的緊急措施，對鄂圖曼軍隊的士氣造成了很大打擊。按照他的同胞希俄斯島的萊奧納德的說法（儘管這說法不太可靠），穆罕默德二世把朱斯蒂尼亞尼視為主要的對手，常對他火冒三丈卻又頗為敬佩，企圖用一大筆錢收買他。但朱斯蒂尼亞尼始終不為所動。在這位鼓舞人心的領袖負傷之後，守軍一下子絕望起來。他們放棄了城牆的修補工作，任憑它一片狼藉。君士坦丁十一世得到消息後，「立刻喪失了決心，陷入沉思」[15]。

午夜時分，鄂圖曼人的吶喊又一次突然停息，篝火也被熄滅。沉默和黑暗驟然間籠罩了帳篷、旗幟、大砲、馬匹、戰船、金角灣風平浪靜的海面，以及破敗不堪的城牆。醫治負傷的朱斯蒂尼亞尼的醫生們「一整夜都在為他治療，努力維持他的生命」[16]。城民們徹夜難眠。

✯

五月二十八日星期一，穆罕默德二世做了總攻的最後安排。天剛破曉他就起床，命令砲手們做好準備，瞄準城牆上已經破損的部分，當天晚些時候發布命令後，大砲就能對脆弱的守軍開火。近衛騎兵和步兵部隊的指揮官們應召前來接受命令，並被分為若干分隊。在整個軍營中，在喇叭聲的伴奏下，命令被發布出去：所有軍官都必須堅守崗位，準備明天的攻勢，擅離職守者格殺勿論。

按照巴爾巴羅的說法，砲火再次開始咆哮的時候，「如此猛烈，絕非塵世所能有，因為這是最後一次砲擊。」[17]雖然砲火非常凶猛，但鄂圖曼人沒有發動進攻。守軍可以觀察到的敵人的另一項活動是收集成千上萬的長梯（它們被抬到接近城牆的地方），以及大量的木柵欄（它們將在士兵們爬上土木壁壘的時候為其提供防護）。騎兵的戰馬被從牧場帶到了前線。這是一個晚春的日子，陽光明媚。鄂圖曼軍營內，人們忙碌地做著準備工作：齋戒和祈禱、磨刀霍霍、檢查盾牌和鎧甲上的搭扣，或者休息。士兵們在準備最後攻勢的時候，陷入了一種內省的思緒，所以安靜了下來。這種宗教性的安靜和嚴明的紀律讓城牆上的觀察者十分焦慮。有些人希望，敵人的安靜說明他們在準備撤退；其他人則更為實際。

穆罕默德二世努力鼓舞部隊的士氣，在幾天時間內透過狂熱和思考的循環來調節他們的情緒，力圖激發鬥志，消除人們內心的疑慮。毛拉和德爾維希們在創建正向心態的工作中扮演了關鍵角色。成千上萬的雲遊聖人從安納托利亞高地的城鎮和村莊來到君士坦丁堡城下，帶來了狂熱的宗教期望。他們滿身塵土，在軍營內來往穿梭，因為興奮而目光灼熱。他們背誦《古蘭經》的相關詩節和聖訓，講述關於犧牲殉教和預言的故事。他們提醒士兵們，他們正追隨著阿拉伯人首次攻打君士坦丁堡時陣亡的先知友伴的腳步。這些烈士的名字被口耳相傳：哈茲萊特・哈菲茲（Hazret Hafiz）、艾布・賽貝特・烏爾—安薩里（Ebu Seybet ul-Ensari）、哈姆德・烏爾—安薩里（Hamd ul-Ensari），尤其是艾優卜，土耳其人稱他為「埃於普」（Eyüp）。聖人們低聲提醒他們的聽眾，讓先知預言實現的光榮使命落在了他們肩上：

先知對他的門徒們說：「你們有沒有聽說過這樣一座城市，它的一邊是陸地，兩邊是海洋？」他們答道：「我們聽說過，真主的使者。」他說：「在以撒（Isaac）的七萬個兒子占領那城市之前，最後審判不會降臨。他們抵達那裡時，不會用武器和投石機攻打城市，而是用這樣的話語：萬物非主，唯有阿拉。阿拉至大！然後第一道海牆會坍塌，他們說第二遍的時候，第二道海牆會垮台，第三次的時候陸牆會崩塌。他們就會興高采烈地進城。[18]

✯

這些被認為是先知穆罕默德所說的話可能純屬捏造，但它蘊含的情感卻是真真切切的。完成歷史的彌賽亞式循環的使命被交給了鄂圖曼大軍，它將實現伊斯蘭教誕生以來各個伊斯蘭民族的恆久夢想，並贏得不朽榮耀。戰死者也將成為有福的烈士，升上天堂：「潺潺溪流澆灌的花園，他們將永遠在那裡生活，得到貞潔的配偶和真主的恩典。」[19]

這種期望令人陶醉，但在軍營裡也有一些人，包括謝赫阿克謝姆賽丁自己，對士兵們的真正動機有著非常務實的理解。「陛下明察，」在戰役早期他曾寫信給穆罕默德二世，「大多數士兵其實都是被武力脅迫才改信伊斯蘭教的。為了真主之愛，甘願拋頭顱、灑熱血的人是極少數。但在另一方面，如果他們瞥見了獲取戰利品的機遇，哪怕必死無疑他們也會一頭衝過去。」[20]對於這些唯利是圖的人而言，《古蘭經》裡也有鼓勵的話語：「真主以你們所取得的諸多戰利品應許你們，而將這戰利品迅速地賞賜你們，並制止敵人對你們下手，以便這戰利品做為信士們的一種符號，以便真主昭示你們一條正路。」[21]

穆罕默德二世做了最後一次不知疲倦的巡視。他率領一支相當規模的騎兵部隊前往雙柱港，向哈姆紮下達關於海戰的指令。艦隊的任務是繞過城市，駛到海牆下的射擊距離之內，牽制住該處守軍。如果局勢允許，可以讓部分船隻一直駛到灘頭，派人嘗試攀爬海牆，但由於馬摩拉海的海流湍急，這麼做的成功機率不高。金角灣內的艦隊也得到了類似的命令。在返途中，他還在加拉塔的主城門外稍事停留，命令城裡的主要官員前來覲見。蘇丹嚴厲地警告這些官員，次日不得向君士坦丁堡提供任何援助。

下午，他再次騎馬巡視全軍，走過兩段海岸之間的四英里路程，鼓舞士兵，與一些軍官交談，呼喚他們的名字，激勵他們奮勇作戰。他重申了「胡蘿蔔和大棒」的承諾：英勇作戰就能得到重賞，抗命不遵就要遭到可怕的懲罰。蘇丹命令士兵們完完全全地堅決服從軍官們的命令，否則格殺勿論。最嚴厲的言辭可能是說給紮甘帕夏麾下被強迫參戰，因而很不情願的基督徒士兵聽的。他對各項準備工作感到滿意，於是返回營帳休息。

✯

在城內，守軍也在做戰前整備工作。雖然君士坦丁十一世和醫生們憂心忡忡，但朱斯蒂尼亞尼在這一夜頑強地活了下來。他非常擔憂外牆的狀況，命人將他抬到城牆上，監督搶修工作。守軍再次著手封堵城牆缺口，進展頗為順利，直到被鄂圖曼砲兵發現為止。很快地，傾盆大雨般的砲火迫使他們罷手。朱斯蒂尼亞尼的傷情似乎恢復得不錯，重新接管了關鍵的城牆中段的指揮權。

在其他地段，由於不同民族和宗教派別之間的摩擦，守備工作準備的不是很順利。不同利益集團之間根深柢固的敵對關係和相互矛盾的優先考量目標、糧食的嚴重短缺、持續勞作帶來的疲憊以及砲擊的震撼，都嚴重影響了守軍的團結。在長達五十三天的圍攻之後，守軍的神經已經緊繃到快要崩潰的臨界點，分歧惡化成公開的衝突。在為迎接即將到來的攻勢而做準備的時候，朱斯蒂尼亞尼和盧卡斯．諾塔拉斯為了數量稀少而彌足珍貴的大砲的部署發生爭吵，幾乎動手打起來。朱斯蒂尼亞尼要求諾塔拉斯把他指揮下的火砲交出來，用於防禦陸牆。但諾塔拉斯拒絕了這個要求，因為他相信海牆的防禦也許會需要這些火砲。兩人激烈爭吵起來。朱斯蒂尼亞尼威脅要用劍刺死諾塔拉斯。

關於陸牆的物資補給，守軍內部也發生了爭吵。需要在破損的城垛上堆積有效的防護物，以保護士兵免受敵人投射武器的襲擊。威尼斯人開始在他們的住宅區（在金角灣附近）木匠工坊裡製作木柵。廣場上收集了七輛大車的木柵。威尼斯市政官命令希臘人把這些木柵運到兩英里外的城牆上。希臘人說，不給工錢就不幹。威尼斯人控訴他們太貪婪。很多希臘人的家小都在挨餓，而且對傲慢的義大利人滿腹怨恨。他們需要在天黑之前弄到食物，或取得可以購買食物的金錢。這場爭吵愈拖愈久，導致直到天黑之後木柵才被送到城牆上，但那時已經太晚了。

這些激烈的對抗有著很久遠的歷史。教會分裂、第四次十字軍東征期間君士坦丁堡遭洗劫、熱那亞人和威尼斯人之間的商業競爭——這都導致各方用貪婪、奸詐、懶惰和傲慢這些罪名相互譴責，儘管城市的末日已經不遠了。但在這紛爭和絕望的表象之下，有證據表明，在五月二十八日，各方總的來講都在為城防盡其所能。這一天，君士坦丁十一世一直在組織、懇求和鼓舞民眾，以及來源混雜的守軍（包括希臘人、威尼斯人、熱那亞人、土耳其人和西班牙人），為了共同的事業精誠團結。在一整天的時間裡，婦女、兒童一直在忙碌，把石塊搬上城牆，以便向敵人投擲。威尼斯市政官發出了真心實意的懇求：「所有自稱是威尼斯人的人都去陸牆，首先是為了我們對上帝的愛，其次是為了城市的利益和整個基督教世界的榮譽。希望大家全都堅守崗位，視死如歸。」[22]在港口，守軍檢查了鐵鍊，所有船隻排成作戰隊形。在對岸，加拉塔城民們注視著最後決戰的準備工作，愈來愈擔憂。加拉塔市長很可能向城民們祕密發布了最後一回的呼籲，請他們偷偷穿過金角灣去加入君士坦丁堡的守軍。他現在認識到，他治理下的熱那亞飛地的命運取決於君士坦丁堡的存亡。

和鄂圖曼軍營的平靜形成鮮明對照的是，君士坦丁堡非常吵鬧。一整天時間裡，教堂鐘聲此起彼伏，鑼鼓齊鳴，召喚人們做最後的準備工作。在前幾天的可怕預兆之後，人們更加賣力地持續祈禱、舉行禮拜儀式和向上帝呼救。五月二十八日早上，這些宗教活動達到了一個高潮。城內基督徒和城外平原上穆斯林的宗教狂熱棋逢對手。這天清晨，由教士、男女群眾和兒童組成的盛大遊行隊伍在聖索菲亞大教堂外集合。城裡所有最神聖的聖像都被從神龕和小教堂內取出。除了在上一次遊行中遭遇凶兆的指路聖母像之外，他們還搬出了聖徒遺骨、包含真十字架碎片的鍍金和鑲嵌寶石的十字架，以及一系列其他聖像。身穿錦緞法衣的主教和教士們領頭。普通信徒跟在後面，赤足行走以示悔罪，哭泣著，搥擊自己的胸膛，請求寬恕他們的罪孽，並加入聖歌合唱。遊行隊伍穿過城市，沿著陸牆全線行進。在每一個重要陣地，教士們都誦讀古老的禱詞，懇求上帝保護城牆，把勝利賜與忠實於他的人民。主教們舉起他們的權杖，為守軍賜福，用捆紮成束的曬乾的羅勒草向他們拋灑聖水。對很多人來說，這也是齋戒日，要一直堅持到日落。宗教是鼓舞守軍士氣的最終手段。

皇帝本人很可能也參加了遊行。遊行結束後，他召集最重要的貴族和城內各個派系的指揮官，最後一次號召大家精誠團結、奮勇作戰。他的演講和穆罕默德二世的講話很類似。萊奧納德大主教在場聆聽了皇帝的演講，並做了記載。君士坦丁十一世輪流向每一個派別講話，感召他們為了自己的利益和信仰而戰。首先他向自己的人民——城內的希臘居民講話。他讚揚他們在此前五十三天內為保衛家園而做的頑強鬥爭，並請求他們不要害怕「邪惡的土耳其人」未經訓練的烏合之眾發出的狂野呼喊；希臘人的力量在於「上帝的保佑」，也在於他們優越的甲冑。他提醒他們，穆罕默德二世撕毀了先前的和約，在博斯普魯斯海峽岸邊修建要塞，同時「侈談和平」，實際上卻挑起了戰爭。他號召希臘人為了家園、宗教信仰和希臘的未來而戰；他提醒他們，穆罕默德二世妄圖占領「君士坦丁大帝的城市、你們的家園、基督教難民和所有希臘人的避難所，還要把上帝的神聖教堂改為馬廄，對它們進行可恥的褻瀆」[23]。

接著，他先後向熱那亞人和威尼斯人發表演說，讚揚他們的勇氣和對城市的忠誠：「你們很多偉大和高貴的勇士給這座城市帶來了光榮，你們把它視為自己的城市。現在鬥志昂揚地迎接新的鬥爭吧！」[24]最後他向所有戰士講話，懇求他們堅決服從命令，最後用世俗和天堂的榮耀來鼓舞大家，幾乎和穆罕默德二世做的一樣：「謹記在心，今天是你們的光榮之日，如果你們在這一天哪怕只灑了一滴血，也會得到烈士的冠冕和不朽的榮耀。」這些言辭對聽眾產生了預料之中的效果。在場的所有人都被君士坦丁十一世的演講振奮起來，發誓堅決地抵抗即將到來的進攻，

「若上帝開恩，我們或許能取勝」[25]。似乎他們都決心捐棄前嫌，攜手為共同的事業而奮戰。然後他們各自散去，返回自己的崗位。

事實上，君士坦丁十一世和朱斯蒂尼亞尼心裡很清楚，他們的兵力已經非常薄弱。在七週的消耗戰之後，最初的八千名士兵現在可能銳減到了四千人，防線全長卻足有十二英里。穆罕默德二世告訴他的部下，在某些地段，「每座塔樓只有兩、三人防守，相鄰兩座塔樓之間的城牆上也只有兩、三人。」[26]這個說法很可能是正確的。金角灣海岸長約三英里，只有五百名本領高強的弩手和弓箭手把守。而泉源谷處的鄂圖曼戰船，以及從浮橋上調來的陸軍部隊都可以攻擊這一地帶。在鐵鍊遠方、海牆周邊的防線有五英里長，每座塔樓上只有一名受過訓練的弓箭手、弩手或火槍兵，負責支援的是一群未受過軍事訓練的城民和僧侶。海牆的某些地段被分配給了特定的人群：克里特士兵把守著某些塔樓，一小群加泰隆尼亞人防守著另外一些。覬覦鄂圖曼皇位的奧爾汗王子（穆罕默德二世的叔叔）負責防守俯瞰馬摩拉海的一段城牆。他的部下肯定會死戰到底，是無論如何不能投降的。但總的來講，馬摩拉海的海流能夠對海牆起到有效的保護，因此所有抽調出來的兵員都被送往陸牆的中段。所有人都洞若觀火，鄂圖曼人最集中、最猛烈的攻擊一定在里卡斯河谷、聖羅曼努斯門和查瑞休斯門之間，那裡的部分外牆已經被砲火摧毀。總攻前的最後一天，守軍盡可能地搶修此處的土木壁壘，並派遣部隊來增援。朱斯蒂尼亞尼負責防守陸牆中段，他手下有四百名義大利人和拜占庭軍隊的主力，一共有兩千人左右。君士坦丁十一世的指揮部也設在這個地段，以確保全力支持。

到下午三、四點鐘左右，守軍可以看見敵人在城牆外集結。這是一個天氣晴朗的下午。太陽正在西沉。在城外的平原上，鄂圖曼軍隊開始排兵布陣，分為若干個團，不斷旋轉，升起戰旗，遮蔽了兩段海岸之間的地平線。在最前線，士兵們繼續填充壕溝；大砲被推到離城牆盡可能近的地方；士兵們還在繼續收集登城器械。在金角灣內，透過陸路搬運入海的八十艘鄂圖曼戰船，正在準備將浮橋架設到接近陸牆的地方。在鐵鍊之外，艦隊主力正在哈姆紮帕夏指揮下包圍城市，經過衛城，繞過馬摩拉海海岸。每艘船上都運載著士兵、投石機和長度與城牆高度相當的梯子。城牆上的人坐下來等待，因為他們還有一些時間。

下午晚些時候，尋求宗教慰藉的君士坦丁堡城民們，五個月以來第一次聚集到了聖索菲亞大教堂。此時，遭受東正教信徒抵制的、光線昏暗的大教堂擠滿了人，他們心情焦灼、滿腹懺悔、充滿狂熱。自一〇六四年夏天以來，天主教徒和東正教徒第一次在城內共同祈禱。在這個萬分危急的時刻，四百年的宗教分裂和十字軍東征造成的仇隙被暫時擱置到了一邊，雙方一同參加求救的禮拜。查士丁尼建造的巨大教堂已經經歷了一千年的風風雨雨，此時在神祕的燭光下，迴盪著禮拜儀式此起彼伏的祈禱聲。君士坦丁十一世親自參加了禮拜。他坐在祭壇右側的皇座上，滿腹熱誠地領取聖餐，「跪倒在地，懇求上帝大發慈悲，寬恕他們的罪過」。然後他向教士與群眾道別，向四面八方鞠躬致意，離開了教堂。根據熱誠的涅斯托爾—伊斯坎德爾的記載：「在場所有的教士和群眾一下子全都哭喊起來。婦女與兒童發出哀號和呻吟；我相信，他們的聲音直達天堂。」[27]所有的指揮官都返回了自己的崗位。部分平民留在教堂內，參加守夜。還有的人躲藏了起來。有人躲進地下巨型蓄水池，充滿回音的黑暗之中，乘坐小船在柱廊間漂浮。在地面上，查士丁尼皇帝仍然騎著他的青銅駿馬，霸氣十足地指向東方。

✯

日落之後，齋戒一整天的鄂圖曼士兵們開始進食，為這一夜做準備。戰前的最後一餐是加強團結和視死如歸精神的又一良機。士兵們圍坐在集體大鍋周圍，點燃了篝火和蠟燭，火光比前兩天夜裡更大。傳令官們在笛子和號角伴奏下又一次穿梭於軍營中，重申許諾豐衣足食的生活，以及懷抱著喜悅迎接死亡的雙重消息：「穆罕默德的孩子們，歡樂吧！因為明天我們就會俘虜很多基督徒，我們會把他們全都賣做奴隸，兩個奴隸賣一杜卡特，我們都會發大財，全身珠光寶氣！我們要用希臘人的鬍鬚做拴狗的繩子，他們的妻小都將成為我們的奴僕。鼓起勇氣，準備好，為了表達我們對穆罕默德的愛，視死如歸！」[28]一股狂熱的喜悅席捲了整個營地，士兵們興奮的祈禱聲緩緩地升起，力度漸漸增強，如同驚濤駭浪。這光亮和有節律的呼喊聲讓等待中的基督徒毛骨悚然。黑暗中，鄂圖曼人又開始了一輪大規模砲擊，如此猛烈，「在我們看來有如地獄」[29]。午夜時分，沉默和黑暗又籠罩了鄂圖曼軍營。士兵們「攜帶所有武器和堆積如山的箭」[30]，秩序井然地走向各自的崗位。即將到來的激戰讓他們興奮不已，他們夢想著殉道的光榮和觸手可及的黃金，一聲不吭地等待著最後總攻的訊號。

萬事俱備。雙方都深知，次日將具有極其重大的意義。雙方都做了精神上的武裝。巴爾巴羅當然相信，基督教的上帝將最終決定戰局發展。據他說，「雙方都向自己的神祈禱勝利，他們向他們的神祈禱，我們向我們的神懇求。我們在天上的父和聖母將一起決定，誰在這場戰役中取勝，這會在第二天揭曉」[31]。根據薩阿德丁的記載，鄂圖曼軍隊「從黃昏到黎明，摩拳擦掌，殷切求戰……將最值得嘉許的工作結合起來……徹夜祈禱」[32]。

✫

關於這一天的故事，還有一點需要補充。根據喬治．斯弗朗齊斯的一本史書，這天夜裡，君士坦丁十一世騎著他的阿拉伯母馬在昏暗的街道上奔馳，深夜才返回布雷契耐皇宮。他召集了所有傭人和內廷人員，懇求他們的寬恕。在得到諒解後，「皇帝再次上馬，我們離開了皇宮，開始沿著城牆巡視，督促哨兵們提高警覺，不要睡覺」[33]。他們檢查了所有的崗位，發現一切正常，所有城門都已經安全地緊閉。在第一次雞鳴時，他們爬上了卡里加利亞門處的塔樓（從這裡可以居高臨下地俯瞰平原和金角灣），觀看敵人在黑暗中的準備工作。他們可以聽到帶輪子的攻城塔在黑夜的掩護下嘎吱嘎吱地接近城牆，長長的梯子被拖過遭到砲擊的地域，很多士兵正忙著填補破損城牆腳下的壕溝。在南面，閃閃發光的博斯普魯斯海峽和馬摩拉海上，可以遠遠地看到大型槳帆船的輪廓，它們像幽靈一般地駛往聖索菲亞大教堂巨大穹頂遠方的陣地。在金角灣內，較小的弗斯特戰船正在海峽上架設浮橋，並逼近城牆。這對經歷了無數磨難的君士坦丁十一世來說，是個百感交集和引發內省的時刻。這位高貴的皇帝和他的忠實朋友們站在外牆塔樓上，聽著敵人為最後總攻緊張忙碌，周遭的世界一片漆黑，決定命運的時刻尚未降臨。這幅圖景令世人難忘。

一連五十三天，他們用微薄的兵力挫敗了無比強大的鄂圖曼軍隊；他們抵擋住了史上最大的大砲，在中世紀發出的最猛烈的轟擊（消耗了約五千發砲彈和五萬五千磅火藥）；他們擊退了三次大規模進攻和十幾次較小的突襲，殺死了成千上萬鄂圖曼士兵，摧毀了敵人的許多地道和攻城塔；他們在海上與敵人激戰，從城內出擊，進行談判，並不懈地消磨敵人的鬥志。他們或許不知道，其實他們已經離勝利不遠了。

以上這幅景象在地理和具體細節上是準確無誤的；最高城牆上的哨兵完全可以聽得見城牆下鄂圖曼軍隊在黑暗中活動的聲音，也能夠俯瞰範圍廣大的陸地和海洋，但我們無從得知，君士坦丁十一世和斯弗朗齊斯是否真的在那塔樓上。這段記述很可能是虛構的，是在一百年後由一位因擅長偽造史料而聞名的教士所捏造。但我們仍可以確定的是，在五月二十八日的某個時間點，君士坦丁十一世和他的大臣們揮淚辭別，斯弗朗齊斯對這一天及其意義有著不祥的預感。他和皇帝是一生的摯友。斯弗朗齊斯對他的主公忠心耿耿，這份忠誠在拜占庭帝國的最後歲月裡圍繞皇帝的那群人中，是非常罕見的。二十三年前，在派特雷（Patras）①的圍城戰中，斯弗朗齊斯曾救過君士坦丁十一世的性命。他曾負傷被俘，戴著腳鐐在遍地蟲豸的地牢裡苦熬了一個月才獲釋。三十一年間，他為皇帝出使外邦無數次，包括花了三年時間在黑海周邊為皇帝尋找一位妻子（最後徒勞無功）。做為回報，君士坦丁十一世任命斯弗朗齊斯為派特雷總督；斯弗朗齊斯結婚時，皇帝擔任他的儐相，還做了他的孩子們的教父。在圍城期間，斯弗朗齊斯承擔的風險比其他很多人

---

① 伯羅奔尼撒半島西北部城市。

都更大，因為他的家人還在城內。五月二十八日，不管這兩人是在何時道別的，斯弗朗齊斯心裡一定是充滿了不祥的預感。兩年前的這一天，他離開君士坦丁堡，心裡曾經有過一個預感：「一四五一年五月二十八日夜裡，我做了一個夢：我好像回到了城裡；我匍匐在地，正要親吻皇帝的腳時，他攔住了我，扶我起來，親吻了我的眼睛。然後我就醒了，告訴睡在我身邊的人：『我剛做了這樣一個夢。銘記這一天吧！』」[34]

圖38　陸牆上的銘文：「蒙上帝護佑的我主君士坦丁幸運必勝。」

第十四章　緊鎖的城門

一四五三年五月二十九日凌晨一點三十分

戰爭的勝負沒有任何確定性，即便擁有了決定勝利的裝備和兵力優勢，也未必能取勝。戰爭中的勝利和優勢取決於幸運和偶然。[1]

——伊本・赫勒敦，十四世紀阿拉伯史學家

五月二十八日星期一天黑時，大砲已經對陸牆連續轟擊了四十七天之久。穆罕默德二世漸漸地將砲火集中到了三個地點：在北段，布雷契耐皇宮和查瑞休斯門之間；在中段，里卡斯河周圍；在南段，朝向馬摩拉海方向的三號軍用城門。這些地段的城牆都已經遭到了嚴重破壞，所以在戰前動員的時候，蘇丹能夠誇張地對指揮官們說：「壕溝已經被填平，陸牆的三個地點已經被摧毀，不僅你們這樣的輕重步兵，甚至馬匹和全副武裝的重騎兵也能輕易地衝殺進去。」[2]事實上，雙方都早已心知肚明，集中攻勢將會聚焦在一個地點，也就是陸牆中段，聖羅曼努斯門和查瑞休斯門之間的低淺山谷處。這裡是整個防禦體系的阿基里斯之腱，穆罕默德二世的最強大火力就消耗在這裡。

在總攻前夜，外牆上已經有九個較大的缺口，有的缺口長達三十碼，大部分缺口都在山谷處，朱斯蒂尼亞尼的部下用木柵一點一滴地把這些缺口封堵了起來。朱斯蒂尼亞尼就是這樣用臨時拼湊的土木壁壘，堵住城牆坍塌形成的漏洞。這種臨時壁壘的框架是利用連接在一起的木梁和倒塌城牆的石料，再加上所有手頭能找得到的材料：木柴、樹枝、成捆的蘆葦和碎石，並用泥土填充空隙。與石製城牆相比，這種工事能夠更好地吸收砲彈的衝擊力。漸漸地，這類土木壁壘顯然被堆砌到與原先的城牆一般高度，其頂端也足夠寬闊，可以做為適合作戰的平台。工事頂端放置裝滿泥土的木桶和柳條筐做成的城垛，為守軍提供防護，鄂圖曼軍隊進攻時的首要目標就是拆除這些臨時城垛。自四月二十一日以來，維護土木壁壘一直是守軍的當務之急。士兵和平民都一刻不停地拚命勞作，修補和擴建壁壘。參加勞動的有男有女，有兒童，還有僧侶和修女，他們把石頭、木料、成車的泥土、樹枝和砍下來的葡萄藤搬運到前線。工事遭破壞和搶修顯然是一個無休無止的循環，令人筋疲力竭。在敵人砲火和進攻下，他們不分晝夜，不管日曬雨淋，一發現缺口就立馬去填補。臨時壁壘代表著全城人的集體力量，在朱斯蒂尼亞尼的指揮下，壁壘回報了人們的辛勞，阻擋住敵人的每一次進攻，打擊敵人的士氣。

五月二十八日，春光明媚。下午晚些時候，守軍的核心部隊在臨時壁壘後擺開了陣勢。根據杜卡斯的記載，此處有「三千名拉丁人和羅馬人」①[3]，包括與朱斯蒂尼亞尼一同前來的七百名精銳義大利士兵的餘部、威尼斯槳帆船上的水手，以及拜占庭部隊的主力。他們的總兵力很可能只有兩千人左右。他們裝備精良，身披鏈甲或板甲，戴著頭盔，裝備了五花八門的武器：弩弓、火槍、小砲、長弓、劍和釘頭錘，既有從遠距離掃射敵人的武器，也有在壁壘處近距離作戰的兵器。另外，城民們還把大量石塊以及燃燒武器（成桶的希臘火和裝在罐子裡的焦油）搬到了前線。士兵們透過內牆的城門進入內、外兩道城牆的陣地，然後沿著臨時壁壘分散開來，部署到長約一千碼的中牆上。內、外兩道城牆之間的空地寬僅二十碼，背後就是較高的內牆和一道臨時挖出的壕溝（挖出的泥土被用來加固臨時壁壘）。在據守工事的士兵們背後，只有足夠的空間讓騎兵沿著戰線來回奔馳。整段戰線上，內牆只有四個出入口：聖羅曼努斯門和查瑞休斯門旁邊各有一個邊門，分別在山頭的左右兩側；一個是在小山北坡中央，通向空地的雄壯的五號軍用門；還有一個邊門位置不詳，朱斯蒂尼亞尼下令開鑿了這個門，以方便進入城市。所有人都很清楚，勝負的關鍵將在臨時壁壘，此後無路可退。因此，守軍決定在士兵們進入陣地之後，就把他們背後的幾個邊門全都鎖死，鑰匙被託付給他們的指揮官。官兵們將背靠內牆，死戰到底。夜幕降臨，他們安靜下來等候敵人的進攻。黑暗中下起了傾盆大雨，但鄂圖曼軍隊仍然在把攻城裝備運往前線。後來，朱斯蒂尼亞尼進入了陣地，然後君士坦丁十一世和他最親信的貴族們：西班牙人唐・法蘭西斯科・德・托雷多、皇帝的堂弟西奧菲勒斯・帕里奧洛格斯（Theophilus Palaiologos）和對皇帝忠心不二的戰友約翰・達爾馬塔（John Dalmata）。他們在臨時壁壘和城牆後等待敵人的進攻。加拉塔市長曾宣稱「必勝無疑」[4]，雖然很少有人能像他那麼樂觀，但大家對擋住這最後一

---

① 此處「羅馬人」是拜占庭人的自稱，因為他們一直以羅馬帝國自居，儘管他們主要是希臘血統。

次暴風驟雨還是頗有信心的。

✯

凌晨時分，鄂圖曼軍隊已經準備就緒。在營帳的黑暗中，穆罕默德二世做了例行的小淨和祈禱，懇求真主把城市交給他。他本人的準備工作可能包括穿上一件有驅邪神力的襯衫，上面繡有《古蘭經》的詩節和真主尊名，非常富麗堂皇，能夠保護他躲避厄運。他戴上頭巾，穿上長袍，腰間佩帶寶劍。在主要指揮官的陪同下，他策馬奔向前線，親自去指揮攻勢。

鄂圖曼軍隊仔細地做好了從海、陸兩路同時進攻的準備，並嚴格執行了這個計畫。金角灣和馬摩拉海的戰船已經就位；重兵雲集，準備攻打陸牆沿線的各個關鍵地點，焦點還是里卡斯河谷。穆罕默德二世決定投入大量兵力去進攻守軍的臨時壁壘，各支部隊按照其效用和戰鬥力從低到高輪番上陣。他下令第一波攻擊由非正規部隊發起，包括徵募來的普通步兵和外籍輔助兵，即為了掙得戰利品而應徵來，訓練不足的部隊，以及被強徵來的附庸國士兵。按照巴爾巴羅的記載，第一波部隊中很多人似乎是「被強迫參戰的基督徒」[5]；萊奧納德則說他們包括「希臘人、拉丁人、日耳曼人、匈牙利人——來自所有基督教國家的人」[6]。總之是種族混雜、信仰各異，而且裝備也五花八門：有的人拿著弓箭、彈弓或火槍，但大多數人只有簡單的彎刀和盾牌。這絕不是一支紀律嚴明、戰鬥力強大的作戰部隊，但穆罕默德二世的目標就是利用這些死不足惜的異教徒來消耗守軍的力量，然後才向殺戮地帶投入價值更高的部隊。第一波部隊從城牆北端前來，攜帶著雲梯，準備沿著中牆全線發動進攻，特別重點進攻臨時壁壘。成千上萬人在黑暗中等待進攻的命令。

凌晨一點三十分，號角、戰鼓和鐃鈸突然大鳴大放起來，宣告攻勢開始。大砲開始轟鳴，鄂圖曼軍隊從四面八方水陸並進。非正規部隊接到了嚴格命令，必須穩步前進，不得喧譁。進入射程之後，他們開始射擊，「弓箭手、彈弓手開始發威，大砲和火繩槍射出鐵製或鉛製彈丸」。在第二道命令發出之後，他們向前狂奔，跑過被填平的壕溝，一邊大呼小叫，一邊「手執標槍、長槍和長矛」衝向城牆。守軍早已嚴陣以待。非正規部隊嘗試爬牆的時候，基督徒們把他們的雲梯推開，向工事腳下拚命攀爬的敵人投擲火把、傾倒滾油。在黑暗和混亂中，只能看到不甚明亮的手執火把的閃光，聽到「狂喊亂叫、褻瀆神明的辱罵和詛咒聲」[7]。朱斯蒂尼亞尼調集了他的人馬，皇帝親臨戰場也讓大家精神為之一振。守軍占了上風，他們「從城垛上往下投擲大石塊」，向隊形密集的敵群射箭和開槍，「很少有人能逃生」[8]。跟進的鄂圖曼士兵開始動搖和後撤。但穆罕默德二世決心要把他的非正規部隊發揮到極限。他在後方部署了一隊憲兵做為督戰隊，他們用棍棒和皮鞭把後退的士兵驅趕向前。在憲兵的背後還有一隊手執彎刀的近衛軍，隨時準備砍倒衝過憲兵攔截線的人。悲慘的非正規士兵們被夾在前方的火力和背後的持續壓力之間，發出了令人毛骨悚然的呼號，「他們無論前進還是退後都是死路一條」。他們再次轉身去進攻工事，頂著劈頭蓋臉的火力，絕望地拚命立起雲梯，但卻慘遭屠戮。這些死不足惜的人雖然死傷慘重，但已經達到了蘇丹的目的。兩個小時內，他們大大消耗了城牆上守軍的體力。這時穆罕默德二世才允許倖存者撤退、一瘸一拐地返回自己的戰線。

戰場上出現了一段間歇。此時是凌晨三點三十分，天色仍然漆黑，但火光照亮了平原。在壁壘上，人們舒了一口氣。他們得到時間來重組部隊和進行搶修。在戰線的其他地段，鄂圖曼非正規部隊的攻擊沒有這麼猛烈；仍然完好的城牆令他們舉步維艱。其他地段的進攻主要是牽制性的，讓全線守軍都忙得不可開交，無法去替換在中牆承受極大壓力的部隊。守軍兵力部署非常薄弱，在一英里外的使徒教堂附近的中央山嶺上，待命的預備隊已經只剩三百人。城牆上的人們向平原眺望，徒勞地希望敵人會到此為止，就此撤退，但這希望落空了。

全力攻城的時機到了。穆罕默德二世騎馬來到他右翼的安納托利亞部隊，就在聖羅曼努斯門外不遠處。這些部隊是裝備精良的重步兵，身披鏈甲，作戰經驗豐富，紀律嚴明，而且充滿穆斯林的聖戰熱情。他雖然年僅二十一歲，但做為蘇丹，完全可以用這樣直白的父親式口吻向部落子民講話：「前進，我的朋友和孩子們！證明你們是英雄好漢的時刻到了！」[9]他們沿著山谷邊緣前進，轉身面對壁壘，以密集隊形逼近，「令人膽寒地呼喊著」[10]阿拉之名。根據尼可拉．巴爾巴羅的記載，他們「就像被解開鎖鏈的雄獅一般衝向城牆」[11]。這堅定的衝鋒讓守軍高度緊張起來。全城教堂的鐘聲此起彼伏，召喚所有人到作戰崗位上去。很多城民跑到城牆上去幫忙。其他人則在教堂內更加努力地祈禱。三英里外的聖索菲亞大教堂門外，教士們也用他們自己的方式提供支援。「他們聽到鐘聲後，取出了聖像，走到教堂前，站在那裡禱告，用十字架向全城祝福；他們熱淚盈眶地誦讀著：『復活我們，天主，佑助我們，免得我們最終毀滅。』」[12]

安納托利亞士兵們奔跑著越過了壕溝，以緊密隊形向前猛衝。守軍用弩弓和火砲向他們猛烈射擊，「殺死的土耳其人不計其數」[13]。但他們仍然繼續推進，用盾牌抵擋冰雹般的石塊和投射武器，努力強行衝到壁壘上。「我們向他們投擲致命的投射武器，」萊奧納德大主教寫道，「向他們的緊密人群中發射弩箭。」[14]安納托利亞部隊畢竟人多勢眾，成功地在壁壘上搭起了雲梯。守軍又把雲梯推倒，很多攻擊者被石塊砸死，或者被滾燙的瀝青燒傷、燒死。鄂圖曼軍隊在短暫的一刻開始後撤，但很快又衝殺上來。壁壘後的守軍被敵人的勇猛震懾了，這些鄂圖曼人似乎被一種超越人類極限的力量驅使著拚命衝殺。這些士兵顯然不需要額外的激勵，按照巴爾巴羅的說法，他們「全都是勇士」[15]。「他們不斷高聲吶喊，更加急切地展開自己的大旗。你看到這樣的野獸一定會無比震驚！他們的部隊已經大半被殲滅，但他們仍然帶著無限的勇氣繼續向壕溝衝鋒。」[16]安納托利亞部隊人數太多，而且地上死屍遍地，因此每一波攻擊都受到了很大阻礙。士兵們互相踩踏，在其他人身上爬行，形成一個人肉金字塔，拚命想爬到壁壘的頂端。有些人爬上了壁壘，向敵人瘋狂地砍殺。泥土平台上爆發了肉搏戰，人們互相殘殺。那裡空間狹窄，安納托利亞士兵們能否擊退守軍，還是被拋下壁壘，取決於身體的撞擊和近距離的廝殺。在壁壘腳下，人們跌跌撞撞地亂爬，呼喊著、詛咒著。遍地都是死屍和垂死的人，到處都是被拋棄的武器、頭盔、頭巾和盾牌。

戰局瞬息萬變。「有時鄂圖曼重步兵爬上了城牆和壁壘，硬往前擠，毫不動搖。有時他們又被兇猛地打退。」[17]穆罕默德二世騎馬親臨前線，呼喊著督促他們上前，有時向狹窄的缺口投入更多生力部隊，以接替戰死和動搖的人。他下令大砲開火。一輪輪石彈錘擊著城牆，將守軍和安納托利亞士兵都打倒在地。在這個夏日的凌晨，周圍一片黑暗，亂成一團，戰鬥的嘈雜聲震耳欲聾，戰鼓、笛子、鐃鈸、教堂鐘聲此起彼伏，撕心裂肺，再加上羽箭掠過的嗖嗖聲、鄂圖曼大砲震動大地的巨響和火槍的低沉轟鳴聲，「似乎空氣都被撕裂了」[18]。刀劍狠狠地碰撞在盾牌上，發出脆響；刀鋒割斷喉管、箭頭插入胸膛、鉛彈打碎肋骨、石塊砸扁頭顱時的聲音則低沉許多。在這些聲音的背後還有更可怕的嘈雜話語聲：祈禱和戰鬥吶喊、鼓勵的話語、詛咒、號叫、抽噎和瀕死者的輕聲呻吟。狼煙和塵土從前線飄過。鄂圖曼士兵們充滿希望地將伊斯蘭旗幟在黑暗中高高舉起。手持的火把冒著煙，火光照亮了布滿鬍鬚的臉龐和甲冑。大砲開火的幾秒鐘內，火光一下子照亮了砲手們的身形。火槍發出的較小的火舌狠狠地撕裂夜幕；成桶的希臘火呈一個弧線越過城牆，如同金雨一般潑灑而下。

黎明前的一個小時，一門大砲發射的石彈直接命中了臨時壁壘，打開了一個缺口。煙塵和大砲的硝煙遮蔽了前線，但安納托利亞士兵們迅速做出反應，衝進了突破口。守軍還沒來得及反應，三百名士兵已經衝了進去。鄂圖曼軍隊第一次突破了守軍陣地。裡頭殺得昏天暗地。守軍絕望地重新集結，在兩道城牆之間的狹窄空間內直接面對安納托利亞人。顯然，突破口還沒大到讓一大群人湧入的地步，所以三百名攻擊者很快被包圍起來。希臘人和義大利人有條不紊地把他們全都砍成肉醬。這三百人無一生還。這個局部勝利令守軍士氣大振，他們把安納托利亞部隊擊退了。鄂圖曼軍隊感到沮喪，第一次發生了動搖，開始撤退。這時已經是早上五點半。守軍已經一刻不停地苦戰了四個鐘頭。

✫

到此時為止，在其他地段，鄂圖曼軍隊也未能取得很大進展。在金角灣內，紮甘帕夏在夜間成功架起了浮橋，不少士兵透過浮橋抵達了陸牆末端附近的海岸。與此同時，他把輕型槳帆船調到城牆近處，讓船上的弓箭手和火槍兵掃射城牆上的守軍。他還把雲梯和木製攻城塔送到這些城牆下，試著讓他的步兵爬城，但是失敗了。哈利勒在馬摩拉海岸邊的登陸作戰同樣失敗了。海流湍急，船隻無法停穩，再加上海牆居高臨下，俯視海面，所以沒有前灘能夠建立橋頭陣地。儘管這裡的城牆守軍人數稀少，有些地段只有僧侶防守，但登陸部隊還是被輕易地擊退，或遭到俘虜並斬首。在中牆以南，伊沙克帕夏對守軍施加了一些壓力，但他最精銳的安納托利亞部隊被調走去對付臨時壁壘了。在布雷契耐皇宮地域（穆罕默德二世早就認定從這個地方比較容易入城），卡拉加帕夏的部下發動了一次對守軍威脅很大的進攻。「此處的防禦搖搖欲墜，」[19]因為城牆破損嚴重。但負責防守此處的是來自熱那亞的博基亞爾多三兄弟，他們都是本領高強的職業軍人。據萊奧納德大主教記載，「他們天不怕、地不怕，無論被砲火炸塌的城牆還是砲彈的爆炸，都嚇不倒他們……不分晝夜，他們始終高度警覺，用弩弓和可怕的火砲屠殺敵人」[20]。有時他們會從競技場門這個邊門出擊，襲擾敵人。卡拉加的部下沒能取得任何進展。聖馬可的雄獅旗仍然飄蕩在黑暗籠罩下的皇宮上方。

✯

激戰四個小時，非正規部隊和安納托利亞部隊都失敗了，這似乎讓穆罕默德二世非常惱火。不僅是惱火，他還非常焦慮。他只剩下一支生力部隊了，那就是他自己的五千名精銳衛隊，「這些士兵裝備極其精良，英勇無畏，比其他人經驗豐富得多，也更勇猛。他們是陸軍的精銳：重步兵、弓箭手和長槍兵，以及被稱為近衛軍的部隊」[21]。他決定在敵人得到喘息之機、進行重組之前，立即把這支部隊投入戰場。一切都取決於這次行動；如果連他們也不能在幾個小時內突破防線，戰役的勢頭就喪失了，筋疲力竭的部隊將不得不撤退，圍城戰就算結束了。

在兩道城牆之間的陣地上，守軍沒有任何停歇的時間。敵人的第二波攻擊造成的傷亡更為嚴重，守軍也愈來愈疲憊。但抵抗的鬥志仍然很堅定。據克利托布羅斯說，他們心中沒有一絲一毫的畏懼：「飢餓、睡眠缺乏、持續不斷的戰鬥、傷痛和殘殺、親人在自己眼前死去或是其他任何恐怖景象，都不能讓他們屈服，或者削弱他們的積極性和使命感。」[22]事實上他們別無選擇，只能死戰到底；沒有任何人接替他們，因為沒有其他部隊。但義大利人在朱斯蒂尼亞尼指揮下奮戰，希臘人在皇帝的注視下拚殺，這兩位領袖對部隊的感召力就像蘇丹對鄂圖曼軍隊那樣。

穆罕默德二世知道，在攻勢停頓之前，他必須打鐵趁熱。領軍餉的士兵們奮勇作戰、報效蘇丹的時刻到了。他騎馬向前衝，催促士兵們證明自己是英雄好漢。明確的命令發布了出去，穆罕默德二世親自率領士兵們穩步推進到壕溝邊上。此時離天亮還有一個小時，但星光已經昏暗，「黑夜逐漸讓位於黎明」[23]。他們在壕溝前停下。在那裡，他命令「弓箭手、彈弓手和火槍兵站在一定距離之外，向守衛壁壘和破損外牆的守軍士兵射擊」[24]。烈火的風暴席捲城牆。「槍彈和羽箭數不勝數，遮蔽了天空」[25]。「箭雨和雪花般的其他投射武器」[26]迫使守軍低頭躲在壁壘後。另一個訊號發出後，鄂圖曼步兵「發出響亮而恐怖的吶喊」，開始前進，「不像土耳其人，倒像是雄獅」[27]。他們在震天的鼓樂和吶喊聲驅使下衝向壁壘。這聲音是鄂圖曼軍隊的終極心理戰武器，震耳欲聾，甚至遠在亞洲海岸（離他們的軍營五英里）的人也能聽得見。戰鼓和笛子齊鳴，軍官們發出呼喊和指令，大砲雷鳴般巨響，士兵們也發出撕心裂肺的吶喊，這些聲音既鼓舞了他們的勇氣，也震撼了敵人的神經，都收到了預想的效果。「他們大聲呼喊著，奪走了我們的勇氣，在全城散布恐懼。」[28]巴爾巴羅如此寫道。在全長四英里的陸牆全線，鄂圖曼人同時發動了排山倒海的進攻。城內教堂再一次敲響警鐘，非戰鬥人員加緊祈禱。

重步兵和近衛軍「求戰心切，而且狀態極佳」[29]。他們在蘇丹的注視下作戰，既是為了榮耀，也是為了爭奪第一個登上城牆的功動。他們堅定不移地向壁壘進發，毫不猶豫，「似乎一心要進城」[30]，心意已決。他們用帶鉤的木棍拆掉壁壘頂端的木桶和木製砲塔，挖掘壁壘的框架，樹立雲梯，將盾牌舉在頭頂上，借此抵擋暴風驟雨般的石塊和投射武器，同時努力往上爬。他們的軍官站在後面，呼喊著發布命令。蘇丹本人策馬走來走去，喊叫著激勵大家。

在他們的對面，疲憊的希臘人和義大利人再一次投入戰鬥。朱斯蒂尼亞尼和他的部下，以及君士坦丁十一世和他的「全體貴族、主要騎士和最勇敢的武士」[31]，手執「標槍、長槍、長矛和其他兵器」[32]向壁壘推進。第一批鄂圖曼宮廷衛隊士兵「遭到石塊的打擊，倒了下去，很多人當

圖39　鄂圖曼人的軍樂隊：用來震懾敵人、激勵己方

場斃命」[33]，但其他人衝上來接替他們。沒有人動搖。很快地，為了爭奪壁壘，雙方展開了面對面的肉搏戰，各自都意志堅定：一方是為了榮譽、真主和重賞，另一方則是為了上帝和生存。在擁擠的近距離搏鬥中，可怕的呼喊聲此起彼伏，「他們互相嘲諷，有的人用長矛戳刺，有的人被戳，有人殺死敵人，有的被殺，人們在怒火中互相殘殺，場面極其恐怖」[34]。在後面，大砲在發射巨型砲彈，硝煙瀰漫了整個戰場，有時遮蔽雙方士兵的視線，有時又讓他們直接面對對方。巴爾巴羅記載道：「這景象似乎來自另一個世界。」[35]

戰鬥持續了一個鐘頭，鄂圖曼宮廷衛隊進展甚微。守軍寸土不讓。「我們凶猛地打退了他們，」萊奧納德記述道，「但我們的很多人現在負了傷，撤出了戰鬥。但我們的指揮官朱斯蒂尼亞尼仍然屹立，其他指揮官也堅守著崗位。」[36]這時出現了一個跡象，起初還很難察覺，但壁壘內的守軍感受到鄂圖曼軍隊施加的壓力似乎輕了一點。這是一個關鍵時刻，扭轉戰局的瞬間。君士坦丁十一世把握住了這個機遇，敦促守軍向前。根據萊奧納德的記載，皇帝向士兵們喊道：「勇士們，敵人的軍隊正在削弱，勝利的冠冕屬於我們。上帝站在我們這邊，繼續戰鬥！」[37]鄂圖曼軍隊站不住腳，退卻了。疲憊的守軍找到了新的力量。

但這時發生了兩件詭異的事情，再一次扭轉了戰局。在戰線北面半英里處，朝向布雷契耐皇宮的陣地，博基亞爾多兄弟在此之前成功地打退了卡拉加帕夏的部隊，還不時地從競技場門（隱藏在城牆一個拐彎角落裡的邊門）出擊。這座城門將應驗古老的預言。一名義大利士兵出擊歸來之後，忘了把背後的邊門關上。天色愈來愈亮，卡拉加的一些士兵看到了這座敞開的城門，蜂擁而入。五十名士兵透過階梯衝上了城牆，把那裡的守軍打得措手不及。有些士兵被砍死，其他人則選擇跳牆自殺。隨後發生了什麼事情，我們不太清楚。衝進城的鄂圖曼士兵似乎沒有來得及造成很大破壞，就被守軍成功地隔絕和包圍了起來，但他們已經從一些塔樓上扯下了聖馬可的旗幟和皇旗，換上了鄂圖曼旗幟。

在南面的臨時壁壘處，君士坦丁十一世和朱斯蒂尼亞尼不知道發生了這些事。他們仍然自信滿懷地堅守戰線，但這時厄運帶來了更嚴重的打擊。朱斯蒂尼亞尼再次負傷。對基督徒來說，這是因為上帝拒絕聽取他們的祈禱；對穆斯林來說，這時真主聽到了他們的祈禱。而對飽讀詩書的希臘人來說，這個瞬間簡直是從荷馬史詩裡照搬來的，按照克利托布羅斯的說法，「邪惡而無情的命運」[38]導致了戰局突然逆轉，平靜而無情的女神帶著奧林匹斯諸神的冷漠與超然觀戰，這時突然決定撥動戰爭的天平，將英雄擊倒在地，讓他的心臟化為齏粉。

當時的情況究竟如何，世人眾說紛紜，但所有人都知道這意味著什麼。朱斯蒂尼亞尼的熱那亞士兵在那一瞬間驚恐萬狀。至於隨後發生的事情，各方面的記述非常支離破碎，而且非常不一致。朱斯蒂尼亞尼「身披阿基里斯的鎧甲」，受傷倒地的具體狀況有十幾種不同的說法：有人說他的右腿中箭；有人說他胸部被弩箭射中；或者說他在城牆上搏鬥的時候，腹部被人從下方刺中；又或者一發鉛彈擊穿了他的手臂後部，又穿透了他的胸甲；或者他的肩部被火槍擊中；還有人說，一名友軍從背後誤傷了他，或者是故意刺殺他。最可能的情況是，他的上半身護甲被鉛彈擊穿，微小的傷口隱蔽了嚴重的內傷。

自圍城戰開始以來，朱斯蒂尼亞尼就在一刻不停地奮戰，無疑已經筋疲力竭。他在前一天已經負了一次傷，第二次負傷似乎讓他的精神徹底垮了。他站不住腳，傷勢遠比旁觀者能察覺的情況要嚴重，於是命令士兵將他抬回到船上，接受醫治。他們去找皇帝，向他索要其中一座城門的鑰匙。君士坦丁十一世知道他的主要指揮官撤離，將會帶來多麼大的危險，懇求朱斯蒂尼亞尼和他的軍官們留在前線，直到危險過去，但他們不肯久留。朱斯蒂尼亞尼把指揮權交給兩名軍官，並許諾處理完傷口就回來。君士坦丁十一世不情願地交出了鑰匙。城門被打開了，朱斯蒂尼亞尼的衛兵們抬著他，來到他停泊在金角灣的槳帆船上。這是個災難性的決定。敞開的城門對其他熱那亞人來說是個無法抗拒的誘惑；他們看到指揮官已經撤離，於是潮水般地湧過城門，也跟著撤退了。

君士坦丁十一世和他的扈從絕望地努力攔阻這人流。他們不准任何希臘人跟著義大利人離開陣地，命令他們排好隊形，上前去堵住戰線的缺口。穆罕默德二世似乎感受到守軍的鬆弛，集中兵力發動了又一次進攻。「朋友們，我們必勝！」他大喊道，「再努力一點，城市就是我們的啦！」[39]

一群近衛軍在穆罕默德二世最寵信的軍官，賈費爾（Cafer）貝伊率領下，高呼「真主偉大！」向前猛衝。蘇丹向他們呼喊著：「衝啊！我的雄鷹們！前進！我的雄獅們！」他們聽到蘇丹的激勵，又記起了在城牆上首先插旗能夠得到的重賞，便奮不顧身地衝向臨時壁壘。在前線有個名叫烏魯巴特的哈桑（Hasan of Ulubat）的巨人，他高舉鄂圖曼大旗，在三十名戰友護衛下前進。他用盾牌遮住自己的腦袋，衝上壁壘，擊退動搖的守軍，穩穩站立在壁壘頂端。他站在那裡，高舉大旗，鼓舞近衛軍士兵們前進，在那裡堅持了一會兒。這位近衛軍的巨人終於把伊斯蘭的旗幟插到了基督教城市的城牆上，這是彰顯鄂圖曼人勇氣的激動人心的一刻，註定要成為鄂圖曼帝國神話的一部分。但沒過多久，守軍重整旗鼓，猛烈地投射石塊、羽箭和長矛，進行報復。他們打退了那三十名士兵中的一部分人，然後把哈桑團團圍住，把他打倒在地，剁成肉泥。但在周圍，愈來愈多的近衛軍士兵爬上城牆，或者從壁壘的缺口衝了進去。成千上萬人就像衝垮堤岸的洪水一般，開始湧入守軍的陣地，憑藉兵力優勢無情地將守軍擊退。很快地，守軍就被推向內牆。內牆前方有一條壕溝，是挖土修建壁壘形成的。有些人被推進壕溝，困在那裡。他們沒法爬出來，全部慘遭屠戮。

鄂圖曼軍隊沿著不斷擴大的戰線，潮水般地湧入守軍陣地。守軍從壁壘上轟擊他們，很多鄂圖曼士兵被打死，但此時這股洪流已經不可阻擋。據巴爾巴羅說，十五分鐘內就有三萬人衝進了守軍陣地，「發出令人毛骨悚然的呼喊，如同地獄一般」[40]。同時，人們看見競技場門附近塔樓上的鄂圖曼旗幟（少數鄂圖曼士兵衝到那裡，插上了他們的旗幟），大喊：「城市失守了！」守軍完全陷入了盲目的恐慌。他們倉皇失措，轉身逃跑，尋找道路逃離封閉的陣地，返回城內。與此同時，穆罕默德二世的士兵們已經開始攀爬內牆，從高處向逃竄的守軍射擊。

可供逃跑的道路只有一條：朱斯蒂尼亞尼撤離時經過的那座小小的邊門。其他門都仍然緊鎖著。潰敗的守軍爭先恐後地聚集到邊門處，個個都想趕緊逃命，互相踩踏，「門前的活人堆成了一座小山，導致大家誰也逃不掉」[41]。有些人不慎跌倒，被活活踩死。其他人則被從壁壘處以整齊隊形橫掃過來的鄂圖曼重步兵屠殺。死屍堆積成山，更是把逃命的道路堵死。從壁壘上倖存下來的守軍被斬盡殺絕。其他的每一座城門——查瑞休斯門、五號軍用門——同樣是屍骨如山、血流成河，因為逃到那裡的人也沒辦法逃離封閉的陣地。在這場令人窒息、驚慌失措、拚命掙扎的混戰中，有人最後一次瞥見了君士坦丁十一世的身影，他最忠誠的隨從仍然護衛在他身邊：西奧菲勒斯·帕里奧洛格斯、約翰·達爾馬塔、唐·法蘭西斯科·德·托雷多。根據一位不可靠的目擊者（幾乎可以肯定，此人當時並不在場）的描述，皇帝在最後的時刻仍然奮起拚搏，最後倒地，被人群踩踏在腳下，終於從歷史中消逝，進入傳奇的來世。

一隊近衛軍爬過死屍堆，強行打開了五號軍用門。他們進入城內，一部分人轉向左側的查瑞休斯門，從內部將它打開；其他人向右前進，打開了聖羅曼努斯門。一座座塔樓接二連三地飄揚起了鄂圖曼旗幟。「然後大軍的其他士兵凶猛地衝進城……蘇丹站在宏偉的城牆前（他的大纛和馬尾旗就樹立在那裡）觀看著周遭的景象。」[42]這時天已經亮了。太陽冉冉升起。鄂圖曼士兵們在死人堆之間前進，砍下死人和瀕死者的頭顱。大型猛禽在他們頭頂上盤旋。不到五個小時的時間，君士坦丁堡的防禦就土崩瓦解了。

第十五章　一捧塵土

一四五三年五月二十九日早上六點

請告訴我，世界末日究竟是何時，又將是何等情形？人們如何才能知道，末日已經臨近，已經到了門檻上？末日將有哪些跡象？這城市、新耶路撒冷將往何處去？屹立於此的神聖教堂、受尊崇的聖像、聖徒的遺跡和書籍都將何去何從？請告訴我。[1]

——埃皮法尼奧斯（Epiphanios），十世紀的東正教僧人，如此詢問聖愚安得烈（Saint Andrew the Fool）①

鄂圖曼軍隊如潮水般地湧入城市，他們的旗幟飄揚在塔樓上的時候，城民們陷入了莫大的恐

① 聖愚安得烈（西元九三六年卒），原為斯拉夫人，被賣做奴隸來到君士坦丁堡，因為虔誠、癲狂而被稱為「聖愚」。據說他曾看到聖母保護君士坦丁堡、從敵人手中解救城市的幻象，後來被東正教會封為聖徒。埃皮法尼奧斯是他的弟子。

慌。「城市陷落了！」的呼喊聲在大街小巷此起彼伏。人們開始四散逃命。在競技場門附近城牆駐守的博基亞爾多兄弟看到士兵們從他們的陣地旁逃過。他們縱身上馬，向敵人衝殺，暫時把敵人打退了。但他們很快也認識到了局勢的無望。壁壘上的鄂圖曼士兵們居高臨下地向他們投擲武器，保羅・博基亞爾多頭部負傷。他們意識到，自己很快就會陷入包圍。保羅不幸被俘，後來遭到殺害，但他的兩個兄弟殺出了一條血路，帶領他們的人馬返回了金角灣。在港口處，受傷的朱斯蒂尼亞尼得知防線已經崩潰，於是「命令他的喇叭手吹響訊號，召集他的部下」[2]。對其他人來說，一切都已經太晚了。威尼斯市政官米諾托、很多顯赫的威尼斯人，以及離開槳帆船參戰的水手們被包圍在布雷契耐皇宮，全部遭到俘虜。在陸牆南段接近馬摩拉海的地方，防禦還很堅定，但那裡的守軍也很快發現自己腹背受敵。很多人被殺死；其他人，包括指揮官菲利普・孔塔里尼（Philippo Contarini）和德米特里・坎塔庫澤努斯，都舉手投降，被敵人俘虜。

一眨眼的功夫，全城就亂成了一鍋粥。前線的瓦解如此驚心動魄又出人意料，很多人都手足無措。從陸牆逃走的部分士兵奔向金角灣，希望能登上那裡的船隻，其他人則跑向前線。一些平民被戰鬥的嘈雜聲驚醒，主動前往城牆，去幫助部隊防守，途中遭遇了第一波衝進城來、沿途燒殺搶掠的鄂圖曼士兵。這些鄂圖曼士兵「暴跳如雷地攻擊他們」[3]，把他們全部砍倒。最初引發屠城的是鄂圖曼士兵對拜占庭人的畏懼和仇恨。他們一下子身處迷宮般的狹窄小巷內，非常迷惑糊塗和惴惴不安。他們原先期待會遇到一支頑強抵抗的大軍，而絕不會相信，在臨時壁壘處被擊潰的兩千人居然就是全部的守軍。與此同時，一連好多週的苦難以及希臘人從城垛上發出的嘲諷，讓鄂圖曼人恨不得吃敵人的肉、喝敵人的血。君士坦丁堡曾經拒絕投降，現在必須付出代價了。鄂圖曼人的大肆屠戮起初「是為了製造普遍的恐怖氣氛」[4]。在一個短暫的時間內，「他們手執彎刀，見人就殺，不管男女老幼、健康或是傷殘」[5]。有些城民做了頑強抵抗，「從高處向他們拋擲磚塊和鋪路石……向他們投擲火把」[6]，這可能愈發激怒了鄂圖曼人。大街上血流滿地，走路都會打滑。

陸牆的高聳塔樓上飄揚的蘇丹大旗，把破城的消息迅速傳遍了鄂圖曼全軍。在金角灣沿岸，守軍開始逃竄，鄂圖曼艦隊加緊攻城，水手們將海牆上的一座又一座城門強行打開。很快地，鄰近威尼斯人住宅區的普拉泰亞門（Plateia Gate）就被打開了，鄂圖曼人的隊伍開始深入城市中心。在海岸更遠方，哈姆紮貝伊和馬摩拉海上的艦隊也得到了消息。急於進城擄掠的水手們把戰船重新開到岸邊，在海牆上搭起梯子。

在短時間內，鄂圖曼人進行了無區別的恣意屠殺。據哈爾科孔蒂利斯記載，「全城各處如同屠場，大開殺戒，死屍遍地」[7]。張皇失措的人們各投生路、尋求自保。義大利人逃往金角灣，登上船隻，而希臘人則逃回家中，保護自己的妻小。有些人在半途被俘，還有人好不容易跑回家中，卻發現「妻兒已經被綁架，財物被洗劫一空」。還有的人回家之後，「自己也被俘虜，和親友、妻子一起被捆縛起來、戴上鐐銬」[8]。還有很多人搶在入侵者之前回到家中，意識到投降也不會有什麼好下場，於是決定死戰到底，保護家人。有人躲藏在地下室和蓄水池內，或者糊里糊塗地在城裡遊蕩，等待被俘或者被殺。在金角灣附近的聖狄奧多西婭（Saint Theodosia）教堂的景象特別催人淚下。這一天恰好是聖狄奧多西婭的瞻禮日，對這位聖徒的尊崇禮拜儀式，在幾百年的熱誠信仰中被忠實地傳承了下來。教堂的正面裝點著初夏的玫瑰。在教堂內的聖徒墓穴處，信徒們按傳統通宵守夜，燭光在短暫的夏夜中閃爍。第二天清晨，信徒的遊行隊伍向教堂走去，盲目地信任祈禱的神奇力量。他們攜帶著傳統規定的禮物——「裝飾華美的蠟燭和神香」[9]前往教堂。他們在路上被鄂圖曼士兵攔住並擄走，全體信徒沒能逃脫一個。擁有祈禱者供奉的大量許願財物的教堂也橫遭擄掠。聖狄奧多西婭的骨骸被丟給了野狗。城內其他地方，很多婦女一覺醒來，發現入侵者闖入了她們的閨房。

時間一分一秒地流逝，鄂圖曼軍隊認識到了真相——城內已經沒有任何有組織的抵抗，於是他們的屠殺變得更有針對性和選擇性。根據薩阿德丁的記載，鄂圖曼士兵們遵循了教法的訓令：「屠戮他們的老人，俘虜他們的青年。」[10]現在的重點改為活捉俘虜，做為戰利品。他們開始捕獵有價值的奴隸：年輕女人、美麗的兒童。「民族、風俗和語言」[11]五花八門的非正規部隊（包括基督徒）衝在最前面，「燒殺搶掠、瘋狂破壞、恣意侮辱，俘虜和奴役各色人等，不分男女老少，甚至包括教士和僧侶」[12]。對鄂圖曼軍隊暴行的記述大多是基督徒寫下的，鄂圖曼史學家的描寫比較隱晦，但毫無疑問，在這一天上午，君士坦丁堡成了一座人間地獄。史料中包含了一系列生動的記載，甚至大體傾向於鄂圖曼帝國的希臘作家克利托布羅斯，也描繪了「恐怖、淒慘、超過任何悲劇的慘景」[13]。婦女們被「凶暴地從臥室拖走」；兒童被從父母身邊奪走；無力逃跑的老人以及「智障、麻瘋病人和體弱的人」慘遭「無情的屠殺」[14]。「新生嬰兒被扔到廣場上」[15]。婦女和男童遭到強暴。鄂圖曼人將形形色色的成群俘虜捆成一串，「野蠻地拖走，對其大肆驅趕、撕打、羞辱、推搡，醜惡可恥地將他們驅趕到十字路口，不斷侮辱和虐待他們」[16]。倖存者，尤其是「出身貴族富戶、品行端正、習慣足不出戶而不拋頭露面的年輕女子」[17]遭受的恐怖和折磨是無法想像的。有些少女和已婚女子不願遭受這樣的凌辱，寧願投井自盡。為了爭搶最美麗的少女，鄂圖曼士兵們發生了爭鬥，有人因此斃命。

鄂圖曼人特別注意教堂和修道院。鄰近陸牆的那些教堂或修道院，例如查瑞休斯門旁的聖喬治教堂、佩特拉的施洗者聖約翰教堂和柯拉教堂，很快就被洗劫一空。被認為具有神力的指路聖母像被砍成四截，分給士兵們，因為它的框架非常值錢。教堂房頂上的十字架被砸倒；士兵們打開了聖徒墓穴，去尋找財物，墓穴內的骨骸被撕成碎片、丟棄到大街上。教堂的財物（聖餐杯、高腳杯，以及「神聖的工藝品和繡有金線、裝飾著寶石與珍珠的珍貴而華美的長袍」[18]）全被搶走，貴金屬製品被熔化。祭壇被拆毀，「為了尋找黃金……教堂和聖殿的牆壁被搜了個遍」[19]。據萊奧納德說，「鄂圖曼人在聖徒像前強暴婦女」[20]。鄂圖曼人衝進女修院，將修女們「擄到艦隊那裡，恣意蹂躪」[21]。僧侶們被殺死在各自的房間內，「在教堂內避難的僧侶被拖出去趕走，受盡種種羞辱」。鄂圖曼人用鐵棒撬開歷代皇帝的墓穴，尋找隱藏的黃金。「暴行種種，不一而足。」[22]克利托布羅斯悲哀地記載道。僅僅幾個小時的時間，延續一千年的基督教君士坦丁堡大體上就無跡可尋了。

在這股洶湧洪流面前，拜占庭人手足無措，還有能力逃跑的人都想方設法逃走。很多人在本能和迷信的驅動下奔向聖索菲亞大教堂。他們記起了那古老的預言：敵人頂多只能前進到君士坦丁大帝的柱廊前，也就是大教堂附近，復仇天使就會手執利劍，從天而降，激勵城市守軍將敵人趕出城市，從「西方世界和安納托利亞驅逐出去，一直驅趕到波斯邊境上一個叫做紅蘋果樹的地方」[23]。在教堂內，大群教士、信徒（包括婦女、兒童）聚集起來，準備做晨禱，將自己的命運完全託付給上帝。教堂的巨型青銅門被緊閉起來，並插上門閂。這時是早上八點。

城市的某些周邊城區得以與敵人協商，集體投降。到十五世紀中葉，由於君士坦丁堡外牆之內的人口急劇下降，城市的某些區域已經發展成了單獨的村莊，各自有自己的城牆和木柵。其中有些村莊，例如馬摩拉海邊上的斯圖狄翁和金角灣附近的漁村佩特里翁（Petrion），主動獻城投降，條件是鄂圖曼人不得劫掠他們的住宅。每個村莊的村長被帶去蘇丹面前，正式投降。穆罕默德二世可能會派遣一隊憲兵去保護這些村莊。根據伊斯蘭的戰爭法則，敵人如此投降之後應當受到保護，因此一些教堂和修道院得以完好無損地保存了下來。在其他地方，仍然有小股守軍進行了英勇或者說是絕望的抵抗。在金角灣沿岸，一群克里特水手頑強地據守三座塔樓，拒不投降。整整一個上午，他們都在抵抗試圖驅逐他們的鄂圖曼士兵。在遠離陸牆的海牆上，很多人仍然在繼續戰鬥，他們往往對真實局勢一無所知，直到敵人突然從他們背後殺出。有些守軍跳牆自殺，其他人則無條件投降。覬覦鄂圖曼皇位的奧爾汗王子和他麾下的一小群土耳其人就沒有任何選擇了，他們只能死戰到底。駐紮在牛獅宮（Bucoleon Palace）②附近海牆上的加泰隆尼亞人也戰鬥到了最後一刻。

圖40　聖索菲亞大教堂之門

在逐漸展開的屠城和劫掠中，鄂圖曼水手們做出了一個關係重大的決定。他們看到陸軍已經殺進城，害怕自己會失去搶劫的機會，於是把船開到岸邊，棄船進城，「去搜尋黃金、珠寶和其他財物」[24]。他們急著登上金角灣的海岸，對從城牆迎面逃竄而來的義大利人視而不見。這對敗退的義大利人來說是個千載難逢的機遇。

鄂圖曼人在搜尋戰利品的過程中顯得愈來愈瘋狂。金角灣岸邊的猶太人區很早就被盯上，因為這裡是傳統的珠寶交易地；義大利商人也是被鄂圖曼人高度「青睞」的目標。戰利品的蒐集漸漸變得更有組織。進入某座房屋的第一批士兵會在屋外豎起旗幟，表示這座房子已經被洗劫一空。其他士兵看到這旗幟，就會去其他地方尋找。「就這樣，他們到處插旗，甚至修道院和教堂上也有。」[25]士兵們分成若干組，將俘虜和戰利品運回營地或船上，然後回來繼續搶劫。沒有任何地方能夠倖免：「教堂、古老的地下墓穴和墓地、修道院、地下室、密室、牆壁裂縫和大小洞穴。他們還搜索了所有的隱藏角落，如果裡面藏著人或者什麼東西，就全都拖出來。」[26]甚至有人偷竊堆放在軍營、無人看管的戰利品。

與此同時，生存的鬥爭仍然在持續。上午，幾百名城民吉星高照，得以逃生。基輔紅衣主教伊西多爾在僕人的幫助下，脫掉了自己富麗堂皇的主教袍，換上了一名陣亡士兵的衣服，又給這名死者穿上自己的主教袍。鄂圖曼士兵很快遇見了這具身著主教袍的屍體，砍下頭顱，舉著它在大街上勝利遊行。年邁的伊西多爾也很快被俘，但敵人不知道他的高貴身分，而且他年老體衰，似乎不值得販賣為奴。於是他當場花了一小筆錢，贖回自己的自由，登上停泊在港內的一艘義大利船隻。奧爾汗王子就沒有這麼幸運了。他身穿普通士兵的衣服，而且會講流利的希臘語，希望

② 這座宮殿前面曾經有一座小港，其入口處立有公牛和雄獅雕像，因此得名。

能夠從海牆蒙混過關。但鄂圖曼人認出了他，追了上去。他感到自己死路一條，於是跳牆自殺。士兵們砍下了他的頭顱，獻給了穆罕默德二世。蘇丹一直在如坐針氈地等待關於奧爾汗王子下落的消息。其他的主要貴族則被活捉。盧卡斯．諾塔拉斯和他的家人都被俘虜，可能是在他們的宮殿內被抓住的。喬治．斯弗朗齊斯和他的全家也被俘虜了。曾領導反對聯合派的僧侶真納迪奧斯在自己房間被抓獲。加泰隆尼亞人一直堅持抵抗，直到全部陣亡或被俘。但鄂圖曼人無法逐出死守在金角灣附近塔樓的克里特人。最後有人把這個情況報告給了穆罕默德二世。他做出了一個典型的唐．吉訶德式的俠義姿態，允許他們乘坐自己的船隻離去。猶豫一番之後，克里特人接受了這個提議，自由地逃離了君士坦丁堡。

對很多人來說，金角灣似乎是有最多逃生機會的地方。上午，成百上千的拜占庭士兵和平民潮水般地湧過狹窄小巷，希望能登上停泊在港內的義大利船隻。海牆大門處一片狼藉，亂成了一鍋粥。很多人拚命逃竄，跳上擁擠的划槳船，導致船隻傾覆沉沒，船上的人都被淹死。有些守門人的決定更使得這悲劇場面愈發淒慘。他們看見自己的希臘同胞們逃向海灘，又記起了那個預言（在君士坦丁大帝雕像處能夠擊退敵人），於是決定把門封閉，希望能夠借此勸說同胞們回去作戰。於是他們從城牆頂端丟棄了城門鑰匙，阻止難民逃跑。由於前往停泊在岸邊的義大利槳帆船的路已經斷了，海岸上的景象愈來愈悲慘。「不分男女，甚至僧侶和修女都嚎啕大哭起來，捶胸頓足，哀求義大利人的船隻來救他們。」[27]但槳帆船上的人也是驚慌失措，船長們左右為難，不知如何是好。前線崩潰兩個小時之後，佛羅倫斯商人賈科莫．特塔爾迪逃到了岸邊，此時只有兩個選擇，要嘛游泳去登船，要嘛坐等「土耳其人的狂暴」。他寧願冒淹死的風險，於是脫去衣服，游向船隻，被拉上了船。他來得正巧。回頭望去，只見大約四十名拜占庭士兵正在脫去鎧甲，準備泅渡逃生，卻被鄂圖曼軍隊抓個正著。「願上帝保佑他們，」[28]特塔爾迪寫道。加拉塔市長營救了對岸的一些難民，讓他們在相對安全的熱那亞殖民地避難。「我冒著很大風險把木柵處的難民救到了加拉塔城內；如此恐怖的景象是聞所未聞的。」[29]

義大利船隻上的人們手足無措，不知如何是好，簡直像癱瘓了一樣。在清晨，他們聽到宣示抵抗決心的教堂鐘聲漸漸消逝；鄂圖曼水手們駕船抵岸，衝擊金角灣海牆時，呼喊聲傳過了海面。難民們哀求義大利船長把船開到岸邊來，或者游向船隻，不少人因此淹死。威尼斯人也看到了這淒慘景象，但不敢開船靠岸。他們除了害怕被敵人俘虜外，還擔心大群難民蜂擁上船，會讓船傾覆。另外，槳帆船的很多船員已經被派去守城，船員嚴重不足。但鄂圖曼水手們拋棄了自己的戰船，加入搶劫，這是一個天大的好機會，難民們得到逃生的一線希望，儘管這幸運不會持續多久。義大利槳帆船艦隊必須在鄂圖曼海軍重整紀律之前當機立斷。

加拉塔人也躊躇不決、忐忑不安。君士坦丁堡陷落的消息傳來時，加拉塔城民們陷入了恐慌。「我一直深知，一旦君士坦丁堡被攻破，加拉塔也就完了。」[30]加拉塔市長安傑洛．洛梅利諾（Angelo Lomellino）後來寫道。現在的問題是如何應對。穆罕默德二世認為熱那亞人與拜占庭合謀（大部分身強體健的加拉塔人的確在金角灣對岸參加戰鬥，其中包括市長的侄子），蘇丹現在對熱那亞人的態度還不明朗。此時加拉塔城內只有六百人。很多人想儘快逃走。一大群人拋棄了家園和財產，登上了一艘熱那亞船隻逃跑。另外一艘船（乘員大多是婦女）被鄂圖曼戰船俘獲。但洛梅利諾決定給大家樹立一個榜樣，堅持留下。他推測，如果他也棄城逃跑的話，城市將不可避免地遭到洗劫。

在這些考慮的過程中，威尼斯艦隊的指揮官阿盧威克瑟．迪艾多在他的軍械師和外科醫生尼可拉．巴爾巴羅陪同下乘船來到加拉塔，與市長商議對策：熱那亞和威尼斯的艦船是否應當聯合起來對抗鄂圖曼軍隊，兩個義大利共和國共同向蘇丹正式宣戰；或者還是逃跑？洛梅利諾懇求他們先等一等，讓他派遣一名使節去穆罕默德二世那裡。但對威尼斯船長們來說，時間已經不多了。他們停船等待倖存者從遭到浩劫的城市泅渡上船，已經等了很長時間，考慮到準備出航還需要一定的時間，他們不敢再拖延下去了。迪艾多和他的夥伴們在加拉塔就能看到各艘槳帆船正準備離開金角灣，於是匆匆走過加拉塔的街道，打算返回船上。他們驚恐地發現，為了阻止城民大規模逃跑，洛梅利諾已經封閉了城門。「我們左右為難。」巴爾巴羅回憶道，「我們被關在了城裡，槳帆船突然開始揚帆收槳，準備啟航，要把他們的指揮官丟下。」[31]他們可以看到自己的船隻準備逃離，而穆罕默德二世一定不會善待敵方艦隊的指揮官。他們苦苦哀求市長放他們走。最後他終於准許開門。迪艾多等人總算及時趕到前灘，登上戰船。各艘槳帆船被縴夫緩慢地拖向仍然封鎖著金角灣入口的鐵鍊。兩名船員手執利斧跳入海中，劈砍鐵鍊的木製浮筒，直到把它們砍斷。義大利船隻一艘接著一艘地駛入博斯普魯斯海峽，而海岸上的鄂圖曼指揮官們只能暴跳如雷，卻無計可施。義大利艦隊繞過了加拉塔，在已經空蕩蕩的雙柱港（鄂圖曼海軍的基地）展開了隊形。他們就在那裡等待更多（在岸上作戰的）船員和其他倖存者前來，但到中午時分，他們已經可以確定，岸上的人已經全部被殺或被俘，他們不能再等下去了。基督教艦隊再次得到了命運的眷顧。四月底曾經吹拂熱那亞船隻，讓它們在海峽內得以快速北上的南風已經轉為風速十二節的強勁北風。巴爾巴羅承認，要不是幸運地颳起了北風，「我們全都會被俘虜」[32]。

於是，「正午時分，在我主上帝的佑助下，塔納艦隊的指揮官阿盧威克瑟．迪艾多大人乘坐他的槳帆船，揚帆起航」[33]。和他一起逃走的還有一小群來自威尼斯和克里特的各型船隻。有一艘來自特拉比松的大型槳帆船此前已經損失了一百六十四名船員，人手嚴重不足，所以起帆非常困難，但因為無人阻擋他們，還是順利地在馬摩拉海南下，從漂浮在海面上的基督徒和穆斯林的屍體（「如同運河近岸處漂浮的西瓜」[34]）旁駛過，奔向達達尼爾海峽。他們既為自己的幸運感到慶幸，又為遇難的船員感到悲哀，「他們中有些人被淹死，有些人在敵人砲擊中犧牲，或者在戰鬥中捐軀，」[35]特里維薩諾本人也陣亡了。這些船隻載著於最後混亂時刻逃生的四百名倖存者，以及在城市陷落前就已經登船的很多拜占庭貴族（其數量相當驚人）。還有七艘熱那亞船隻也安全脫離，包括負傷的朱斯蒂尼亞尼乘坐的那艘槳帆船。在他們逃離的同時，哈姆紮貝伊把鄂圖曼艦隊重新集結起來，繞過金角灣入口，俘虜了仍然停泊在那裡的十五艘船隻（分別屬於拜占庭皇帝、安科納和熱那亞），其中有些船隻滿載難民，嚴重超

圖41　「他們必然征服君士坦丁堡。他們的統帥必然是一位偉人。那支軍隊必然極其強悍！」據說這句話出自先知之口。

載，無法航行。還有很多難民站在前灘，淒慘地號哭，向駛離的槳帆船哀求。鄂圖曼水兵們把這些難民圍起來，驅趕到他們自己的戰船上。

✯

從陸牆到市中心的距離是三英里。黎明時分，一群群意志堅定的近衛軍士兵已經從聖羅曼努斯門沿著通衢大道挺進，向聖索菲亞大教堂進發。除了紅蘋果的傳說外，鄂圖曼軍營裡還流傳著另一個傳說：聖索菲亞大教堂（在一連好多週徒勞無功的圍城戰中，他們都能夠清楚地看到這座大教堂矗立在遠方地平線上）的地下室裡儲藏著海量的金銀和寶石。近衛軍士兵們大踏步穿過一貧如洗的廣場和空蕩蕩的大道，經過公牛廣場和狄奧多西廣場，沿著通往城市心臟的梅塞（Mese）大道（意思是「中央大道」）前進。其他的士兵則穿過北面的查瑞休斯門，經過使徒教堂。這座教堂沒有遭到搶劫，因為穆罕默德二世似乎在這裡部署了警衛，以遏制士兵們對城市建築物的全面破壞。近衛軍一路上幾乎沒有受到任何抵抗。他們抵達君士坦丁廣場，城市的奠基者從宏偉的柱廊上俯視他們，但並沒有天使從天而降，揮舞帶烈火的利劍將他們逐退。同時，金角灣和馬摩拉海兩支艦隊的水手們蜂擁著衝過半島北端的集市和教堂。到早上七點，近衛軍和水手都抵達了市中心，潮水般地湧入奧古斯都廣場。拜占庭帝國仍然倖存的最恢弘的紀念碑就屹立於此，查士丁尼的騎馬像仍然朝向初生的旭日；米利翁（Milion，帝國全境計算距離的基石）也坐落在這裡。查士丁尼騎馬像的一側是賽馬場和一些君士坦丁大帝時代的戰利品，這些戰利品把城市與更久遠的古代聯繫了起來：來自德爾菲（Delphi）的阿波羅（Apollo）神廟的奇異的三頭巨蛇銅像、西元前四七九年普拉蒂亞戰役（Battle of Plataea）中希臘人大敗波斯人留下的紀念品，甚至還有更古老的埃及法老圖特摩斯三世（Thutmose III）時期的石柱。鄂圖曼士兵們第一次仰視這石柱時，它的打磨花崗岩表面上保存極好的象形文字已經有三千年的歷史。在查士丁尼騎馬像的另一側就是聖索菲亞大教堂，它「直衝雲霄」[36]。

在教堂內，晨禱儀式已經開始，九扇巨大的木門（表面鑲有黃銅，頂端立有保護它的十字架）緊緊關閉。人數眾多的信徒在祈禱天降奇跡，救他們免受門外敵人的傷害。女性信徒按照平常的規矩，在二層廊台祈禱，男人們則在一層。教士們在祭壇前主持禮拜。有些人躲藏在巨大教堂最隱祕的角落裡，爬到檢修管道裡或者屋頂上。近衛軍士兵們衝進內院，發現大門緊閉，於是開始撞擊最中間那扇門，即專供皇帝及其扈從進出的皇室之門。在斧頭的持續猛擊下，四英寸厚的木門終於動搖，轟然打開，鄂圖曼軍隊湧入宏偉的教堂。在他們頭頂上，藍、金兩色的馬賽克基督像面無表情地注視著入侵者，右手舉起，做出降福的動作，左手捧著一本書，上面寫著「祝你平安，吾乃世界之光」的字樣。

我們可以說，就在鄂圖曼人最終砍倒聖索菲亞大教堂大門的那個瞬間，拜占庭就徹底嚥氣了。聖索菲亞大教堂曾目睹帝都內很多戲劇性的場面。這個地點最早興建的教堂屹立了一千一百年，隨後查士丁尼建造的偉大教堂又延續了九百年。這座恢弘的建築反映和經歷了這座城市風起雲湧的精神生活和世俗生活。歷代皇帝（除了末代皇帝，這的確是個不祥的例外）都在這裡加冕。拜占庭帝國歷史上很多決定命運的事件就在「由一條金鏈從天堂垂懸」[37]的巨大穹頂下上演。它的大理石地板上曾經有鮮血飛濺；這裡曾經發生過暴動；多位牧首和皇帝曾在這裡避難，躲避暴民和陰謀作亂者，或者被從這裡強行拖走。穹頂曾被地震摧毀過三次。教堂威風凜凜的門廊曾經目睹教宗特使手持破門詔書衝進來。維京人曾在它的牆壁上亂塗亂畫。野蠻的法蘭克十字軍曾經無情地將它洗劫一空。就在這裡，俄羅斯訪客被東正教儀式的超脫凡俗之美深深震撼，以致整個俄羅斯民族都皈依了東正教。還是在這裡，人們因宗教分歧而爭吵不休，前來祈禱的普通信徒的腳將地板磨平。聖索菲亞大教堂（「索菲亞」的意思是「智慧」）的歷史就是拜占庭的縮影：既聖潔又世俗，既神祕又賞心悅目，既美麗又殘酷，高度地不理性，既屬神又屬人。在經歷一千一百二十三年又二十七天之後，它的歷史即將落幕。

士兵們破門而入時，畏縮的人群發出一聲恐懼的哀號。人們向上帝祈禱，但無濟於事。他們被「一網打盡」[38]，很少有流血事件。少數抵抗的人，或許還有一些年老體衰的人被殺死，但大部分人「像綿羊一般」[39]束手就擒。鄂圖曼軍隊的目標是戰利品和利益。每名士兵都努力去掌控自己的俘虜，對性別不同、年齡各異的俘虜哭喊充耳不聞。在爭奪最有價值奴隸的鬥爭中，一些年輕女人險些被撕碎。修女和大家閨秀、青年和老人、主人和奴僕被捆縛在一起，拖出教堂。士兵們用女人們自己的面紗捆住她們，用繩索捆縛男人。士兵們分成若干組，每個人都帶領自己的俘虜走到「一個特定地點，把他們交給別人看管，然後返回教堂去抓第二批，甚至第三批俘虜」。不到一個小時，教堂內的全部信徒都被抓了起來。「無休無止的俘虜隊伍，」杜卡斯記載道，「如同成群牛羊，湧出教堂和聖殿，那景象真是非比尋常呀！」[40]淒慘的哀慟之聲在這個清晨迴盪。

然後，士兵們把注意力轉向教堂內的寶物。他們把聖像砍成碎片，拆下珍貴的金屬框架，

「一瞬間就奪走了保管在聖殿內的珍貴而神聖的聖物、金銀器具和其他貴重物品」[41]。然後是其他各種裝置和器皿，穆斯林認為它們既是冒犯真主的偶像，也是正當的戰利品：金鏈、枝狀大燭台、油燈、聖像屏、祭壇及其飾物、教堂家具、皇帝寶座。很快地，所有的東西要嘛被搶走，要嘛被就地摧毀，讓教堂「空空如也，萬分淒涼」[42]（這是杜卡斯的說法）。大教堂成了一個空殼。這個對希臘人來說的決定性時刻還出現了一個傳說，該傳說典型地體現出他們亙古不變的對奇跡的迷信，以及對聖城的渴望。根據這個傳說，當士兵們走向祭壇時，教士們拿起了聖禮器皿，接近了聖殿，這時牆壁洞開，讓他們進去，隨後又封閉如初。教士們將停留在那裡面，直到將來有一位東正教皇帝恢復聖索菲亞大教堂。這個傳說的基礎可能是，教堂與其後方的牧首宅邸之間有一條古老通道，有些教士可能得以借此逃生。不過也發生了一件大快人心的事情。鄂圖曼軍隊打開了備受拜占庭人仇恨的威尼斯執政官恩里科・丹多洛的墓穴，就是他在兩百五十年前洗劫了君士坦丁堡。他們在墓穴裡沒有找到財寶，於是將丹多洛的骨骸扔到了大街上，任憑野狗齧咬。

✯

整個上午，穆罕默德二世一直留在城牆外的軍營內，等待關於城市投降和遭劫掠的報告。他接到了一連串消息，還接見了多個戰戰兢兢的城民代表團。加拉塔市長的使節呈上了禮物，希望蘇丹保證加拉塔中立的條約仍然有效，但蘇丹沒有給出明確的答覆。士兵們獻上了奧爾汗的頭顱，但穆罕默德二世最想看的是君士坦丁十一世的首級。皇帝的最終命運和對他死亡的確認仍然撲朔迷離、不足採信。很長一段時間裡，一直沒有關於皇帝下場的可靠報告。穆罕默德二世可能下令搜索戰場，尋找他的屍體。當天晚些時候，一些近衛軍士兵（可能是塞爾維亞人）向蘇丹進獻了一枚首級。據杜卡斯的說法，盧卡斯．諾塔拉斯大公當時也在場，他確認這就是他的主公的頭顱。這枚首級被懸掛在聖索菲亞大教堂對面的查士丁尼石柱上，以向希臘人宣示，他們的皇帝已經殞命。後來，頭顱的皮膚被剝去，在皮膚裡面塞滿稻草，然後送到穆斯林世界的各個主要宮廷，在華麗的儀式中昭示天下，做為權威和征服的象徵物。

皇帝的真實死因（當然，還有人懷疑，他根本就沒有死）仍然無法確定。沒有任何可靠的現場目擊證人，因此眾說紛紜，各種理論互相駁斥，均不足採信。鄂圖曼史學家們都對皇帝之死做了貶抑但非常具體的描述，其中很多描述都是在事件發生很久之後才寫下的，這有可能是基於先前的記載。據他們的描述，「愚鈍而盲目的皇帝」[43]看到大事不妙，企圖逃跑。他帶領隨從，沿著陡峭的街道奔向金角灣或馬摩拉海，去尋找船隻，途中遭遇了一群正在搶劫的土耳其步兵和近衛軍。「隨後爆發了一場絕望的激戰。皇帝策馬攻擊一名負傷的土耳其步兵，不料馬失前蹄，這名步兵站起身來，砍掉了皇帝的腦袋。其他拜占庭人看到皇帝已死，鬥志頓時瓦解，大部分人都被殺死或者俘虜。皇帝隨員攜帶的大量金錢和珠寶也被搶走。」[44]

而希臘人的說法一般都是，在前線崩潰之時，皇帝率領一群忠實的貴族向城牆處的敵人衝殺，最後英勇犧牲。根據哈爾科孔蒂利斯的說法，「皇帝轉向坎塔庫澤努斯和還在他身邊的少數人，說道：『那麼，大家一起衝，殺掉這些野蠻人！』勇敢的坎塔庫澤努斯不幸陣亡，君士坦丁十一世皇帝則被擊退，遭到無情的追殺，肩膀負傷，隨後被殺死。」[45]這個故事有很多版本，皇帝要嘛是在聖羅曼努斯門處的死人堆那裡被殺死，要嘛是在一座緊鎖的邊門附近。所有的版本都為希臘人提供了一個關於皇帝的永不磨滅的傳奇。「君士坦丁堡的皇帝被殺了。」賈科莫・特塔爾迪的記載非常簡單直白，「有人說他的首級被砍下，有人說他死在衝擊城門的擁擠人群中。這兩種說法都很有可能是真的。」「他被殺死後，首級被插在一支長矛上，獻給土耳其蘇丹。」[46]駐君士坦丁堡的安科納領事本韋努托（Benvenuto）如此寫道。鄂圖曼人未能明白無誤地辨認君士坦丁十一世的屍體，這說明他很可能在最後的鏖戰中脫去了皇袍，像普通士兵一樣陣亡了。很多死屍都遭到斬首，無頭屍體是很難辨認的。離奇的傳說比比皆是，有人說他乘船逃走了，但這種說法可以否定。還有人說，穆罕默德二世把他的屍體交給了希臘人，安葬在城市的某處（關於具體地點也有好幾種說法），但可靠的地點無法確認。由於皇帝的結局無法確定，希臘人圍繞著他編織出了愈來愈多的傳奇，用謠曲和哀歌來寄託他們對往昔光榮的渴望：

> 哭泣吧！東、西方的基督徒，為這可怕的毀滅流淚哭泣吧！一四五三年五月二十九日，星期二，夏甲（Hagar）③的子孫占領了君士坦丁堡……當君士坦丁・德拉伽塞斯（編按：即君士坦丁十一世）……聽到這消息，他抓起長槍，佩上利劍，縱身跨上他的白蹄母馬，狠狠地打擊土耳其人，那些不虔誠的野狗。他一連斬殺了十名帕夏和六十名近衛軍，但他的利劍裂口，長槍折斷，他煢煢孑立，孤立無援……一個土耳其人擊中了他的頭部，可憐的君士坦丁

③夏甲是《創世記》中記載的亞伯拉罕妻子撒拉（Sarah）的一名埃及使女。夏甲為亞伯拉罕生下了兒子以實瑪利（Ishmael）。伊斯蘭教鼻祖穆罕默德自稱是以實瑪利的後裔，大部分穆斯林也視自己為以實瑪利的後裔。

墜下馬來。他躺在塵土與鮮血中。他們砍下了他的首級，將它插在一支長矛的矛尖，將他的屍體埋葬在一株月桂樹下。[47]

「不幸的皇帝」享年四十九歲。不管他的結局究竟如何，可以確信的是，為了維持拜占庭的香火，他竭盡全力奮鬥到了最後一刻。「伊斯坦堡的君主英勇無畏，不肯投降」[48]，鄂圖曼史學家奧魯奇（Oruch）如此宣稱。鄂圖曼人是很少這樣尊重敵人的，看來君士坦丁十一世的確是一位令人敬畏的對手。

✯

當天晚些時候，城內的混亂漸漸平息，秩序有所恢復，穆罕默德二世乘勝進入了君士坦丁堡。他騎馬經過了查瑞休斯門（後來被土耳其人更名為埃迪爾內門），眾位維齊爾、高級貝伊、烏理瑪、指揮官、精銳部隊、侍衛和步兵徒步前進，眾星拱月地簇擁在他身旁，這個盛大場面後來被傳說描繪得更加宏偉。隊伍叮噹作響地穿過拱門的時候，旗手們展開了綠色的伊斯蘭旗幟和蘇丹的紅色旌旗。穆罕默德二世入城的景象，很可能是土耳其歷史上僅次於凱末爾・阿塔圖爾克（Kemal Atatürk）④肖像的最著名的畫面，並成為無數詩歌和繪畫的主題，世代傳揚。在十九世紀的繪畫中，蓄著絡腮鬍子的穆罕默德二世腰桿筆直地騎乘著駿馬，無比自豪地前進，面龐轉向一側。他的兩側簇擁著蓄著小鬍子、高大強健的近衛軍（他們肩扛火繩槍、長槍和戰斧）和鬍鬚雪白的伊瑪目們（他們的白鬍鬚象徵伊斯蘭的智慧）。在背景中，迎風招展的大小旗幟以及森林一般密集的矛槍遮蔽了地平線。在畫面左側有一名黑人戰士，肌肉結實得像健身運動員一樣，他驕傲地屹立在那裡，代表其他信仰伊斯蘭教的民族，歡迎眾位聖戰者來接納先知曾許諾的遺產。他的彎刀指向蘇丹腳下的一堆基督徒的屍體，這些敵人的盾牌上都帶有十字架，這是對十字軍東征的回憶，也是伊斯蘭教戰勝基督教的象徵。根據傳說，穆罕默德二世停了下來，向真主感恩。然後他轉向他的「七萬或八萬名穆斯林英雄」[49]，表示祝賀，喊道：「征服者們，不要停步！讚美真主！你們是君士坦丁堡的征服者！」就在這個代表性的時刻，他正式啟用了「法提赫」（Fatih，意為「征服者」）這個稱號，後來土耳其語中就一直用這個名字稱呼他。就在這個瞬間，鄂圖曼帝國的霸業正式奠定。這一年，他二十一歲。

然後，他策馬進入城市中心，去查看那些他曾在遠方清楚地想像的建築物，經過使徒教堂和宏偉的瓦倫斯水道橋，前往聖索菲亞大教堂。他或許並沒有被眼前的景象深深震撼，而是嚴肅起來。君士坦丁堡更像是一座毀於人手的龐貝（Pompeii）古城，而不是黃金城市。放縱的軍隊忘

---

④ 凱末爾．阿塔圖爾克（一八八一至一九三八年），現代土耳其共和國的創建者。少年時入軍校受訓，畢業時成績優良，後來對帝國的政治漸生不滿，加入了一個土耳其民族主義組織——統一與進步委員會（Committee of Union and Progress）。第一次世界大戰期間，他為政府作戰，在加里波利打敗協約國軍隊。最後，協約國勝利，英國、法國和義大利軍隊進駐安納托利亞；凱末爾被指派去維持秩序，他趁機鼓動人民反抗這些入侵者。拜鄂圖曼帝國戰敗之賜而獲有土地的希臘和亞美尼亞積極反對土耳其民族主義，但凱末爾擊敗了所有的反對勢力，於一九二三年建立土耳其共和國。一九三四年，他被尊為「阿塔圖爾克」（意為「土耳其之父」）。凱末爾實施西化政策，不再強調宗教，解放婦女，強制使用姓氏，拋棄伊斯蘭教的法律制度，以拉丁字母代替阿拉伯字母，把積弱貧困的鄂圖曼帝國改革為一個現代化國家。

記了不得破壞建築的敕令。根據克利托布羅斯的有些誇張的說法，鄂圖曼軍隊「如同烈火或者旋風一般向城市猛撲……全城空空蕩蕩，慘遭蹂躪，似乎被火燒烤得枯焦……剩下的房屋全都遭到嚴重破壞，完全成了廢墟，這巨大的破壞慘景讓所有目睹它的人都心生恐懼。」[50]雖然蘇丹向軍隊許諾劫掠三天，但城市在一天之內就被洗劫一空。為了阻止更多破壞，蘇丹打破了自己的諾言，下令在第一天日落時就停止劫掠。傳令官們能夠確保官兵們服從這道命令，這說明鄂圖曼軍隊的紀律的確非常嚴明。

穆罕默德二世策馬前行，沿途不時停下，去查看某些標誌性建築。根據傳說，他在經過德爾菲的巨蛇柱時，用釘頭錘砸斷了其中一個蛇頭的下顎。他經過查士丁尼雕像，來到聖索菲亞大教堂的前門，翻身下馬。他匍匐在地，將一捧塵土傾灑在自己頭巾上，向真主表示自己的謙卑。然後他走進了慘遭洗劫的教堂。眼前的景象似乎讓他既震撼又驚駭。他穿過巨大的教堂空間，凝視穹頂，看到一名士兵在砸大理石地面。他問這個士兵，為什麼要拆毀地面？「為了信仰。」那人答道。穆罕默德二世見這人如此堂而皇之地違背保護建築物的命令，拔起佩劍就往他身上砍去。隨後，穆罕默德二世的侍衛們將這個被砍得半死的人拖了出去。一些躲藏在角落最深處的希臘人走了出來，跪倒在蘇丹腳下。一些教士也走了出來，或許就是那些被牆壁神奇地「吞沒」的人。性格反覆無常、難以捉摸的穆罕默德二世大發慈悲，命令士兵保護這些人回家。然後他招來一名伊瑪目，讓他走到講壇上，召喚眾人祈禱。他自己則爬上祭壇，跪拜下來，向得勝的真主祈禱。

據鄂圖曼史學家圖爾松貝伊說，穆罕默德二世隨後「在真主之靈升上第四層天堂」時，透過教堂的廊台登上了屋頂。從那裡，他可以俯瞰教堂和這座基督教城市的古老心臟。他可以清楚地看到一個曾經無比輝煌和自豪的帝國的衰敗慘景。教堂周邊的很多建築已經坍塌，包括賽馬場地勢較高的座位區的大部分，以及古老的皇宮。這座皇宮一度是皇權的中心，但早已成為廢墟，因為它在一二〇四年被十字軍徹底摧毀了。在他縱覽下方的淒涼景象時，「他想到了這個世界的變幻無常，以及它的最終毀滅，」還記起了追憶阿拉伯人於七世紀滅亡波斯帝國的兩行詩句：

在霍斯勞的皇宮，如今蜘蛛是捲簾人。在阿弗拉西亞布（Afrasiyab）⑤的城堡中，貓頭鷹發出換崗命令。[51]

這是幅哀傷的景象。穆罕默德二世的夢想都實現了；在這個奠定鄂圖曼帝國當代超級大國地位的光輝日子的最後，他已經想到了帝國的衰落。他騎馬穿過慘遭蹂躪的城市，返回軍營。長長的俘虜隊伍被驅趕著進入壕溝外臨時搭起的帳篷。全城五萬居民的絕大部分都被押回了戰船或者軍營。當天可能有四千名基督徒在戰鬥中喪生。與家人分開的兒童呼喊著母親，男人尋找妻子，「所有人都被這場浩劫驚得呆若木雞」。在鄂圖曼軍營，人們點燃篝火，慶祝勝利，伴隨著笛子和鼓點載歌載舞。士兵們給馬匹披上教士的服裝，嘲諷地舉著掛有土耳其帽子的十字架在鄂圖曼軍營內遊行。人們用戰利品做交易，買賣寶石。據說有人「用幾個銅板就能買到很多珠寶」[52]，

⑤ 阿弗拉西亞布是波斯神話傳說中的英雄、國王、巫師和戰士。土耳其人把關於他的傳說進行吸納和改編，使他成為土耳其民族的英雄。

「金銀賤如錫」[53]，因此一夜暴富。

如果說這一天發生了可怕的大屠殺和其他暴行，這絕不是伊斯蘭世界獨有的。在中世紀，任何一支攻破敵城的軍隊都會大開殺戒、恣意劫掠。拜占庭歷史上也有很多類似的例子，如果說是由於宗教原因，也純屬偶然。鄂圖曼人對君士坦丁堡的洗劫，並不比拜占庭人在西元九六一年對克里特島上的撒拉森城市甘地亞的劫掠更殘暴（當時，綽號「撒拉森人的白死神」的尼基弗魯斯二世放縱他的軍隊，血洗了甘地亞整整三天）；也並不比一二〇四年十字軍對君士坦丁堡的破壞更糟糕；鄂圖曼人的行為比一一八三年拜占庭人毫無理性的排外暴行更加有組織、有紀律（拜占庭人當時屠殺了君士坦丁堡城內的幾乎所有拉丁人，「包括婦女、兒童、老弱，甚至醫院裡的病人」）[54]。一四五三年五月二十九日的黑夜降臨在博斯普魯斯海峽和君士坦丁堡，潛入聖索菲亞大教堂穹頂的窗戶，完全遮蔽了歷代帝王和天使的馬賽克肖像、斑岩廊柱、縞瑪瑙和大理石地面、被砸碎的家具和地上的一灘灘血跡。拜占庭就這樣消失了，永遠地消失了。

圖42　馬摩拉海海岸的何彌達斯（Hormisdas）宮殿殘垣

第十六章　世界的夢魘

一四五三至一六八三年

前狼後虎，左右為難。[1]

——加拉塔市長安傑洛．洛梅利諾寫給兄弟的信，一四五三年六月二十三日

鄂圖曼人破城不久之後，就開始論功行賞。次日，他們分配了戰利品。根據傳統，穆罕默德二世做為最高統帥，理應享有全部戰利品的五分之一。他將自己分得的希臘奴隸安置在城市內靠近金角灣的法納爾（Phanar）區，這個城區一直到現代都是個傳統的希臘人聚居區。大部分普通城民，大約有三萬人，被送到了埃迪爾內、布爾薩和安卡拉的奴隸市場。其中有少數重要人物後來被贖買並重獲自由，因此我們知道他們的命運。其中有馬修．卡馬里奧特斯（Matthew Camariotes），他的父兄均在圍城中喪生，全家失散。他歷經艱難險阻，拚命去尋找家人。「我從一個地方贖回了妹妹，從另一個地方贖回了母親；然後是我的侄子。讓上帝歡欣的是，我讓他們

重歸自由。」但總的來講，他的經歷仍然是十分淒慘的。除了親人的遇難和離散之外，最讓卡馬里奧特斯傷心欲絕的是，「我的四個侄子當中有三個，歷經磨難，由於青年人的脆弱，背棄了基督教信仰……如果我父親和兄弟還活著的話，或許就不會發生這樣的事情……所以我的生活，如果還能算得上生活的話，充滿了痛苦和悲哀」[2]。基督徒改信伊斯蘭教的事情並不罕見，因為他們曾經試圖透過祈禱和聖物的力量挽救這座得到上帝保護的城市，不讓它被伊斯蘭世界征服，但這樣的努力都徹底失敗了。更多的俘虜則融入了鄂圖曼帝國的基因庫，借用亞美尼亞詩人安卡拉的亞伯拉罕（Abraham of Ankara）的哀嘆，「如同塵土一般，四散到全世界」[3]。

倖存的君士坦丁堡顯貴很快就要接受命運的裁決。穆罕默德二世扣押了所有能找得到的重要人物，包括盧卡斯．諾塔拉斯大公及其家人。穆罕默德二世將威尼斯人視為自己在地中海的主要對手，因此對他們的懲罰特別嚴厲。威尼斯殖民地的市政官米諾托曾在城防作戰中起到重要作用。他和他的兒子，以及其他威尼斯顯貴全部被處決。還有二十九名威尼斯人被贖回了義大利。加泰隆尼亞領事及他的一些主要部下也被處死。鄂圖曼人還四處搜尋兩名聯合派教士——希俄斯島的萊奧納德和基輔的伊西多爾，但他們都喬裝打扮，安全逃走了。鄂圖曼人還在加拉塔尋找倖存的博基亞爾多兩兄弟，但也徒勞無功。他們藏匿起來，躲過了這場浩劫。

加拉塔市長安傑洛．洛梅利諾果斷地採取行動，努力去拯救熱那亞殖民地。加拉塔曾與君士坦丁堡並肩作戰，因此很容易遭到蘇丹的直接打擊報復。洛梅利諾在給自己兄弟的信中寫道，蘇丹「說我們竭盡全力去幫助君士坦丁堡的防禦……他這麼說當然是正確的。我們面臨滅頂之災，必須順從他的意志，躲避他的怒火」[4]。穆罕默德二世下令立即摧毀加拉塔的城牆（海牆除外）、壕溝和防禦塔，並交出火砲及其他所有武器。市長的侄子和一些拜占庭貴族子弟被送到蘇丹的皇宮當差，做為人質。這項政策既能保障加拉塔人俯首聽命，也能為帝國的行政管理提供年輕而受過教育的人才。

就在這背景下，蘇丹對盧卡斯．諾塔拉斯大公的命運做了定奪。諾塔拉斯是拜占庭貴族中階級最高的一位，他在圍城戰期間的角色頗具爭議，義大利人一直對他大肆攻擊。諾塔拉斯顯然是反對東、西方教會聯合的；他常說：「寧願要蘇丹的頭巾，也不要紅衣主教的冠冕。」義大利作家們常用這個例子來證明東正教希臘人的頑固不化。穆罕默德二世最初似乎打算任命諾塔拉斯為城市的行政長官，這體現了蘇丹對君士坦丁堡的籌劃的深層方略，但很可能被大臣們說服，改了主意。根據筆觸始終生動鮮明的杜卡斯的記載，穆罕默德二世「酩酊大醉」，命令諾塔拉斯交出自己的兒子，以滿足蘇丹的欲望。諾塔拉斯拒絕了這個要求，穆罕默德二世就派劊子手去殺他全家。劊子手殺死諾塔拉斯家的所有男性後，「撿起首級，返回到宴會上，將它們獻給那嗜血的野獸」[5]。但更有可能的真實情況是，諾塔拉斯不願意將他的孩子送去當人質，而穆罕默德二世則感覺到，讓拜占庭的頭號貴族活下去的風險太大。

將聖索菲亞大教堂改建為清真寺的工程馬上開始了。工匠們很快建起了一座木製尖塔，用於宣禮（召喚信眾前來祈禱）；同時粉刷了牆壁，將華麗的馬賽克圖案遮蓋，但保留了穹頂下的四幅守衛天使像。穆罕默德二世出於對此地魂靈的尊重，決定保留這四幅天使像。古老城市中的其他一些「異教」標誌物也在一段時間內得以完好地保存：查士丁尼騎馬像、來自德爾菲的巨蛇柱和埃及石柱。穆罕默德二世畢竟還是非常迷信的。六月二日，穆斯林第一次在今天習稱的聖索菲亞清真寺進行週五祈禱，「宣讀了伊斯蘭禱文，誦讀了聖戰者蘇丹穆罕默德汗的名字」[6]。按照鄂圖曼史學家們的說法，「全城都聽得見重複五次的甜美的穆斯林信仰詠唱」[7]。在一個虔誠的時刻，穆罕默德二世為城市取了一個新名字「伊斯蘭瑪巴德」（Islambol），這在土耳其語中是一個雙關語，意思是「遍布伊斯蘭」。但這個名字卻沒能在土耳其人的耳裡形成迴響。謝赫阿克謝姆賽丁還奇跡般地很快找到了艾優卜的墳墓。這位先知的旗手在西元六六九年阿拉伯人首次攻打君士坦丁堡的戰役中犧牲，他的死極大地激勵了攻打這座城市的聖戰。

穆罕默德二世雖然表現出了穆斯林的虔誠，但他對城市的重建工作在傳統伊斯蘭教義看來是非常有爭議的。穆罕默德二世對君士坦丁堡遭到的嚴重破壞深感不安。據說在他首次視察城市的時候，曾說：「我們劫掠和毀滅的是怎樣一座城市啊！」[8]六月二十一日，他騎馬返回埃迪爾內時，離開的無疑是一座空蕩蕩的淒涼廢墟。在他在位期間，重建帝都將是一項主要工作，但他仿效的範本卻不是伊斯蘭的風格。

✯

於五月二十九日逃離君士坦丁堡的基督教船隻，把君士坦丁堡陷落的噩耗帶回了西方。六月初，三艘船隻抵達了克里特，船上的水手曾經頑強地防守塔樓，迫使穆罕默德二世釋放他們。他們帶來的消息讓全島無比驚恐。「如此可怕的事情，前所未聞，將來也不會再有。」[9]一名僧侶寫道。同時，威尼斯槳帆船群抵達了希臘外海的內格羅蓬特（Negroponte）島①，令島民陷入恐慌。當地的市政官費盡九牛二虎之力才說服群眾，阻止他們全面撤離該島。他向威尼斯元老院送去了十萬火急的信件。隨著船隻在愛琴海上來往穿梭、傳遞消息，君士坦丁堡陷落的噩耗很快傳遍了地中海東部的各個島嶼和海港，傳到了賽普勒斯島、羅得島、科孚島、希俄斯島、莫奈姆瓦夏（Monemvasia）、莫東（Modon）②、勒班陀（Lepanto）。這消息就像一塊巨石墜入地中海一樣，掀起了恐慌的驚濤駭浪，一直席捲到直布羅陀海峽，甚至更遠方。一四五三年六月二十九日，這消息抵達了歐洲大陸的威尼斯。當時元老院正在開會。一艘來自勒班陀的快速單桅帆船停靠在聖馬可灣的木製棧橋旁，人們從窗戶和陽台上探出身來，急切地詢問關於君士坦丁堡、他們的親屬和商業利益的消息。當他們得知君士坦丁堡已經陷落時，「不禁嚎啕大哭、淚水四濺、呻吟不止……所有人都捶胸頓足，撕扯自己的腦袋和雙手，哀悼自己的父親、兒子或兄弟，或者為了自己財產的損失而傷心」[10]。元老們聽到這消息時，目瞪口呆，投票被暫時擱置。大批信件被快馬加鞭地送到義大利各地，報告關於「君士坦丁堡和佩拉（加拉塔）兩座城市恐怖而可悲的陷落」[11]的消息。噩耗於七月四日抵達波隆納（Bologna），六日抵達熱那亞，八日抵達了羅馬，隨後不久又傳到了那不勒斯。起初，很多人都不肯相信，固若金湯的君士坦丁堡居然也會被攻破；當他們確信消息確鑿無疑後，大街小巷上披麻戴孝、萬分悲痛。恐怖氣氛更使得各種蜚短流長被大大誇張。有人說，君士坦丁堡年紀在六歲以上的人全被屠殺，有四萬人被土耳其人戳瞎眼睛，

① 即希臘的尤比亞（Euboea）島，是希臘僅次於克里特島的第二大島。威尼斯人將這個島稱為「內格羅蓬特」，這個名字在義大利語中的意思是「黑橋」。

② 今稱邁索尼（Methoni），是希臘南部的港口城市。「莫東」是威尼斯人給它取的名字。

所有教堂都被夷為平地，蘇丹正在集結大軍，即將入侵義大利。人們口耳相傳，特別強調土耳其人的野蠻殘暴和他們對基督教世界的迅猛攻擊。這些主題將在歐洲迴響數百年。

如果說在中世紀的事件中也有一個瞬間蘊含著現代性的情感的話，那就是在人們對君士坦丁堡陷落消息的反應中。就像甘迺迪（John Kennedy）遇刺或者九一一事件一樣，全歐洲的人都能清楚地記得，在最早聽到消息的時候，他們自己在什麼地方。「土耳其人占領君士坦丁堡的那天，天色陰沉，」[12]一名喬治亞史學家寫道。「我們聽到的關於君士坦丁堡的消息是多麼可憎！」恩尼亞·席維歐·皮可洛米尼（Aeneas Sylvius Piccolomini）③在給教宗的信中寫道。「我寫字的時候，手都在顫抖。」[13]消息傳到日耳曼的時候，腓特烈三世流下了眼淚。航船、快馬和歌謠以最快的速度把這消息傳向歐洲的各個角落。它從義大利傳向法蘭西、西班牙、葡萄牙、低地國家、塞爾維亞、匈牙利、波蘭和更遠方。在倫敦，一位史學家寫道，「這一年，基督徒丟失了高貴的君士坦丁的城市，它被土耳其人的君主穆罕默德奪去了」[14]。丹麥與挪威國王克利斯蒂安一世（Christian I）將穆罕默德二世描述為《啟示錄》裡從大海中崛起的野獸。歐洲各國宮廷之間的外交管道持續迴盪著消息、警告和對新十字軍東征的設想。在整個基督教世界，人們寫下了數量驚人的信件、史書、預言、歌曲、哀歌和布道，被翻譯成基督教世界的所有語言，從塞爾維亞語到法語，從亞美尼亞語到英語。不僅宮殿和城堡內在講述君士坦丁堡的故事，十字路口、市場和旅店裡也在大談特談這個話題。它傳到了歐洲最遙遠的角落和最貧賤人們的耳邊。漸漸地，甚至冰島的路德派祈禱書裡也懇求上帝救助他們，避開「教宗的奸詐和土耳其蘇丹的恐怖」[15]。新的反伊斯蘭浪潮才剛剛開始。

✯

在伊斯蘭世界，虔誠的穆斯林歡欣鼓舞地迎接這個消息。十月二十七日，穆罕默德二世的一名使節抵達開羅，帶來了君士坦丁堡陷落的消息，還帶著兩名希臘貴族俘虜，做為證據。據穆斯林史學家的記載：「埃及蘇丹和所有人都為這偉大的征服而歡呼雀躍；每天早晨，都會高聲宣布這喜訊；開羅城張燈結綵兩天……人們對商店和房屋做了極其奢華的裝點，以此慶祝……我說，應當感謝真主，這了不起的勝利都屬於祂。」[16]對穆斯林世界來說，這是一場意義極其重大的勝利。被認為是穆罕默德的古老預言終於實現了，伊斯蘭信仰向全世界傳播的前景一下子又樂觀起來。鄂圖曼蘇丹贏得了超人的威望。穆罕默德二世還按照慣例向穆斯林世界的主要君主送去了捷報，借此宣示自己做為聖戰的真正領袖的地位，並啟用了「征服之父」的稱號，「哈里發的呼吸之風」將他與伊斯蘭早期的光榮歷史緊密聯繫了起來。據杜卡斯的記載，君士坦丁十一世的「塞滿稻草」的首級還被送到「波斯人、阿拉伯人和其他突厥人的領袖」[17]那裡。穆罕默德二世給埃及、突尼斯和格拉納達（Granada）的統治者分別送去了四百名希臘兒童。這不僅僅是禮物。穆罕默德二世這是在索取信仰捍衛者的地位以及與之相伴的最終戰利品：對麥加、麥地那和耶路撒冷這三個聖地的保護權。他專橫地訓斥開羅的馬穆魯克蘇丹：「保持穆斯林朝聖道路的暢通，是你的責任；我們的義務則是提供聖戰者。」[18]同時，他還自稱為「兩片大海與兩塊陸地的君主」、

③ 即後來的教宗庇護二世（Pius II，一四〇五至一四六四年），他同時也是一位人文主義者、詩人和歷史學家。

諸位凱撒的帝國的繼承人。他的雄心是建立一個世界帝國，既是世俗的，也是宗教的，「全世界只能有……一個帝國、一個信仰、一個君主」[19]。

✯

在西方，君士坦丁堡的陷落沒有帶來任何實質性的改變，但也可說是造成了翻天覆地的變化。對那些了解局勢的人而言，君士坦丁堡顯然是不可能守得住的。它是一塊被徹底孤立的飛地，被吞併是不可避免的。就算君士坦丁十一世擊退了鄂圖曼軍隊，這座城市也遲早會被攻破。而對那些關心此事的人來說，君士坦丁堡的陷落（或者說是「伊斯坦堡被占領」，這取決於不同的宗教角度），總的來講是對一個既成事實的象徵性確認：鄂圖曼帝國已經是一個世界性的霸權，在歐洲站穩了腳跟。但很少有人對局勢如此洞若觀火。就連威尼斯人（他們透過間諜和發往元老院的持續不斷的外交情報，對時局有相當準確的把握）也大體上不了解穆罕默德二世的軍事實力。「我們的元老們不相信土耳其人能有一支艦隊，去攻打君士坦丁堡。」[20]瑪律科・巴爾巴羅如此評論威尼斯人救援的遲緩。他們同樣也未能認識到火砲的威力和穆罕默德二世的意志堅定與足智多謀。君士坦丁堡的陷落凸顯出地中海的權力平衡發生了巨大變化，並讓基督教國家清楚地認識到了自己受到的嚴重威脅。在過去，由於有君士坦丁堡的緩衝，基督教國家自認安全無虞，因而對鄂圖曼帝國的威脅視而不見。

在整個基督教世界，君士坦丁堡的滅亡在宗教、軍事、經濟和心理上都產生了極大影響。希臘人、威尼斯人、熱那亞人、羅馬教宗、匈牙利人、瓦拉幾亞人和巴爾幹各民族，一下子清醒地認識到了穆罕默德二世的野心勃勃。歐洲人對土耳其蘇丹冷酷無情的形象，以及他渴望成為當代亞歷山大的貪得無厭的欲望做了癲狂的想像。有一份文獻聲稱，這位征服者在進入君士坦丁堡時說：「我感謝先知穆罕默德，是他給了我們這次輝煌勝利；但我祈禱，希望他會允許我享有高齡，能夠占領和征服舊羅馬，就像我已經占有新羅馬一樣。」[21]這個說法並非沒有根據。在穆罕默德二世的想像中，紅蘋果的位置已經向西移動了，從君士坦丁堡移到了羅馬。鄂圖曼軍隊雖然還遠遠沒有入侵義大利本土，但在戰鬥中已經高喊著：「羅馬！羅馬！」西方世界將穆罕默德二世視為敵基督的化身。他一步一步、不可阻擋地繼續蠶食基督教世界。在一四五三年之後的歲月裡，他將逐個消滅熱那亞和希臘人在黑海的各個殖民地：錫諾普、特拉比松和卡法相繼陷落。一四六二年，他入侵瓦拉幾亞，次年又進攻波士尼亞。摩里亞於一四六四年被鄂圖曼人徹底征服。一四七四年，他兵臨阿爾巴尼亞；一四七六年又打到了摩爾達維亞。鄂圖曼人滾滾前進的浪潮似乎無法阻擋。在一四八〇年的著名戰役中，鄂圖曼軍隊未能攻克羅得島，但這只是個暫時的挫折。威尼斯人受到的威脅最大。他們與穆罕默德二世的戰爭於一四六三年爆發，一直持續了十五年。但這還只是一場宏大戰爭的序曲而已。在此期間，威尼斯人丟失了重要的貿易據點內格羅蓬特。更糟糕的是，在一四七七年，鄂圖曼劫掠者蹂躪了威尼斯城的腹地；他們離城市已經非常之近，從聖馬可廣場的鐘樓上都能看得見他們的篝火。伊斯蘭世界呼吸的熱氣已經直接吹拂到了威尼斯的脖頸。「敵人兵臨城下！」切爾索・馬費伊（Celso Maffei）在給執政官的信中寫道。「斧頭已經逼近樹根。除非上帝伸出援手，基督教之名必然遭到毀滅。」[22]一四八一年七月，鄂圖曼軍隊終於在義大利半島的鞋跟處登陸，進軍羅馬。他們占領奧特朗托（Otranto）④的時候，將該城的大主教殺死在大教堂祭壇前，還處死了一萬兩千名城民。在羅馬，教宗考慮逃之夭夭，群眾驚慌失措。但就在此時，穆罕默德二世駕崩的消息傳到了軍中，於是義大利戰役草草收尾。

在君士坦丁堡陷落的影響之下，教宗和紅衣主教們又一次努力煽動宗教聖戰。這些宗教戰爭一直持續到十六世紀。一四五九年，深感整個基督教文化受到嚴重威脅的教宗庇護二世在曼托瓦（Mantua）召開了一次會議，力圖將四分五裂的基督教世界團結起來，給時局定了基調。他慷慨陳詞兩個鐘頭，把局勢描繪得極其灰暗：

圖43　一枚獎章，表現的是衰老的穆罕默德二世，年代為一四八一年，即他駕崩那年。

我們放任東羅馬帝國的都城君士坦丁堡被土耳其人征服。我們安閒怠惰地枯坐家中之時，這些野蠻人的大軍正在進逼多瑙河和薩瓦（Sava）河。在東羅馬帝國的都城，他們屠殺了君士坦丁十一世的繼承人和他的人民，褻瀆了上帝的教堂，用穆罕默德的醜惡邪教玷汙了查士丁尼的高貴建築。他們毀壞了聖母和其他聖徒的畫像，掀翻了祭壇，將殉道烈士的遺跡丟棄給豬，殺死教士，強暴婦女和少女，甚至蹂躪獻身給上帝的處女們，在蘇丹的宴會上屠戮君士坦丁堡的貴族，將受難的我主耶穌基督的聖像搶到他們的營地，對其大加嘲諷和譏笑，並高呼著「那就是基督徒們的上帝！」並用汙泥和唾沫玷汙它。這一切醜惡行徑都發生在我們眼皮底下，我們卻呼呼大睡……穆罕默德二世要嘛取勝，要嘛被徹底打敗，否則永遠不會放下武器。每一次勝利對他來說都是通往新的勝利的墊腳石，他的最終目標是征服西方的所有君王，然後消滅基督的福音，並將他的偽先知的律法強加於全世界。[23]

教宗雖然做了很多努力，但這樣激情澎湃的言辭還是沒能促使人們做出實際的行動，就像救援君士坦丁堡的計畫也以失敗告終一樣。歐洲各國互相嫉妒和猜忌，一盤散沙（有的國家則過於世俗化，對宗教不感興趣），永遠也不能再次以基督教之名聯合起來。一直有傳聞說，威尼斯人祕密幫助鄂圖曼軍隊在奧特朗托登陸。但歐洲人對伊斯蘭教的恐懼的確被煽風點火起來。直到兩百年後的一六八三年，在維也納城下，鄂圖曼軍隊在歐洲的前進步伐才被徹底阻擋住。在此之前，基督教和伊斯蘭教這兩個世界將進行一場曠日持久的戰爭，既有真刀真槍的熱戰，也有冷戰，這場戰爭將在各種族的記憶中留下很深的印記，並將兩種宗教之間的碰撞的大小事件都串連起來。君士坦丁堡的陷落在伊斯蘭世界和歐洲都喚醒了對十字軍東征的深層回憶。危險的鄂圖曼帝國被認為是伊斯蘭教對基督教世界的攻擊的延續：「土耳其人」取代了「撒拉森人」，成為歐洲人對穆斯林的統稱。「土耳其人」這個詞的言下之意就是一個殘酷無情的對手。雙方都認為自己在進行一場生存鬥爭，因為對手執意要毀滅世界。這是全球意識形態衝突的原型。鄂圖曼人一

④ 義大利東南部港口城市，與阿爾巴尼亞隔海相望。

直抱有聖戰的精神，如今這精神與他們帝國霸業的使命感聯繫了起來。在穆斯林中心地帶，人們又一次對伊斯蘭教的優越性深信不疑。紅蘋果的傳說非常流行。在羅馬之後，布達佩斯（Budapest）和維也納也先後被認為是紅蘋果的所在地。除了這些實際的目標之外，紅蘋果還象徵著對伊斯蘭信仰最終勝利的彌賽亞式信念。在歐洲，「土耳其人」與毫無信義和殘酷狠毒成了同義詞。根據《牛津英語詞典》（*Oxford English Dictionary*），到一五三六年，「土耳其人」這個詞在英語中已經有了「行為如同野蠻人或生番的人」的涵義。而印刷術這項了不起的發明（它是文藝復興精神的典型例證）則在這些觀念上火上澆油。

君士坦丁堡陷落之時恰好是一場革命的顛峰時刻。在西方，科學探索這列失控的火車開始加速，而宗教卻日漸衰落。其中一些力量已經在君士坦丁堡圍城戰中表現了出來：火藥的威力、帆船的優勢、中世紀攻城戰的終結。在之後的七十年中，歐洲將會湧現出很多新發明、新事物和新人，例如：黃金補牙術、懷錶、星盤、航海手冊、梅毒、《新約聖經》的翻譯、哥白尼和達文西、哥倫布和路德，還有活字印刷術。

古騰堡（Gutenberg）的發明給大眾傳播帶來了一場革命，並傳播關於伊斯蘭教聖戰的新觀念。在君士坦丁堡陷落之後的一百五十年中，歐洲的印刷機生產出海量的關於聖戰和反伊斯蘭教宣傳的文獻資料。保存至今的年代最早的現代印刷品之一，就是一四五一年教宗尼古拉五世批准募款以抵抗土耳其人、援救賽普勒斯島的特赦授權書。在全歐洲範圍內，這份文件成千上萬的複本得以傳播，另外還有呼籲發動聖戰，以及大開本傳單（現代的報紙的前身）傳播關於反抗「異教徒蘇丹的可鄙威脅」的新聞。接踵而至的是書籍量的爆量成長：從一四八〇年至一六〇九年，僅在法蘭西就出版了八十種關於鄂圖曼人的書籍，而同時期以美洲為主題的書籍僅有四十種。一六〇三年，理查・諾爾斯（Richard Knolles）⑤撰寫了他的暢銷書《土耳其通史》（*The Generall Historie of the Turkes*），將土耳其人稱為「世界的夢魘」。此時用英語寫成的類似題材的書籍已經數量可觀。這些著作的標題都很具暗示性：《土耳其戰爭史》（*The Turks' Wars*）、《撒拉森人的著名歷史》（*A Notable History of the Saracens*）、《論塞利姆蘇丹輸掉的血腥殘酷的戰爭》（*A Discourse on the Bloody and Cruel Battle lost by Sultan Selim*）、《關於對土耳其人的一場著名勝利的真實消息》（*True News of a Notable Victory obtained against the Turk*）、《土耳其壓迫下基督徒的境遇》（*The Estate of Christians living under the Subjection of the Turk*）。訊息的大潮是無止境的。奧塞羅（Othello）參加的就是當時反對「公敵鄂圖曼人」、「戴頭巾的惡毒的土耳其人」[24]的世界大戰。居住地與穆斯林世界相隔遙遠的基督徒們，第一次能夠透過一些影響力極大的繪本中的木刻畫，了解到敵人的形象。一個典型的例子就是巴薩羅繆・傑奧爾傑維奇（Bartholomew Georgevich）的《被迫向土耳其人稱臣納貢和被其奴役的基督徒的悲慘境遇和苦難》（*Miseries and Tribulations of the Christians held in Tribute and Slavery by the Turk*）。這些圖畫表現身披鎧甲的基督教騎士與戴頭巾的穆斯林之間的激戰，以及異教徒的種種野蠻暴行：土耳其人將俘虜斬首，將一長隊被俘的婦女、兒童押走，長矛尖端插著嬰兒，縱馬疾馳。人們普遍將與土耳其人的衝突理解為一場與伊斯蘭漫長和久遠的較

⑤ 理查・諾爾斯（約一五四五至一六一〇年），英國史學家，他的《土耳其通史》是用英語寫成的第一部關於鄂圖曼帝國軍政的史書。

圖44　十六世紀德國印刷品中的鄂圖曼騎兵

量，是場持續一千年之久的為真理而做的鬥爭。西方人詳盡地研究了這場衝突的特徵與起因。一六四四年，湯瑪斯・布萊特曼（Thomas Brightman）在著作中宣稱，撒拉森人是「第一群蝗蟲，大約在西元六三〇年興起」，繼承他們的是「土耳其人，一群毒蛇，比他們的先祖更邪惡，徹底消滅了他們的祖先撒拉森人」[25]。與伊斯蘭的衝突一直是與眾不同的：更深刻、威脅更大，也更像是一場噩夢。

✯

在君士坦丁堡陷落之後的兩百年中，歐洲的確有充足的理由去畏懼更富庶、更強大、組織也更得力的鄂圖曼帝國。但歐洲人對這個強大對手的想像卻非常偏頗，建立在宗教思維的基礎上。而在當時的歐洲，基督教已經開始式微。鄂圖曼世界的內部和外部完全是兩個迥然不同的面貌，這一點在君士坦丁堡特別明顯。

薩阿德丁宣稱，在占領伊斯坦堡之後，「城內教堂中的醜惡偶像和各種汙穢骯髒被一掃而淨」[26]，但事實並非如此。穆罕默德二世重建的君士坦丁堡與基督教世界想像中，可怕的伊斯蘭堡壘迥然不同。蘇丹自認為不僅是一位穆斯林統治者，還是羅馬帝國的繼承人，因此著手重建了一座多元文化的都城，所有的公民在這座城市都享有一定的權利。他以強制手段讓希臘基督徒和土耳其穆斯林都在城裡安家，保障了在加拉塔的熱那亞飛地的安全，並禁止土耳其人在加拉塔居住。曾激烈反對東、西方教會聯合的僧侶真納迪奧斯在戰後被變賣為奴，但蘇丹將他從埃迪爾內贖回，讓他重返城市，擔任東正教社區的牧首。蘇丹告誡他說：「去做牧首吧！願你繁榮昌盛，並請放心，我一定會友善相待你。你將享有在你之前的歷代牧首曾享有的權利。」[27]基督徒們居住在自己的社區內，並保留了一些自己的教堂，儘管受到一些限制：他們必須穿著顯眼的服裝，並被禁止持有武器。這在當時可以算得上是非常寬容的政策。做為對照，在地中海的另一端，天主教國王於一四九二年收復了西班牙全境，強迫所有穆斯林和猶太人皈依基督教，否則就將他們驅逐出境。西班牙猶太人被鼓勵移民到鄂圖曼帝國——「世界的避難所」。根據猶太難民的經歷，他們在鄂圖曼帝國總的來講受到了友好的待遇。「在土耳其人的國度，我們沒有什麼可抱怨的，」一位拉比（rabbi）寫信給在歐洲的兄弟，「我們擁有巨大的財富，手頭有很多金銀。我們沒有被徵收苛捐雜稅，我們的商業活動也非常自由，不受任何阻礙。」[28]穆罕默德二世因為這些寬容政策，受到了伊斯蘭世界的很多批評。他的兒子，更為虔誠的巴耶濟德二世（Bayezid II）宣稱，他的父皇「受到奸臣和偽善者的蠱惑」，「違反了先知的律法」[29]。

隨著光陰流逝，君士坦丁堡的伊斯蘭色彩愈來愈濃厚，但穆罕默德二世給這座城市確定了多元文化的基調（這的確令人吃驚），使它成為典型的黎凡特城市（編按：關於黎凡特可參考本書頁三一的註釋）。對那些不受陳腐觀念影響、願意親自觀察的西方人來說，君士坦丁堡有很多讓他們意外的地方。一四九九年，日耳曼人阿諾爾德·馮·哈爾夫（Arnold von Harff）⑥訪問了這座城市，在加拉塔吃驚地發現了兩座方濟各會修道院，那裡仍然在舉行天主教彌撒。有機會近距離觀察異教徒的人們都很清楚他們的寬容。「土耳其人並不強迫任何人背棄自己的信仰，並不特別努力去勸說任何人改宗，而且非常鄙視叛教者。」[30]匈牙利的喬治在十五世紀寫道。這與宗教改革期間令歐洲四分五裂的宗教戰爭形成了鮮明對比。君士坦丁堡陷落之後的難民流動總的來講是單方向的：從基督教國家逃往鄂圖曼帝國。穆罕默德二世本人更熱中於建立一個世界帝國，而不是讓全世界都皈依伊斯蘭教。

君士坦丁堡的陷落對西方來說是個巨大的傷痛。它不僅挫傷了基督教世界的自信，還被認為是古典世界的悲劇性終結，「荷馬和柏拉圖的第二次死亡」[31]。但它的陷落同樣也把這個地區從貧困、孤立和破敗中解脫了出來。普羅科匹厄斯在六世紀稱頌的被「水的花環」[32]圍繞的城市，搖身一變，成為一個富饒的多元文化帝國的首都，跨越兩個世界和十幾條貿易路線，再度煥發生機活力。西方人相信土耳其人是世界末日產生的長尾巴的怪物，「一半是人，一半是馬」[33]。但就是這群人建設了一座令人嘆為觀止的美麗城市，與黃金的基督教城市不同，但同樣光華璀璨。

君士坦丁堡城內帶遮陽棚的集市，以及埃及市場如迷宮般小巷中，再次開始經營來自世界各地的貨物。駱駝商隊和商船又一次把它和黎凡特的所有主要貿易據點聯繫起來。但對乘船從馬摩拉海接近城市的水手們來說，君士坦丁堡的地平線舊貌換了新顏。在聖索

⑥阿諾爾德·馮·哈爾夫（一四七一至一五〇五年），出生於科隆（Cologne）的騎士和旅行家，他曾前往耶路撒冷朝聖，遊歷了近東很多國家，包括鄂圖曼帝國。他在著作中記述了自己在這些國度的見聞。

圖45　鄂圖曼書法

菲亞清真寺一側，城市的山坡上如雨後春筍般出現了很多清真寺的灰色鉛皮屋頂。城市的地平線上還屹立著許多纖細如針或粗如筆桿的白色尖塔，這些尖塔上帶有凹槽，多層陽台上雕刻著精美的花飾。一連好多位才華洋溢的清真寺建築師在直衝雲霄的穹頂下，創作出抽象而永恆的建築空間：清真寺內部沐浴在安詳的日光下，磚塊上刻有精細複雜的幾何圖形、書法和花朵圖案。這些圖案的誘人色彩——鮮亮的番茄色、綠松石色和青瓷色，再加上大海深處的清澈碧藍，製造出《古蘭經》中描摹的「無邊無際的樂園的影像」[34]。

鄂圖曼帝國治下的伊斯坦堡是一座賞心悅目、鶯聲燕語的城市，遍布木屋和柏樹，隨處可見噴泉、花園、靜穆優雅的墓園和地下集市，熙熙攘攘、摩肩接踵，工匠們忙得不可開交。每種職業和每個民族都有自己的聚集地，身著五花八門服飾、頭戴形形色色帽子的黎凡特各民族在這裡勞作或經商。從街角或者清真寺的平台上往往能夠突然瞥見大海。十幾座清真寺發出的召喚祈禱聲從早到晚覆蓋了城市的每個角落，就像當地小販的叫賣聲一樣親切。在托普卡匹宮森嚴的大牆之後，鄂圖曼蘇丹們建造了可與阿蘭布拉宮（Alhambra Palace）⑦和伊斯法罕（Isfahan）城⑧媲美的恢弘宮殿：一系列纖弱的磚砌樓台亭閣，更像是堅固的帳篷，而不是普通建築物，坐落在五彩繽紛的御花園內。蘇丹們從這裡可以眺望博斯普魯斯海峽和亞洲的群山。鄂圖曼帝國的藝術、建築和禮儀使伊斯坦堡成了一個極具視覺震撼力的世界，就像之前的基督教君士坦丁堡一樣，令西方訪客嘆為觀止。「我目睹了這個小世界的景觀，偉大的君士坦丁堡城，」愛德華．利思戈（Edward Lithgow）在一六四〇年寫道，「它的燦爛輝煌令觀者目瞪口呆……全世界的人對它讚不絕口，人間沒有任何東西能與其媲美。」[35]

歷代蘇丹為慶祝凱旋而命人製作的細密畫中，對鄂圖曼帝國治下的伊斯坦堡的旖旎風光，有著極其生動的描繪。圖畫中是一個由原色構成的歡欣世界，景致扁平，沒有透視效果，就像磚塊和地毯上的裝飾圖案。圖畫中有宮廷覲見和宴會、戰役和圍城、梟首、遊行隊伍和節慶、帳篷和旗幟、噴泉和宮殿、精美的長袍和甲冑，以及美麗的駿馬。這是一個酷愛禮儀排場、鼓樂噪音和光彩的世界。圖畫中還描繪了鬥羊比賽、雜技演員、烤肉的廚師、煙火表演；成群的近衛軍士兵敲鑼打鼓，無聲地在頁面上行軍；在金角灣，雜技演員從船隻桅杆之間連接的繩索上走過；戴白頭巾的騎兵隊伍策馬經過富麗堂皇的帳篷；有的圖畫就是城市的地圖，色澤鮮豔得如同珠寶；所有圖畫都五顏六色、光彩奪目：鮮紅色、橙色、品藍色、丁香色、檸檬色、栗色、灰色、粉紅色、碧綠色和金色。細密畫展現的世界似乎表達了對鄂圖曼帝國的成就（僅僅兩百年間，就從遊牧部落一躍成為大帝國）的喜悅和驕傲。這也是塞爾柱土耳其人曾經在科尼亞（Konya）⑨聖城的一座門廊上寫下的文字——「我所創建的，世間無人能及。」[36]——的回音。

一五九九年，英格蘭女王伊莉莎白一世（Elizabeth I）贈送蘇丹穆罕默德三世一台管風琴，

---

⑦「阿蘭布拉」的意思是「紅色城堡」或「紅宮」，位於西班牙南部的格拉納達，是古代清真寺、宮殿和城堡建築群。宮殿為原格拉納達摩爾人國王所建，現在則是一處穆斯林建築、文化博物館。該宮城是伊斯蘭教世俗建築與園林建造技藝完美結合的建築名作，是阿拉伯式宮殿庭院建築的優秀代表。一九八四年被選入聯合國教科文組織世界文化遺產名錄。

⑧今天位於伊朗，歷史悠久，一度是伊斯蘭世界輝煌和繁榮的名城。

⑨位於今土耳其西南部。

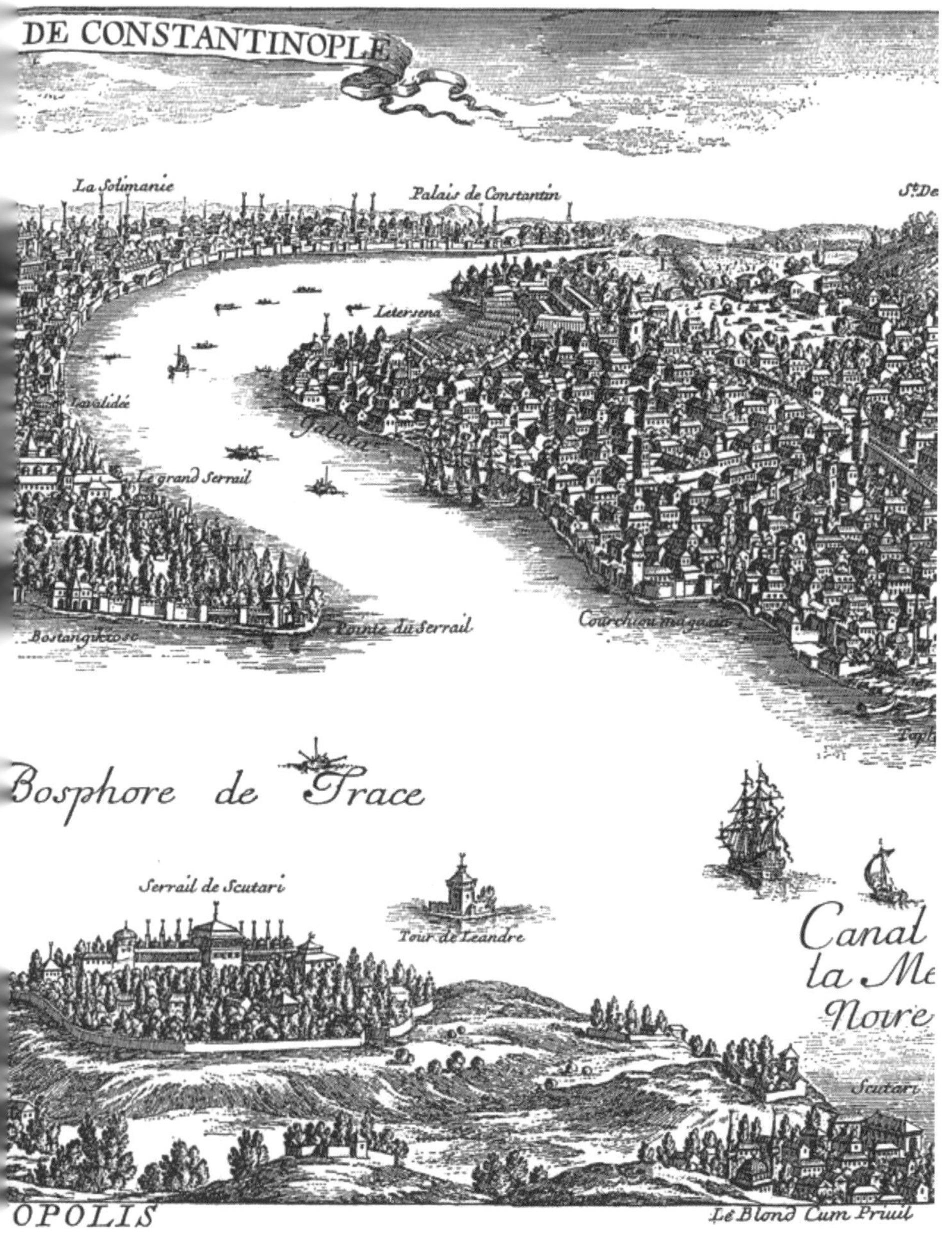
DE CONSTANTINOPLE
La Solimanie
Palais de Constantin
Letersena
Le grand Serrail
Pointe du Serrail
Bostangikiosc
Bosphore de Trace
Serrail de Scutari
Tour de Leandre
Canal
la Me
Noire
Scutari
OPOLIS
Le Blond Cum Priuil

圖46　新地平線：從海上看伊斯蘭城市

做為友誼的象徵。管風琴的製作者湯瑪斯・特勒姆（Thomas Dallam）也親自前往，為鄂圖曼統治者演奏。這位大音樂家被人帶領著穿過宮殿的連續多個庭院，最後來到蘇丹面前。他被富麗堂皇的禮儀深深震撼，「這景象讓我幾乎以為自己已經身處另一個世界」[37]。自君士坦丁大帝於四世紀建立第二羅馬和第二耶路撒冷以來，所有到訪君士坦丁堡／伊斯坦堡的訪客都表達了同樣的讚嘆。法蘭西人皮埃爾・吉勒在十六世紀寫道：「在我看來，其他城市終有一死。而只要人類尚存，這座城市就將一直延續下去。」[38]

尾聲　安息之地

死亡阻擋了凶悍而頑強的野蠻人，這對基督教世界和義大利來說真是大幸。[1]

——喬萬尼・薩格雷多（Giovanni Sagredo），十七世紀威尼斯貴族

一四八一年春季，蘇丹的馬尾旗被插在了伊斯坦堡對岸的安納托利亞海岸上，表明這一年的征戰將在亞洲進行。除了蘇丹本人之外，沒有任何人，包括他的主要大臣，知曉戰役的真正目標，這對穆罕默德二世的一貫低調和保密來說是很典型的。新戰爭的目標很可能是要討伐埃及的馬穆魯克王朝。

三十年來，蘇丹從不懈怠，努力去建設他的世界帝國，事必躬親地處理國家大事：任命和處決大臣、接受貢禮、重建伊斯坦堡、強制遷徙人口、對經濟進行重新規劃、締結條約、對頑固不化的人們施以殘酷的懲罰、授與宗教自由，年復一年地向東方和西方派遣軍隊，或者御駕親征。

這一年，他四十九歲，百病纏身。無情的光陰和自我放縱使得他的身體十分衰弱。根據當時的一份不甚恭維的報告指稱，蘇丹頗為肥胖，「脖子短粗，面色蠟黃，肩膀過高，嗓門很大」[2]。像收集戰役獎章一樣收集了大量頭銜（「戰爭的雷霆」、「海洋與陸地的權力與勝利之王」、「羅馬人和全世界的皇帝」、「世界征服者」）的蘇丹有時幾乎無力行走。他患有痛風和令身體畸形的肥胖症，深居托普卡匹宮，遠離世人的視線。被西方稱為「飲血暴君」、「尼祿第二」的蘇丹的外貌已經非常可怕。法蘭西外交官菲利普·德·科米納（Philippe de Commynes）①聲稱，「見過他的人告訴我說，他的兩腿腫脹得可怕，快到夏天的時候，腫塊有人的身體那麼大，而且無法割破。然後腫脹消退了」[3]。在宮牆之後，穆罕默德二世從事著對暴君來說不尋常的活動：園藝、手工，以及向新近從威尼斯招來的畫家真蒂萊·貝里尼訂製淫穢的壁畫。貝里尼的名作就是蘇丹的最後一幅肖像，它被裝裱在一座金色拱形結構下，頂端放置皇冠，暗示了蘇丹的某些無法得到撫慰和滿足的本質——世界征服者一直到最後都喜怒無常、高度迷信和惶惶不安。

四月二十五日，穆罕默德二世渡過海峽，抵達亞洲，準備發動這一年的戰役，但幾乎當即就患了嚴重胃病，臥床不起。在幾天的痛苦折磨之後，他於一四八一年五月三日在蓋布澤（Gebze）②駕崩。歷史上的另外一個雄心勃勃要征服世界的人——漢尼拔（Hannibal）就在此地服毒自盡。穆罕默德二世的結局籠罩在迷霧中。他極有可能是被自己的波斯御醫毒死的。雖然許多年來，威尼斯人多次企圖刺殺他，但嫌疑最大的人卻是他的兒子巴耶濟德。穆罕默德二世設計的兄弟相殘繼承法則或許誘使這位王子先發制人，奪取皇位。他成功了。他們父子倆的關係並不親近。虔誠的巴耶濟德非常憎惡穆罕默德二世的非正統宗教觀點。根據義大利某宮廷的流言，巴耶濟德曾說：「他的父皇非常專橫霸道，不信先知穆罕默德。」[4]三十年後，巴耶濟德也被自己的兒子「恐怖的」塞利姆（Selim I）毒殺。有一句阿拉伯諺語說，「王公之間沒有親屬關係」[5]。在義大利，人們聽到穆罕默德二世的死訊，特別歡欣鼓舞。禮砲齊鳴、鐘聲敲響；在羅馬，人們燃放煙火，舉行感恩禮拜。將這消息送到威尼斯的信使宣稱，「雄鷹已死」[6]。就連開羅的馬穆魯克王朝的蘇丹也長舒了一口氣。

今天，法提赫（征服者）穆罕默德的陵寢坐落於伊斯坦堡市區內一座清真寺建築群裡，這個市區和建築群均以他的稱號「法提赫」命名。陵寢的選址不是偶然的。它取代了拜占庭最著名和歷史最悠久的教堂之一：使徒教堂。城市的創建者君士坦丁大帝於西元三三七年被隆重地安葬在這座教堂中。穆罕默德二世無論生死都是羅馬帝國的繼承人。他的陵寢後來被地震摧毀，又獲得徹底重建，所以現在的皇陵內部就像十九世紀的法國廳堂一樣金碧輝煌，配有老爺鐘、巴洛克式的天花板裝飾和懸掛的水晶枝形吊燈，簡直就是一位穆斯林的拿破崙（Muslim Napoleon）的安息之地。裝飾華美的墓穴覆蓋綠布，頂端有雕刻出來的頭巾。墓穴的長度和一門輕型火砲相當。人們來這裡祈禱，閱讀《古蘭經》，或者拍照留念。隨著光陰流逝，法提赫逐漸被奉為聖人。對穆斯林信眾來說，他漸漸有了聖人的特徵，於是他有了雙重身分，既是神聖的，又是世俗的。和邱

---

① 菲利普・德・科米納（一四四七至一五一一年），勃艮第和法蘭西政治家、外交官和作家。他的回憶錄是十五世紀歐洲歷史的主要資料來源之一。

② 土耳其城市，位於馬摩拉海北岸，伊斯坦堡以東約三十英里處。

吉爾（Churchill）一樣，他既是整個國家最具代表性的招牌（卡車的品牌、博斯普魯斯海峽上的一座大橋、紀念郵票，或者學校建築上特別顯眼的縱馬狂奔的英雄形象，都打起了穆罕默德二世的招牌），也是虔誠的象徵。法提赫區是傳統而新近自信昂揚起來的穆斯林伊斯坦堡的中心地帶。這是個安靜平和的地區：祈禱結束後，戴頭巾的婦女聚集在清真寺庭院內的懸鈴木樹下聊天；兒童在她們周圍轉著圈玩耍；流動小販叫賣著芝麻捲、玩具汽車和動物形狀的氣球。在穆罕默德二世陵墓的門廊處擺放著一枚石製砲彈，似乎是許願的供奉。

這場圍城戰中的其他重要鄂圖曼人物的命運告訴我們，伴君如伴虎。素來反戰的哈利勒帕夏的末日來得很快。一四五三年八月或九月，他在埃迪爾內被處以絞刑。接替他職位的是紮甘帕夏，那個熱切支持戰爭的希臘叛教者。老維齊爾的命運標誌著國家政策的一個決定性轉折，從此以後，幾乎所有的維齊爾都出身於改宗伊斯蘭教的奴隸，而不是門閥貴族階層的土生土長的土耳其人。至於對勝利貢獻極大的鑄砲大師烏爾班，有言之成理卻無法證實的證據表明，他在戰役中活了下來，從蘇丹那裡得到了賞賜。在占領伊斯坦堡之後，城裡有一個區叫做「砲手烏爾班區」，說明這個匈牙利雇傭兵可能在城裡定居了，儘管此前他曾花了很大力氣來摧毀它的城牆。在阿拉伯人第一次攻打君士坦丁堡的戰役中陣亡的先知追隨

圖47　鄂圖曼帝國統治下君士坦丁堡的景致

者艾優卜，對聖戰者們來說是個極大的激勵。鄂圖曼人在金角灣北端風景宜人的郊區埃於普（即土耳其語中的「艾優卜」）的懸鈴木林中，為他建造了專門的清真寺建築群。這是朝聖的聖地，幾百年來歷代蘇丹就在這裡的清真寺加冕。

成功逃生的守軍後來的命運五花八門，不一而足。希臘難民一般都經歷過家園淪喪後難民的典型命運：在異邦忍受貧困，無比思念失落的故土。很多人在義大利勉強謀生（到一四七八年，僅在威尼斯就有四千名希臘人），或者在克里特島，那裡是東正教會的一個堡壘。他們散布到全世界，甚至到了遙遠的倫敦。拜占庭皇族，帕里奧洛格斯家族的血統逐漸被歐洲較次要的貴族吸納。帕里奧洛格斯家族的一、兩位後人由於思鄉心切或者無以度日，返回了君士坦丁堡，寄希望於蘇丹開恩。其中至少有一人，安德魯，皈依了伊斯蘭教，成了蘇丹宮廷的一名官員，改名為穆罕默德帕夏。最能體現希臘人悲劇命運的或許就是喬治．斯弗朗齊斯夫婦的經歷。他們在科孚島的修道院了卻殘生。斯弗朗齊斯寫下了一部簡短而悲戚的編年史，記述自己的一生。這部史書是這樣開始的：「我是命運多舛的喬治．斯弗朗齊斯，御廚首席總管大臣，現在做為修道士的法號是格列高里。我將講述我這悲慘一生中發生的事件。如果我從來不曾降生到這個世界，或者在幼年就夭折，一定更好。但事實並非如此，因此，請諸位讀者知曉，我出生在一四〇一年八月三十日，星期二。」[7]斯弗朗齊斯以簡明而哽咽的語調記錄了鄂圖曼帝國擴張帶來的雙重悲劇：他個人的悲劇，以及拜占庭的悲劇。他的兩個孩子都被送入了蘇丹後宮；他的兒子於一四五三年在後宮被處決。他對一四五五年九月的記述是：「我美麗的女兒薩瑪爾（Thamar）在蘇丹後宮患傳染病而死。她的淒慘的父親是多麼可憐！她享年只有十四歲又五個月。」[8]他一直活到一四七七年，親眼目睹了希臘全境被土耳其占領，希臘人的自由徹底喪失。他在著作的結尾再次肯定了東正教關於「和聖子」（編按：關於「和聖子」請參考本書頁一一二）的觀點，就是這個問題在圍城期間帶來了那麼多周折。「我堅信，聖神並非由聖父和聖子所共發，就像義大利人所稱的那樣，而是全無分隔，從聖父所發生。」[9]

在圍城戰中倖存的義大利人的命運也同樣各不相同。負傷的朱斯蒂尼亞尼返回了希俄斯島。根據他的熱那亞同胞萊奧納德大主教的說法，朱斯蒂尼亞尼不久之後就死去了，「要嘛是因為傷重不治，要嘛是因為失敗的恥辱」[10]，因為幾乎所有人都責怪他造成了最後的失敗。他的墓誌（現已遺失）上寫著：「喬萬尼．朱斯蒂尼亞尼安息於此，他是一位偉人，熱那亞與希俄斯島的貴族。在君士坦丁堡被攻破時，拜占庭末代皇帝和東方基督徒的勇敢領袖——最尊貴的君士坦丁不幸陣亡。在此期間，朱斯蒂尼亞尼被土耳其君主穆罕默德打成重傷，於一四五三年八月八日逝世。」[11]萊奧納德則於一四五九年在熱那亞去世。基輔的伊西多爾紅衣主教當初到君士坦丁堡的使命是促使希臘人與西方教會聯合。教宗任命他為君士坦丁堡牧首（缺席），儘管教宗其實並沒有這個權力。伊西多爾罹患老年癡呆，於一四六三年在羅馬去世。

君士坦丁十一世本人的結局卻始終無法確定，他也沒有墓地。皇帝的陣亡宣示了拜占庭世界的徹底滅亡，以及土耳其對希臘的占領。拜倫（Byron）③在有生之年也看不到土耳其統治的消亡。君士坦丁十一世的神祕命運，成了在希臘人靈魂深處，對已經淪亡的拜占庭榮光的想望的重心。人們圍繞他的名字編織了大量預言。在希臘大眾文化中，他成了一個如亞瑟王（King Arthur）一般的神奇英雄人物，往昔和未來之王，長眠在黃金門旁的墳塚內，有一天將會歸來，穿過那城門，將土耳其人驅除去東邊，一直到紅蘋果樹那裡，並收復君士坦丁堡。鄂圖曼人對皇帝的神奇形象非常畏懼。穆罕默德二世小心謹慎地監視著君士坦丁十一世的兄弟們，另外還用磚石將黃金門徹底封閉。這些傳奇故事使得於有生之年命運乖舛的君士坦丁十一世，在死後有了一段新的悲劇生命。到十九世紀末，他留給後人的遺產將與希臘的民族主義理想合二為一，即所謂「偉大理想」——將拜占庭的希臘居民重新收納進希臘國家。這促使希臘人在第一次世界大戰結束後出兵干預土耳其的安納托利亞，卻被凱末爾於一九二二年擊敗，導致了災難性後果。士麥拿的希臘居民遭到屠殺，後來進行了人口交換。直到這時，重建拜占庭的夢想才徹底破滅。

如果說君士坦丁十一世的精神尚存，那麼不是在伊斯坦堡，而是在一千英里之外的伯羅奔尼撒半島。他曾以中世紀小城米斯特拉斯為首府，統治摩里亞。兩百年間，在別處均已衰敗的拜占庭文化傳統在米斯特拉斯卻得以繁榮發展，令人驚異。它仍然是拜占庭靈魂的神龕，在現代，城堡下方的村莊內，每一根路燈燈柱都帶有雙頭鷹徽記。在帕里奧洛格斯廣場上矗立著君士坦丁十一世揮劍保衛基督教信仰的雕像，儘管他的最終結局無人知曉。雕像坐落在一座大理石柱基前方，柱基上刻有杜卡斯的文字。在雕像頭頂上張掛著拜占庭旗幟，那是一面帶有黑鷹的鮮黃色旗幟，在希臘的蔚藍天空中懸掛著，不起一點漣漪。雕像後方就是中世紀的米斯特拉斯古城，芳草茵茵的山坡上有很多坍塌崩壞的宅邸、教堂和廳堂，之間有柏樹。這是個令人心酸的地方。在這

③ 喬治·戈登·拜倫（George Gordon Byron，一七八八至一八二四年），英國浪漫主義大詩人，曾赴希臘參加反對鄂圖曼帝國統治的希臘獨立戰爭，結果患熱病而死，成為希臘的民族英雄。

裡，君士坦丁堡得以小規模地重建，成了希臘的佛羅倫斯，儘管只維持了很短的時間。在這裡，藝術家們創作了光輝燦爛的壁畫，展現出人文主義對福音的詮釋；人們重拾亞里斯多德（Aristotle）和柏拉圖（Plato）的教誨，憧憬黃金的未來，直到鄂圖曼軍隊將米斯特拉斯摧毀。君士坦丁十一世可能就是在聖德米特里大教堂（它其實只有英國的鄉村教堂那麼大）加冕的；他的妻子狄奧朵拉（Theodora）則被安葬在聖索菲亞大教堂。山頂屹立著摩里亞君主的宮殿，背後就是光禿禿的泰格圖斯（Taygetus）群山，下方則是延綿不絕的斯巴達（Spartan）台地。這座宮殿的建築風格與君士坦丁堡城牆附近的皇宮相似。我們可以想像，皇帝當年曾經從通風良好的廳堂的窗洞俯視下方的碧綠平原。斯巴達重步兵曾經在這裡操練，為溫泉關戰役（Battle of Thermopylae）做準備，拜占庭人則在這裡種植橄欖和小麥，飼養蜜蜂和絲蠶。每年五月二十九日，土耳其人都會在埃迪爾內門重演戰役過程，以慶祝攻克伊斯坦堡；與此同時，克里特島帶有桶狀拱頂的鄉村小教堂和希臘諸多城市的大教堂，都會舉辦紀念君士坦丁十一世的活動，儘管在東正教眼中他至死都是個異端分子，因為他支持與西方教會聯合。

✯

在伊斯坦堡，過往的基督教城市沒有留下多少遺跡，儘管人們仍然可以走過聖索菲亞大教堂的黃銅大門（這面大門在一四五三年五月二十九日被最後一次用武力打開），從舉手降福的基督馬賽克像下走過，走進教堂的大廳。這座大廳在今天和在六世紀一樣，令人嘆為觀止。城市本身被包容在金角灣和馬摩拉海形成的兩端之內，在外觀上仍然保留了這決定歷史走向的特殊形狀。

今天，乘坐渡船就會像當年援救君士坦丁堡的四艘基督教船隻那樣，從西邊穩步駛入博斯普魯斯海峽入口，經過衛城（那裡曾經爆發海戰），然後和古代的航船一樣轉彎進入金角灣入口。今天的金角灣沒有鐵鍊，卻建起了一座通往加拉塔的大橋。在金角灣北上的下一站，渡船可以在凱西姆帕沙（Kasimpasha，即「泉源谷」）停歇，穆罕默德二世的戰船曾翻山越嶺，一艘接一艘地在那裡入水。在博斯普魯斯海峽岸邊，如梅利堡（割喉堡）依然橫跨那裡地勢奇特的山坡，水邊的主塔（那是哈利勒建造的工程）上飄揚著一面鮮紅的土耳其國旗。

城市的部分海牆，尤其是金角灣沿岸的海牆，今天已經只剩殘垣斷壁。但三角形的第三條邊，宏偉的狄奧多西城牆依然威風凜凜。今天從機場出來的遊客一下子就能夠看到這勝景。在近距離觀察，就能發現一千五百個春秋留下的印跡：部分城牆殘破坍塌，有些地方已經破敗不堪，還有幾處新近做了修補，與古老的牆磚非常不協調；塔樓以奇怪的角度傾斜，被地震或砲彈破壞，或遭歲月磨損；曾給鄂圖曼軍隊帶來很大麻煩的壕溝如今已經長滿蔬菜，一派和平景象；道路主幹道穿過了一些地段的防禦工事，新的地鐵體系對防禦工事的破壞比當年的塞爾維亞坑道工兵更厲害。但總的來講，雖然承受了現代世界的巨大壓力，狄奧多西城牆的全段幾乎都是完整無缺的。在城牆沿線，人們可以從一片大海走到另一片，沿著起伏的地勢，走下里卡斯河谷傾斜的中段城牆，那裡的城牆早已被中世紀的砲火摧毀；或者可以站在城牆頂端，想像下方的平原當年遍布鄂圖曼大軍的帳篷和旌旗招展的景象，如同「鬱金香的花壇」[12]，而槳帆船無聲地在閃閃發光的馬摩拉海或金角灣航行。圍城戰期間的幾乎所有城門都保存至今；它們沉重拱門下的陰影仍然令人生畏。但黃金門早就被穆罕默德二世下令用磚石堵死了，這是為了防止君士坦丁十一世重返人間的預言成真。今天透過一條兩側擺放烏爾班大砲的石彈的林蔭大道，可以走到黃金門。對土耳其人來說，最重要的城門是埃迪爾內門，也就是拜占庭時期的查瑞休斯門。這裡安放著一塊銘碑，記載了穆罕默德二世當年由此正式進入伊斯坦堡的勝景。但在圍城戰中扮演了更重要角色的幾座城門都在北面靠近金角灣的地段，今天已經被徹底遺忘。

在這裡，城牆突然轉了一個九十度的彎。在這拐彎處附近一塊荒地的後方，君士坦丁十一世皇宮廢墟的旁邊，有一座不起眼的被磚石堵死的拱門，這是幾個世紀以來的改建和修理造成的典型例子。有人說，這就是預言中的競技場門，在最後的戰鬥中被打開的小邊門，第一批鄂圖曼士兵就是從這裡登上城牆的。或者，競技場門其實在別的什麼地方。關於這場偉大攻城戰的事實很容易就演變成了神話故事。

圖48　被磚石堵死的黃金門

✯

在一四五三年春季的戰役中居功厥偉的大砲，仍然可以在現代伊斯坦堡城內找到。它們散布在全城，安睡在城牆旁邊或者在博物館庭院內。這些原始的帶箍的管狀火器，大體上沒有受到五百年風吹日曬的影響。有的大砲旁邊還擺放著它們曾發射過的花崗岩或大理石球形砲彈。烏爾班巨砲如今已經無跡可尋，它可能被托帕內（Tophane）④的鄂圖曼鑄砲廠給熔掉了。查士丁尼的巨型騎馬像也被送到鑄砲廠熔掉。穆罕默德二世遵循占星家的建議，拆除這座雕像，但它在廣場上待了很長時間，最後才被拖去熔化。法蘭西人皮埃爾・吉勒於十六世紀曾在廣場上看到雕像的一部分。「碎片當中包括查士丁尼像的腿，它的長度超過我的身高。還有它的鼻子，超過九英寸長。馬腿躺在地面上，我不敢公然去測量它們，但偷偷量了其中一個馬蹄，發現它的高度達到九英寸。」[13]這是世人對偉大皇帝的雕像，以及拜占庭的璀璨輝煌的最後一瞥。很快地，它們就被熔爐吞噬了。

---

④ 今天是伊斯坦堡的一個區。

關於資料來源

這場戰爭中發生了諸多事件，無法全部訴諸筆端，口舌也不能盡述。[1]

——內希里（Nesri）①，十五世紀鄂圖曼史學家

君士坦丁堡的陷落，或者說是鄂圖曼人占領伊斯坦堡，是中世紀一個承前啟後的時刻。這消息以驚人的速度傳遍了穆斯林世界和基督教世界。人們對這個故事興趣盎然，如飢似渴，這使得海量的文字資料得以保存下來。報導這起事件的文獻汗牛充棟，這誠然是一種福氣。但仔細分析就會發現，將各個部件組合起來並不能得到一個整體圖像。事件的目擊者其實是很少的，而且大

---

① 鄂圖曼史學家，生卒年不詳。其著作《世界大觀》（*Cosmorama*）對史學貢獻甚大，是鄂圖曼帝國早期歷史的重要資料來源，但關於其生平的資料極少。他可能叫做穆罕默德，在布爾薩居住。一四八一年蘇丹穆罕默德二世駕崩時，他在宮廷任職。

部分是基督徒；本書的讀者一定已經熟悉了他們中很多人的名字：希俄斯島的萊奧納德大主教，他是個脾氣火爆的天主教教士；隨船醫生尼可拉．巴爾巴羅，他寫下了對日期的記錄最為可靠的日記；佛羅倫斯商人賈科莫．特塔爾迪；俄羅斯東正教徒涅斯托爾—伊斯坎德爾；圖爾松貝伊，他是鄂圖曼帝國的一名官員；還有其他一、兩個人，例如喬治．斯弗朗齊斯，他的編年史讓現代史學家非常頭痛。在這些親歷者之後，有一小群人的生活年代與圍城戰相距不遠，他們很可能在戰役結束後不久就聽到了二手的記述。其中包括情緒激動的希臘史學家杜卡斯，他的著作非常生動，然而不太可靠，充滿了虛構的故事，但給故事注入了一種活潑的能量。另外一個希臘人克利托布羅斯是因布洛斯（Imbros）島上的一名法官，他雖然是基督徒，著作卻是傾向於鄂圖曼帝國的，這非常獨特。這位雄心勃勃的史學家的一個願望是，「西方所有民族」都會閱讀他的作品，包括那些居住在不列顛諸島的人。隨後幾個世紀中又湧現了很多來自雙方的文獻；其中一些是直截了當的重述，有的則添加了一些道聽塗說、失落了的口頭記述、神話以及基督教的或鄂圖曼帝國的政治宣傳，產生了大量無法證實、容易醉人的混雜資訊。本書就是在這些敘述的基礎之上寫成的。

在處理這些原始資料時，我遇到了很多困難。當然，這些困難是歷史研究中特有的，尤其是科學時代之前的歷史。圍城戰的目擊者在估測軍隊兵力和傷亡數字時傾向於給出很大的整數，對日期和時間的記錄非常含糊，使用的是他們本地的度量衡系統（這讓人非常惱火），而且常常為了譁眾取寵而誇大其詞。各個事件之間的時間順序一般都是事後捏造的，而事實、故事和神話之間的區別非常微妙。宗教迷信和事件難解難分，因此對城市陷落的記述其實是真實事件與人們的信念的混合。當然，記述者們根本沒有客觀報導的概念。

每位作者都有自己的視角和動機，因此我必須小心謹慎地分析每位作者的觀點和特殊利益。作者們常常在宗教、民族和信仰的基礎上做出評判。威尼斯人當然會大肆宣揚他們的水手的英勇無畏，並詆毀熱那亞人的奸詐。熱那亞人也是這麼幹的。義大利人控訴希臘人的怯懦、懶惰和愚蠢。天主教徒和東正教徒在信仰鴻溝的兩邊互相指責。在基督教陣營內，各派系都在為君士坦丁堡的陷落尋找神學上或者現實中的原因，互相口誅筆伐、大肆攻擊。當然，所有的基督徒作者都會辱罵嗜血暴君穆罕默德二世，只有克利托布羅斯是個例外，他對蘇丹極盡諂媚之能事。鄂圖曼人自然對基督徒的攻擊以牙還牙。

這些目擊者講述的故事總是非常扣人心弦。他們深刻地認識到，自己目睹和親歷的是一件驚天動地的大事。但各種版本的故事卻都有語焉不詳的地方。一四五三年對土耳其民族的歷史意義極其重大，但奇怪的是，卻少有當時鄂圖曼人對攻陷城市過程的記述，沒有目擊者的敘述。除了謝赫阿克謝姆賽丁給穆罕默德二世的信件之外，幾乎沒有對穆斯林士兵的情感與動機的描述。當時的鄂圖曼社會總體上還是不識字的；他們依賴口頭傳播，也沒有將個人的故事記錄下來的傳統。他們唯一的文字記載就是內容簡練的編年史，後來鄂圖曼人對這些編年史做了重新加工，以幫助構建鄂圖曼帝國的傳奇。因此往往需要對基督徒記述的字裡行間進行仔細分析，才能解讀出鄂圖曼人的觀點。一四五三年事件的獨特之處在於，它的歷史主要是由失敗者書寫的。

同樣令人驚訝的是，東正教希臘人也很少有文字記載流傳下來。或許是因為很多地位顯赫的拜占庭人在最後的洗劫中被殺，或者像喬治·斯弗朗齊斯一樣過於悲痛，不肯執念於淒慘的往昔。基督教方面的故事主要是由義大利人和主張聯合的希臘人寫下的。他們對東正教守軍，除了君士坦丁十一世之外，都毫不客氣地大肆攻擊。因此，故事中包含了很多或許永遠無法揭開真相的謎團。土耳其史學家們對鄂圖曼軍隊究竟如何搬運戰船做了熱烈的辯論。而君士坦丁十一世之死的真相始終籠罩在迷霧中，令人抓狂。不同派別都有自己的解釋。事實上，焦躁而情緒激烈的穆罕默德二世在圍城戰期間似乎無處不在，在他身旁，君士坦丁十一世的形象則顯得模糊而虛幻。

我重述「君士坦丁堡的故事」的目標是從這些相互矛盾、困難重重的文獻中構建一個強而有力的中立版本，對事實的把握盡可能做到萬無一失。我在迷宮般的文獻中謹小慎微地擇路前行，有時不免顯得笨手笨腳，但總是努力使各種資料協調起來，並尋找最有可能的解釋。雖然巴爾巴羅的日記日復一日的記錄圍城戰的進程，但日期仍然是非常難以確定的。每一份文獻在事情經過和事件發生日期的細節上都有自己的說法，很多研究過這個主題的學者在某些微妙細節上或許不會同意我。如果對本書做一番特別仔細的探究，就會發現事件的發生時間上有些小小的謎團。我保留了這些謎團，讓它們做為無法確知、不可調和的東西的記錄。總體上，我儘量選擇在我看來可能性最大的時間順序，並在我的敘述中盡可能避免使用「或許」、「可能」、「也許」這樣可怕的詞。如果不這樣做，就會把一般讀者拖到各種不同版本資料的泥沼中，那樣對這個輪廓已經雄渾有力且五彩繽紛的故事並無助益。與此同時，如果地理、地形、地貌、氣候和時間的具體證據非常可靠，我就會走捷徑，在某些細節上做出大膽的推測。

我創作本書的第二個目標是捕捉人的聲音，第一手地重建故事主要人物的言辭、偏見、希望和恐懼，並講述「故事中的故事」，即歷史人物相信的東西，以及可證實的真相。這些文獻的作者往往都是極富個性的人物，幾乎和他們講述的故事一樣具有異國風采和神祕感。有些人物，例如巴爾巴羅，只在自己的故事中存在，此外就完全沉默，在歷史上沒有留下任何痕跡。其他人，例如希俄斯島的萊奧納德和基輔的伊西多爾，在當時的教會史上還有更重要的角色要扮演。最令人著迷，同時也問題重重的文獻包括俄羅斯東正教徒涅斯托爾—伊斯坎德爾的記述，他似乎是做為鄂圖曼軍隊的一名士兵來到君士坦丁堡的。根據推測，他似乎在圍城戰早期就逃進了君士坦丁堡，目睹和參與了很多事件。他對砲擊和城牆上發生的事件的記述特別生動鮮明。後來他逃脫了鄂圖曼人的報復，可能是裝扮成僧侶躲在一座修道院內。他把傳奇、道聽塗說和第一手觀察混為一談，書中充滿神祕主義氣息，常常令人不可思議，把日期和時間順序搞得一團糟，因此很多作家傾向完全摒棄他的作品，但它的確包含很多令人信服的細節。在爭奪城牆的戰鬥和處理死屍（他本人可能參加了這項工作）的問題上，他的描述特別具體和細緻，這在其他文獻中是沒有的。涅斯托爾—伊斯坎德爾的著作幾乎是唯一一個寫到希臘人戰鬥情況的資料來源，例如他寫到了導致朗加比斯死亡的戰鬥。在關於威尼斯人和熱那亞人的記載中，似乎只有義大利人在戰鬥（因為雙方宗教的分歧），希臘人在最好的情況下是消極厭戰，最糟的情況下則是阻礙城防、牟取私利和膽小如鼠。

另外兩部編年史，喬治・斯弗朗齊斯和杜卡斯的著作，也註定要在後世有著自己的五彩繽紛的歷史。世人皆知，斯弗朗齊斯根據同一個故事寫了兩個版本，分別稱為《小編年史》（*Minor Chronicle*）和《大編年史》（*Major Chronicle*）。在相當長的一段時間內，人們都認為，《大編年史》

只不過是對《小編年史》的擴充，因為後者對斯弗朗齊斯漫長一生中最重要（儘管非常悲慘）的事件——君士坦丁堡圍城戰幾乎隻字不提。《大編年史》文筆生動、細緻具體，可信度很高，長期以來被廣泛做為關於一四五三年事件的主要資料來源。但是，學者們已經明確無誤地證明，《大編年史》其實是一百多年後由一個名叫馬卡里奧斯·梅里西諾斯（Makarios Melissenos）的人假冒斯弗朗齊斯的名字，以第一人稱捏造的，這的確是別出心裁的模仿。梅里西諾斯這人的履歷可沒法叫人放心。他是個教士，曾經為了贏得神學爭端而偽造御旨。於是，《大編年史》的所有內容都受到了質疑。今天的史學家以不同方法小心對待這本書，因為任何人只要想寫關於君士坦丁堡圍城戰的書，就必須決定好，如何對待《大編年史》。根據細緻的文本分析，我們有理由相信，《大編年史》確實是基於斯弗朗齊斯的一部業已失傳的，篇幅較長的史書；《大編年史》對細節的描述非常具體，如果真的完全是虛構的話，那也說明梅里西諾斯是個非常了不起的歷史小說家。斯弗朗齊斯在最後戰鬥前與君士坦丁十一世一起站在黑暗中塔樓上的那一幕，就是梅里西諾斯寫的；土耳其歷史的一個代表性瞬間的故事——近衛軍的巨人烏魯巴特的哈桑率先將鄂圖曼旗幟插上城牆——也源自梅里西諾斯。至少哈桑的故事非常具體和細緻，不大可能是虛構的。

杜卡斯的編年史同樣奇異，它記錄拜占庭陷落的長時段歷史。如果說杜卡斯並沒有親歷圍城戰的話，他卻目睹了與之相關的很多事件。他有可能目擊了烏爾班大砲在埃迪爾內的試射，以及義大利船隻在割喉堡被擊沉後，水手被穆罕默德二世釘在尖木樁上的慘況。他的敘述栩栩如生、態度堅定不移，結尾卻非常奇怪：在描述鄂圖曼軍隊於一四六二年攻打萊斯博斯時，一個句子還沒寫完就戛然而止，作者的命運（和故事中的很多東西一樣）都懸而不決。對萊斯博斯事件的生動描述給人很強烈的印象，作者本人就在那裡，所以有人猜測，希臘守軍的最後崩潰使得他無法把史書寫完。他和其他守軍一樣遭受了可怕的厄運（被鋸成兩截，因為鄂圖曼人許諾，不會將他們斬首），還是被販賣為奴？他就這樣一句話沒說完就徹底消失了。

談君士坦丁堡故事的作品也有著自己的豐富歷史。本書構建在歷史悠久的大量英語作品的基礎之上；對這個故事的研究從十八世紀的愛德華．吉朋（Edward Gibbon）開始，然後由兩位英國騎士接手，一九〇三年的愛德溫．皮爾斯（Edwin Pears）爵士和一九六五年的偉大拜占庭史學家史蒂文．朗西曼（Stephen Runciman）爵士，還有其他語言的大量著作。因布洛斯的克利托布羅斯早在五百年前就發現了把故事講好的困難之處，因此在給穆罕默德二世的獻詞中加入了一個聰明的「免責聲明」。未曾親歷和目擊史實的作者在給世界征服者獻詞時當然需要審慎。未來新出的史書都可以引用這段克利托布羅斯的話：

> 我自己並非事件的目擊者，因此，偉大的皇帝啊！我辛苦地勞作，去了解這些事情的確切真相。在撰寫這部史書時，我有時諮詢了那些了解真相的人，並準確地分析所有事情的經過……如果我的言辭無力描摹陛下的豐功偉業……在修史的問題上，我將甘願讓位於技藝比我更高超的人。[2]

誌謝

這本書的寫作計畫已經醞釀了多年，要感謝的人也很多。如今能夠成書，首先要感謝我的代理人Andrew Lownie、Faber出版社的Julian Loose和Hyperion出版社的Bill Strachan，因為他們相信這個故事能夠成功；然後還要感謝兩家出版社的熱情支持和高度的專業素養，促成本書的問世。

至於本書的深層起源，我對伊斯坦堡的捍衛者Christopher Trillo永遠心存感激，是他在一九七三年說服我去了那裡；我還要感謝一直給我出謀劃策的一小群至交老友：Andrew Taylor、Elizabeth Manners和Stephen Scoffham，他們提了很多寶貴意見，並審讀了手稿。Elizabeth Manners還拍攝了羅馬尼亞的摩爾多維查（Moldovita）修道院的壁畫，做為本書的封面照片。John Dyson在伊斯坦堡為我搜集書籍，對我幫助極大，還盛情款待我。Rita和Ron Morton在希臘也熱情招待我。Ron Morton和David Gordon-Macleod帶我去了阿索斯（Athos）山，去一睹現存拜占庭傳統的風采。Annamaria Ferro和Andy Kirby幫助我做了翻譯工作。Oliver Poole拍攝了照片，Athena Adams-Florou幫我掃描了圖片，Dennis Naish提供了關於鑄砲的資訊，Martin Dow在阿拉伯文方面給出了建議。對所有這些朋友，我都非常感激。最後，我還要永遠感激珍，她不僅提出了寶貴意見並幫助審稿，還在土耳其忍受被狗咬的痛苦，多年來一直深愛和支持著我。

我還要感謝下列出版社許可我在本書中使用了大量節選。本書的部分材料來自《涅斯托爾—伊斯坎德爾的關於君士坦丁堡的故事》（*The Tale of Constantinople by Nestor-Iskander*），由Walter K. Hanak和Marios Philippides翻譯和註解，由Aristide D. Caratzas出版社提供（Melissa International Ltd）；還有部分材料來自《征服者穆罕默德和他的時代》（*Mehmed the Conqueror and His Time*, Princeton University Press 一九七八年出版），作者Franz Babinger，得到Princeton University Press授權許可。

圖片來源

圖一　The British Library, London
圖二　Topkapi Palace Museum, Istanbul/ Giraudon/ www.bridgeman.co.uk
圖三　www.bridgeman.co.uk
圖七　Roger Crowley
圖八　The British Museum, Department of Prints and Drawings, No pp, 1-19
圖九　La Bibliothèque Nationale, Paris
圖十　Musée des Augustins, Toulouse/ www.bridgeman.co.uk
圖十一　Private Collection, Archives Charmet/ www.bridgeman.co.uk
圖十二　National Gallery, London/ www.bridgeman.co.uk
圖十三　Ruggero Vanni/Corbis

註釋

引文的來源見參考資料。

引言

1. 'Constantinople is a city…', quoted Stacton, p. 153
2. 'I shall tell the story…', Melville Jones, p. 12

序幕　紅蘋果

1. 'The horse faces East…', Procopius, p. 35
2. 'The seat of the Roman…', Mansel, p. 1

第一章　燃燒的海

1. 'O Christ, ruler…', quoted Sherrard, p. 11
2. 'In the name of Allah…', quoted Akbar, p. 45
3. 'Tell him that…', quoted ibid., p. 44
4. 'to wage the holy war by sea', Ibn Khaldun, vol. 2, p. 40
5. 'like a flash…', Anna Comnena, p. 402
6. 'burned the ships…', quoted Tsangadas, p. 112
7. 'having lost many fighting…', quoted ibid., p. 112
8. 'the Roman Empire was guarded by God', Theophanes Confessor, p. 676
9. 'It is said that they even…', ibid., p. 546
10. 'brought the sea water…', ibid., p. 550

11. 'to announce God's mighty deeds', ibid., p. 550
12. 'God and the all-holy Virgin…', ibid., p. 546
13. 'In the jihad…', quoted Wintle, p. 245
14. 'the place that's the vast…', Ovid, *Tristia*, 1.10
15. 'more numerous than…', quoted Sherrard, p. 12
16. 'the city of the world's desire', quoted Mansel, p. 3
17. 'O what a splendid city…', quoted Sherrard, p. 12
18. 'During this time…', quoted ibid., p. 51
19. 'It seems not to rest…', quoted ibid., p. 27
20. 'the golden stream… a drift of snow', quoted Norwich, vol. 1, p. 202
21. 'We knew not whether…', quoted Clark, p. 17
22. 'The city is full…', quoted ibid., p. 14
23. 'They are introduced…', quoted Sherrard, p. 74
24. 'will be the fourth kingdom…', quoted Wheatcroft, p. 54

第二章　伊斯坦堡的夢想

1. 'I have seen that God…', quoted Lewis, *Islam from the Prophet*, vol. 2, pp. 207-8
2. 'Sedentary people…', Ibn Khaldun, vol. 2, pp. 257-8
3. 'to revive the dying…', Ibn Khaldun, quoted Lewis, *The Legacy of Islam*, p. 197
4. 'God be praised…', quoted Lewis, *Islam from the Prophet*, vol. 2, p. 208
5. 'On account of its justice…', quoted Cahen, p. 213
6. 'an accursed race… from our lands', quoted Armstrong, p. 2
7. 'they are indomitable…', quoted Norwich, vol. 3, p. 102
8. 'we must live in common…', quoted Mango, *The Oxford History of Byzantium*, p. 128
9. 'Constantinople is arrogant…', quoted Kelly, p. 35
10. 'since the beginning…', quoted Morris, p. 39
11. 'so insolent in…', quoted Norwich, vol. 3, p. 130
12. 'they brought horses…', quoted ibid., vol. 3, p. 179

13. 'Oh city…', quoted Morris, p. 41
14. 'situated at the junction…', quoted Kinross, p. 24
15. 'It is said that he…', quoted Mackintosh-Smith, p. 290
16. 'Sultan, son of…', quoted Wittek, p. 15
17. 'The Gazi is…', quoted ibid., p. 14
18. 'Why have the Gazis…', quoted ibid., p. 14
19. 'in such a state…', Tafur, p. 146
20. 'Turkish or heathen…', Mihailovich, pp. 191-2
21. 'They are diligent…', Brocquière, pp. 362-5

第三章　蘇丹與皇帝

1. 'Mehmet Chelebi…', quoted Babinger, p. 59
2. 'On his clothing…', quoted ibid., p. 418
3. 'He never took anything…', Brocquière, p. 351
4. 'If He has decreed…', quoted Inalcik, p. 59
5. 'Your father has sent me…', quoted Babinger, p. 24
6. 'my earnest desire…', Granville Brown, *A History of Ottoman Poetry*, vol. 2
7. 'The Turks through such…', Mihailovich, p. 171
8. 'The treaties that…', Doukas, *Fragmenta*, p. 228
9. 'He left as a bequest…', Khoja Sa'd-ud-din, p. 41
10. 'Why do my father's viziers…', Doukas, *Fragmenta*, p. 227
11. 'a parrot's beak…', quoted Babinger, p. 424
12. 'The sovereign, the Grand Turk…', quoted ibid., p. 112
13. 'a large town… now at Venice', Brocquière, pp. 335-41
14. 'a philanthropist and without malice', Nestor-Iskander, p. 67
15. 'Whichever of my…', quoted Babinger, p. 47

第四章　割斷喉嚨

1. 'The Bosphorus…', quoted Freely, p. 269
2. 'a mob of venal…', quoted Babinger, p. 68
3. 'Come, Mr Ambassador… since childhood', Sphrantzes, trans. Philippides, p. 59
4. 'and by the angels…', Doukas, *Fragmenta*, p. 228
5. 'Standing with their arms…', Tursun Beg, p. 33
6. 'the Emperor of…', Doukas, *Fragmenta*, pp. 234-5
7. 'You stupid Greeks…', quoted Nicol, *The Immortal Emperor*, p. 52
8. 'path of the vessels…', Khoja Sa'd-ud-din, p. 11
9. 'stone and timber…', Kritovoulos, *Critobuli*, p. 19
10. 'for the construction…', Doukas, *Fragmenta*, pp. 237-8
11. 'now you can see…', ibid., p. 238
12. 'as a son would…', ibid., p. 239
13. 'what the city contains…', ibid., p. 239
14. 'Go away and tell…', ibid., p. 245
15. 'well-prepared for…', Kritovoulos, *Critobuli*, p. 21
16. 'masons, carpenters…', Mihailovich, p. 89
17. 'the distance between…', Kritovoulos, *Critobuli*, p. 22
18. 'twisting curves…', ibid., p. 22
19. 'gave up all thoughts of relaxation', Tursun Beg, p. 34
20. 'publicly offered…', Kritovoulos, *Critobuli*, p. 22
21. 'since you have preferred…', Doukas, *Fragmenta*, p. 245
22. 'not like a fortress…', Kritovoulos, *Critobuli*, p. 22
23. 'like dragons with…', Pertusi, *La Caduta*, vol. 1, p. 311
24. 'not even a bird…', ibid., p. 311
25. 'In this manner…', Khoja Sa'd-ud-din, p. 12
26. 'by a stake… I went there', Doukas, *Fragmenta*, p. 248

第五章　黑暗的教堂

1. 'It is far better…', quoted Mijatovich, p. 17
2. 'Flee from…', quoted in an article on the *Daily Telegraph* website, 4 May 2001
3. 'Let God look and judge', quoted Ware, p. 43
4. 'over all the earth…', quoted ibid., p. 53
5. 'an example of perdition…', quoted Clark, p. 27
6. 'a difference of dogma…', quoted Norwich, vol. 3, p. 184
7. 'Whenever the Turks…', quoted Mijatovich, pp. 24-5
8. 'the wolf, the destroyer', quoted Gill, p. 381
9. 'If you, with your nobles…', quoted Runciman, *The Fall of Constantinople*, pp. 63-4
10. 'Constantine Palaiologus…', quoted Nicol, *The Immortal Emperor*, p. 58
11. 'apart from…', Pertusi, *La Caduta*, vol. 1, p. 125
12. 'We don't want…', quoted Gill, p. 384
13. 'with the greatest solemnity…', Pertusi, *La Caduta*, vol. 1, p.11
14. 'the whole of the city…', ibid., p. 92
15. 'nothing better than…', quoted Stacton, p. 165
16. 'like the whole heaven…', quoted Sherrard, p. 34
17. 'Wretched Romans…', Doukas, *Fragmenta*, p. 254
18. 'has not stopped marching…', Kritovoulos, *Critobuli*, p. 30
19. 'without it… on this very account', Kritovoulos, *History of Mehmet*, pp. 29-31
20. 'We must spare nothing…', Kritovoulos, *Critobuli*, p. 32
21. 'unusual and strange…', ibid., p. 37
22. 'wheat, wine, olive oil…', Doukas, *Fragmenta*, p. 257
23. 'And from this…', Barbaro, *Giornale*, p. 3
24. 'as friends, greeting them…', ibid., p. 4
25. 'firstly for the love of God…', ibid., p. 5
26. 'With these ships…', ibid., p. 13
27. 'with many excellent devices…', Doukas, *Fragmenta*, p. 265

28. 'four hundred men…', Kritovoulos, *History of Mehmed*, p. 39
29. 'We received as much…', Sphrantzes, trans. Philippides, p. 72

第六章 城牆與大砲

1. 'From the flaming…', quoted Hogg, p. 16
2. 'an expert in…', Kritovoulos, *Critobuli*, p. 40
3. 'dredged the fosse…', Kritovoulos, *Critobuli*, p. 37
4. 'a seven-year-old boy…', Gunther of Pairis, p. 99
5. 'one of the wisest…', quoted Tsangadas, p. 9
6. 'the scourge of God', quoted Van Millingen, *Byzantine Constantinople*, p. 49
7. 'in less than two months…', quoted ibid., p. 47
8. 'This God-protected gate…', quoted ibid., p.107
9. 'a good and high wall', quoted Mijatovich, p. 50
10. 'struck terror…', quoted Hogg, p. 16
11. 'made such a noise…', quoted Cipolla, p. 36
12. 'the devilish instrument of war', quoted DeVries, p. 125
13. 'If you want…', Doukas, *Fragmenta*, pp. 247-8
14. 'like a scabbard', Kritovoulos, *Critobuli*, p. 44
15. 'iron and timbers…', ibid., p. 44
16. 'so deep that…', ibid., p. 44
17. 'On the day…', Chelebi, *In the Days*, p. 90
18. 'the Vezirs…', ibid., p. 90
19. 'The time limit having expired…', ibid., p. 91
20. 'The bronze flowed out…', Kritovoulos, *Critobuli*, p. 44
21. 'a horrifying and extraordinary monster', Doukas, *Fragmenta*, p. 248
22. 'the explosion and…', ibid., p. 249
23. 'so powerful is…', ibid., p. 249

第七章　浩瀚如繁星

1. 'When it marched…', Pertusi, *La Caduta*, vol. 1, p. 315
2. 'The Turkish Emperor storms…', Mihailovich, p.177
3. 'heralds to all…', Doukas, *Fragmenta*, p. 262
4. 'from among craftsmen and peasants', quoted Imber, *The Ottoman Empire*, p. 257
5. 'When it comes…', ibid., p. 277
6. 'When recruiting for the…', quoted Goodwin, *Lords of the Horizons*, p. 66
7. 'Everyone who heard…', Doukas, *Fragmenta*, p. 262
8. 'the promise of the Prophet…', Khoja Sa'd-ud-din, p.16
9. 'from Tokat, Sivas…', Chelebi, *Le Siège*, p. 2
10. 'cavalry and foot soldiers…', Kritovoulos, *Critobuli*, p. 38
11. 'with all his army…', ibid., p. 39
12. 'the ulema, the sheiks…', Khoja Sa'd-ud-din, p. 17
13. 'begged God…', Doukas, *Fragmenta*, p. 262
14. 'a river that transforms…', quoted Pertusi, *La Caduta*, vol. 1, p. xx
15. 'According to custom…', Tursun Beg, p. 34
16. 'his army seemed…', Sphrantzes trans. Carroll, p. 47
17. 'There is no prince…', quoted Goodwin, p. 70
18. 'as the halo…', Pertusi, *La Caduta*, vol. 1, p. 316
19. 'the best of the…', Kritovoulos, *Critobuli*, p. 41
20. 'A quarter of them…', Pertusi, *La Caduta*, vol. 1, p. 176
21. 'although they were…', ibid., p. 5
22. 'I can testify…', ibid., vol. 1, p. 130
23. 'We had to ride…', Mihailovich, p. 91
24. 'a river of steel', quoted Pertusi, *La Caduta*, vol. 1, p. xx
25. 'as numerous as the stars', quoted ibid., p. xx
26. 'Know therefore that…', Mihailovich, p. 175
27. 'at the siege there were…', Pertusi, *La Caduta*, vol. 1, pp. 175-6
28. 'tailors, pastry-cooks…', quoted Mijatovich, p. 137

29. 'how many able-bodied men…', Sphrantzes, trans. Carroll, p. 49
30. 'The Emperor summoned me… gloom', ibid., pp. 49-50
31. 'In spite of the great size…', Sphrantzes, trans. Philippides, p. 69
32. 'Genoese, Venetians… three thousand', Leonard, p. 38
33. 'the greater part of the Greeks…', Pertusi, *La Caduta*, vol. 1, p. 146
34. 'skilled in the use of…', Leonard, p. 38
35. 'The true figure remained…', Sphrantzes, trans. Philippides, p. 70
36. 'the principal persons…', Barbaro, *Giornale*, pp. 19
37. 'an old but sturdy…', Pertusi, *La Caduta*, vol. 1, p. 148
38. 'at their own…', ibid., p. 27
39. 'John from Germany… able military engineer', Sphrantzes, trans. Philippides, p. 110
40. 'the Greek Theophilus…' Pertusi, *La Caduta*, vol. 1, p. 148
41. 'the most important…', Barbaro, *Giornale*, p. 19
42. 'This was always…', Pertusi, *La Caduta*, vol. 1, pp. 152-4
43. 'with their banners…', Barbaro, *Giornale*, pp. 19-20
44. 'Nor do We punish…', *The Koran*, p. 198
45. 'We accept neither…', Chelebi, *Le Siège*, p. 3
46. 'encouraging the soldiers…', Doukas, trans. Magoulias, p. 217
47. 'Icons sweated…', Kritovoulos, *Critobuli*, p. 37
48. 'man experienced in war…', ibid., p. 40

第八章　世界末日的恐怖號角

1. 'Which tongue can…', Nestor-Iskander, p. 45
2. 'killing some and wounding a few', Kritovoulos, *Critobuli*, p. 41
3. 'bringing up stones…', ibid., p. 46
4. 'burst out of the…', Doukas, *Fragmenta*, p. 266
5. 'some firing…', ibid., p. 266
6. 'When they could not…', Kritovoulos, *Critobuli*, p. 47

7. ‘thirty heavily-armed…’, ibid., p. 48
8. ‘a terrible cannon’, Pertusi, *La Caduta*, vol. 1, p. 130
9. ‘which was protected by neither…’, Leonard, p. 18
10. ‘the weakest gate…’, Barbaro, p. 30
11. ‘a shot that reached…’, Nestor-Iskander, p. 43
12. ‘eleven of my…’, Pertusi, *La Caduta*, vol. 1, p. 130
13. ‘stones balls for cannon…’, Pertusi, *La Caduta*, vol. 1, p. 15
14. ‘whatever happened, it could not…’, Kritovoulos, *Critobuli*, p. 45
15. ‘certain techniques… wide of the target’, ibid., p. 45
16. ‘And when it had caught…’, ibid., p. 45
17. ‘Sometimes it destroyed…’, ibid., p. 45
18. ‘They pulverized the wall…’, Pertusi, *La Caduta*, vol. 1. p. 130
19. ‘like the awful resurrection blast’, Khoja Sa’d-ud-din, p. 21
20. ‘voicing petitions and prayers…’, Nestor-Iskander, pp. 33-5
21. ‘all of the people…’, ibid., p. 35
22. ‘shook the walls…’, Melville Jones, p. 46
23. ‘but since there was…’, ibid., p. 47
24. ‘No ancient name…’, Kritovoulos, *Critobuli*, p. 46
25. ‘The assault continued…’, Sphrantzes, trans. Carroll, p. 48
26. ‘cracked as it was being fired…’, ibid., pp. 48-9
27. ‘about thirty to… wall collapse’, Doukas, *Fragmenta*, pp. 273-4
28. ‘the shot being carried…’, Melville Jones, p. 45
29. ‘by experiencing the force…’, Sphrantzes, trans. Philippides, p. 103
30. ‘buried in the soft…’, Kritovoulos, *History of Mehmed*, p. 49
31. ‘The Turks fought bravely…’, Leonard, p. 38
32. ‘immense power in…’, Doukas, *Fragmenta*, p. 266
33. ‘And when one or two…’, Barbaro, *Giornale*, p. 22
34. ‘the heavy infantry…’, Kritovoulos, *History of Mehmed*, p. 49
35. ‘I cannot describe…’, Pertusi, *La Caduta*, vol. 1, pp. 15-16
36. ‘the clatter of cannons…’, Nestor-Iskander, p. 37

37. 'slashed to pieces… completely broken corpses', ibid., p. 39
38. 'the all-powerful God and…', ibid, p. 39

第九章 上帝的神風

1. 'Battles on the sea…', quoted Guilmartin, p. 22
2. 'thought that the fleet…', Kritovoulos, *Critobuli*, p. 38
3. 'long ships…', ibid., p. 38
4. 'skilled seamen…', ibid., p. 38
5. 'a great man…', ibid., p. 43
6. 'homeland of defenders of the faith', Pertusi, *La Caduta*, vol. 2, p. 256
7. 'with cries and cheering…', Kritovoulos, *Critobuli*, p. 39
8. 'the wind of divine…', Pertusi, *La Caduta*, vol. 2, p. 256
9. 'we put ready for battle…', Barbaro, *Giornale*, p. 19
10. 'in close array…', Barbaro, *Diary*, p. 29
11. 'well armed…', Barbaro, *Giornale*, p. 20
12. 'Seeing that we…', ibid., p. 20
13. 'with determination', ibid., p. 21
14. 'eager cries…', Pertusi, *La Caduta*, vol. 1, p. 15
15. 'waiting hour after…', Barbaro, *Giornale*, p. 22
16. 'wounding many…', Kritovoulos, *Critobuli*, p. 51
17. 'and inflicted…', ibid., p. 51
18. 'in the East…', Pertusi, *La Caduta*, vol. 1, p. lxxvi
19. 'either to take…', Kritovoulos, *Critobuli*, p. 53
20. 'many other weapons…', ibid., p. 53
21. 'with ambition and…' ibid., p. 53
22. 'with a great sounding…', Barbaro, *Giornale*, p. 23
23. 'they fought from…', Kritovoulos, *Critobuli*, p. 53
24. 'shouted in a commanding voice', ibid., p. 53
25. 'like dry land', Doukas, *Fragmenta*, p. 269

26. 'they threw missiles…', Leonard, p. 30
27. 'that the oars…', Doukas, *Fragmenta*, p. 269
28. 'There was great…', Kritovoulos, *Critobuli*, p. 54
29. 'like demons', Melville Jones, p. 21
30. 'defended itself brilliantly…', Pertusi, *La Caduta*, vol. 1, p. 140
31. 'the water could hardly be seen', Barbaro, p. 33
32. 'for they took it in turns…', Kritovoulos, *Critobuli*, p. 54
33. 'and tore his garments…', Melville Jones, p. 22
34. 'at least twenty galleys', Barbaro, *Giornale*, p. 24
35. 'stunned. In silence…', Kritovoulos, *Critobuli*, p. 55

第十章　鮮血的螺旋

1. 'Warfare is deception', Lewis, *Islam from the Prophet*, vol.1, p. 212
2. 'the ambitions of the Sultan…', Leonard, p. 18
3. 'This unhoped-for result…', Kritovoulos, *Critobuli*, p. 55
4. 'They prayed to their…', Barbaro, *Giornale*, pp. 23-4
5. 'This event caused despair…', Tursun Bey, quoted Inalcik, *Speculum* 35, p. 411
6. 'This event has caused us…', Pertusi, *La Caduta*, vol. 1, p. 301
7. 'I have been accused…', ibid., pp. 301-2
8. 'about ten thousand horse', Barbaro, *Diary*, p. 34
9. 'groaned from the depths…', Sphrantzes, trans. Carroll, p. 56
10. 'if you could not take them…', Barbaro, *Giornale*, p. 25
11. 'You know, it was visible…', ibid., p. 25
12. 'with a golden rod…', Doukas, *Fragmenta*, p. 214
13. 'the one who was most…', Melville Jones, p. 4
14. 'as the ripe fruit falls…', quoted Mijatovich, p. 161
15. 'Lord Jesus Christ…', quoted Nicol, *The Immortal Emperor*, pp. 127-8
16. 'This was the start…', Pertusi, *La Caduta*, vol. 1, p. 16
17. 'For such a big stretch…', ibid., p. 16

18. 'with only ten thousand men', Barbaro, *Diary*, p. 36
19. 'These repairs were made…', ibid., p. 36
20. 'their huge cannon…', Pertusi, *La Caduta*, vol. 1, p. 17
21. 'could not be seen…', ibid., p. 17
22. 'our merciful Lord…', ibid., p.16
23. 'Be certain that if I knew…', Doukas, trans. Magoulias, p. 258
24. 'by the recollections…', Leonard, p. 28
25. 'The people of Galata…', Pertusi, *La Caduta*, vol. 1, pp. 134-6
26. 'And having girdled them…', Kritovoulos, *Critobuli*, p. 56
27. 'Some raised the sails…', ibid., p. 56
28. 'It was an extraordinary sight…', ibid., p. 56
29. 'of fifteen banks of oars…', Barbaro, *Giornale*, p. 28
30. 'It was a marvellous achievement…', Sphrantzes, trans. Carroll, p. 56
31. 'Now that the wall…', Kritovoulos, *Critobuli*, p. 57
32. 'When those in our fleet…', Pertusi, *La Caduta*, vol. 1, p. 19
33. 'to burn the enemy fleet…', Barbaro, *Giornale*, p. 29
34. 'a man of action not words', Sphrantzes, trans. Philippides, p. 111
35. 'From the twenty-fourth… perfidious Turks', Barbaro, *Giornale*, p. 30
36. 'to win honour…', ibid., p. 31
37. 'And this fusta could not have stayed…', ibid., p. 31
38. 'There was so much smoke…', ibid., p. 32
39. 'A terrible and ferocious…', ibid., p. 33
40. 'Throughout the Turkish camp…', ibid., p. 33
41. 'Giacomo Coco…', Barbaro, *Giornale*, pp 31-2
42. 'The Grand Turk (makes)…', quoted Babinger, p. 429
43. 'the stakes were planted…', Melville Jones, p. 5
44. 'countless stakes planted…', Doukas, trans. Magoulias, p. 260
45. 'the lamentation in the city…', Sphrantzes, trans. Carroll, p. 31
46. 'Our men were enraged…', Pertusi, *La Caduta*, vol. 1, p. 144
47. 'In this way…', ibid., p. 144

第十一章　恐怖的機械

1. 'There is a need…', *Siegecraft: Two Tenth-century Instructional Manuals by Heron of Byzantium*, ed. D. F. Sullivan, Washington DC, 2000, p. 29
2. 'Alas, most blessed Father…', Leonard, p. 36
3. 'This betrayal was committed…', Pertusi, *La Caduta*, vol. 1, p. 20
4. 'so greedy for…', ibid., p. 142
5. 'each side accusing…', ibid., p. 142
6. 'put the rudders and sails… into your power', ibid., p. 23
7. 'many of their men… half a mile', Barbaro, *Giornale*, p. 34
8. 'that could fire the stone…', Kritovoulos, *Critobuli*, pp. 51-2
9. 'came from the top…', Leonard, p. 32
10. 'of three hundred botte…', Barbaro, *Giornale*, pp. 35-6
11. 'some shots killing…', ibid., p. 36
12. 'a woman of excellent reputation…', Leonard, p. 32
13. 'whatever they were owed…', Doukas, *Fragmenta*, p. 279
14. 'With this act of…', ibid., p. 278
15. 'two hundred and twelve…', Barbaro, *Giornale*, p. 39
16. 'because in that place…', Nestor-Iskander, p. 43
17. 'clatter and flashing…', ibid., p. 45
18. 'as if on the steppes… filled with blood', ibid., p. 45
19. 'What is the defence…', Leonard, p. 44
20. 'were full of hatred…', ibid., p. 46
21. 'what certain people…', ibid., p. 44
22. 'The Emperor lacked severity…', Pertusi, *La Caduta*, vol. 1, p. 152
23. 'The forces defending…', Tursun Beg, p. 36
24. 'fell silent for a long time…', Nestor-Iskander, p. 49
25. 'he ordered all…', Nestor-Iskander, p. 53
26. 'cries and the banging…', Barbaro, *Giornale*, p. 36
27. 'bared his sword…', Nestor-Iskander, p. 55

28. 'but they were unable…', ibid., p. 57
29. 'there was great mourning…', ibid., p. 57
30. 'On the eleventh… the unfortunate walls', Barbaro, *Giornale*, p. 39
31. 'the blood remained…', Nestor-Iskander, p. 47
32. 'Thus one could see…', ibid., p. 47
33. 'In the jihad against…', quoted Wintle, p. 245
34. 'let us see who…', Barbaro, *Giornale*, p. 37
35. 'believed that night…', ibid., p. 39
36. 'if it continues…', Nestor-Iskander, p. 57
37. 'the Turks were already…', ibid., p. 59
38. 'the Emperor arrived…', ibid., p. 61
39. 'but the nobles of the imperial…', quoted Mijatovich, p. 181
40. 'Day and night these cannon…', Barbaro, *Giornale*, p. 40
41. 'good cannon and…', ibid., p. 40
42. 'and we Christians…', ibid., p. 40
43. 'they hurriedly started rowing…', ibid., p. 41
44. 'more than seventy shots…', ibid., p. 41
45. 'with a great sounding…', ibid., p. 44
46. 'two hours after sunrise…', Barbaro, *Diary*, p. 55
47. 'if the bridge…', Barbaro, *Giornale*, p. 43
48. 'masters in the art…', Pertusi, *La Caduta*, vol. 2, p. 262
49. 'John Grant, a German…', ibid., vol. 1, p. 134
50. 'at the hour of Compline', Barbaro, *Diary*, p. 55
51. 'the Christians dug counter-mines…', Melville Jones, p. 5
52. 'overtopping the walls…', Barbaro, *Giornale*, p. 42
53. 'so that shots from…', ibid., p. 43
54. 'half a mile long…', ibid., p. 43
55. 'such as the Romans…', Leonard, p. 22
56. 'it seemed, from sheer high spirits', Barbaro, *Diary*, p. 53
57. 'and when they saw it…', Barbaro, *Giornale*, p. 42

58. 'suddenly the earth roared... from high', Nestor-Iskander, p. 51
59. 'long battering rams...', Leonard, p. 22
60. 'and when they had confessed...', Barbaro, *Giornale*, pp. 46-7
61. 'a Christian land...', Pertusi, *La Caduta*, vol. 1, p. 26
62. 'and so we want to return...', ibid., pp. 26-7
63. 'began to weep... that they might guard it', Barbaro, *Giornale*, p. 35

第十二章　不祥之兆

1. 'We see auguries...', quoted Sherrard, p. 167
2. 'misfortune to you...', *Yerasimos, Les Traditions Apocalyptiques*, p. 59
3. 'that universal ruin was approaching', Melville Jones, p. 129
4. 'in time the squares...', Leonard, p. 14
5. 'all of the people assembled...', Nestor-Iskander, p. 69
6. 'life will be short, fortune unstable', quoted Yerasimos, *Les Traditions Apocalyptiques*, p. 70
7. 'The air was clear and unclouded...', Barbaro, *Diary*, p. 56
8. 'only three days old...', Pertusi, *La Caduta*, vol. 1, p. 26
9. 'grew little by little...', ibid., p. 26
10. 'the Emperor was greatly...', ibid., pp. 26-7
11. 'Do thou save thy city...', quoted Tsangadas, p. 304
12. 'without any reason...', Kritovoulos, *Critobuli*, p. 58
13. 'were unable either to stand...', ibid., p. 58
14. 'many following were in danger...', ibid., pp. 58-9
15. 'certainly foretold the imminent...', ibid., p. 59
16. 'departure of God...', ibid., p. 59
17. 'great darkness began to gather over the city', Nestor-Iskander, p. 81
18. 'at the top of...', ibid., p. 63
19. 'This is a great sign...', ibid., p. 81
20. 'Emperor: weigh all...', ibid., p. 63

21. 'do not allow them…', ibid., p. 65
22. 'many kings and sultans…', Pertusi, *La Caduta*, vol. 1, pp. 309-10
23. 'the Turks began to shout…', Leonard, p. 50
24. 'Men of Greece…', Melville Jones, pp. 47-8
25. 'not of high rank', ibid., p. 48
26. 'taking their possessions…', ibid., p. 48
27. 'as a means of testing…', ibid., p. 48
28. 'Impose as large a tribute…', Doukas, *Fragmenta*, p. 286
29. 'Your power, which is already very…', Leonard, p. 50
30. 'The Genoese are split…', ibid., p. 50
31. 'the chance of making…', Melville Jones, p. 6
32. 'Decide the day of battle…', Leonard, p. 50
33. 'And all the tents…', Pertusi, *La Caduta*, vol. 1, p. 27
34. 'This strange spectacle… like lightning', Doukas, *Fragmenta*, p. 281
35. 'It seemed that the sea…', Pertusi, *La Caduta*, vol. 1, p. 181
36. 'Illala, Illala…', Leonard, p. 54
37. 'the sky itself would…', Barbaro, *Giornale*, p. 48
38. 'they appeared to be half-dead…', Doukas, trans. Magoulias, p. 221
39. 'Spare us, O Lord…', Doukas, *Fragmenta*, p. 281
40. 'I cannot describe…', Pertusi, *La Caduta*, vol. 1, p. 27
41. 'Misfortune to you…', quoted Yerasimos, *Les Traditions Apocalyptiques*, p. 157

第十三章 「銘記這一天！」

1. 'These tribulations are…', quoted Inalcik, *The Ottoman Empire: The Classical Age*, p. 56
2. 'a great rug to be…', Mihailovich, p. 145
3. 'they did nothing apart from…', Barbaro, *Giornale*, p. 49
4. 'the provincial governors and generals…', Kritovoulos, *Critobuli*, p. 59
5. 'fashioned out of gold and silver…', ibid., p. 61

6. 'once we have started…', ibid., p. 62
7. 'to be silent…', ibid., p. 63
8. 'You know how many…', Melville Jones, pp. 48-9
9. 'But if I see…', ibid., p. 49
10. 'by the four thousand…', Leonard, p. 54
11. 'Once the city of…', quoted Babinger, p. 355
12. 'O, if you had heard…', Pertusi, *La Caduta*, vol. 1, pp. 156-8
13. 'and all us Christians…', Barbaro, *Giornale*, p. 49
14. 'for the advantage of…', ibid., p. 21
15. 'right away his resolution…', Nestor-Iskander, p. 75
16. 'treated him all night…', ibid., p. 77
17. 'it was a thing…', Barbaro, *Diary*, p. 60
18. 'The Prophet said…', quoted Babinger, p. 85
19. 'Gardens watered by…', *The Koran*, p. 44
20. 'You well know…', Pertusi, *La Caduta*, vol. 1, p. 302
21. 'God has promised you…', *The Koran*, p. 361
22. 'that all who call themselves…', Barbaro, *Giornale*, p. 50
23. 'evil Turks… for his horses', Leonard, p. 56
24. 'You have decorated… immortal glory', ibid., p. 58
25. 'with God's help…', Melville Jones, p. 35
26. 'only two or three…', Kritovoulos, *Critobuli*, pp. 61-2
27. 'fell to the ground… reached to heaven', Nestor-Iskander, p. 87
28. 'Children of Muhammad…', Barbaro, *Giornale*, p. 49
29. 'that to us it seemed…', Barbaro, *Diary*, p.56
30. 'with all their weapons…', Barbaro, *Giornale*, p. 49
31. 'and when each side…', Pertusi, *La Caduta*, vol. 1, p. 29
32. 'from dusk till dawn…', Khoja Sa'd-ud-din, p. 27
33. 'the Emperor mounted…', Sphrantzes, trans. Carroll, p. 74
34. 'On the same night…', Sphrantzes, trans. Philippides, p. 61

第十四章　緊鎖的城門

1. ‘There is no certainty…’, Ibn Khaldun, vol. 2, p. 67
2. ‘the moat has all been filled…’, Kritovoulos, *History of Mehmed*, p. 62
3. ‘three thousand…’, Doukas, *Fragmenta*, p. 283
4. ‘victory was assured’, Pertusi, *La Caduta*, vol. 1, p. 42
5. ‘Christians, kept in his camp…’, Pertusi, *La Caduta*, vol. 1, p. 30
6. ‘Greeks, Latins, Germans…’, Leonard, p. 16
7. ‘with arrows from… blasphemies and curses’, Kritovoulos, *Critobuli*, p. 66
8. ‘threw big stones down… dying on one side or the other’, Barbaro, *Diary*, p. 62
9. ‘Advance, my friends…’, Kritovoulos, *Critobuli*, p. 67
10. ‘with shouts and fearful yells’, Kritovoulos, *History of Mehmed*, p. 67
11. ‘like lions unchained…’, Barbaro, *Giornale*, p. 52
12. ‘When they heard…’, Nestor-Iskander, p. 71
13. ‘killed an incredible number of Turks…’, Barbaro, *Giornale*, p. 52
14. ‘We hurled deadly missiles…’, Leonard, p. 60
15. ‘all brave men’, Barbaro, *Giornale*, p. 52
16. ‘They continued to raise…’, Leonard, p. 60
17. ‘Sometimes the heavy infantry…’, Kritovoulos, *Critobuli*, p. 67
18. ‘that the very air…’, Barbaro, *Giornale*, p. 53
19. ‘where the city’s defences…’, Leonard, p. 40
20. ‘they were frightened by nothing… terrible guns’, ibid., p. 40
21. ‘men who were very…’, Kritovoulos, *Critobuli*, p. 68
22. ‘neither hunger…’, ibid., p. 68
23. ‘the blackness of night…’, Pertusi, *La Caduta*, vol. 1, p. 158
24. ‘the bowmen, slingers and…’, Kritovoulos, *Critobuli*, p. 68
25. ‘there were so many…’, Melville Jones, p. 7
26. ‘the rain of arrows… war cry’, Kritovoulos, *Critobuli*, p. 68
27. ‘not like Turks…’, Barbaro, *Giornale*, p. 53
28. ‘With their great shouting…’, ibid., p. 53

29. 'eager and fresh…', ibid., p. 53
30. 'like men intent…', ibid., p. 53
31. 'all his nobles…', ibid., p. 53
32. 'javelins, pikes…', Kritovoulos, *Critobuli*, p. 68
33. 'fell, struck by…', Pertusi, *La Caduta*, vol. 1, p. 160
34. 'taunts, those stabbing…', Kritovoulos, *Critobuli*, p. 69
35. 'It seemed like something…', Barbaro, *Giornale*, p. 53
36. 'We repelled them…', Pertusi, *La Caduta*, vol. 1, p. 161
37. 'Brave soldiers…', Leonard, p. 44
38. 'wicked and merciless fortune', Kritovoulos, *Critobuli*, p. 68
39. 'Friends, we have the city…', ibid., p. 70
40. 'such cries that it seemed…', Barbaro, *Giornale*, p. 54
41. 'so that they made…', Melville Jones, p. 50
42. 'Then all the rest of…', Kritovoulos, *Critobuli*, p. 70

第十五章　一捧塵土

1. 'Tell me please…', Sherrard, p. 102
2. 'ordered his trumpeters…', Doukas, *Fragmenta*, p. 296
3. 'attacked them…', Kritovoulos, *Critobuli*, p. 71
4. 'to create universal terror…', ibid., p. 71
5. 'everyone they found…', Barbaro, *Giornale*, p. 55
6. 'threw bricks and…', Nestor-Iskander, p. 89
7. 'The whole city was filled…', Melville Jones, p. 51
8. 'their wives and children… friends and wives', Doukas, *Fragmenta*, p. 295
9. 'beautifully embellished…', Doukas, trans. Magoulias, p. 228
10. 'slaughter their aged…', Khoja Sa'd-ud-din, p. 29
11. 'nations, customs and languages', Melville Jones, p. 123
12. 'plundering, destroying…', Kritovoulos, *Critobuli*, p. 71
13. 'terrible and pitiful… their bed chambers', ibid., pp. 71-2

14. 'Slaughtered mercilessly… and the infirm', Leonard, p. 66
15. 'The newborn babies…', Doukas, *Fragmenta*, p. 295
16. 'dragging them out…', Kritovoulos, *Critobuli*, p. 72
17. 'young and modest…', ibid., p. 72
18. 'holy artifacts and…', ibid.,, p. 73
19. 'walls of churches…', ibid., p. 73
20. 'The consecrated images…', Melville Jones, p. 38
21. 'led to the fleet…', Barbaro, *Diary*, p. 67
22. 'hauled out of the… things were done', Kritovoulos, *Critobuli*, p. 73
23. 'and from the West…', Doukas, *Fragmenta*, p. 292
24. 'to search for gold…', Pertusi, *La Caduta*, vol. 1, p. 34
25. 'and so they put…', Barbaro, *Diary*, p. 67
26. 'churches, old vaults…', Kritovoulos, *Critobuli*, p. 74
27. 'men, women, monks…', Doukas, *Fragmenta*, p. 296
28. 'the fury of… help them', Pertusi, *La Caduta*, vol. 1, pp. 185-6
29. 'not without great danger…', ibid., p. 44
30. 'I always knew that…', ibid., p. 44
31. 'We were in a terrible situation…', Pertusi, *La Caduta*, vol. 1, p. 36
32. 'all of us would..', ibid., p. 37
33. 'at midday with…', Barbaro, *Giornale*, p. 58
34. 'like melons along a canal', Pertusi, *La Caduta*, vol. 1, p. 36
35. 'some of whom had been drowned…', ibid., p. 36
36. 'to the very heavens', Procopius, quoted Freely, p. 28
37. 'suspended from heaven…', quoted Norwich, vol. 1, p. 203
38. 'trapped as in a net', Kritovoulos, *Critobuli*, p. 74
39. 'like sheep', Doukas, trans. Magoulias, p. 225
40. 'a certain spot, and… extraordinary spectacle', Doukas, trans. Magoulias, p. 227
41. 'in an instant…', Doukas, *Fragmenta*, p. 292
42. 'ransacked and desolate', ibid., p. 227
43. 'the blind-hearted emperor', Khoja Sa'd-ud-din, p. 30

44. 'A desperate battle ensued…', Tursun Beg, p. 37
45. 'the Emperor turned to…', Pertusi, *La Caduta*, vol. 1, p. 214
46. 'The Emperor of Constantinople…', ibid., pp. 184-5
47. 'Weep Christians…', Legrand, p. 74
48. 'The ruler of Istanbul…', quoted Lewis, *The Muslim Discovery of Europe*, p. 30
49. 'seventy of eighty thousand…', quoted Freely, pp. 211-12
50. 'like a fire or a whirlwind…', Kritovoulos, *Critobuli*, pp. 74-5
51. 'mounting as (Jesus)… castle of Afrasiyab', quoted Lewis, *Istanbul*, p. 8
52. 'dumbfounded by… a few pence', Pertusi, *La Caduta*, vol. 1, pp. 219-21
53. 'gold and silver…', ibid., p. 327
54. 'women and children…', Norwich, vol. 3, p. 143

第十六章　世界的夢魘

1. 'Whichever way I look…', Melville Jones, p. 135
2. 'I ransomed… in pain and grief', Camariotes, p. 1070
3. 'scattered across…', Pertusi, *La Caduta*, vol. 2, p. 416
4. 'said that we did…', ibid., pp. 44-6
5. 'full of wine… the bloodthirsty beast', Doukas, trans. Magoulias, pp. 234-5
6. 'and the Islamic invocation…', quoted Lewis, *Istanbul*, p. 8
7. 'the sweet five-times-repeated…', Khoja Sa'd-ud-din, p. 33
8. 'What a city we have…', Kritovoulos, *Critobuli*, p. 76
9. 'Nothing worse than this…', quoted Wheatcroft, *The Ottomans*, p. 23
10. 'a great and excessive crying…', Pertusi, *La Caduta*, vol. 1, p. xxxviii
11. 'the horrible and deplorable…', quoted Schwoebel, p. 8
12. 'On the day when the Turks…', ibid., p. 4
13. 'What is this execrable news…', quoted ibid., p. 9
14. 'in this year was…', ibid., p. 4
15. 'the cunning of the Pope…', Lewis, *The Muslim Discovery of Europe*, p. 32
16. 'The Sultan and all the men…', Ibn Taghribirdi, pp. 38-9

17. 'stuffed with straw… Turks', Doukas, *Fragmenta*, p. 300
18. 'It is your responsibility…', Inalcik, *The Ottoman Empire*, p. 56
19. 'There must be only…', quoted Schwoebel, p. 43
20. 'Our Senators could not…', Barbaro, *Giornale*, p. 66
21. 'I thank Muhammad…', quoted Schwoebel, p. 11
22. 'The enemy is at…', quoted Babinger, p. 358
23. 'We ourselves allowed…', quoted Babinger, pp. 170-71
24. 'the general enemy Ottoman… malignant and turbaned Turk', *Othello*
25. 'the first troop… their mother', quoted Matar, p. 158
26. 'the churches which were within the city…', Khoja Sa'd-ud-din, p. 33
27. 'Be Patriarch…', quoted Runciman, *The Fall of Constantinople*, p. 155
28. 'Here in the land of…', quoted Mansel, p. 15
29. 'by the counsel… Law of the Prophet', quoted Mansel, p. 32
30. 'The Turks do not compel…', quoted Mansel, p. 47
31. 'a second death for Homer and Plato', quoted Schwoebel, p. 9
32. 'the garland of water', quoted Freely, p. 3
33. 'made up of a horse and a man', quoted Matar, p. 159
34. 'a reflection of the infinite…', quoted Levey, p. 15
35. 'I beheld the prospect…', quoted *Istanbul: Everyman Guides*, p. 82
36. 'What I have created…', quoted Levey, p. 18
37. 'the sight whereof…', quoted Mansel, p. 57
38. 'It seems to me…', quoted Freely, p. 14

尾聲　安息之地

1. 'It was fortunate for…', quoted Babinger, p. 408
2. 'a short, thick neck…', quoted ibid., p. 424
3. 'men who have seen him…', quoted ibid., p. 424
4. 'his father was domineering…', quoted ibid., p. 411
5. 'There are no ties…', quoted ibid., p. 405

6. 'The great eagle is dead', quoted Babinger, p. 408
7. 'I am George Sphrantzes…', Sphrantzes, trans. Philippides, p. 21
8. 'my beautiful daughter Thamar…', ibid., p. 75
9. 'I confess with certainty…', ibid., p. 91
10. 'either from his wound…', Pertusi, *La Caduta*, vol. 1, p. 162
11. 'Here lies Giovanni Giustiniani…', quoted Setton, p. 429
12. 'like a border of tulips', Chelebi, *Le Siège*, p. 2
13. 'Among the fragments…', Gilles, p. 130

關於資料來源

1. 'There were so many…', Pertusi, *La Caduta*, vol. 2, p. 261
2. 'Therefore, O mighty Emperor…', Kritovoulos, *History of Mehmet*, pp. 4-6

參考資料

Collections of Sources

Jorga, N., *Notes et extraits pour servir à l'Histoire des Croisades au XVe siècle*, 6 vols, Paris and Bucharest, 1899-1916

Legrand, Emile, *Recueil de Chansons Populaires Grecques*, Paris, 1874

Lewis, Bernard, *Islam from the Prophet Muhammad to the Capture of Constantinople*, 2 vols, New York, 1974

Melville Jones, J. R., *The Siege of Constantinople 1453: Seven Contemporary Accounts*, Amsterdam, 1972

Pertusi, Agostino, *La Caduta di Costantinopoli*, 2 vols, Milan, 1976

Individual Sources

Barbaro, Nicolo, *Giornale dell' Assedio di Costantinopoli 1453*, ed. E. Cornet, Vienna, 1856; (in English) *Diary of the Siege of Constantinople 1453*, trans. J. R. Melville Jones, New York, 1969

Brocquière, Bertrandon de la, *in Early Travels in Palestine*, ed. T. Wright, London, 1848

Camariotes, Matthew, 'De Constantinopoli Capta Narratio Lamentabilis', in *Patrologiae Cursus Completus, Series Graeco-Latina*, vol. 160, ed. J. P. Migne, Paris, 1866

Chelebi, Evliya, *In the Days of the Janissaries*, ed. Alexander Pallis, London, 1951

——, 'Le Siège de Constantinople d'après le Seyahatname d'Evliya Chelebi', trans. H. Turkova, *Byzantinoslavica*, vol. 14, 1953

Comnena, Anna, *The Alexiad of Anna Comnena*, trans. E. R. A. Sewter, London, 1969

Doukas, *Decline and Fall of Byzantium to the Ottoman Turks*, trans. Harry J. Magoulias, Detroit, 1975

Doukas, *Fragmenta Historicorum Graecorum*, vol. 5, Paris, 1870

Gilles, Pierre, *The Antiquities of Constantinople*, London, 1729

Gunther of Pairis, *The Capture of Constantinople: The Hystoria Constantinopolitana of Gunther of Pairis*, ed. and trans. Alfred J. Andrea, Philadelphia, 1997

Ibn Khaldun, *The Muqaddimah*, 3 vols, trans. Franz Rosenthal, London, 1958

Ibn Taghribirdi, Abu al-Mahasin Yusuf, *History of Egypt, Part 6, 1382-1469 A.D.*, trans, W. Popper, Berkeley, 1960

Khoja Sa'd-ud-din, *The Capture of Constantinople from the Taj-ut-Tevarikh*, trans. E. J. W. Gibb, Glasgow, 1879

Kritovoulos, *Critobuli Imbriotae Historiae*, ed. Diether Reinsch, Berlin, 1983; (in English) *History of Mehmed the Conqueror*, trans. Charles T. Riggs, Westport, 1970

Leonard of Chios, *De Capta a Mehemethe II Constantinopoli*, Paris, 1823

Mihailovich, Konstantin, *Memoirs of a Janissary*, trans. Benjamin Stolz, Ann Arbor, 1975

Nestor-Iskander, *The Tale of Constantinople*, trans. and ed. Walter K. Hanak and Marios Philippides, 1998

Ovid, *Tristia*, Cambridge, Massachusetts, 1989

Procopius, *Buildings*, London, 1971

Pusculus, Ubertino, *Constantinopoleos Libri IV*, in Ellissen, *Analekten der Mittel- und Neugriechischen Literatur III*, 1857

Spandounes, Theodore, *On the Origin of the Ottoman Emperors*, trans. and ed. Donald M. Nicol, Cambridge, 1997

Sphrantzes, George, *The Fall of the Byzantine Empire: A Chronicle by George Sphrantzes 1401-1477*, trans. Marios Philippides, Amherst, 1980

——, *A Contemporary Greek Source for the Siege of Constantinople 1453: The Sphrantzes Chronicle*, trans. Margaret Carroll, Amsterdam, 1985

Tafur, Pero, *Travels and Adventures, 1435-1439*, trans. Malcolm Letts, London, 1926

Theophanes Confessor, *The Chronicle of Theophanes Confessor*, trans. Cyril Mango and Roger Scott, Oxford, 1997

Tursun Beg, *The History of Mehmed the Conqueror*, trans. Halil Inalcik and Rhoads Murphey, Minneapolis and Chicago, 1978

Modern Works

Ak, Mahmut and Başar, Fahameddin, *Istanbul'un Fetih Günlüğü*, Istanbul, 2003

Akbar, M. J., *The Shade of Swords: Jihad and the Conflict between Islam and Christianity*, London, 2002

Armstrong, Karen, *Holy War: The Crusades and Their Impact on Today's World*, London, 1992

Atıl, Esin, *Levni and the Surname: The Story of an Eighteenth-century Ottoman Festival*, Istanbul, 1999

Ayalon, David, *Gunpowder and Firearms in the Mamluk Kingdom*, London, 1956

Aydın, Erdoğan, *Fatih ve Fetih: Mitler ve Gerçekler*, Istanbul, 2001

Babinger, Franz, *Mehmet the Conqueror and His Time*, Princeton, 1978

Bartusis, Mark C., *The Late Byzantine Army: Arms and Society, 1204-1453*, Philadelphia, 1992

Baynes, Norman H., *Byzantine Studies and Other Essays*, London, 1955

Bury, J. B., *A History of the Later Roman Empire from Arcadius to Irene, 395-800*, 2 vols, London, 1889

Cahen, Claude, *Pre-Ottoman Turkey*, trans. J. Jones-Williams, London, 1968

Carroll, Margaret, 'Notes on the authorship of the Siege Section of the Chronicon Maius', *Byzantion* 41, 1971

Chatzidakis, Manolis, *Mystras: The Medieval City and the Castle*, Athens, 2001

Cipolla, Carlo M., *European Culture and Overseas Expansion*, London, 1970

Clark, Victoria, *Why Angels Fall: A Journey through Orthodox Europe from Byzantium to Kosovo*, London, 2000

Coles, Paul, *The Ottoman Impact on Europe*, London, 1968

Corfis, Ivy A. and Wolfe, Michael (eds), *The Medieval City under Siege*, Woodbridge, 1995

DeVries, Kelly, *Guns and Men in Medieval Europe, 1200-1500*, Aldershot, 2002

Dirimtekin, Feridun, *Istanbul'un Fethi*, Istanbul, 2003

Emecen, Feridun M., *Istanbul'un Fethi Olayı ve Meseleleri*, Istanbul, 2003

Encyclopaedia of Islam, Leiden, 1960

Esin, Emel, *Ottoman Empire in Miniatures*, Istanbul, 1988

Freely, John, *The Companion Guide to Istanbul*, Woodbridge, 2000

Gill, Joseph, *The Council of Florence*, Cambridge, 1959

Goffman, Daniel, *The Ottoman Empire and Early Modern Europe*, Cambridge, 2002

Goodwin, Godfrey, *The Janissaries*, London, 1994

Goodwin, Jason, *Lords of the Horizons: A History of the Ottoman Empire*, London, 1999

Granville Browne, E. (ed.), *A History of Ottoman Poetry*, London, 1904

Guilmartin, John F., *Galleons and Galleys*, London, 2002

Haldon, J. and Byrne, M., 'A Possible Solution to the Problem of Greek Fire', *Byzantinische Zeitschrift* 70, pp. 91-99

Hall, Bert S., *Weapons and Warfare in Renaissance Europe: Gunpowder, Technology and Tactics*, Baltimore, 1997

Hattendorf, John B. and Unger, Richard W., *War at Sea in the Middle Ages and the Renaissance*, Woodbridge, 2003

Heywood, Colin, *Writing Ottoman History: Documents and Interpretations*, Aldershot 2002

Hogg, Ian V., *A History of Artillery*, London, 1974

Howard, Michael, *War in European History*, Oxford, 1976

Imber, Colin, 'The Legend of Osman Gazi', *The Ottoman Emirate 1300-1389*, Rethymnon, 1993

——, 'What Does Ghazi Actually Mean', *The Balance of Truth: Essays in Honour of Professor Geoffrey Lewis*, Istanbul, 2000

——, *The Ottoman Empire: 1300-1650, Basingstoke*, 2002

Inalcik, Halil, 'Mehmet the Conqueror and His Time', *Speculum* 35, pp. 408-427

——, *Fatih Devri üzerinde Tetkikler ve Vesikalar I*, Ankara, 1987

——, *The Ottoman Empire: Conquest, Organization and Economy*, London, 1978

——, *The Ottoman Empire: The Classical Age 1300-1600, London, 1973 Istanbul: Everyman Guides*, London, 1993

Kaegi, Walter Emil, *Byzantium and the Early Islamic Conquests*, Cambridge, 1992

Kazankaya, Hasan, *Fatih Sultan Mehmed'in Istanbul'un Fethi ve Fethin Karanlık*

Noktaları, 2 vols, Istanbul, 1995
Keegan, John, *A History of Warfare*, London, 1994
Keen, Maurice (ed.), *Medieval Warfare: A History*, Oxford, 1999
Kelly, Laurence, *Istanbul: A Traveller's Companion*, London, 1987
Khadduri, Majid, *War and Peace in the Law of Islam*, Baltimore, 1955
Kinross, Lord, *The Ottoman Centuries*, London, 1977
Koran, The, trans. N. J. Dawood, London, 1956
Levey, Michael, *The World of Ottoman Art*, London, 1971
Lewis, Bernard, *Istanbul and the Civilization of the Ottoman Empire*, Norman, 1968
——, 'Politics and War' in J. Schacht and C. E. Bosworth (eds), *The*
Legacy of Islam, Oxford, 1979
——, *Islam from the Prophet Muhammad to the Capture of Constantinople*, 2 vols, Oxford, 1987
——, *The Muslim Discovery of Europe*, London, 1982
Mackintosh-Smith, Tim, *Travels with a Tangerine*, London, 2001
Mango, Cyril, *Studies on Constantinople*, Aldershot, 1993
——, (ed.), *The Oxford History of Byzantium*, Oxford, 2002
Mansel, Philip, *Constantinople: City of the World's Desire, 1453-1924*, London, 1995
Massignon, Louis, 'Textes Prémonitoires et commentaires mystiques relatifs à la prise de Constantinople par les Turcs en 1453', Oriens 6, pp. 10-17
Matar, Nabil, *Islam in Britain 1558-1685*, Cambridge, 1998
Mathews, Thomas F., *The Art of Byzantium: Between Antiquity and the Renaissance*, London, 1998
McCarthy, Justin, *The Ottoman Turks: an Introductory History to 1923*, Harlow, 1997
McNeill, William H., *The Rise of the West: A History of the Human Community*, Chicago, 1990
Mijatovich, Chedomil, *Constantine Palaiologos: the Last Emperor of the Greeks, 1448-1453*, London, 1892
Morris, Jan, *The Venetian Empire: A Sea Voyage*, London, 1980
Murphey, Rhoads, *Ottoman Warfare 1500-1700*, London, 1999

Nicol, Donald M., *Byzantium and Venice*, Cambridge, 1988

——, *The Immortal Emperor: The Life and Legend of Constantine Palaiologos, Last Emperor of the Romans*, Cambridge, 1969

——, *The Last Centuries of Byzantium, 1261-1453*, London, 1972

——, *Armies of the Ottoman Turks 1300-1774*, London, 1983

——, *Constantinople 1453*, Oxford, 2000

——, *The Janissaries*, London, 1995

Norwich, John J., *A History of Byzantium*, 3 vols, London, 1995

Ostrogorsky, George, *History of the Byzantine State*, trans. Joan Hussey, Oxford, 1980

Parry, V. J., *Richard Knolles' 'History of the Turks'*, ed. Salih Özbaran, Istanbul, 2003

Parry, V. J. and Yapp, M. E. (eds), *War, Technology and Society in the Middle East*, London, 1975

Partington, J. R., *A History of Greek Fire and Gunpowder*, Cambridge, 1960

Pears, Edwin, *The Destruction of the Greek Empire and the Story of the Capture of Constantinople by the Turks*, London, 1903

Rose, Susan, *Medieval Naval Warfare, 1000-1500*, London, 2002

Runciman, Stephen, *The Eastern Schism: A Study of the Papacy and Eastern Churches during the 11th and 12th Centuries*, Oxford, 1955.

——, *The Fall of Constantinople*, Cambridge, 1965

——, *The Eastern Schism*, Oxford, 1955

Schwoebel, Robert, *The Shadow of the Crescent: The Renaissance Image of the Turk, 1453-1517*, Nieuwkoop, 1967

Setton, Kenneth M., *The Papacy and the Levant (1204-1571), vol. II: The Fifteenth Century*, Philadelphia, 1978

Shaw, Stanford, *History of the Ottoman Empire and Modern Turkey, vol. I: Empire of the Gazis*, Cambridge, 1976

Sherrard, Philip, *Constantinople: The Iconography of a Sacred City*, London, 1965

Simarski, Lynn Teo, 'Constantinople's Volcanic Twilight', *Saudi Aramco World*, Nov./Dec., 1996

Stacton, D., *The World on the Last Day*, London, 1965

Tsangadas, B. C. P., *The Fortifications and Defence of Constantinople*, New York, 1980
Vakalopoulos, Apostolos E., *The Origins of the Greek Nation: The Byzantine Period, 1204-1461*, New Brunswick, 1970
Van Millingen, Alexander, *Byzantine Churches in Constantinople*, London, 1912
——, *Byzantine Constantinople*, London, 1899
Vassilaki, Maria (ed.), *Mother of God: Representations of the Virgin in Byzantine Art*, Turin, 2000
Ware, Timothy, *The Orthodox Church*, London, 1993
Wheatcroft, Andrew, *Infidels: The Conflict between Christendom and Islam 638-2002*, London, 2003
——, *The Ottomans: Dissolving Images*, London, 1995
Wintle, Justin, *The Rough Guide History of Islam*, London, 2003
Wittek, Paul, *The Rise of the Ottoman Empire*, London, 1963
Yerasimos, Stephane, *La Fondation de Constantinople et de Sainte-Sophie dans les Traditions Turques*, Paris, 1990
——, Stephane, *Les Traditions Apocalyptiques au tournant de la Chute de Constantinople*, Paris, 1999

【Historia歷史學堂】MU0002X

1453

1453: The Holy War for Constantinople and the Clash of Islam and the West

作　　者❖羅傑・克勞利（Roger Crowley）
譯　　者❖陸大鵬
封面設計❖許晉維
總　編　輯❖郭寶秀
內頁排版❖張彩梅
責任編輯❖洪郁萱
行銷企劃❖力宏勳

事業群總經理❖謝至平
發　行　人❖何飛鵬
出　　版❖馬可孛羅文化
台北市南港區昆陽街16號4樓
電話：(886)-2-25000888
發　　行❖英屬蓋曼群島商家庭傳媒股份有限公司城邦分公司
台北市南港區昆陽街16號8樓
客服服務專線：(886) 2-25007718；25007719
24小時傳真專線：(886) 2-25001990；25001991
服務時間：週一至週五9:00～12:00；13:00～17:00
劃撥帳號：19863813　戶名：書虫股份有限公司
讀者服務信箱：service@readingclub.com.tw
香港發行所❖城邦（香港）出版集團有限公司
香港九龍九龍城土瓜灣道86號順聯工業大廈6樓A室
電話：(852) 25086231　傳真：(852) 25789337
E-mail：hkcite@biznetvigator.com
馬新發行所❖城邦（馬新）出版集團【Cite (M) Sdn. Bhd.(458372U)】
41, Jalan Radin Anum, Bandar Baru Seri Petaling,
57000 Kuala Lumpur, Malaysia
電話：(603) 90563833　傳真：(603) 90576622
E-mail：services@cite.my
輸出印刷❖中原造像股份有限公司
二版一刷❖2024年7月
定　　價❖520元
定　　價❖390元（電子書）

ISBN：978-626-7356-86-9
ISBN：9786267356890（EPUB）

城邦讀書花園
www.cite.com.tw
版權所有　翻印必究（如有缺頁或破損請寄回更換）

國家圖書館出版品預行編目資料

一四五三 / 羅傑.克勞利(Roger Crowley)作；陸大鵬譯. -- 二版. -- 臺北市：馬可孛羅文化出版：英屬蓋曼群島商家庭傳媒股份有限公司城邦分公司發行, 2024.07
面；　公分. -- (Historia歷史學堂；MU0002X)
譯自：1453：the holy war for Constantinople and the clash of Islam and the West.
ISBN 978-626-7356-86-9(平裝)
1.CST: 東西方關係 2.CST: 土耳其伊斯坦堡
735.171　113008705

1453: THE HOLY WAR FOR CONSTANTINOPLE AND THE CLASH OF ISLAM AND THE WEST by ROGER CROWLEY
Copyright © 2005 BY ROGER CROWLEY
This edition arranged with ANDREW LOWNIE LITERARY AGENT through BIG APPLE AGENCY, INC., LABUAN, MALAYSIA.
Traditional Chinese edition copyright © 2024 MARCO POLO PRESS, A DIVISION OF CITE PUBLICISHING LTD.
ALL RIGHTS RESERVED
本書繁體中文版翻譯由社會科學文獻出版社授權